武江年鉴

2023

武江年鉴编纂委员会　编

方志出版社
Publishing House of Local Records

图书在版编目（CIP）数据

武江年鉴. 2023 / 武江年鉴编纂委员会编. —北京：方志出版社，2023.11
ISBN 978-7-5144-5912-8

Ⅰ. ①武… Ⅱ. ①武… Ⅲ. ①武江区—2023—年鉴
Ⅳ. ①Z526.54

中国国家版本馆CIP数据核字（2023）第236413号

责任编辑：刘方圆
责任校对：张玉霞
责任印制：梅中英
出 版 者：方志出版社
地　　址：北京市朝阳区潘家园东里 9 号（国家方志馆4层）
邮　　编：100021
网　　址：http://www.zgfzcb.cn
发　　行：方志出版社图书营销中心（010-67110500）
印　　刷：韶关市典经社彩印有限公司
开　　本：889毫米×1194毫米　1/16
印　　张：22.75
字　　数：598千字
版　　次：2023年11月第1版
印　　次：2023年11月第1次印刷
定　　价：260.00元

武江年鉴编纂委员会

《武江年鉴（2023）》编辑部

《武江年鉴（2023）》审稿组

组　　长：廖钢青

副 组 长：董素梅

成　　员：李道阳　曾　斌　丁　琳　张　伟　胡佳捷　邱小庭

《武江年鉴（2023）》撰稿人员

（排名不分先后）

王子曦	王贝毓	王龙树	王丽银	王晓姣	方晓芸	叶佳孟	叶思乐
冯　洁	成志军	朱玉娟	朱　琴	刘志娟	朱嘉瑶	刘秀静	刘志琳
刘　莹	刘　霏	许　靖	严志全	李欣悦	李素芬	李祥星	李　婷
李嘉泷	李　鑫	李　磊	杨　思	吴志梅	邱小庭	邱丽颖	何承康
何　莹	余　晴	邹丽萍	邹惠芳	沈　赟	张运运	张国威	张春华
陈于兵	陈晓聪	陈泠伶	陈敏琳	陈　熙	林　皓	卓　佳	罗　伟
金　晶	赵奉君	钟明东	钟明东	骆婕怡	翁一成	郭二妮	郭　婷
唐　杰	黄学源	彭沁春	曾伟虾	曾丽明	曾富梅	谢芳英	谢珍环
赖槐泉	赖锦明	蔡利欢	谭冬连	谭灯材	谭紫鹏	黎　颖	潘韦玲
潘泳敏							

编辑说明

一、《武江年鉴》以马克思列宁主义、毛泽东思想、邓小平理论、“三个代表”重要思想、科学发展观、习近平新时代中国特色社会主义思想为指导，坚持辩证唯物主义和历史唯物主义的立场、观点和方法，全面、系统、准确地反映武江区自然、政治、经济、文化、社会等方面的基本情况，为读者了解和研究武江区提供基本资料。

二、《武江年鉴（2023）》采用分类编辑法。主体内容设类目、分目、条目三个结构层次，以条目为表现内容的基本形式。全书条目的标题统一用黑体加【 】表示，少数包含多方面资料的条目则在文内用楷体标题标明各段资料的主题。

三、《武江年鉴（2023）》记述时限为2022年1月1日至2022年12月31日，根据需要，个别事项的记述时间适当上溯或下延。

四、《武江年鉴（2023）》着重反映2022年武江区各项事业发展的基本情况。全书设特载、年度关注、大事记、区情概览、中共武江区委、武江区人大、武江区人民政府、政协武江区委员会、中共武江区纪委 武江区监委、民主党派·工商联、群众团体、法治、军事、经济管理、农业·水利、工业·科技、商业、金融、城乡建设、生态建设、教育、文化、体育、卫生健康、社会生活、镇（街道）、人物·荣誉、统计资料、调研报告、附录、索引。

五、《武江年鉴（2023）》数字用法、标点符号用法分别采用国家标准《出版物上数字用法》（GB/T 15835—2011）、《标点符号用法》（GB/T 15834—2011），计量单位采用国家技术监督局1993年12月发布的《量和单位》系列国家标准，农田土地面积计量单位沿用“亩”。统计数据以武江区统计局提供的数据为准，区统计局无此数据的则使用单位统计数据。

六、《武江年鉴（2023）》配备双重检索系统，卷首设目录，卷尾设索引。索引采用主题分析法，款目按汉语拼音字母顺序排列。

数字武江 2022

辖区面积：677.85平方千米

年末户籍人口：30.69万人

年末常住人口：38.44万人

人口自然增长率：2.42‰

地区生产总值：3068660万元

第一产业增加值：86843万元

第二产业增加值：1227561万元

全部工业增加值：1048180万元

第三产业增加值：1754256万元

第一、第二、第三产业构成：2.8∶40.0∶57.2

人均地区生产总值：80403元

社会消费品零售总额：780847万元

外贸进口总额：57082.4万元

外贸出口总额：8745.5万元

实际利用外商直接投资：176万美元

地方一般公共财政预算收入：37339万元

地方一般公共财政预算支出：166993万元

国内税收收入：741562万元

城镇居民人均可支配收入：46454元

农村居民人均可支配收入：25175元

农林牧渔业总产值：153376万元

耕地面积：4996.88公顷

粮食播种面积：3926公顷

粮食产量：24724吨

林地面积：5.08万公顷

森林覆盖率：70.45%

森林蓄积量：382.54万立方米

城乡风貌

武江两岸 （区史志办 供图）

芙蓉新区 （区史志办 供图）

武江两岸　（侯宜君　摄）

武江区沙湖绿洲片区
（周立保　摄）

武江全景　（段勇　摄）

韶州公园景色 （王海涛 摄）

韶州大桥晚景　（唐晓军　摄）

孟洲坝夜市　（谢焘　摄）

韶州体育公园 （温东莲 摄）

龙归镇龙归水岸公园内的格桑花海　（谢焘　摄）

西联镇双塘印雪长廊　（赖婕慧　摄）

游船穿梭于美丽的江湾山水之间　（谢焘　摄）

沐溪水库　（区史志办　供图）

武江区江湾镇奇石村春耕　（陈励　摄）

武江区重阳镇水口村大榕树
（重阳镇　供图）

武江区江湾镇白石村风貌　（唐晓军　摄）

龙归镇方田村 （陈建军 摄）

龙归社主村晚霞 （沈德奎 摄）

武江区龙归镇至江湾镇精品线沿途景观 （徐宇虹 摄）

重要会议

2022年1月24日，中国共产党韶关市武江区第十届委员会第二次全体会议召开 （陈励 摄）

2022年2月25日，韶关市武江区第十届人民代表大会第二次会议闭幕 （区委宣传部 供图）

2022年2月23日，中国人民政治协商会议第十届韶关市武江区委员会第二次会议召开
（区委宣传部　供图）

2022年1月19日，武江区党史学习教育总结会议召开　（区委宣传部　供图）

抗洪救灾

2022年6月21日，韶关市武江区应急管理局召开防汛抗洪救灾工作部署会　（区应急管理局　供图）

2022年6月19日，武江区惠民街道应急队和冷水坑社区工作人员在工业西路8栋转移内涝地区老人
（李智　摄）

2022年6月19日，武江区城管局执法人员在芙蓉北路与建设路路口积水处疏通下水道　（彭国胜　摄）

2022年6月21日，西联镇党员干部装运沙袋应对洪峰　（区委宣传部　供图）

2022年6月21日，区人武部民兵转移受困群众　（区委宣传部　供稿）

2022年6月21日，武警韶关支队官兵携带橡皮艇开展救援　（区委宣传部　供稿）

2022年6月22日，武江区龙归镇党员干部转移行动不便的老人　（何志辉　摄）

2022年6月21日，部队官兵到江湾镇中心小学支援灾后淤清工作（区委宣传部　供图）

2022年6月22日，区领导带头开展洪灾后大扫除、大消杀　（区委宣传部　供图）

2022年6月20日，武江区市政工作人员开展强排工作　（陈励　摄）

文化建设

2022年7月20日，韶关市武江区文物局揭牌
（区委宣传部　供图）

2022年9月30日，武江区西水暴动指挥部旧址揭牌仪式在重阳镇暖水村举行
（区委宣传部　供图）

2022年6月2日，韶关市武江区美术家协会成立　（区委宣传部　供图）

2022年11月19日，韶关·武江首届极限飞盘7V7挑战赛在武江区孟洲坝飞盘场举行

（区委宣传部　供图）

2022年9月16日，群众在武江区重阳镇水上运动中心体验桨板运动

（区委宣传部　供图）

2022年11月18日，武江区第一届职工趣味运动会在孟洲坝飞盘场举行　（区委宣传部　供图）

2022年6月1日，武江区举办“传承红色基因　强国复兴有我”2022年庆六一暨抗美援朝事迹宣讲和《丰碑·长津湖1950》油画作品发布会。图为老战士陈慧宣讲现场　（区委宣传部　供图）

2022年7月8日，“喜迎二十大　唱响新时代”群众文化文艺汇演在武江区博物馆举办　（区委宣传部　供图）

2022年9月9日，“国潮风”中秋之夜草地音乐会在武江区韶州公园北广场举行

（区委宣传部　供图）

2022年7月1日，“唱支歌儿给党听　携手奋进新征程”2022年七一文艺晚会在武江区科创园天紫路演中心举行

（区委宣传部　供图）

2022年1月3日，“我们的中国梦——文化进万家”庆元旦迎新春文艺汇演系列活动在区文化馆一楼演艺厅举办

（区委宣传部　供图）

革命遗址与文物修缮

修缮后的西水暴动指挥部旧址　（区委宣传部　供图）

修缮后的文武阁塔　（区委宣传部　供图）

修缮后的侯屋村炮楼　（区委宣传部　供图）

修缮后的李子园炮楼
（区委宣传部　供图）

修缮后的芹村石拱桥　（区委宣传部　供图）

修缮后的芹村东炮楼　（区委宣传部　供图）

修缮后的芹村西炮楼　（区委宣传部　供图）

修缮后的青水塘炮楼　（区委宣传部　供图）

修缮后的徐屋炮楼　（区委宣传部　供图）

社会建设

2022年9月1日，韶关市武江区新区第二幼儿园建成启用
（谢悦彬　摄）

2022年9月1日，武江区东岗保利小学建成启用
（谢悦彬　摄）

2022年9月1日，武江区武江第一小学建成启用　（谢悦彬　摄）

2022年1月25日，武江区江湾卫生院公共卫生综合楼正式落成启用　（区委宣传部　供图）

武江区江湾卫生院公共卫生综合楼外观　（区委宣传部　供图）

2022年2月16日，武江区考察团一行在新丰万洋众创城实地考察 （区委宣传部 供图）

2022年9月8日，东莞市凤岗镇援建的江湾镇中心小学修缮工程揭牌仪式举行 （区委宣传部 供图）

2022年8月26日，武江区惠民街道惠民北社区党群服务中心新址揭牌仪式举行 （区委宣传部 供图）

2022年4月19日，韶关市武江区儿童医院建设项目封顶仪式举行 （区委宣传部 供图）

2022年1月27日，武江区人民法院第二个网上巡回法庭重阳镇网上巡回法庭揭牌启用　（区委宣传部　供图）

2022年6月30日，韶关市首家反邪教教育基地在武江区惠民北路朝阳村委会一楼建成使用
（区委宣传部　供图）

2022年4月1日，武江区龙归镇种粮大户使用高速插秧机插秧　（陈励　摄）

2022年9月10日，农产品品牌宣传展销活动在武江区孟洲坝举行　（区委宣传部　供图）

2022年8月5日，韶关市退役军人优待证首发仪式在武江区科创园举行　（区委宣传部　供图）

2022年9月22日，《武江区西河镇红星村"村改居"试点工作调整方案》党员、村民（社员）代表审议会召开
（区委宣传部　供图）

2022年5月6日，武江区文明积分制试点工作现场推进会在龙归镇龙安村召开　（区委宣传部　供图）

2022年5月28日，“三旧”改造后的耐火材料厂宿舍小区焕然一新　（陈励　摄）

先进人物

2022年8月31日，区委书记张广晖（右）与全国“人民满意的公务员”曹吾林（左）座谈交流
（区委宣传部　供图）

曹吾林获的荣誉奖章
（区档案馆　供图）

曹吾林获的荣誉证书　（区档案馆　供图）

2022年10月20日，“全国信访系统先进个人”杨伟波（右二）与同事在做调解工作　（区委宣传部　供图）

杨伟波获的荣誉证书　（区档案馆　供图）

杨伟波获的荣誉奖章
（区档案馆　供图）

目 录

特 载

年度关注

大事记

区情概览

武江区人大

武江区人民政府

政协武江区委员会

中共武江区纪委 武江区监委

民主党派·工商联

群众团体

法　治

军　事

经济管理

农业·水利

工业·科技

商 业

金 融

城乡建设

生态建设

教　育

文　化

体　育

卫生健康

社会生活

镇（街道）

人物·荣誉

统计资料

调研报告

附　录

索　引

新使命　新担当　新作为
奋力开创武江经济社会高质量发展新局面

——在区委十届二次全会上的报告

（2022年1月24日）

中共韶关市武江区委书记　张广晖

这次全会的主要任务是，坚持以习近平新时代中国特色社会主义思想为指导，深入学习贯彻党的十九大和十九届二中、三中、四中、五中、六中全会以及中央经济工作会议精神，认真贯彻落实省委十二届十五次全会和省委李希书记在韶调研讲话精神，贯彻落实市委十二届十六次全会和市第十三次党代会精神，总结过去一年工作，理清今年工作思路，主动作为，凝心聚力，奋力开创武江经济社会高质量发展新局面。

下面，我代表区委常委会向全会作报告。

一、过去一年的主要工作

2021年是中国共产党百年华诞，是“十四五”开局之年，也是全面建成小康社会后的第一年，在党中央和省委、市委的坚强领导下，区委坚持以习近平新时代中国特色社会主义思想为指导，深入贯彻党的十九大和十九届历次全会精神，贯彻落实习近平总书记“七一”重要讲话和对广东系列重要讲话、重要指示批示精神，全面落实省委十二届十三次、十四次、十五次全会精神以及省委李希书记在韶调研讲话精神，按照省“1+1+9”工作部署和高质量加快构建“一核一带一区”区域发展格局要求以及市委工作要求，团结带领全区广大党员干部群众，科学统筹推进经济社会发展，加快建设韶关“双化双融”先行示范区和高质量发展率先突破区，如期全面建成小康社会，经济社会各项事业取得新进步。全年地区生产总值306.7亿元，在全市率先突破300亿元大关，增长5.2%（含高新区），地方一般公共预算收入6.15亿元，同比增长3.6%，实现“十四五”良好开局。

（一）党史学习教育成效显著。深入学习贯彻习近平总书记在党史学习教育动员大会上的重要讲话精神，以开展党史学习教育为契机，推动全区上下深入学习领会习近平新时代中国特色社会主义思想。率先在全市召开党史学习教育动员大会，明确“1+10+N”工作线路图，区委理论学习中心组开展7期党史学习教育专题集中学习，带动各镇（街）、各单位党委（党组）中心组开展专题研讨200余期，多方位、多维度开展主题宣讲和宣教活动，学习成效得到省、市充分肯定。注重解难题办实事，推动党史学习教育见行见效，区级8个重点民生项目全部完成，妥善解决人民群众急难愁盼的653件实事，形成以学促干、以学笃行的良好氛围。

（二）生态环境质量稳步向好。全力配合做好迎接中央生态环保督察工作，认真整改辖区生态环境重点问题，14宗案件均全面办结。大力做好生态环境污染防治，全区水环境质量排名全市第三，空气质量为市辖三区最好，完成年度减排任务，受污染耕地安全利用率达90%，污染地块安全利用率保持100%。狠抓生态保护修复，争取上级山水林田湖草资金2.02亿元，推进实施的15个项目全部基本完工。实施森林防火“五清”行动，全区森林火灾受害率控制在0.5‰内。建立自然资源监管平台，运用无人机“7天一更新”模式监控耕地，有效增强自然资源监管工作的时效性、精准性、系统性。

（三）经济发展活力持续增强。产业平台建设全面提速，武江城乡融合产业园基础设施项目有序推进，初步具备承接项目入驻条件。持续推动武江科创园建设及配套设施完善提升，二期项目基本完工，周边1000亩土地房屋征收工作扎实开展，引入92家企业落户园区。招商引资成效显著，新一届区委领导班子开展招商对接40余次，举办大型招商宣传活动2次，与深科园、深圳朗科、中深健康、中震科建等重点企业建立合作关系，完成新签约项目16个，投资总额89.9亿元，新开工建设、竣工投产项目32个。创新驱动效应持续增强，清单式开展企业申报工作，全年预计新增“四上”企业66家。深入实施工业技术改造，完成技改投资8.45亿元，全区规上工业增加值增长至85.73亿元。

（四）中心城区宜居宜业水平不断提升。创建全国文明城市取得新成效，完成群立街、光孝路、体育西路、五祖路等道路改造提升工程，城区道路更加通畅。加快完善城市配套设施，增设北江桥头西等7个公共停车区域，新增停车位468个，推进全域智慧停车项目建成运营；新增5处城区小公园，韶州公园老虎岩片区建成开放。以绣花功夫更新城市，完成金友大厦等18个老旧小区改造，新启动25个改造项目。重拳整治破坏城市风貌的行为，共完成违建治理12.67万平方米。大力推进智慧城市建设，优化“数字城管”平台，建设千寻自动抓拍系统，及时处理各类工单案件近6.2万宗。推动保利中宇广场、新天地广场、碧城广场建成开业，不断加快商业综合体招商步伐，沙洲尾、群康路等一批夜间经济示范街区更加成熟。

（五）乡村振兴活力充分迸发。大力实施乡村振兴战略，我区在省农村人居环境整治三年行动检查验收中获得“优秀”等次。推动美丽乡村建设，全区“干净整洁村”达标率100%，青暖村、田心村及村头村被评为“2021年广东省卫生村”。深化“打擂比武”工作，评选出21个“农村人居环境整治示范村庄”。全区农村污水治理设施覆盖率达78%，农村基本实现自来水全覆盖。加强乡村治理，红星村、芙蓉村、社主村、湖洋村获评“广东省乡村治理示范村”。牵牢产业兴旺“牛鼻子”，培育发展家庭农场13家，新增3个粤港澳大湾区“菜篮子”生产基地。全力打响武江农业品牌，全国名特优新农产品数量在全市位居前列。

（六）全面深化改革取得新突破。抓好国家、省、市试点改革，成功申报国家级整区屋顶分布式光伏开发试点，与3家企业签订总投资约12亿元的战略合作框架协议；城乡融合发展省级试点、“厂区变园区、产区变城区”试点、“全生命周期”管理机制改革等试点扎实有序推进。营商环境持续向好向优，第一批68项行政权力和43项公共服务事项职权下放到镇（街），创新设立的“办不成事”等服务窗口，为群众、企业提供更周全、更贴心服务。政务服务事项“一窗综合受理率”、事项网办率、“最多跑一次”事项占比率均超过97%，行政许可事项即办件占比、全流程网办率达100%，位列全市第一。巩固深化农村集体产权制度改革成果，累计登记集体资产24亿元、集体土地和山林等自然资源94.68万亩。

（七）社会各项事业全面进步。全面深入实施教育“四大工程”，新改扩建学校8所，新增优质公办学位5670个。扎实落实“双减”工作，中小学生校内课后服务实现全覆盖。着力提高基础教育水平，区教育局被评为2021年国家义务教育监测实施“优秀组织单位”，9所学校被评为“广东省绿色学校”。不断补齐医疗卫生服务短板弱项，完善城乡医疗服务网络，加快推进区中医院、区儿童医院、江湾卫生院建设。基本民生不断巩固，“粤菜师傅”“广东技工”“南粤家政”三项工程累计培训6401人次，顺利完成城镇新增就业、就业困难人员实现就业等目标。推进公共文化建设，启动实施图书馆二期项目，完成书香广场、区博物馆改扩建，成功举办2021年中国女子围棋甲级联赛广东韶关·武江工商联站比赛。积极防范化解风险隐患，圆满完成全国两会和庆祝建党100周年大会等重要时期安保维稳任务。扎实推进基层治理工作，围坪村、方田村被确认为2021年省级“民主法治示范村”。全力抓好安全生产工作，安全生产事故数同比下降近30%。加快推进市域社会治理现代化，扎实开展政法队伍教育整顿，常态化推进扫黑除恶、依法治区工作，社会大局持续和谐稳定。

（八）全面从严治党走向纵深。坚持把政治建设摆在首位，严守党的政治纪律和政治规矩。坚定不移抓好意识形态工作，常态化推进意识形态阵地建设和管理。圆满召开区第十次党代会、区人大和政协第十届第一次会议，平稳顺利完成组织意图人选选举，实现绘出好蓝图、选出好干部、配出好班子、树立好导向、形成好气象的目标。抓好乡镇领导班子集中换届工作，新一届乡镇领导班子年龄、性别、文化结构配备更加科学合理。全面顺利完成村（社区）“两委”换届，党组织书记、主任“一肩挑”比例达100%。深入落实“广东城市基层党建20条”举措，花城社区党委获评全国先进基层党组织。持之以恒抓好正风肃纪反腐，严厉整治群众身边腐败和作风问题，查处违反中央八项规定精神问题6起9人，摸排基层违纪违法线索155条，给予党纪政务处分41人。紧盯“关键少数”和重点领域，一体推进不敢腐、不能腐、不想腐，全区纪检监察机关立案80件，处分71人。如期完成九届区委巡察全覆盖，不折不扣抓好省委巡视反馈意见整改工作。人大、政协的职能得到切实加强，国安和国防意识深入人心，统一战线的作用得到进一步发挥，区工商联被评为全国“五好”县级工商联，工、青、妇等群团工作取得新成绩。

在肯定成绩的同时，也要清醒地看到武江发展面临的问题与挑战。一是经济下行压力增大，工业投资、固定资产投资负增长，新动能新平台培育不足。二是城乡发展不平衡不充分的问题仍然突出，中心城区吸引人才、人口转移的承载力不强，农村基础设施和公共服务同城区相比差距较大。三是营商环境缺乏竞争优势，政务服务与人民群众期待仍有差距，中小企业融资难、融资贵问题普遍存在。四是部分党员干部缺乏改革创新的气魄和攻坚克难的实招，思想转变不到位，在依法行政、社会治理和管理监督等方面存在漏洞缺项等。这些问题短板，已经成为制约武江高质量发展的主要因素，我们要在大视野、大格局中找到破解困局的“制胜法宝”，推动各项事业跨越式发展。

二、踔厉奋发、笃行不怠，在开创武江经济社会高质量发展新局面中扛起新使命、彰显新担当、展现新作为

2022年是我国踏上全面建设社会主义现代化国家、向第二个百年奋斗目标进军新征程的重要一年。习近平总书记在庆祝中国共产党成立100周年大会和党的十九届六中全会上的重要讲话，全面系统总结党的百年奋斗重大成就和历史经验，对统一全党思想、坚定信心、开创未来，对认识历史规律、掌握历史主动，对牢记初心使命、传承红色基因，对团结带领全国各族人民夺取新时代中国特色社会主义伟大胜利，具有重大现实意义和深远历史意义，为我们做好当前和今后一个时期工作指明前进方向、提供根本遵循。

去年12月，习近平总书记在中央经济工作

会议上作重要讲话，深入分析国家经济形势，全面部署今年经济工作，强调要继续实施积极的财政政策和稳健的货币政策，特别提出要实施新的减税降费政策，强化对中小微企业、个体工商户、制造业、风险化解等的支持力度，适度超前开展基础设施投资，引导金融机构加大对实体经济特别是小微企业、科技创新、绿色发展的支持，对我们奋力做好今年经济工作，具有重大而深远的意义。

省委十二届十五次全会深入学习贯彻党的十九届六中全会和中央经济工作会议精神，总结2021年工作，部署2022年工作，明确要深入实施“专项化”政策安排、“均衡化”保障和“协同化”机制，更好促进优势互补、差异化协调发展，在统筹实施中不断强化“核”“带”“区”主体功能，进一步提振我们推动城乡融合高质量发展的信心和决心。

市委十二届十六次全会和市第十三次党代会全面回顾韶关近年取得的成绩，锚定未来奋斗目标，要求坚持系统观念、经济思维，统筹发展和安全，以非凡之举推进新型工业化、新型城镇化、农业农村现代化、资源资产价值化、改革攻坚系统化、治理体系和治理能力现代化，努力实现“六新”目标，为武江开创经济社会高质量发展新局面，提供清晰的工作着力点和突破口。我们必须认真学习领会，抓好贯彻落实。

今年下半年将召开党的二十大，这是党和国家政治生活中的一件大事。做好今年工作，意义重大、责任重大。我们要认真贯彻党中央决策部署和省委、市委工作要求，把各项工作抓细抓实抓到位，为党的二十大召开营造平稳健康的经济环境、国泰民安的社会环境、风清气正的政治环境。

今年全区工作的总体要求是：高举中国特色社会主义伟大旗帜，以习近平新时代中国特色社会主义思想为指导，全面贯彻落实党的十九大和十九届历次全会以及中央经济工作会议精神，按照省委、市委部署要求，弘扬伟大建党精神，坚持稳中求进工作总基调，全面贯彻新发展理念，积极参与构建新发展格局战略支点，全面深化改革开放，坚持创新驱动发展，统筹经济社会发展，落实省“1+1+9”工作部署，聚焦韶关“争当北部生态发展区高质量发展排头兵”的目标定位，主动对接融入“双区”和横琴、前海两个合作区建设，力争在产业发展、城区建设、城乡融合、科技创新、商贸物流等方面走在全市前列，全面提升武江区作为中心城区核心区的承载力和宜居宜业品质，以新使命、新担当、新作为，奋力开创武江经济社会高质量发展新局面。

从我区实际出发，今年我区经济工作主要预期目标是：地区生产总值（含高新区）增长6.5%左右，一般公共预算收入增长5%左右，固定资产投资（不含高新区）增长5%左右，力争在实际工作中更进一步，力促经济稳中有升、稳中向好。

（一）坚定不移推进资源资产价值化，建设天蓝水清土净地绿的美丽武江

生态环境保护和经济发展是辩证统一、相辅相成的。要全面建设生态文明、推动绿色低碳循环发展，满足人民日益增长的优美生态环境需要，推动武江走出生活富裕、生态良好的发展道路。

一是坚持为绿色发展筑牢生态屏障。严格实行生态保护红线、环境质量底线、资源利用上线和生态环境准入清单“三线一单”生态环境分区管控体系，坚决扛起生态环境保护“党政同责、一岗双责”、属地管理责任，压实企业生态修复治理主体责任。以中央生态环保督察反馈问题整改工作为契机，深入打好蓝天、碧水、净土保卫战，严惩重罚突破“红线”、破坏生态环境的行为。加大渣土、扬尘和“三场”整治执法力度，积极净化城区环境。全面推行林长制，统筹做好护绿、增绿、活绿文章，建设高质量水源涵养林。从严从细落实河长制，做好龙归水二期、重阳水二期等碧道建设，加快补齐沐溪水、东冲水治理短板，全面提升水环境保护治理能力。积极开展绿色矿山建设，抓紧地质灾害隐患点治理，让武江天蓝地绿，空气常新。

二是积极探索生态产品价值实现路径。建立健全生态产品价值实现机制，推动国有企业参与资源资产价值化，统筹整合“小散乱”资源，加

快盘活重点乡镇重点领域资源资产，切实将“美丽资源”变成“美丽经济”。全力配合国家森林城市创建，把城乡绿化美化、植树造林等工作摆在更突出位置。大力发展生态旅游、生态康养产业，谋划开发好重阳水上运动中心、江湾温泉等资源，打造康养胜地、天然氧吧、户外运动天堂品牌。稳步实施重阳镇三墩寨建筑石料用灰岩矿采矿权项目，科学合理规划采石场布局，推进矿产资源价值化。着力推动韶州文创园项目建设，秉持“因地制宜、保护生态”原则，逐步完善区域基础设施，努力建成创新型复合型文创园区，实现城市提档次、百姓得实惠、企业得发展的多赢局面。

三是大力倡导绿色低碳生活新时尚。坚持把碳达峰碳中和纳入生态文明建设整体布局，大力节约集约利用资源，推动能源结构优化调整，培育壮大节能低碳产业和新能源、可再生能源发展，加快推广天然气应用，统筹推进汽车充电桩等新能源基础设施建设。倡导绿色低碳消费，反对奢侈浪费，鼓励绿色出行，推广节能建筑。深入推进城区生活垃圾分类工作，做好高新区生活垃圾分类工作规划，健全建筑垃圾处置利用管理体系。将生态文明教育融入义务教育体系，使生态发展理念深植于青少年心中。积极开展低碳专项实践活动，营造浓厚的社会低碳生活氛围。

（二）重锤擂鼓打好新型工业化翻身仗，全力推进经济高质量发展

发展是解决一切问题的总钥匙。抓发展，必须主动积极适应“双碳”目标、能源变革和科技创新给现代产业体系带来的新变化，以更大决心、更强力度抓招商、上项目、建园区、优环境。

一是提质增效建设工业强区。武江可利用土地资源少，又承担着韶关经济发展主战场的政治责任，必须树牢“质效第一”思维，加快产业升级重构。坚决推动医药健康这一武江传统优势产业实现创新破局，大力实施技术改造，鼓励丽珠、浩辰医学、中深健康等企业加大保健食品、新型药物、检测技术、生物技术开发力度，支持企业打造“龙头产品”，切实提升经营效益。坚持稳字当头、稳中求进，加强与电力、烟厂等中省企业沟通联系，向省、市争取更多生产指标留在武江，稳住经济基本盘。力破发展瓶颈，狠抓“腾笼换鸟”和低效用地盘整清理，提高土地利用、产出效率，向存量资源要增量经济。

二是“筑巢引凤”加快产业集群发展。加强与韶关高新区联动，大力促进产业园区协同发展，推动形成韶关高新区与武江产业平台优势互补、错位发展、辐射延伸、功能协调的园区建设新格局。下苦功夫提升园区能级、强化承载，以“一号工程”力度推进城乡融合产业园建设，对标珠三角顶尖园区推进科创园建设，确保土地、办公场所供给能力与招商进度相匹配，不断提升产业集聚吸引力。超前规划布局定制化厂房、产业社区、教育医疗等设施配套，积极探索出一条“园区事园区毕”发展路径，解决企业后顾之忧，推动更多科技创新成果就地转化。

三是倾心倾力提升招商引资成效。始终贯彻“招商为要，项目为王”理念，以宁缺毋滥的态度，谋划招引、推进一批高科技含量、高生态价值、高就业吸纳、高财税贡献的好项目，真正把智慧装备、医药健康、新能源新材料、生态农林文旅等现代产业打造成经济腾飞的重要支柱。精简整合专业招商力量，不断提升招商服务水平，让大抓招商在武江蔚然成风。积极创新招商方式，持续推进以商招商、以园招商、平台招商，探索启动“武江情”招商工程，对回乡留乡创业的企业家高看一眼、厚爱一层，汇聚资本反哺家乡、人才共建家乡的强大合力。以时不我待的紧迫感推动招商项目尽快落地，力争在重大产业项目落地上取得新成效，开工建设 3 个以上亿元招商项目。

（三）持续推动新型城镇化提速提质，打造区域要素聚合中心城区

武江正处在转型发展的关键期。必须强化大平台思维、大承载意识，围绕增强聚合创新资源能力，着力完善功能、提升品质，建设充满活力、富有魅力、极具吸引力的现代化城区。

一是力促城区发展要素充分涌流。立足武江区位优势特征，不断提升基础设施建设水平，促进人流、物流、资金流、信息流、技术流加速涌流集聚。着力贯通交通“大动脉”，实施城区干

道提升行动，谋划启动芙蓉东路、工业路、怡华路、新华南路等主次干道改造提升项目，让群众出行更加便捷高效。不断疏通路网“微循环”，持续推动城中村及背街小巷美化亮化，加大对西岸村、东岗岭安置小区、新津路等区域的建设投入力度，构建更完备的城区多层级交通网络。加快建设要素“新枢纽”，建立完善现代商贸物流体系，打造粤北物流强区，持续推进5G网络覆盖和应用，让武江成为发展要素的流通集聚高地。

二是打造宜居宜业现代城区。深入推进全国文明城市创建工作，统筹硬件软件、兼顾颜值气质，全方位提升武江城市承载力、亲和力和感召力。依托武江厚重的历史文化底蕴，围绕韶州公园、重阳红色革命遗址等，试点打造“一园三景”，展现武江特色韵味和魅力气质。要勇克掣肘推进城市有机更新，以老旧小区改造提升工作为抓手，通过“微改造”建设功能完备的成熟社区，力争今年完成2021年度25个老旧小区改造，启动2022年度55个老旧小区开工建设。围绕韶关大道北、武江大道南、龙归镇域中心等区域，合理布局一批高品质的城市景观，让群众有靓丽舒适的城市生活空间。创新统合武江智慧应急信息化平台、智慧城管、智慧监管等系统，积极探索建设“城市大脑”，提升城市防灾减灾、市场监管、综合管理能力水平。

三是建设青年发展型城区。着力提升城市功能品质与青年人的契合度，吸引返乡青年、外来青年与武江一起成长、共赢未来。围绕沙洲尾、保利广场、碧城广场、新天地广场、富康广场等消费节点，打造一批高品质潮流时尚消费街区，鼓励新兴独立品牌入驻，培育个性化消费新业态，更好地满足青年人消费需求。推进城市建设审美品格提升，依托主要产业平台和乡村振兴培训实践中心，打造青年集聚就业创业的“众创空间”“创意社区”“艺术沙龙”，完善支持青年就业创业的政策体系，让青年人竞相创新创业。构建租、售、补一体化青年安居体系，谋划建设保障性租赁住房、人才公寓、园区公寓，分层分类提高人才租、购房补贴标准，为青年人提供多样化的安居支持，让武江成为一座青年人“能进来、能留下、能成功”的青春活力之城。

（四）加快农业农村现代化步伐，绘就乡村全面振兴新画卷

全面推进乡村振兴，是当前“三农”工作的重中之重。要统筹推进乡村“五大振兴”，着力绘就农业高质高效、乡村宜居宜业、农民富裕富足的乡村振兴新画卷。

一是推动巩固拓展脱贫攻坚成果同乡村振兴有效衔接。坚持粮食安全党政同责，加强耕地保护管理工作，大力推进高标准农田建设，确保粮食播种面积和产量只增不减。不断优化“一区一园、一镇一业、一村一品”产业布局，扎实推动农业农村高质量发展。巩固拓展脱贫攻坚成果，严格落实过渡期内“四个不摘”要求，保持主要帮扶政策总体稳定，结合推进驻镇帮镇扶村工作，巩固加强帮扶力量。健全防止返贫动态监测和帮扶机制，全力确保对易返贫致贫人口常态监测、快速发现、精准帮扶、动态清零，不断降低返贫致贫风险。织紧织密兜底网，拓展稳定增收渠道，创新形式开展定向就业帮扶、消费帮扶，接续用力推动脱贫户跟全体武江百姓同进步、同发展，共同享受时代红利。

二是加快推动乡村美丽经济发展。坚持提高农民、扶持农民、富裕农民一体化推进，全面加强“乡村工匠”和农村电商培训，多措并举促进农民增收。大力发展规模农业、设施农业、精致农业，加强与龙头企业及科研院所对接合作，试种开发、包装推广黄金百香果、香蜜薯、大白姜等系列拳头产品。全面发挥武江好山、好水、好空气的生态本底优势，赋予农副产品、农旅服务更高的附加值，让乡村经济活力在龙归—江湾、西河—重阳两条美丽乡村精品线竞相迸发。积极策划、承办生态农林文旅产业大型招商交流活动，依托网络视频直播平台，推出1—2个农旅体验、工造手艺、田野艺术等系列视频或直播，擦亮“武江山水”“武江出品”招牌，让更多本土优质生态农林文旅产品风靡“双区”、走向全国。

三是全面建设富有韶关特色的美丽乡村。持续加强并提升“打擂比武”工作，提高常管长效、陋习整治、产业发展等方面评分占比。加快

推进乡村基础设施提档升级，持续抓好“四沿”区域整治工作，全面营造生态宜居乡村环境。狠抓农房管控，遵循“岭南风韵、武江特色”的原则美化乡村风貌，推动美景从村庄向农家庭院延伸。深化农业农村综合改革，着重探索撂荒地治理及土地流转新办法、新举措。深入推进农村移风易俗，深化文明镇村创建，完善村规民约，推动形成文明乡风、良好家风、淳朴民风。

（五）解放思想开启全面深化改革新征程，积蓄高质量发展强劲动能

改革只有进行时，没有完成时。新征程上，我们要把握新发展阶段，以改革之力破解重点领域和关键环节的堵点、痛点、断点，为高质量发展提供强大动力。

一是把稳改革方向，抓好重点领域改革。加快推进“数字政府”建设，坚定不移优化营商环境，持续深化商事制度改革，统筹推进“政策兑现”“跨域通办”“四免优化”“一件事”主题式服务等专项工作，实现政务服务更便捷、更高效、更优质。持续抓好城乡融合发展省级试点改革，推动实现城乡生产要素合理顺畅自由流动，加快形成城乡融合发展“武江模式”。统筹抓好整区屋顶分布式光伏开发国家级试点、“厂区变园区、产区变城区”市级试点等改革任务，加快形成改革试点效益。坚持以规范治理牵引改革攻坚，聚焦要素市场化配置、生态环境治理、空间治理等重大领域，因地制宜、主动作为，坚决破除体制机制障碍，全力推进改革攻坚任务落实。

二是发挥区位优势，加强对外合作交流。进一步锚定战略定位、把握战略资源、突破传统区划视角，以更大决心做好对外开放这篇文章。加强与“双区”核心城市的交流合作，在产业协同发展、创新科技转化等方面深化与广州、深圳对接合作，加快构建产业分工体系，更高水平推进风岗—武江的对口帮扶，实现与“双区”互补协同发展。实施区域突破战略，抢占区域合作制高点，以更广视野谋求与长沙、南京等长江流域中心城市交流合作，推动辖区企业更多参与先进地区产业集群、价值链分工协作。

（六）用心用情推进治理体系和治理能力现代化，不断增强人民群众的获得感幸福感安全感

新的征程上，我们必须自觉践行以人民为中心的发展思想，着力解决发展不平衡不充分问题和群众急难愁盼问题，推动武江人民的全面发展取得更明显的实质性进展。

一是准确把握促进共同富裕总体思路。坚持把就业作为最大的民生，用好用活中央和省市稳就业、保就业政策，着力做好高校毕业生、返乡农民工、大龄失业人员、农村低收入人员等重点群体就业工作。继续推进“粤菜师傅”“广东技工”“南粤家政”三项工程，积极开展新型学徒制培训，加强“丹霞月嫂”“韶关保姆”等品牌标准化、规模化建设，不断增强群众劳动技能和致富本领。加强对企业欠薪行为的防范和协调处理，畅通投诉举报维权渠道，创新劳动仲裁工作机制，通过构建和谐劳动关系体现效率、促进公平。全面加强社会保障，深入实施全民参保计划，加快做好被征地农民养老保障留存资金分配，积极推进职业年金清缴，加强老弱病残特殊群体关爱服务能力，以更大力度、更实举措提升民生保障水平。

二是着力构建优质均衡的公共服务体系。深入推进教育“四大工程”，深化教育资源均衡配置，扎实推进“3+3+1”项目建设，新改扩建一批公办学校，力争武江小学、保莱小学、新区第二幼儿园 9 月开学。大力实施“新强师工程”，用好用足市划拨的 400 个教师编制，配齐配强教研队伍。认真落实“双减”政策，坚持“五育并举”发展素质教育，促进学生全面健康发展。力促年底区中医院投入运营、区儿童医院项目建设完工，抓紧做好惠民街社区卫生服务中心建设项目前期工作，积极引进、培养一批高层次卫生人才，不断提升区镇村三级医疗卫生服务能力。提高公共卫生应急和防控救治能力。推动养老事业和养老产业协同发展，扩大普惠性公共养老托幼服务供给，着力提高人民群众的幸福感获得感。

三是坚持加强和创新社会治理能力。落实推进市域社会治理现代化工作，强化政府社会治理职能，充分发挥社会组织作用，构建区域联动、

部门协作机制，推进镇街治理创新，不断增强基层自治能力。全力维护社会大局平安稳定，统筹推进政治安全、反恐反暴、扫黑除恶、网络安全等各项任务，持续开展打击突出违法犯罪专项行动，全力以赴为党的二十大召开做好支撑保障。继续强化公安基层基础建设，配齐配强派出所用房用车设备，做实做优智慧新警务建设，打造更高水平的公安铁军。稳步推进依法治区，统筹乡镇街道综合行政执法工作，实施行政执法人员素质提升行动，筑牢武江法治化建设基础。统筹好发展和安全，坚持以大概率思维应对小概率事件，落实安全生产责任，加强风险预警防控机制和应急能力建设，全面防范化解政治、经济、社会、财政金融等重点领域风险，为人民群众生产生活营造和谐稳定安宁的社会环境。

三、加强党的全面领导和党的建设，为武江高质量发展提供坚强保证

坚持和加强党的全面领导，是武江抢抓新机遇、推动新发展、开创新局面的关键所在。我们要弘扬伟大建党精神，坚持从党的百年奋斗历史经验中汲取智慧力量，勇于担当作为，善于攻坚克难，以高质量党建引领高质量发展。

（一）旗帜鲜明讲政治做表率。深入学习贯彻党的十九届六中全会精神和习近平总书记系列重要讲话精神，严格落实“第一议题”制度，深学践悟笃行党的创新理论，着力推动习近平新时代中国特色社会主义思想入脑入心、落地落实，不断增强“四个意识”、坚定“四个自信”、做到“两个维护”。要把“国之大者”了然于胸，谋划重大战略、制定重大政策、部署重大任务要自觉同党中央保持高度一致，不断提高政治判断力、政治领悟力、政治执行力。牢牢掌握意识形态工作领导权，严格落实意识形态工作责任制，压实各级党委（党组）主体责任，加强意识形态领域情况分析研判，及时预判舆情动态，守住管好各类意识形态阵地。充分发挥党总揽全局、协调各方的领导核心作用，支持人大、政协依法依章程履职，加强党管武装工作，做好爱国统一战线工作，支持工青妇等群团组织发挥作用，广泛凝聚团结奋进的强大合力。

（二）实干导向建强干部队伍。坚持新时代好干部标准，树立正确鲜明的用人导向，突出实绩用人，坚持深入重点工作、重大项目、重要任务等一线考察识别干部，注重提拔使用在乡村振兴、招商引资、重大项目建设等重点工作中表现突出的干部。坚持加强干部培养历练，注重建设高素质专业化干部队伍，充分依托乡村振兴培训实践中心，持续抓好党政事业、教育教学、卫生健康、乡村振兴等重点领域干部培训，大力培养选拔优秀年轻干部，统筹做好女干部、党外干部培养选拔工作。坚持严管与厚爱并重，健全容错免责机制，宽容干部在改革创新中的失误错误，旗帜鲜明为敢于担当的干部担当，为敢于负责的干部负责。着力深化人才队伍建设，优化配套服务，落实韶关新时代“百团千才万匠”人才工程，高质量实施“丹霞英才计划”，为武江高质量发展提供更有力的人才保障。

（三）夯实基础筑牢战斗堡垒。全面贯彻新时代党的组织路线，重点围绕“提升党建引领基层治理效能”主题，持续用力推进新一轮加强基层党建三年行动计划。统筹推进农村、社区、机关、学校、“两新”组织等领域党建工作，深入开展软弱涣散基层党组织排查整顿，锻造基层一线坚强战斗堡垒。积极创建抓党建促乡村振兴示范区，建立健全街道“大工委”、社区“大党委”工作机制，做实做细“红色楼长”“红色自委会”“红色物业”等“党建＋小区”工作模式，强化“花城模式”示范带动作用，进一步激发党建引领基层治理新活力。深入推进“我为群众办实事”实践活动，坚持常态长效开展“民情夜访”和“1+4+N”在职党员到社区报到服务工作，让基层党组织和广大党员主动深入基层，在服务群众中展示良好形象。

（四）持之以恒正风肃纪反腐。锲而不舍落实中央八项规定精神，坚决整治“四风”顽瘴痼疾，力戒形式主义、官僚主义，大力弘扬实事求是的作风，持续推动党风政风向上向好。紧紧围绕民生工程、乡村振兴、招商引资、土地房屋征收等重点领域和关键环节开展精准监督，坚决查处违法违纪问题，切实发挥监督保障执行、促进完善发展作用。制定实施十届区委巡察工作规划，充分发挥巡察利剑作用。加强对“一把手”和领导班子的监督，坚决严惩不收敛、不收手、不知止的腐败行为，一体推进不敢腐、不能腐、不想腐，推动形成干净干事、奋发有为的良好政治生态。

同志们！初心如磐向未来，向史而新再奋斗。让我们更加紧密地团结在以习近平同志为核心的党中央周围，以史为鉴、开创未来，埋头苦干、勇毅前行，加快建设韶关“双化双融”先行示范区和高质量发展率先突破区，以优异成绩迎接党的二十大胜利召开！

政府工作报告

——在韶关市武江区第十届人民代表大会第三次会议上

（2023年2月9日）

韶关市武江区人民政府区长　黄艺坤

2022年工作回顾

过去一年，面对复杂多变的经济发展形势和疫情汛情旱情等各种超预期风险挑战，在市委、市政府及区委的坚强领导下，在区人大及其常委会和区政协的监督支持下，区政府坚持以习近平新时代中国特色社会主义思想为指导，全面贯彻落实党的十九大和十九届历次全会以及党的二十大精神，按照省“1+1+9”工作部署，紧紧围绕市委、市政府确定的“六新”目标[1]、“六化”举措[2]及赋予武江建设韶关“双化双融”[3]先行示范区和高质量发展率先突破区的使命任务，坚持稳中求进工作总基调，统筹经济社会发展，统筹发展和安全，着力稳增长促回升、防风险保安全，推动全区经济社会平稳健康发展。政府质量工作考核、新型城镇化、年度市重大项目土地要素保障等19项工作获省市表扬。全区地区生产总值达306.87亿元，同比（下同）下降0.3%，基本稳住了经济大盘，完成了市下达的内控目标任务。一年来，我们主要做好了以下工作：

一、主动作为应变克难，经济运行总体平稳。面对需求收缩、供给冲击、预期转弱三重压力，我们全力打好稳增长组合拳，常态化开展暖企助企活动，推动各项助企纾困政策免申即享，为各类市场主体新增减税降费及退税缓税6.8亿元。全年新增“四上企业”40家；全区市场主体累计达2.8万家，全年新增4416家、增长17.35%。工业经济提质增效。全区规上工业增加值88.85亿元、增长1.0%，本区（不含新区）完成工业投资6.77亿元。新增高新技术企业22家。整区分布式光伏开发工作成效初显，完成投资1.47亿元，备案容量达7.65万千瓦。武江科创园青创中心建成运营，吸引45家企业入驻办公；园区全年创造税收2.1亿元。武江区城乡融合产业园主干道全线通车，厂房片区基础工程二期基本完成，成功推出工业项目用地450亩，引进年产值超亿元项目2个。农业发展稳中有进。农林牧渔业产值15.34亿元、增长2.7%。完成撂荒地复耕面积6494亩，土地流转2764.5亩。试点推广良种良法种植巨型稻、多年生水稻取得初步成效，粮食生产面积和总产量实现双增长，粮食安全得到有效保障。武江区现代农业产业园基础设施建设有序推进，成功创建蔬菜省级现代农业产业园，打造千亩蔬菜种植基地3个。新增11家新型农业经营主体、2个全国名特优新农产品。现代服务业持续发展。全年社会消费品零售总额增长3.7%，位居全市第一。区财政安排200万元开展消费券发放活动；引导大型商超持续拓展线上业务，举办汽车展销、家电以旧换新等促消费系列活动，沐溪大道吸引落户汽车销售企业8家。群康路、沙洲尾片区等街区夜间经济持续活跃，成功打造孟洲坝“网红夜市”。建成粤北首个国际标准飞盘场，组织举办“草地音乐会”等多场大型文化文艺活动，“端午龙舟文化旅游节”活动盛况被中央、省级媒体报道；全年接待游客69.6万人次，旅游收入达12.14亿元。

二、扎实推进城乡建设，人居环境持续改善。韶州体育中心完成建设；教育西路建成通车，改造提升芙蓉东路、工业路、新华南路等7条主次干道。有序推进80个老旧小区改造项目，已完工31个。完成7个背街小巷改造提升和5个“五小”项目[4]建设。大力推进韶州文创园项目建设，盘活闲置资产打造成武江科普基地，建成“诗歌步道”，增设张九龄雕塑，推动韶州公园文化内涵和商业价值有机融合。强力推进精准拆违攻坚行动，全年拆除违法建筑13.73万平方米。积极推进智慧城市建设，完善信息共享机制，提高执法效率和城市管理水平。深入开展文明城市创建工作，大力整治“三线”“六乱”；持续做好垃圾分类，武江区餐厨垃圾资源化处理站建成运行。深入实施农村人居环境整治“打擂比武”[5]，28个村获得“区农村人居环境整治示范村庄”称号、14个村获得“区农村人居环境整治优秀村庄”称号；创建美丽庭院、“四小园”小生态板块[6]50个。扎实推进重阳镇“青林水岸·红色印记”、西河镇“什石园—糖寮”乡村振兴示范带建设，“西河—重阳”“龙归—江湾”精品线路新增黄塱沿河步道、湾仔古树公园等一批网红打卡点。完善镇村生活垃圾收运处理及农村长效保洁机制，农村生活垃圾收运体系100%全覆盖。完成24.25公里“四好农村路”、30.8公里美丽农村路建设，重阳水、新街水河道整治加固取得初步成效。

三、强化生态环境治理，绿色发展成色更足。严查快处露天焚烧、道路扬尘等大气污染问题，完成裸露土地整治5.2万平方米，市政道路、国省道周边连接线硬化约5.38万平方米。空气环境指标优良达标率达94.2%，空气质量保持市辖三区最优。完成龙归水（二期）、南水河（二期）、北江（市区段）碧道建设16.2公里。完成北江流域、东冲河、沐溪河35个入河排污口整治。全区饮用水水源和地表水断面水质达标率均保持100%。深入开展土壤、固体废物污染防治，受污染耕地安全利用率达95.79%。大力推进山水林田湖草生态修复工程，完成生态修复项目4个，治理水土流失1.2平方公里。全面实施林长制，完成332亩高质量水源林和1100亩省级碳汇林抚育，全区森林火灾受害率控制在0.5‰以内。整改土地卫片违法图斑364亩。完善农村住房建设管理长效机制，“零容忍”查处乱占耕地建房行为。

四、深化改革规范治理，创新发展活力增强。深化土地征收管理机制改革，高质量完成征收领域巡察整改，完成芙蓉园等11个地块征拆，全年共交地1255.7亩。深化“重点项目全生命周期管理”改革，组建重大项目并联审批工作专班，政府投资项目审批由120个工作日压缩到53个工作日内。创新试行政府投资非经营性项目代建制，争取到位各类债券资金7.96亿元，实施区重点建设项目77个，完成投资31.42亿元，推动全年完成固定资产投资（不含高新区）40.19亿元。扎实开展营商环境专项整治，营商环境便利度保持全市前列，招商引资成果逐步显现，新签约项目34个，投资额37.45亿元，其中超亿元项目8个。深化政务服务“一门式、一网式”改革，1271项依申请和公共服务事项进驻政务大厅，进驻率达96%；“粤智助”自助终端设备实现镇村全覆盖，重阳镇政务服务大厅被评为全市“镇级标杆大厅”。深化商事制度改革，开办企业事项环节整合至1个，实现“一网通办、一窗通取”。大力实施预算绩效管理改革，全面启用“数字财政”系统，财政预算实现全链条线上管理。规范区属国资国企经营管理，盘活中核锦原大厦等闲置资产。城乡融合发展省级试点扎实推进，完成西联镇赤水村、西河镇红星村“村改居”试点建设。

五、全力保障改善民生，社会大局平安稳定。全面完成区10件民生实事。武江第一小学、东岗保利小学、新区第二幼儿园建成开学，新增学位2520个；完成第九中学天子岭校区一期改造并投入使用，有效解决突增且超出招生计划约600名学生就读难题。选聘305名教师充实教师队伍。区中医院基本建成并将启动运营，区儿童医院完成主体工程建设；3个镇卫生院和社区卫生服务中心，以及17个卫生站完成改造提升。完成50个基层综合性文化服务中心改造升级，区图书馆二期、文武阁塔保护修缮工程基本完成。深化驻镇帮镇扶村，成立5家强镇富村公司，建成4间乡村振兴生产车间。扎实推进“粤菜师傅”“南粤家政”“广东技工”三项工程，新增城镇就业3651人。提前完成征地社保留存资金分配落实任务。持续开展安全隐患大排查大整治，全年未发生较大以上生产安全事故。压紧压实食品安全“两个责任”[7]，全年食品药品安全形势总体稳定。成功应对百年一遇“龙舟水”强降雨洪涝灾害。有效处置保交楼、项目欠薪、劳资纠纷等问题，全民禁毒、反邪教、扫黑除恶、打击电诈和非法集资、社会信用体系建设、平安创建等工作成效明显，社会大局保持平安稳定。此外，民族宗教、国防动员、双拥优抚、工会、共青团、妇女儿童、红十字、残疾人保障、金融、外事等工作均取得新发展新成效。

六、切实加强自身建设，政府效能稳步提升。坚持改进作风、提升效能，全面加强服务型政府建设，政府工作提质增效。强化政治建设，深入学习宣传贯彻党的二十大精神，深刻领悟“两个确立”决定性意义，增强“四个意识”、坚定“四个自信”、做到“两个维护”。深化法治政府、法治社会一体建设，扎实推进“八五”普法、村居法律顾问、法律援助和人民调解工作。坚持依法行政，深化综合行政执法改革，加强执法规范化建设，完善行政复议体制改革，高效完成行政复议案件办理50宗，行政应诉案件办理54宗，政府班子成员带头出庭应诉33件，行政负责人出庭应诉率100%。严格执行民主集中制和“三重一大”决策机制，全面落实合法性审查制度，审查重大行政决策11件、各类重要合同及文件328件。自觉接受区人大、区政协和社会各界的民主监督，全年办理区人大议案和建议17件、区政协提案151件，满意率和基本满意率达100%。认真落实中央八项规定及其实施细则精神，倡导践行“一线工作法”，政府带头“过紧日子”，财政资源配置效率和财政资金使用效益不断提高。支持纪委监委和审计委开展工作，坚定不移推进政府系统党风廉政建设和反腐败斗争。

各位代表，过去的2022年是极不寻常、极不平凡的一年，我们经历了历史性洪灾侵袭等重大考验，成绩来之不易。这是市委、市政府和区委坚强领导的结果，是区人大、区政协和东莞凤岗镇、高埗镇倾力帮助的结果，是全区上下众志成城、顽强拼搏的结果。在此，我代表区人民政府，向全区干部群众，向各级人大代表、政协委员，向所有关心、支持武江发展的各界人士及驻区部队官兵，表示衷心的感谢和崇高的敬意！

同时，我们也要清醒认识到，当前国内外经济发展形势依然严峻复杂，武江在高质量发展征程上还存在不少困难和挑战，主要是：地区生产总值、财政收入等主要经济指标未实现预期目标，财政收支矛盾加剧；产业平台建设处在起步阶段且发展腹地有限，营商环境有待优化，招商引资项目落地难，产业尤其是制造业发展新动能不足；镇域经济发展薄弱，自主谋划发展项目能力有待提高；教育、医疗、养老、托育等民生领域还有不少短板，城乡之间公共服务供给差距仍然较大；干部作风建设、破解难题能力有待提升，等等。这些问题要在今后工作中认真加以解决。

2023年工作安排

2023年是全面贯彻落实党的二十大精神的

开局之年，做好今年的工作任务艰巨、责任重大。今年政府工作的总体要求是：坚持以习近平新时代中国特色社会主义思想为指导，全面贯彻落实党的二十大精神和中央经济工作会议精神，按照中央决策部署和省、市及区委工作要求，紧紧围绕市委赋予武江建设韶关“双化双融”先行示范区和高质量发展率先突破区的使命任务，坚持稳中求进工作总基调，完整、准确、全面贯彻新发展理念，深入实施市委、市政府提出的“三大战略”“六大行动”“三大提升”[8]，以更大力度推进稳增长、强产业、优环境、美城乡、促改革、谋创新、惠民生、保稳定等工作，奋力推动经济实现质的有效提升和量的合理增长，社会民生事业持续改善，全区各项工作取得新进步。

今年经济社会发展主要预期目标是：地区生产总值增长5.0%以上，力争达到5.5%；固定资产投资增长5.0%，工业增加值增长5.0%以上，地方一般公共预算收入增长20%左右，社会消费品零售总额增长5.0%，城乡居民可支配收入与经济增长基本同步，完成市下达的节能减排任务，力争在实际工作中取得更好成绩。为实现上述目标，我们将重点抓好以下七个方面工作：

一、全力以赴抓好项目建设，夯实产业经济发展基础

（一）强化重点项目牵引带动。坚持“项目为王”，抢抓政策机遇，加强重大项目谋划包装，做实做细项目前期工作，提升项目成熟度，推动全区滚动储备一批重点项目。加强专项债项目前期工作和建设，全力争取专项债券发行额度。全年初步安排区重点项目74个，计划完成投资56.6亿元。持续开展重点项目“红黄旗”评比活动，发挥区重大项目指挥部和并联审批服务专班作用，加强项目全生命周期管理和全要素保障，优化政府投资非经营性项目代建制，进一步规范项目谋划、审批、建设和管理流程。积极配合做好市区两级征拆体制改革，充实调整区镇村三级征拆力量，健全征拆工作机制，力争全年完成土地收储3600亩以上，全力保障市区重点项目用地需求。

（二）加快传统制造业转型升级。坚持实体经济为本、制造业当家，坚持产业转型升级与引优培强并重，开展产业攻坚行动，推动工作力量和资金资源向产业发展集聚。引导建材企业大力实施技术改造和产业链融合，推进烟厂制丝车间和绿色智能制造等技改项目建设，扶持利民制药厂新药黄体酮在2023年下半年获批上市，力争全年实现工业投资8亿元、增长18%。加快推进新型工业化发展，大力发展先进智能装备、电子信息和新能源新材料产业，推动锦胜装配、富增泡棉等项目落地建设。盘活利用好辖区低效闲置用地、存量工业用地，积极探索以嵌入式植入高质量制造业项目。实施潜力企业培育行动，力争全年新增规上工业企业2家。

（三）更大力度开展招商引资。深入实施招商引资“一把手”工程，优化招商引资考核奖惩机制，坚持尽锐出战大招商、招大商。优化招商引资项目签约、开工、建设、投产全生命周期管理服务，创新区镇（街）招商利益共享机制，力促招引项目早落地、早开工、早投产。抢抓全省产业转移促进区域协调发展机遇，整合汇编产业政策、平台载体等信息资源，深化与深圳科技工业园等专业投资促进机构的合作，发挥凤岗帮扶优势，大力开展招商引资宣传推介。聚焦智能装备、电子信息、新能源新材料、生态农林文旅等重点产业，精准开展产业链招商、专业招商、以商招商、协会招商，力争全年新签约项目25个以上，其中超亿元项目10个以上，投资总额40亿元以上。

（四）加快重大产业平台建设。成立武江区产业园区专业管理运营团队，制定完善园区运营管理办法，统筹推进产业平台基础设施建设、运营管理、项目招引、企业服务等工作，推动园区规范化管理。坚持以“一号工程”力度推进武江区城乡融合产业园建设，完成园区厂房片区基础工程、道路工程及污水处理厂建设；谋划启动园区中心水系、风武商业城等一批生产生活配套设施建设，提升园区产业承载能力；全力推动工业地块“带方案出让”[9]，实现“土地等项目、拿地即开工”。拓展武江科创园发展空间，完善园区基础设施管养维护机制，积极推进“工改工”，推动工业大厦开工建设；以“双变”[10]改革试点为契机，加快推动园区周边地块控规修编，盘活长者公寓等资产，积极谋划推进周边105亩低效用地开发建设；大力引进“专精特新”企业，力争园区企业入驻率达到100%，财政税收贡献度提高10%。积极谋划推动红尾坑片区新型建材产业基地规划建设。加快推进武江区现代农业产业园建设，完成园区基础设施二期建设，力争引进2个以上优质农业企业入驻。推动蔬菜省级现代农业产业园顺利通过省中期评审，完成蔬菜冷链物流配送中心含2万立方冷库、预制菜车间、科研楼等项目的主体工程建设，力争全区优质蔬菜种植面积达5.8万亩，产量超过9.8万吨。

二、加大城镇建设管理力度，提升承载支撑发展能力

（一）提升中心城区功能品质。加快启动武江大道北（朝阳四路至丹霞大桥段）、南岭路、清泉路等一批主次干道建设。加快补齐城区防洪排涝短板，全力配合市级部门实施芙蓉新城内涝整治和城区污水管网工程，力争完成天子岭、林桥坑排水渠等市政内河整治。完成建行大院宿舍、向阳西住宅区等49个老旧小区改造项目建设，新增开工海文花园、韶亮新村住宅区等44个老旧小区改造项目。扎实有序推进城市更新，全力促进食品机械厂、第二拖拉机厂等“三旧”改造项目启动建设。加快韶州文创园项目建设，提升韶州公园生态文旅科普价值，推动文化创意产业发展，丰富韶州公园文化内涵。强化智慧城市建设，用好智慧应急信息化平台、智慧城管等信息化系统，提升城市综合管理水平。以全国文明城市创建工作为抓手，加大背街小巷、城乡接合部等重点区域管理力度，整治“脏乱差”现象，改造提升一批背街小巷和“五小”场所。新建扩建一批公共智慧停车场，新增停车位1200个、充电桩200个以上。积极推进芙蓉新城开发建设和产业引进，提升城市宜居宜业水平。综合施策、铁拳整治“两违”，巩固“零新增”良好局面。

（二）促进现代服务业发展。持续开展消费券发放活动，力争培育限上批零住餐企业10家以上。支持保利广场、君临新天地、摩尔城、碧城广场、富康广场等商业综合体提高商家入驻率，持续壮大枫合汇、华宇广场等商务楼宇经济。积极推动近水楼台园林食府和主题酒店、希尔顿（惠庭）酒店、韶州皇冠酒店等项目开工建设。加快沐溪大道片区车企聚集发展，鼓励新能源、中高端汽车网点进驻布点，全力打造武江汽车城。加强群康路、沙洲尾、孟州坝“网红夜市”等消费环境规范管理，接续打造夜间经济示范街区“升级版”。落实好房地产行业发展新周期增量政策，推动房地产市场筑底回暖。加快推动龙舟文化、知青文化、温泉、红色革命遗址、非遗文物等特色文旅资源开发利用，因地制宜打造生态游、研学游等特色旅游路线。全力创建AAA级景区、多功能型运动场地，争取承办全国柔术公开赛、粤北地区体育舞蹈公开赛、龙舟赛等大型文体活动赛事，实现旅游收入13.5亿元以上。

（三）加快新型城镇化建设。大力实施“百县千镇万村高质量发展工程”，持续壮大县域经济，优化完善区镇（街）利益共享机制，加强镇域经济发展监测，推动镇域经济高质量发展。完成江湾、重阳镇级国土空间规划和全区村庄规划编制工作。大力推进城乡融合发展省级试点建设，进一步加强圩镇基础设施建设和建筑风貌管控，优化教育、医疗、文化等公共资源配置，提升龙归镇作为武江区高质量发展副中心承载能力。加快推动农村转移人口市民化，积极推进“三权促三变”[11]改革，建立健全进城落户农村转移人口依法自愿有偿退出农村“三权”的制度机制。选取西河镇、西联镇较为成熟的村开展新一轮“村改居”试点推广工作，适度扩大“村改居”范围。

三、扎实做好“三农”重点工作，奋力推进乡村全面振兴

（一）发展壮大现代农业。严格落实耕地保护和粮食安全责任制，抓住耕地和种子两个要害，持续推进撂荒地整治，完成高标准农田建设2600亩、撂荒地整治2000亩；保障粮食安全，在增产和减损两端同时发力；加快龙归镇、西河镇农田水利等农业基础设施建设，有序推广良种良法，确保粮食产量稳定在2.47万吨、生猪出栏量18万头以上，蔬菜省级现代农业产业园初见成效。加强农业品牌建设，全力支持龙归、重阳特色农业发展推广项目建设，培育种植贡柑、淮山、丝茅姜等特色优势农产品，新增全国名特优新农产品1个以上，打造“粤字号”农业品牌2个以上。持续壮大新型农业经营主体，培育家庭农场8家，新增粤港澳大湾区“菜篮子”基地2个以上、市级以上龙头企业1家以上。做好驻镇帮镇扶村工作，发挥经济联合社作用，通过流转土地和引进新品种，大力发展规模化、设施化农业产业。

（二）实施乡村建设行动。拓展农村人居环境整治“打擂比武”广度，创建“四小园”50个以上，美丽庭院30个以上，力争每个镇建成1条美丽乡村示范带。大力推进江湾、重阳、西河水系治理，提高防洪抗旱能力。推进农村集中供水改造提升，完善管维机制，确保农村自来水普及率在95%以上。持续推进农村生活污水治理，坚决遏制农村乱占耕地建房行为。全面完成村内道路硬底化，完成7公里“四好农村路”和15公里美丽农村路建设。完善农村基础设施长效管护机制，健全农村卫生保洁长效运营机制，实行“门前三包”制度，推动农村由“一时美”向“时时美”转变。

（三）持续推进农民增收。完善落实防止返贫动态监测帮扶机制，全面落实针对性帮扶措施和兜底性保障政策，坚决守住不发生规模性返贫的底线。推进扶持壮大村集体经济试点建设，鼓励冲下、续源、大夫前等村设立农业公司进行土地开发、经贸服务、资产出租等实体运作，确保村民资产收入稳定增长。建立完善利益联结机制，推广“订单收购+保底分红”“土地流转+务工收入”合作模式。盘活农村闲置资源，推动乡村振兴车间建设，因地制宜地引进中小企业、发展劳动密集型产业，带动村民增收致富。健全完善人才入乡激励机制，吸引各类人才返乡入乡创业兴业；依托武江乡村振兴培训实践中心，加大职业农民培训力度。

四、全面加强生态环境保护，加快推进绿色低碳发展

（一）持续推进污染防治攻坚。深入开展扬尘、油烟、挥发性有机化合物等大气污染整治，加强污染天气联防联控，确保空气质量六项监测指标全面达标，空气质量指数优良率达到94.5%以上。加快推进新老城区污水管网建设；加强中小河流治理与保护，持续推进东冲河、沐溪河入河排污口排查整治，有序推进小水电分类整改和绿色转型发展；开展水土流失综合治理，保持水源地水质和4个地表水监测断面水质100%达标。启动“无废城市”[12]建设，推进固体废物源头减量和资源化利用，提升建筑垃圾利用处置能力。加强土壤污染管控和修复，严格建设用地准入管理，确保建设用地安全利用率达100%，受污染耕地安全利用率91%以上。

（二）做好生态资源保护利用。加快资源资产变现，推动垦造水田、拆旧复垦形成交易指标，推进龙归镇红尾坑熔剂矿上半年顺利出让，加快完成三棵松建筑石料采矿权出让项目前期工作。加强辖区涉矿工程监督管理，依法依规对工程开采矿产资源进行处置。积极做好煤矸石综合利用改革，推动煤矸石资源价值化。压实林长制责任，深入推进绿美武江生态建设，加强松材线虫、红火蚁等有害生物防治；加强森林抚育和封山育林，严格执行年度森林采伐限额，完成600亩高质量水源林建设及832亩新造林抚育；扎实做好森林防灭火工作，森林火灾受害率控制在0.9‰以内。深化国有林场改革，推动林下经济发展。

（三）扎实推进绿色低碳发展。严格落实节能审查制度，加强重点用能企业能源消费情况监测，适时对高耗能项目开展节能监察。加快绿色能源产业发展，推动分布式光伏开发建设，力争全年完成投资3亿元；谋划实施江湾大东山风电项目。大力倡导绿色低碳生活方式，继续做好新能源汽车充电桩、换电站等配套设施建设。进一步提高垃圾分类水平，基本实现公共区域垃圾分类全覆盖。持续开展节约型机关、绿色学校、绿色社区创建行动。充分利用车八岭世界生物圈保护区武江科普基地等平台，加强生态文明理念宣传。

五、深化重点领域改革攻坚，营造优良发展环境

（一）强化科技创新引领。全力支持韶关高新

区创建为国家级高新区。推动高新技术产业发展，新增高新技术企业10家以上、工程技术研发中心2家以上。持续实施“专精特新”中小企业培育工程，力争全年新增“专精特新”企业2家以上。深入实施“百团千才万匠”工程，推动校企、科研院所建立产学研基地，培养引进创新型人才。推广知识产权质押融资，促进知识经济发展。

（二）深化重点领域改革。稳慎推进农村宅基地制度改革，探索建立武江区农村宅基地管理系统，完善宅基地流转、退出、抵押方法路径。深化预算管理制度改革，将重大政策和项目纳入预算绩效管理闭环，提高政策和项目财政资金使用效率。深化税收征管改革，提升税源精准监管和协税护税能力。持续深化国资国企改革，加快建立现代企业管理制度，推动区属低效闲置资产纳入国企运营管理，引导国企参与自然资源开发利用，提升国企融资、运营能力。全面梳理重点领域资源资产底数，持续探索资源资产价值转化实现路径，努力将资源优势转化为经济效益。

（三）持续优化营商环境。深入开展企业用地、用电、用水、用气、用能和环评、资金等要素保障行动，开辟重点项目服务“绿色通道”，确保大项目、好项目顺利落地建设。全面落实国家减税降费政策，推动各项惠企政策免申即享、直达快享。持续深化“放管服”改革，完成武江区营商服务和大数据运营管理中心建设，推进跨省通办、省内通办。深化“马上办”服务模式改革，推动行政许可事项即办率达87%以上。推动工程建设项目审批进一步精简环节、优化流程、降低成本；持续深化商事制度改革，提升开办企业便利度。加快“数字政府”建设，构建和完善武江公共数据资源基础库、主题库和专题库，建设我区数据中台和数据AI分析平台。严格落实市场准入负面清单，严厉打击破坏市场秩序和营商环境的违法违规行为，坚决整治不担当、不作为、乱作为现象，畅通政企沟通渠道，进一步营造亲商安商重商富商的浓厚氛围。

六、持续强化创新社会治理，推动民生事业均衡发展

（一）聚力增进民生福祉。推动西河中心幼儿园建成开学、市九中天子岭校区完成改造，增加公办学位1650个；完成区教师发展中心主体工程、龙归中学宿舍楼改扩建项目建设；力促育才路小学（暂名）、东岗小学高年级部、市九中本部改扩建项目启动建设，全面落实立德树人基本任务，弘扬尊师重教社会风尚，提高教学质量，推动教育高质量发展。巩固“双减”工作成果，加强校外培训监管，优化校内课后服务。加快区中医院启动运营并完善管理模式；推动区儿童医院建成运营；启动惠民社区卫生服务中心项目规划建设；加大医疗卫生人才招聘引进力度。加大对公共文化服务设施的投入，力争基层综合性文化服务中心提质增效达标率实现65%以上；加快解决区体育馆历史遗留问题，广泛开展全民健身活动，不断提高文化体育服务水平。

（二）全力落实兜底保障。实施就业服务质量提升工程，持续推进“粤菜师傅”“广东技工”“南粤家政”三项工程，解决好高校毕业生、退役军人、城镇困难人员等重点人群就业，力争城镇新增就业3600人以上。推动全民参保计划扩面提质，成立区医保中心，加强社保、医保基金监管。落实社会救助和保障标准与物价上涨挂钩联动机制。强化“一老一小”服务保障，完成4个以上镇（街）居家养老服务中心建设。

（三）全面加强社会治理。深入推进平安武江建设，常态化开展扫黑除恶斗争，持续开展全民禁毒工作。充分发挥“雪亮工程”等平台作用，大力推广应用“粤居码”平台，持续完善社会治安防控体系。加强武江区综合应急救援大队建设，建立区应急物资综合管理信息化平台，积极推进区应急物资储备仓库建设，全力抓好森林防灭火、防汛抗旱、地质灾害防治等工作，提升防灾减灾救灾能力。严格落实安全生产责任制，深入开展全行业领域隐患排查整治工作，巩固安全生产专项整治三年行动成果。加大市场监管力度，筑牢食品药品安全防线。严厉打击电信网络诈骗、非法集资和金融诈骗，严格落实重大矛盾纠纷领导包案和多元化解工作机制，积极推进各类社会矛盾和信访突出问题化解。

同时，认真做好国防动员、拥军优属、统

计、史志档案、民族宗教、意识形态、红十字、外事、金融、保密等各项工作，支持工青妇、老干部、老促会、关心下一代、残疾人保障、志愿服务等工作上新台阶。

七、更加注重政府自身建设，全面提升政府服务效能

（一）强化政治引领。始终把政治建设摆在首位，严守政治纪律和政治规矩，深入学习贯彻习近平新时代中国特色社会主义思想，认真贯彻落实党的二十大精神，忠诚拥护“两个确立”、增强“四个意识”、坚定“四个自信”、做到“两个维护”。坚持把党的全面领导贯穿政府工作全过程，用对党忠诚的实际行动做好各项工作，不折不扣落实中央决策部署和省、市及区委各项工作安排，确保党的路线方针和上级决策部署在武江落地生根。

（二）坚持依法行政。深入贯彻落实习近平法治思想，严格执行“三重一大”集体决策、合法性审查机制，切实提高政府决策科学化、民主化、法治化水平。进一步推进法治政府建设，完善落实行政复议机制，高效办理行政复议案件。严格落实行政规范性文件合法性审核机制，推动规范性文件管理制度化、规范化。自觉接受区人大的法律监督、工作监督，区政协和社会各界的民主监督，做好人大代表建议和政协委员提案办理工作，确保权力在法治轨道上运行。持续抓好法治教育宣传，深入开展“八五”普法，扎实开展司法所规范化建设三年行动，加快推进全省“智慧矫正中心”示范单位创建工作，优化公共法律服务，持续深化法治武江建设。

（三）狠抓担当落实。进一步理顺部门职责关系，全面实行权责清单制度，推动各镇（街）、各部门高效履职尽责。坚持问题导向和结果导向，坚持任务项目化、项目清单化、清单责任化，强化工作落实闭环管理，切实提升工作执行力。抓住短板和薄弱环节，加强督办落实，确保各项目标任务按时间表、路线图保质保量完成。进一步完善履职考核体系，用好正向激励和容错免责机制，对产业发展、招商引资、乡村振兴、项目建设、征地拆迁等重点工作“打擂比武”。牢牢把握团结奋斗的鲜明主题，大力践行实干为要的一线工作法，推动全区政府系统埋头苦干、真抓实干、务求实效。

（四）加强廉政建设。扎实推进政府系统党风廉政建设，认真贯彻落实中央八项规定及其实施细则精神，力戒形式主义和官僚主义，着力解决“四风”突出问题。加强对土地房屋征收、工程招投标、国有资产处置、政府采购、资源要素配置等重点领域监管，严控“三公”经费和一般性支出，精打细算过政府的“紧日子”“苦日子”，实干笃行谋百姓的“好日子”。依法强化审计和统计监督，着力营造风清气正的政治生态。

各位代表！岭南处处是春天，武江时时无闲人。让我们更加紧密地团结在以习近平同志为核心的党中央周围，坚持以习近平新时代中国特色社会主义思想为指导，在区委的坚强领导下，坚定信心、振奋精神、同心同德、苦干实干，奋力推动武江各项事业再上新台阶，努力建设韶关“双化双融”先行示范区和高质量发展率先突破区！

名词解释

1.“六新”目标：建设生态环境优美、经济跨越发展、创新活力迸发、城乡融合发展、人民生活幸福、治理规范高效的新韶关。

2.“六化”举措：以非凡之举推进新型工业化、新型城镇化、农业农村现代化、资源资产价值化、改革攻坚系统化、治理体系和治理能力现代化。

3.“双化双融”：新型工业化、新型城镇化，产城融合、城乡融合。

4.“五小”项目：指小公园、小广场、小运动场、小停车场、小菜市场等建设项目。

5.农村人居环境整治“打擂比武”：武江区通过专班联动、资金撬动、擂台评比的方式，推进农村人居环境整治，建设宜居宜业美丽乡村的创新做法。

6.“四小园”小生态板块：指利用村头巷尾、房前屋后的闲置土地以及“三清三拆三整治”后的空闲土地，见缝插绿，种植蔬菜、瓜

果、花草、树木等，而形成小菜园、小果园、小花园、小公园。

7. 食品安全“两个责任”：食品安全属地管理责任和企业食品安全主体责任。

8. “三大战略”“六大行动”“三大提升”：指笃定实施生态立市、工业强市、县域富市“三大战略”，开展绿美韶关、产业攻坚、科教人才、营商环境优化、要素保障、资源盘活“六大行动”，推动基础设施水平、基层治理水平、民生事业水平“三大提升”。

9. 工业地块“带方案出让”：指工业和仓储物流用地在土地出让前，做好规划设计方案，并将其植入招拍挂网上交易方案中，作为土地出让条件的一部分。企业竞得土地后，可直接申请核发不动产权证、建设用地规划许可证和建设工程规划许可证。

10. “双变”：厂区变园区　产区变城区。

11. “三权促三变”：通过对农村各类产权进行确权、赋权、易权，促进资源变资产、资金变股金、农民变股东。

12. “无废城市”：指以创新、协调、绿色、开放、共享的新发展理念为引领，通过推动形成绿色发展方式和生活方式，持续推进固体废物源头减量和资源化利用，最大限度减少填埋量，将固体废物环境影响降至最低的城市发展模式，也是一种先进的城市管理理念。

年度关注

党的二十大精神学习走深走实

党的二十大召开以来，武江区各级党组织把学习宣传贯彻党的二十大精神作为当前和今后一个时期的首要政治任务，与学习贯彻习近平新时代中国特色社会主义思想结合起来，与推动武江经济社会发展各项工作结合起来，坚持全面系统学、深入思考学、结合实际学，带着信念、感情、忠诚、使命学，围绕“五个牢牢把握”，切切实实在学深悟透、融会贯通、真信笃行上下功夫，在全区掀起学习宣传贯彻热潮，为推动党的二十大精神在武江落地生根、开花结果打下坚实基础。

一、精心组织，学深悟透

（一）整体把握、全面系统

武江区于省、市传达贯彻党的二十大精神电视电话会议召开后的首个工作日便紧跟步伐召开全区传达贯彻党的二十大精神大会，认真传达贯彻落实相关会议精神，具体部署全区学习宣传贯彻党的二十大精神工作。为更好地指导全区上下迅速掀起学习宣传贯彻热潮，制定并印发《中共韶关市武江区委关于认真学习宣传贯彻党的二十大精神的通知》《中共韶关市武江区委办公室关于印发〈学习宣传贯彻党的二十大精神总体工作方案〉的通知》，对全区学习宣传贯彻工作提出明确要求、作出系统安排。

（二）突出重点、抓住关键

武江区严格按照突出重点、抓住关键的原则，分阶段分批次持续深入推进党的二十大精神学习宣传贯彻工作。传达学习阶段，区级层面通过召开常委会、干部大会、宣讲报告会等，用心谋划部署“领学”，做到先学一步、学深一层。各级党组织也积极“跟学”，第一时间通过党组织会议等方式，认真组织学习并研究贯彻落实意见、制定具体方案。研讨培训阶段，举办全区正科级以上领导干部专题研讨班，设立专门教学单元作为干部培训的主要内容，统筹基层党组织书记、基层党代表、专家学者等培训力量，采取集中学习与个人自学相结合、干部培训网络平台与专题讨论会等线上线下联动方式，组织党员干部认真学习研讨。

（三）以上率下、以点带面

区委常委领导班子迅速行动、带头指挥，扎实抓好分管领域、负责镇街、联系部门的学习宣传贯彻工作。区四套班子成员不断增强政治意识、提高政治站位，切实发挥好关键少数作用，既做实干家，又做宣传家，积极带头到各基层联系点开展宣讲。各级党组织主要负责人带领其班子成员担起责任，求真务实开展学习宣传贯彻工作。截至2022年底，全区领导讲学共开展20多场次，各镇（街）各单位举行学习活动近200场次，全区党员干部群众迅速兴起学习宣传贯彻热潮。

二、周密部署，融会贯通

（一）多措并举全覆盖学习

针对党员领导干部，区级召开区委理论学习中心组学习贯彻党的二十大精神专题学习会，围绕主题深入研讨，切实把思想和行动统一到党的二十大精神上来，把学习成果转化为干事创业的强大动力。举办全区正科级以上领导干部专题研讨班，以集中培训和专题研讨为主要形式，对全区正科级以上领导干部进行集中轮训。

针对一般党员干部，依托广东南岭干部学院现场教学点武江乡村振兴培训实践中心、镇街党校和村级分教点，分级分类开展干部教育502期、培训16670人次，开展党员教育479期、培训15308人次。积极组织参与“喜迎二十大建设新韶关”微视频征集活动，其中《西水印记》荣获优秀奖。

针对普通群众，各镇（街）各单位多措并举，结合行业服务管理、社区共建共治共享、乡村振兴等，开展红色研学、线上线下知识竞答、送学上门、红歌百家唱主题活动、书画活动、读书悦享会、观看红色电影等各种特色学习活动，用接地气客家方言为群众开讲“榕树下的微党课”，让党的二十大精神家喻户晓、深入人心。

（二）多点开花全方位宣讲

武江区高位推进基层理论宣讲工作，新成立的“芙蓉花”理论宣讲队六支小分队奔赴基层一线开展宣讲，多点开花推动党的二十大精神进机关、进企事业单位、进城乡社区、进校园、进各类新经济组织和新社会组织、进网站。截至2022年底，累计开展宣讲34场次，受众千余人，使党的创新理论“传”入千家万户，“播”到田间地头，“送”达车间厂房，“走”进群众心坎。

“芙蓉讲坛”在机关单位的领导干部、职工中开展，通过共同学习党的创新理论，为走好新时代“赶考之路”凝心聚力。“鹦鹉学堂”针对普通百姓，在江湾的大榕树下、家门口前的社区广场，宣讲员从老百姓们最关心的民生福祉，用一个个“接地气”的鲜活例子，让市民读懂生活百科，让村民看懂乡村振兴。“书海课堂”针对青年、学生群体，以读书分享、心得体会、感悟收获等，在校园图书角、在课室、在书房，引导学生们厚植爱党、爱国情感。“武水书堂”针对新的社会阶层人士、党外人士、企事业职工、各类新经济组织和新社会组织工作人员，宣讲员用朴实准确的“大白话”在港澳台侨工作室、商会活动室，以学理论、谈体会、议热点、讲故事、齐互动等形式，进行“面对面”的理论交流，在“你问我答”中促进理论宣讲落细、落实。

（三）多元出新全流程宣传

用好“武江发布”微信公众号、视频号新媒体平台，多元出新不断深化党的二十大宣传。及时转发新华社、《人民日报》等官方发布平台关于党的二十大召开盛况，以及报告金句、报告解读等通稿，将党的声音传到千家万户。开展“武江这十年”专题稿件展播14篇，展现武江十年来的经济社会发展成就。开设“学习贯彻党的二十大精神”专栏，实时跟踪全区各单位学习宣传贯彻情况39篇，策划并制作专题访谈《聚焦二十大　畅谈心中期盼》《二十大时光踔　厉奋发向未来》系列视频20篇，引导全区广大党员干部群众激发锐意进取、埋头苦干的精气神。截至2022年底，共推送相关文字信息56条，累计阅读量2.5万人次；视频信息26条，累计播放量8.5万次，不断推动学习宣传贯彻往深里走、往实里走。

用好辖区内社会宣传载体，快速铺开主题宣传画和宣传标语的组织布置，确保在全区范围内营造起积极浓厚氛围。党的二十大召开后一个月内，通过户外广告牌和宣传栏刊播宣传标语191幅，宣传标语51条；在74个室内、户外电子屏轮播宣传画31377次，宣传标语34764次；通过新媒体发布宣传画850次，宣传标语32条；悬挂宣传标语横幅20条。其中覆盖84个村居、十几条主次干道、29个中小学校、10多个集贸市场，以及上百个物业小区、窗口单位、文体场馆等各种区域。

三、务求实效，真信笃行

（一）找准目标任务

武江区各镇（街）各单位紧紧围绕党的二十

大主题，围绕党的二十大报告提出的新目标、新任务、新举措、新方略，聚焦新时代新征程党的使命任务，按照省第十三次党代会和市第十三次党代会确定的目标任务，立足武江优势，抢抓省出台的若干政策以及重大战略机遇，主动对接服务，积极谋划推动相关项目，结合实际抓好各项贯彻落实工作，把五年任务年度化、年度任务项目化、项目任务责任化，一步一个脚印把党的二十大作出的重大决策部署落实到武江经济社会发展各方面全过程，着力推动武江全力建设韶关“双化双融”先行示范区和高质量发展率先突破区。

（二）用心调查研究

武江区紧紧围绕全面贯彻落实党的二十大精神、推动高质量发展，把问题贯穿调查研究全过程，深入开展调查研究。结合武江经济社会情况，对存在的突出问题、群众关心反映强烈的热点焦点问题、改革创新中遇到的堵点淤点难点开展问题大梳理、难题大排查，制订《关于在全区深入开展调查研究的工作方案》，通过战略性调研、对策性调研、前瞻性调研、跟踪性调研、解剖式调研、督查式调研等调研形式深入基层、深入群众、深入现场，突出重点、直击要害，结合实际确定 12 个专题的调研内容开展调查研究，以找准找对解决问题、改进工作、推动发展的思路举措。

（三）强势合力开局

武江区主动扛起使命任务，深刻领悟过去 5 年工作和新时代 10 年伟大变革，深刻把握二十大精神的世界观方法论，坚持不懈用党的创新理论武装头脑、指导实践、推动工作。

加快构建现代化产业体系。抓紧推进 8 次集中开竣工活动 58 个关键项目，认真落实区领导挂点服务重点企业制度，全力做好经济运行监测与调度。夯实龙归城乡融合产业园、现代农业产业园、武江蔬菜产业园、武江科创园等发展平台，深化与深科园的交流合作，完善产业链招商优质高效服务机制，推动武江经济高质量发展。坚持打造宜居宜业宜游的中心城区核心区。扎实推进芙蓉新城内涝治理工作，加快二拖厂三旧、新三联宿舍等老旧小区改造，高标准加强城市综合管理能力，繁荣发展保利广场、富康广场、沙洲尾等特色商圈。塑造中心城区发展新动能新优势。重点在新区和沙洲尾片区谋划新改扩建一批公办学校，打造与中心城区相匹配的教育优势。大力支持丽珠等企业进行科技创新和产业升级，引导多层次资本市场金融服务流向科技创新。充分用好人才服务机制和武江科创园青创中心，多角度支持青年人创新创业。推进城市文化出新出彩。坚持连片规划开发青暖欧日章故居等红色资源，打造特色鲜明的武江红色文旅。研究好挖掘好各镇街文化资源，持续加强韶州文创园、科普馆等高品质社会文化产品供给。全面推进乡村振兴。深化“打擂比武”行动，结合“龙归—江湾”“西河—重阳”两条精品线路发展城郊农文旅产业，让农民享受到美丽乡村建设和产业发展带来的红利。着力保障和改善民生。千方百计稳定和扩大就业，全面提高社会保障和基层健康服务能力，用好新时代“枫桥经验”不断提升市域社会治理现代化法治化水平。深化全面从严治党。坚定不移推进新时代党的建设新的伟大工程，通过加强党的政治建设、打造高素质干部队伍、夯实基层党组织基础、打好打赢反腐败斗争，奋力推动武江经济社会高质量发展再上新台阶。

（区委宣传部）

“村改居”治理新模式　“五化”凸显改革成效

自2020年10月武江区成功申报成为城乡融合发展省级试点以来，区民政局在区委、区政府的坚强领导和市民政局关心指导下，紧紧围绕上级关于新型城镇化部署要求，以“城中村”和“郊区棚改村”为典型，在健全村改社区管理机制领域深入探索、先行先试。2022年11月14日，红星社区居民委员会和赤水社区居民委员会正式设立，标志着武江区在突破城乡二元结构、统筹城乡融合发展、完善城乡社区治理方面取得新突破，并在基层治理五个方面产生深远影响。

一是先行示范效应化。武江区作为韶关市中心城区，城镇人口37.37万人，占总人口的84.52%，城区存在大量城中村，城镇居民户籍人口占本村总户籍人口一半以上，大部分村无耕地且城中村村民大多不再依赖农业生产，转而以经商、务工、创业、房屋出租为主，大部分村的经济结构和村民精神文化需求等方面发展都达到城镇的水平，要实现可持续发展，唯有走城乡融合发展之路，而健全村改社区管理机制就是重点改革任务之一。西联镇赤水村、西河镇红星村的“村改居”试点工作圆满完成，证明只要基层党建引领到位、精准施策牵引到位、宣传教育引导到位、保障群众利益到位、程序完善规范到位，改革就能得民心、出成效，为全市城乡融合发展提供武江经验。

二是市域治理现代化。随着武江区城市化推进，人口不断向城市集聚，城中村有大量非本村人口，城中村和周边社区边界交叉、管理交织、人员混住，而原农村管理服务对象多限于原行政村户籍人口，服务能力不满足城市发展和城区治理需求，存在“小马拉大车”的问题，“村改居”后，社区治理向纵深发展，社区辖区居住人口将一并纳入管理服务范畴，直接推动基层治理模式与城镇化步伐同步，居民委员会将集中精力做好社区管理和社区服务，缩小城乡差别，改变城乡二元结构，提升城市基层治理现代化水平，加强社会治安的综合治理。

三是集体产权制度化。以“村改居”试点工作为契机，原村级集体经济组织资产产权登记在村经济联合社名下，原村民集体经济联社理事会成员直接过渡为社区集体经济联社理事会成员，对集体资产全面清产核资并以股份形式量化给集体经济组织成员，促进其建立适应市场要求的新型的经济管理体制和运营机制，从而发展壮大集体经济，提高集体经济组织成员收入。以红星村为例，2022年，村集体总收入高达3132.66万元，社员股份分红、退休金、合作医疗、奖学金等集体福利支出达到1800万元，占收入比例为57.45%。

四是公共服务均等化。“村改居”社区的水、电、路、气、垃圾污水处理等基础设施纳入市政建设，优化教育配套设施和社会保障，让村民享受高度城市化生活，如涉改村符合条件的村民可享受的特困金标准由每人每月965元提高至每人每月1325元、最低生活保障金标准由每人每月603元提高至每人每月828元，社员社保补贴同比增长14%以上、退休社员退休金同比增长15%以上，显著改善群众福祉。推动涉改村在基础设施、道路命名、公共服务、财政供给等方面与城市社区相衔接，助力打通城乡间人才、土地、资金等要素自由流动制度性通道，形成城乡融合空间新格局，让农民真正转变为市民。

五是党建引领效能化。村改社区“两委”干部将根据居民委员会组织法赋予职责职能，进一步发挥社区党组织在城市区域化建设发展中的核心引领作用，全面契合辖区内公共单位、党组织和党员，深化“契约化”党建，将党的组织和工作覆盖到社区发展的各个领域、各个角落，通过实施清单化管理、项目化推进，组织区域联动的公共服务和自治活动，在社区居民和辖区企事业单位党组织中搭建需求互通、资源共享、优势互补的平台载体。

（区民政局）

武江区以精细化手段打造宜居宜业中心城区品质

2022 年，武江区始终秉持“绣花”理念，用好“互联网 + 城管”平台，创新暖心执法模式，做实做细中心城区微改造，高标准做好城市管理的相关工作，以提升人民群众获得感、幸福感、安全感为准则，高质量打造宜居宜业的中心城区。

一、充分利用“互联网 +”，打造数字化“城市管理大脑”

武江区通过“互联网 + 城市管理”方式，在原有的智慧城管的平台上，在充分调研的基础上重新组建武江区城市运行中心。该运行中心充分利用大数据、云计算、AI（人工智能）、IOT（物联网）、智能感知、5G、“互联网 +”等现代信息技术，搭建智慧感知平台、深度融合平台、统一服务平台、主导决策平台、应用交互平台和数据交互平台，全面实现能够统一指挥调度全区综合执法、城市管理力量。推进城市管理业务一体联动落地，力促城市管理“一张网”互联互通，“一张图”指挥调度，实现城市治理体系和治理能力现代化，有效推动城市管理科学化、精细化、智能化，为武江区城市管理工作提质增效。2022 年，新接入监控点位 104 个，利用监控摄像头提升城市“六乱”治理水平，利用该智能平台共处理数字城管工单 1589 宗，针对共享单车乱摆卖处理工单 5436 宗。对城区防洪排涝、道路积水点及时预警，有效提升城区排水防涝管理水平。

二、创新“人性化”执法模式，维护城市秩序

武江区始终以规范化执法、从严管理执法队伍为前提，创新“7 分宣传 +2 分教育 +1 分处罚”模式，从粗暴缴罚模式转变为人性化执法。武江区采取领导班子带队模式，带领执法队员开展入室宣传，邀请商户座谈，认真听取市场主体的意见和建议，全面提升夜间大排档整治成果。因地制宜综合考虑，设置多处流动摊贩临时摆卖点，改善占道经营情况，遏制菜市场周边乱摆现象。提倡执法队员采用“宣传—批评教育—严肃处理”的模式，循序渐进整治沿街商铺乱摆、堆放现象。创新源头整治，优化布局背街小巷停车位，安装停车栏杆闸机，疏堵结合的方式处理一批老旧小区占道经营的乱象。为保驾护航孟洲坝夜市“烟火气”，采取从严执法与服务民生的相结合工作理念，优化临时摆卖点经营。引导规范流动商贩在指定区域规范摆卖经营，开展临时摆卖点管理政策解读服务，进一步规范夜市摊点经营秩序，为个体小摊贩、市民游客做好全方位的服务保障。2022 年武江区在市容市貌管理上提质增效，清理夜间占道经营、流动摊贩 2200 余宗；立案处理屡教不改、占道经营严重的 68 家商户、流动商贩，处罚金额约 31000 元；对擅自占用城市道路、无序停放共享单车的公司立案处罚 27 起，处罚金额共计 44 万元。

三、优化城区微改造，加快城市更新速度

2022 年，武江区始终坚持精细化管理准则，以背街小巷提升整治和“五小”项目建设为契机，按照“一处一策”高质量打造城市建设公共空间，为武江城区居民提供便捷舒适的城市空间体验。通过翻新老旧道路和街道，提升绿化景观，完善市政配套设施，提升城市面貌。完成武江区沐阳路绿化修复及改造提升工程、新华北路（志兴金碧园至茶业大厦段）人行道改造工程、沙洲路及周边道路改造提升工程、新华北路道路改造工程电力迁改工程、教育路（原教育路西延线）与沙湖路交叉口排水改造工程、武江区城区街巷道路及配套设施改造工程（一期）、芙蓉隧道口绿化提升工程等40余个工程结算审核工作。完成新华北路、新津路、沐溪大道（粤北二院至韶关大道北）、芙蓉东路（新华南路至韶乐广场）、怡华路、新华南路、武江小学旁周边道路、韶关高新区莞韶城三期基础设施项目二期厂房片区基础工程（一、二、三、四期）、韶关高新区莞韶城三期基础设施项目二期工程道路工程、武江区汇展酒店周边道路改造工程、武江区营商服务和大数据运营管理中心建设项目等31个重点项目前期工作和施工合同签订工作。实施对侨新小区周边道路、幸福路、林桥公园北侧制药厂宿舍周边道路、东岗岭安置小区周边道路、侨新小区周边道路、幸福路、惠民南横街汇洋威尼斯小区旁道路、芙蓉北三路、丽珠制药厂道路、旭日玩具厂旁道路等街巷改造项目20项。结合实际情况，因地制宜利用城区街道边角处打造街心小公园，完成建设5个“五小”项目建设，包括2个小绿地，1个小停车场及2个小广场。将“韶州文化”“九龄文化”融入城市建设，优化完善武江区文旅设施。在韶州公园西广场打造张九龄地标雕塑，并增设铜版刻印、印章小景、石刻铺石、景观墙等方式营造浓厚文化氛围，提升文化影响力。

四、补齐城市管理短板，练好城市管理“绣花功”

2022年，武江区不遗余力地实施精细化管理改善城市环境的行动。提升管养精细化水平，树立日常管养全周期理念，提高工作标准，划定重点区域，地标性设施精益求精，易堵易损易积水设施常抓常管，对存在塌方、错位、设置不合理的管道进行合理排水改造。优化提升市政绿地、公园绿地绿化建设工作。加大对园林绿化建设和养护的巡查和考核力度，做到管养并重，使园林绿化养护工作更加扎实有效。加强辖区环境卫生精细化管理，通过建立环卫保洁长效管理制度，完善网格化管理。优化环卫作业管理水平和质量，规范环卫作业考评奖惩。持续推动活垃圾分类示范片区建设，建立生活垃圾分类投放、收集、运输、处理一体化系统流程。重点推进厨余垃圾分类工作，推进打造群康路生活垃圾分类示范街；完成百旺路厨余垃圾处理设备调试和试运营工作，9月正式投入使用。2022年，共处理厨余垃圾81837千克。精准施策做好排水防涝工作，在配合积极做好市级排水项目的前提下，武江区对新区多处易涝点深入调查分析，创新采用“短平快”措施缓解积水压力。对新区其他内涝点通过挖浅排沟、增设格栅板等举措有效缓解内涝点积水压力。对老城区吉祥路、西冲路等12处积水点，通过改善排水设施，有效提升城市的排水能力。2022年，共完成69条主次干道的管道疏通，共疏通排水管道及方渠共47300余米，清疏雨水格栅7379个，清理砂井2742个，更换“四防”装置981个，武江城区内4处泵站排水总量5798916立方米。

武江区持续以“补齐设施短板、提升城区品质”总体目标，全面提升武江城区宜居宜业的中心城区品质。以完善城市基础设施、提高城市管理质效、提升群众生活环境为立足点，加快城区公厕、生活垃圾收集分类、市政基础设施等项目，不断构建城市社会治理现代化，逐步由城市管理向城市治理转变。持续提升背街小巷街景、“五小”项目建设，打造一批微缩景观、主题绿雕等，高质量打造城市建设公共空间。

（区城管局）

七大举措建设美丽新农村　绘就乡村振兴新画卷

2022年，武江区认真贯彻落实中央关于实施乡村振兴战略的决策部署和省委、市委有关工作要求，围绕省“九大攻坚”行动和市“3510”工程目标任务，以城乡融合发展省级试点建设和农村人居环境整治“打擂比武”活动为重要抓手，举全区之力推进乡村振兴各项重点工作，农村基础设施、人居环境、乡风文明等持续完善提升。

一、落实驻镇帮镇扶村机制，拓展脱贫攻坚成果

各镇成立乡村振兴驻镇帮镇扶村工作领导小组，切实加强驻镇帮镇扶村工作队的管理，统一步调，全力攻坚。工作队会同镇村积极摸索监测帮扶、产业就业、镇村建设、基层治理等方面促进镇村发展的方法，完成编制镇域乡村振兴规划，认真做好项目库梳理和涉农资金申报，形成美丽圩镇建设项目116个，涉及驻镇帮镇扶村资金1.77亿元、债券资金2.96亿元，有效提升镇村公共服务。镇、村和区直行业部门按照“四个不摘”要求，持续稳定贯彻落实各项帮扶政策。产业帮扶方面，区统筹资金139.50万元用于生猪养殖示范基地等建设项目，带动有劳动能力脱贫户15户17人，年人均增收在1.5万元。就业帮扶方面，每月动态跟踪脱贫劳动力务工动向，及时帮助提供岗位信息，全区426名有劳动能力脱贫人口实现稳定就业，安置19名脱贫劳动力到乡村公益性岗位。教育帮扶方面，通过全国学生资助管理信息系统、学籍系统与扶贫系统比对，有效做好义务教育阶段适龄学生“放流控辍”，确保入学率达到100%。兜底保障方面，380户555名无劳动能力脱贫户全部纳入兜底保障，共发放低保金、五保金和孤儿生活保障金190.28万元；共发放残疾人生活津贴27.60万元，重度残疾人护理补贴37.40万元，惠及301人。

二、发展富民兴村产业，促进乡村产业振兴

一是推动强镇富村联农机制。通过整合村集体经济组织、农民合作社和企业资本，逐步激活了镇村经济发展内生动力，为实现村民进一步增收、村集体经济发展壮大奠定了基础。建立乡村振兴生产车间4间，建成美妆产品、手机套、包装等小手工劳动生产企业3家，用工以本地有劳动能力脱贫户及其他剩余劳动力为主，带动500多户村民在家门口就业，户均增收3万—6万元，进一步激活镇村经济发展内生动力。二是成功申报创建武江区省级蔬菜产业园。武江区蔬菜产业园规划总投资2.13亿元，覆盖全区5个镇，以广东兴顺佳集团有限公司为牵头实施主体，韶关市番灵饲料有限公司等5家企业参与实施，与广东省农科院韶关分院、华南农业大学等科研单位建立合作关系，重点开展叶菜类和应季蔬菜标准化种植示范基地建设，着力打造特色蔬菜产业引领工程等六大工程13个项目，主打叶菜类、瓜果类和淮山、丝茅姜两个全国名特优新农产品。三是积极培育新型经营主体。全区新型农业经营主体不断壮大，共培育农业产业化龙头企业12家（其中，国家级龙头企业2家、省级2家、市级8家）；发展市级示范家庭农场7家、区级示范家庭农场15家。农村土地承包经营权流转更加规范化，成立区级农村土地仲裁机构，家庭承包耕地流转总面积2.6万亩，为武江农业产业可持续发展奠定基础。四是加强农业品牌培育。武江区共有“三品一标”农产品认证企业10家、产品认证13个。培育“龙安淮山”“百花蜂蜜”2家广东名牌产品，新增“詹氏”川贝蜂蜜省级名牌产品；武江区黄塱无花果、龙归香蜜薯，妙联丝茅姜，重阳贡柑，江湾天冬，龙安淮山、龙归

生猪、龙归丝苗米等8个农产品被选入全国名特优新农产品名录，后坪茶树菇、龙安淮山、龙归香蜜薯、大夫前果丰贡柑、妙联丝茅姜被认证为无公害农产品；龙安淮山、大夫前果丰农场贡柑等规模化绿色生产基地已基本建成。

三、拓展“打擂比武”活动深度，促进乡村生态振兴

对全区51个行政村277个自然村，组成51个专班，采取“党政主要领导包片、处级领导抓村、科级干部驻组、百家企业扶点”的方式，构建起“区—镇—村—企”组团作战的工作机制。2022年，区财政共安排资金4000万元，分别用于组团筹集资金1∶1配套奖补、“生态宜居美丽乡村”评选奖补、破旧泥砖房拆后公共设施新建奖补，按照“筹集资金越多、登台打擂越快、评比结果越优、奖补奖励越多”的原则进行奖补，有效引导村民、企业等各方力量捐资捐物、投工投劳。2022年，全区累计撬动社会资金、村民自筹资金7067万元，村民投工投劳2万多工日。全年共举办7批次“打擂比武”活动，由“两代表一委员”和专业工程师组成第三方评审小组，通过第三方评估、会场PK评选和综合评定等环节，共评选出63个“农村人居环境整治示范村庄”。投入1900万元新增打造以重阳河为链，串联重阳镇7个村（居）的“青林水岸、红色印记”乡村振兴示范带，荣获韶关市首届“农行杯”“个十百”乡村振兴擂台赛第三名。全年完成“四小园”建设256个，“美丽庭院”创建51个，全区277个自然村全部达到“干净整洁村”标准，其中，美丽宜居村89个，特色精品村81个。

四、加强基层党建引领，促进乡村组织振兴

一是压实“三级书记”第一责任。坚持高位推进，认真落实乡村振兴工作“一把手”负责制，形成区、镇、村三级书记抓乡村振兴，各级各部门上下贯通、责任到底、合力攻坚的工作格局。二是科学设置建强基层组织架构。武江区细化“村到组、组到户、户到人”农村三级党建网格，创建一级网络51个、二级网络190个，三级网络2107个。三是深入实施新一轮加强党的基层组织建设三年行动计划。制定《韶关市开展抓党建促乡村振兴示范县创建工作任务清单（2022年）》，定期督办工作进展。深入实施基层党组织“头雁工程”，举办全区2022年村（社区）党组织书记全员培训班，聚焦基层党建、乡村振兴、社会治理和经济发展等方面开展培训，提高村党组织书记履职水平和工作能力。四是推动党员干部深入基层一线。积极发挥党员的先锋模范作用，创新将城中村纳入在职党员到社区报到工作的服务范围。在城中村创新开展“1+4+N”在职党员到社区报到服务活动，在远郊村开展无职党员设岗定责活动，44个远郊村1045名农村党员认领矛盾调解、治安保卫等各类岗位。常态化推进民情夜访，区镇干部联系服务群众5328人，夜访5148户，解决问题5278个。全面完成3个农村党群服务中心“下楼”计划，建设133间党群服务室，着力打造“5分钟服务圈”。五是村企党组织引领产业发展。武江区充分发挥党建引领作用，探索“2+1”村企党组织结对共建，通过一个村党支部和一个“两新”组织或国企党支部共同帮扶一个经济发展相对薄弱的农村党支部，盘活区域党建、经济、人力等资源，推动乡村产业发展。推行“支部引领、党群参与”集体经济发展模式，武江区登记注册的农村集体经济组织434家，全区村集体经济合作社资产总额约25.64亿元，资产总额位列全市各县（市、区）首位。

五、加强乡村治理建设，促进乡村文化振兴

一是积极开展乡村治理“百镇千村”示范创建活动，鼓励各村党组织结合实际探索乡村治理新模式。搭建村民议事堂平台，让群众有事好商量。在城中村创新开展“人民调解百米服务圈”，实现调解服务就在群众身边；在城郊村创新开展“一毛钱工程”，形成了“我建我家—我爱我家”的良性循环。广大群众在党组织带领下积极主动参与社会治理，成功打造光明巷等一批基层治理示范点。武江区1个村被评为全国乡村治理示范村（重阳镇万侯村），5个村被评为省级乡村治理示范村（江湾镇湖洋村、龙归镇社主村、西联镇芙蓉村、西河镇红星村、下坑村）。二是倡导文明风尚，推动移风易俗。常态化组织镇村开展“我们的节日”系列活动，传承和弘扬中华优秀传统文化，营造良好节日氛围，组织开展理论宣讲、移风易俗、文化文艺等“文明实践小课堂”进乡村活动，确保每月至少开展一次新时代文明实践系列活动，印发《武江区新时代文明实践积分制管理试点实施方案》，在全区5个镇进行文明实践积分制试点工作。截至2022年底，武江区30%的村镇达到省级以上文明村镇创建标准，5个镇都获得“市级文明镇”称号，西河镇红星村获得“全国文明村”称号。三是深化文化惠民，提升群众获得感。强化培育特色乡村文化品牌，积极培育重阳水口赛龙舟、龙归后坪客家山歌、江湾瑶族习俗等传统文化项目。发展壮大民间文艺队伍，着力扶持引导龙归、重阳、西联等乡镇的文艺团队发展。结合新时代文明实践要求，着力打造了“听党话、感党恩、跟党走”“在希望的田野上”基层理论宣讲、“讲好人故事 建善美之城”道德模范故事汇等一批品牌活动。

六、推进人才队伍建设，促进乡村人才振兴

一是打造武江区乡村振兴培训实践中心品牌。依托区乡村振兴培训实践中心，依托镇党群服务中心或综合文化站现有资源和力量，探索建立“1+5+N”区、镇、村三级联动引才、用才、育才体系，建设区、镇两级乡村振兴人才驿站6个，实现人员和资源共享，畅通人才、智力、技术助农通道。研究制订《韶关市武江区乡村振兴人才驿站建设实施方案》，聘任中国科学院院士刘耀光等8名高层次人才为武江区提供高端智力服务。二是全力推进职业技能提升工程。制订2022年武江区农业转移人口特色技能培训计划，大力推进“粤菜师傅”“广东技工”“南粤家政”三项工程，全面铺开企业“新型学徒制”培训，建立企业与技工学校精准对接机制，健全终身学习制度和职业技能培训制度。举办“南粤家政”专场招聘会，为农村劳动力提供就业岗位500余个，新增评审“乡村工匠”职称50多人，累计开展“粤菜师傅”“南粤家政”等技能培训246人次。三是完善农业科技推广服务体系，落实农村科技特派员制度。积极开展高素质农民培训工作，按要求遴选23名参训学员完成入库并开展相关培训。完善农业科技推广服务体系，落实农村科技特派员制度，选派15名农村科技特派员参与驻镇帮镇扶村“组团式帮扶”的“三农”科技服务。量身定制科技服务套餐，通过开展线上、线下科技服务和互动交流，为经营主体和农民提供水稻、蔬菜、果树等栽培管理、病虫害防控、防寒防冻等培训和技术指导100余次，举办各类技术培训12场，开展乡村产业指导和调研工作10余次，形成调研报告5份，全力为群众解决农业技术难题。

七、推进乡村基础设施建设，补齐公共设施短板

一是积极谋划实施涉农资金项目。全面摸清全区基础设施和公共设施短板弱项，认真谋划项目，成功申报省级涉农资金、驻镇帮镇扶村资金、债券资金7.02亿元。加强项目立项把关，确保涉农资金使用达到效益最大化。用好省级涉农资金9570万元，紧盯民生项目，遴选了村内道路建设、农村集中供水提档升级、美丽圩镇建设等46个项目，全面改善农村生产生活条件。二是深入实施农村生活污水治理攻坚行动。推进村级污水处理终端和管网建设，因地制宜分类推进农村生活污水治理，治理率达到60%，提前完成了省、市要求的到2025年农村生活污水处理率提升至60%的目标任务。三是深入实施村内道路建设攻坚行动。制定了《武江区农村村内道路建设攻坚行动实施方案》《武江区农村村内道路建设情况汇总表》《武江区农村自然村内道路建设年度任务清单》，详细列出273个自然村村内道路建设情况，梳理出232.81公里建设任务。统筹使用涉农资金、驻镇帮镇扶村资金、土地出让收入资金及本级公共财政资金3890万元用于村内道路建设和管护。2022年度，武江区共完成村内道路建设67.1千米，完成率79.8%，其中村内干路完成率100%；完成村内支路27.91千米，完成率75.61%；完成村内巷路38.49千米，完成率82.79%。

（区农业农村局）

全力以赴开展抗洪救灾

2022年5月，史上所罕见的特大暴雨突袭武江。据气象部门记载，2022年5月至6月21日，武江区平均降水量超800毫米，突破历史极值，出现有气象记录以来最强“龙舟水”。尤其是2022年6月13日至22日，武江区出现持续极端强降雨过程，全区多地出现了不同程度的城镇内涝、道路积水、山体滑坡、居民受困等灾情。面对严峻的防汛形势，武江区在市委、市政府和市““三防””指挥部的坚强领导下，全区勠力同心、众志成城，取得了社会安全稳定，无一人死亡的阶段性成果，武江区广大党员干部用实际行动筑起了一道道牢不可摧的“红色堤坝”，最大限度保障了群众生命财产安全。

一是迅速启动应急响应。雨情、水情就是命令，持续不断的强降雨造成武江区各地不同程度出现灾情。区委、区政府高度重视，区““三防””指挥部按照《武江区防汛防旱防风应急预案》的要求，在6月13日8时启动防汛IV级应急响应，并在6月17日19时、6月19日10时、6月21日7时持续调整响应级别至防汛I级应急响应级别，推动落实防御应对措施。

二是凝聚合力全力抗洪救灾。区四套班子成员和区直部门党员干部发扬连续作战精神，按照分片包干任务要求，全员下沉一线防汛抗灾，靠前指挥，协助处置风险隐患。区委区政府主要领导按照响应级别要求，分别坐镇抗洪第一线和区应急指挥中心，确保前线和后方贯通高效。全区各级党政负责人立即深入辖区防汛抗洪一线，靠前指挥，发扬连续作战精神，全力以赴打赢防汛抗灾这场硬仗。区委主要领导深入镇村详细了解受灾受损情况，督导检查防汛救灾各项工作。应急救援人员在汛期期间24小时待命，严格落实值班制度，加强安全巡查力度，确保群众的出行安全和生活物资供应。党员干部冲锋在前，全力参与抢险救灾，涌现区应急局局长黄勇、龙归镇应急管理办公室副主任何志辉等一批先进典型。区““三防””办充分发挥牵头抓总作用，各成员单位协同联动效应，凝聚工作合力，开展着各项抗灾救灾工作；区应急管理局将防汛作为当前最重要工作抓实抓，主持工作的局领导每日至少组织3次联合会商和视频调度；区自然资源局每日组织人员对辖区地质灾害隐患点开展隐患排查，共出动检查人员1136人次，检查地质灾害隐患点28处，协助有关部门安全转移978人；区城管局对城区内涝处进行排水抢险，出动抢险人员130人次、抢险车辆30辆次，执法人员20人次，执法车辆5车次；各部门各单位按照自身职责有序开展工作。

三是高效做好物资保障。面对6月19日18时和6月21日23时前后的洪峰水位，武江区迅速组织各镇（街）、村（社区）干部以及民警、民兵，开展“敲门行动”，挨家挨户动员群众紧急避险，第一时间向市民开放16处转移安置点，备足各类生活物资，让转移避险群众吃住有保障，全力应对洪峰过境。严格落实24小时值班和领导带班制度，定岗定责定人定时全天24小时不间断做好全区汛情、险情、灾情信息的收集报送工作，为区““三防””指挥部作出决策提供有力参考。另外根据全区各区域降雨情况，区““三防””指挥部多次调度各镇街应急值守情况和防御情况，及时提出防御工作要求和建议，确保上下联通，有效联动。根据受灾情况，武江区紧急调拨出动16台抽水机、8艘橡皮艇、2台发电机、300件救生衣、1500条编织袋、100套雨衣雨靴、150把强光手电、60盏应急灯、50条救生绳等防汛物资投入抗洪救灾工作，协助发放

150 张折叠床、150 套保暖被枕、100 箱矿泉水、100 箱方便面、50 箱饼干等一批应急保障物资食品至各群众转移安置点，为抗洪救灾提供坚强物资保障。全区上下一心，组织人员转移，龙舟水期间，全区安全转移临危人员 4800 人次，安置临危人员 723 人次。

四是党员干部冲锋在前。面对来势汹汹的汛情，武江区为全力做好防汛救灾工作，充分发挥街道“大工委”、社区“大党委”机制作用，通过“社区吹哨、党员报到”“街社呼叫、部门销号”平台机制，组织应“哨”而来的党员志愿者，宣传动员辖区沿河所有房屋（商铺）、背街低洼房屋人员，特别是危房、老旧小区房屋人员进行转移避险，同时对内涝点、地质灾害点、河流、水库、山塘等重点地段进行常规巡视、设置警戒线。截至 6 月 21 日，各社区（城中村）党组织共开展“在职党员到社区报到”志愿服务活动 132 起，发动党员志愿者 647 人次，服务时长共计 2304 小时。武江区利用机制动员市直机关党员志愿者下沉到防汛救灾较重的社区紧急开展志愿服务活动。来自 37 个不同单位的 101 名市直机关党员志愿者积极响应社区“吹哨”，在 1 个小时内迅速集结，分为 19 组奔赴惠民、新华 2 个街道共计 6 个防汛救灾任务较重的社区，排查低洼、沿岸地区居民，劝导并协助这些居民和沿岸商铺业主转移避险，同时劝阻群众远离沿岸、内涝等危险区域。

五是受灾情况。受多轮强降雨影响，武江区多个镇、街不同程度受灾。

（一）交通方面。武江区的国、省、县、乡、村的五级道路共计 237.89 千米，出现塌方 33 处 3.1 万立方米，冲毁路基 22 处约 0.03 千米，损毁路面 1 处 0.1 千米，桥梁受损 19 座，26 条公路中断，造成经济损失约 2439 万元。

（二）道路方面：出现上塌方 47 处 5.45 万立方米，其中上塌方导致公路中断 37 处，已抢通 14 处；路基下塌 37 处；水毁路面 3 处；水毁损失共 90 万元。

（三）水利方面。河堤损坏 21 处 2895 米，陂头损坏 5 座，损坏灌溉农渠 24 处 2664 米，其他水毁水利设施 43 处，水毁水利工程设施经济损失 3540 万元。

（四）房屋方面。全区累计受损房屋 1305 栋，其中住房安全损毁 167 间，经济损失 2940 万元。

（五）桥梁方面。全区桥梁坍塌 3 处，分别为龙归镇凤田南岸村大桥和江湾镇榕树广场桥，龙归镇多田桥，桥梁工程损毁 23 处，经济损失 8128 万元。

（六）工矿商贸企业。全区受灾企业 11 家，经济损失 425 万元。

（七）农业方面。种植业受灾面积 2040 公顷，成灾面积 884.67 公顷，绝收面积 236 公顷，农田机耕道受灾 4.36 万平方米；养殖业受灾场所 10 个，损失鸡 2000 羽，猪 1197 头，圈舍 1450 平方米，饲料 5 吨；渔业受灾面积 201.67 公顷，损失渔产品 356 吨，经济损失 5483.2 万元。

面对灾情险情，武江区时刻把群众安危冷暖放在心上，全力做好灾后重建工作，灾后恢复重建一步不停、加快推进，受灾群众全部得到妥善安置，受损农民住房完成修缮，水电气热保障基本恢复至灾前水平。

（区应急管理局）

武江宣传开创新局面

2022年，武江区坚持以习近平新时代中国特色社会主义思想为指导，围绕学习宣传贯彻党的二十大精神这一首要政治任务，突出特色亮点，创新宣传方式，做到“四个聚焦”，全力以赴做好宣传思想领域各项重点工作，开创武江宣传工作新局面。

一、聚焦常态长效，推动理论宣讲深入人心

坚持稳中求进，围绕主题重点，整合各类宣讲资源，丰富宣讲平台载体，深入开展形式多样的宣讲活动，推进理论学习教育深入人心。

一是统筹推进党委（党组）理论学习中心组学习工作。区委理论学习中心组示范表率，制定并印发《2022年武江区党委（党组）理论学习中心组学习重点》《中共韶关市武江区委理论学习中心组2022年度学习计划》等文件，通过邀请专家进行专题授课、研讨学习等，开展《习近平谈治国理政》第四卷等主题集中学习、学习贯彻党的二十大精神等主题研讨交流13次。二是认真开展好基层宣讲。持续组织推进党的十九届六中全会精神、省第十三次党代会精神、《习近平谈治国理政》第四卷、党的二十大精神等重大主题宣讲工作，积极组织区级百姓宣讲团成员参加集体备课会和市级宣讲活动，促进交流学习，储备人才力量，增强宣讲效果，组建“芙蓉花”理论宣讲队，下设党员小分队、青年小分队、行业小分队、乡镇小分队等多样化队伍，区级百姓宣讲团成员分赴全区开展重大主题宣讲近70场次，覆盖党员干部群众近4000人次。三是积极探索新型宣讲模式。结合武江实际，出台《关于加强和改进基层理论宣讲工作的意见》，推动基层理论宣讲提质增效。持续擦亮武江理论宣讲品牌：“书海课堂”“芙蓉讲坛”“鹮鹈学堂”“武水课堂”。面向青年学生、党员干部职工、普通群众以及新的社会阶层人士等不同群体，精心挑选高契合度场所，开展形式多样、富有针对性的宣讲活动，构建多形式、分众化、全覆盖的理论宣讲格局。如在新华书店、风度书房开展“书海课堂”专场宣讲活动，与党员群众、学生面对面交流。此外，积极向市级申报基层理论宣讲先进集体、理论宣讲先进个人，武江区作为基层理论宣讲先进集体被市级择优上报至省级评选。

二、聚焦正面宣传，营造新闻宣传强大声势

紧紧围绕学习宣传贯彻党的二十大精神，聚焦主责深耕主业，立足全媒体传播，推出系列宣传精品，奏响正面宣传的“大合唱”。

一是开展党的二十大系列宣传。聚焦党的二十大，策划推出《武江这十年》专题报道33篇，全方位展示武江的经济社会发展成就。开展《聚焦二十大　畅谈心中期盼》《二十大时光　踔厉奋发向未来》等专题访谈20次，把镜头对准退伍军人、医务人员等14类群体，围绕党的二十大召开，谈变化、谈感悟、谈展望，表达对祖国美好未来的真挚祝福。二是聚焦中心工作开展正面宣传。“武江发布”共发布推文3280条，累计关注达8.3万人，视频号共发布视频稿件1720篇，总阅读/播放量超2000万人次。在中央媒体平台刊发正面宣传近76篇，在省、市级媒体平台分别刊发1323篇、2574篇。统筹举办武江区“端午龙舟文化旅游节”并使之登上央视CCTV-1和CCTV-13，全国“云”赏武江端午龙舟文化。在抗洪期间，全方位报道武江抗洪一线情况，以镜头记录武江上下齐心抗洪的感人瞬间，“武江发布”累计推送105次，发布稿件739篇，制作专题海报8组，原创微视频32个，总阅读/观看量为960万余人次，中央媒体上稿11篇，省媒158篇，市媒723篇。三是积极推进区

新媒体中心成立。武江区新媒体中心于2022年7月20日正式成立，并面向社会广泛招募资深新闻宣传人才，购置专业新闻采访设备，实现新闻宣传“软件”和“硬件”双提升。探索开展网络直播活动，创新采取“线上+线下”双同步展现形式，通过“武江发布”视频号对草地音乐会、七一晚会、八一晚会、钢琴音乐会等大型活动进行全程直播，让市民群众足不出户就可以亲临现场，感受掌上文化盛宴。2022年，“武江发布”视频号累计开展直播活动21场，观看达24万人次，总点赞数逾200万人次。四是宣传信息排名长期稳居全市前列。根据市委宣传部《新闻宣传信息月报》(2022年3月)，全区正面宣传用稿评分1046分，韶关市各县(市、区)排名第一。

三、聚焦精准发力，抓实精神文明创建工作

紧紧围绕文明创建、文明实践、文明培育，周密部署，精准发力，切实践行社会主义核心价值观，厚植文明沃土，培育文明之花，创建文明之城。

一是细化开展文明创建工作。制订并印发《武江区2022年创建全国文明城市“一路三市场、四巷四社区”“一园三景”专项整治提升工作行动方案》《武江区文明城市创建工作考核激励方案》，坚持以制度为基础、激励为抓手、品质为导向，着力于解决群众生活中的重点、难点、痛点问题，扎实落实“一周一督一通报”工作要求，创文督导31次，发现问题762处，解决问题718处。在全区重点区域、主次干道、农贸市场周边、社区小区周边新设置非机动车停车位2894个，机动车停车位222个。二是强化开展文明实践工作。围绕武江齐心战疫、共同防汛等举办4期“新使命·新担当·新作为”新时代文明实践摄影作品比赛，评选出优秀奖作品255件。扎实推进文明实践综合体建设工作，以龙归粮仓、御龙湾社区、花城社区为试点探索打造文明实践综合体，其中龙归粮仓文明实践综合体被认定为“广东省社会科学普及基地”。2022年，全区共开展各类新时代文明实践活动4900余场，受惠群众超过14万人次。三是深入开展文明培育工作。积极培育乡风文明，在全区30%的行政村开展“文明积分制”工作，极大地调动群众积极性，提升村级治理能力和水平。深化未成年人思想道德建设工作，在全区31所中小学精心组织开展130余场心理团辅“进校园”课程，近6500名学生受益。

四、聚焦以人为本，推进文化事业蓬勃发展

以满足人民文化需求和增强人民精神力量为着力点，立足于高品质文化供给，做到文艺阵地不断夯实、文化活动精彩纷呈、文化产业活动释放。

一是健全建强文化文艺阵地。2022年，武江区美术家协会、摄影家协会、作家协会陆续成立，为武江区文艺文化人才促进自身发展、服务武江经济社会高质量发展、更好承担社会责任搭建起更为广阔的平台。6月，龙归粮仓美术馆、摄影馆在武江区乡村振兴实践培训中心(龙归粮仓)开馆，书画展、摄影展纷纷在此举办，武江文化文艺新阵地的集聚效能得到有效发挥。二是积极开展文化活动。分别在劳动节、端午节、七一、八一、建党101周年、丰收节、国庆、喜迎二十大等重要节日、时间节点，主办、协办、参与策划、协助有关单位在科创园、区级新时代文明实践中心、韶州公园、孟洲坝夜市、区文化馆等阵地推出草地音乐会、文艺晚会、钢琴音乐会、艺术作品展、艺荟芙蓉大讲坛等文化文艺活动共20余场，线上、线下受众累计13万余人。三是激发文化产业活力。积极推动文旅融合事业发展，统筹、指导推进韶州文创园、武江科普基地、孟洲坝夜市飞盘场、红星综合厂改造、老电影博物馆、红色文物展览馆等项目建设工作。指导重阳西水暴动指挥部旧址、重阳温泉、江湾温泉、西河山蕉村知青文化园等系列文旅项目建设，指导文旅体局积极打造武江国家A级旅游区，协助创建相关微信公众号用于推送武江旅游景点，将武江旅游资源“串珠成链”，助推武江文旅高质量发展。

(区委宣传部)

文旅发展进入快车道

2022年，武江区围绕“一手抓发展、一手抓管理”的工作思路，不断推进文化旅游体育事业产业健康、优质、快速发展。

一是激发产业活力，文旅产业发展乘势而上。2022年，启动武江区首次旅游资源普查工作，开展“四季武江”、暑期、中秋·十一等旅游促消费系列活动，发布旅游精品推送12条，全区举办“草地音乐会”“八一军地联欢晚会”等多场大型文化文艺活动，有效拉动文旅消费。2022年，举办的“端午龙舟文化旅游节”活动盛况被CCTV-1综合频道和CCTV-13新闻频道分别报道，武江文旅体品牌有效彰显。分三期推进实施武江区韶州文创园项目，利用韶州公园自然生态优势，对韶月湾周边区域进行提升建设，盘活蒙古包型建筑、湖心洋楼等遗弃资产，定位打造武江文旅产业发展中心和文创产品交易平台，为推动文旅产业发展“筑巢引凤”。与车八岭自然资源保护区进行协议共建，韶州文创园二期区域建设为车八岭世界生物圈保护区武江科普基地，推动发展研学旅游。推动打造“一镇一品”实施农文旅融合发展。打造西河知青园、重阳西水暴动指挥部旧址、重阳温泉、江湾温泉等系列农文旅项目，助推文旅高质量发展。

二是夯实基础设施，公共服务品质提档升级。加快推进图书馆二期建设项目，完成建筑主体建设，正在进行装修施工。稳步推进行政村（社区）综合性文化服务中心提质增效工作，实施公共文化服务提升项目一期、二期工程，2022年，提质增效覆盖率达57.74%。推进实施武江区文旅设施提升改造一期工程，完成芙蓉文化广场场地设施提升。深入实施文化惠民工程，新建风度书房1间。创新全民阅读举措，开展“送书进企业、进校园”活动，与5家企业、3所学校建立全民阅读共建网络，配送图书9500册，惠及学生、职工3860名，有力推进“书香武江”阅读品牌建设。办好用好区文化馆、区图书馆、区博物馆等公共文化场馆，接待服务入馆群众111904人次，深入推进“一馆一品”文化品牌建设，培育“艺荟芙蓉大讲坛”文化交流品牌、“悦读武江”全民阅读品牌、“古韵蓉山”历史博物品牌等文化IP。持续举办“传统戏曲进乡村”“我们的节日”文化惠民系列活动。采取“线上+线下”活动方式，举办文艺展演、公益培训、朗诵演讲、手工科普、历史博物、名师讲座等群众性文化活动208场，惠及群众6.6万人次。鼓励文化精品创作，积极向省、市推送优秀文化作品，区文化馆推送的原创作品《韶关涂式水车制作技艺》《松熹说“采茶”》在广东省“非遗少年说”文艺展示活动中，分别获得一等奖、二等奖，进一步彰显武江文化魅力。

三是深挖文化资源，文物文化遗产保护有力。完成区文物局挂牌，与各镇街、公安部门等有关单位建立信息联络机制，形成文物保护合力。启动实施不可移动文物点复查工作，在西河、龙归划定第一批地下文物埋藏区，持续推进不可移动文物“四有”工作，对22处一般不可移动文物进行竖牌，全部完成辖区12处市级以上文物保护单位的“两线图”划定工作。加强重点文物保护单位的保护利用，组织实施省级文物保护单位余靖墓的编制规划工作，形成编制成果并对余靖墓周边进行维护提升。成功申报武江区市级文物保护单位西水暴动指挥部旧址升为省级文物保护单位。深化文物保护工程，先后实施武江区文物保护建设项目修缮一期、二期工程，完成第一期对青水塘炮楼等7处不可移动文物本体的保护性修缮，完成第二期文武阁塔修缮保护工程等7处不可移动文物的修缮工程。引入数字化保护手段，推进对辖区12处不可移动文物的3D建模工作，完成后可通过微信公众号、全息影像等方式立体展现文物风貌。构建红色资源保护体系，印发《武江区红色资源保护利用议案实施方案（2022—2027年）》，组建武江区红色资源保护利用工作领导小组，建立对红色资源的联合保护机制。会同宣传、史志等有关部门，实施《韶关市武江区红色革命遗址通览》编制工作，完成对24处省级红色革命遗址和9处遗址线索等排查，全面掌握保存现状。启动实施武江区文物保护活化利用及旅游设施建设项目，对红星综合厂等一批红色旅游资源进行保护性建设和活化利用。发挥非遗工作站功能，举办“文化和自然遗产日”“非遗过大年”“非遗进校园”等非遗展示传播活动，挖掘包装8个文化资源正在申报非遗项目。

四是推动全民健身，体育强区建设有条不紊。举办“全民健身日”等全民健身活动11场、“武江区第六届职工篮球赛”等体育赛事3场。在重阳水口村打造户外运动天堂，完成重阳水口水上运动中心挂牌，引进“SUP桨板”等热门水上运动，举办“龙舟文化体验活动”等接地气的体育活动，争取到韶关品牌赛事“端午龙舟赛”每年在重阳水口水上运动中心举办。推动基层体育设施建设，完成武江区体育设施建设项目一期工程，对教育路健身广场场地设施进行提升改造。启动实施综合性文化服务中心试点补充体育类器材提质增效项目，加大体育设施向基层投放力度。做好国民体质监测，抽样检测1500人次。举办社会体育指导员培训，培育新增社会体育指导员200人。区体育工作受到省、市体育部门认可，区文旅体局被评为2021年度韶关市体育工作先进单位，区业余体校校长赖淑芬被评为广东省“十三五”时期群众体育工作先进个人。

五是加强市场监管，平安文化市场秩序规范。深化“放管服”改革，取消和免提交证明事项21项，2022年，共办理行政许可事项29件，批准营业性演出12场，政务服务网上办理率达100%，即办件占比达到100%。狠抓安全生产工作，深入开展文化旅游体育系统扫黑除恶、平安创建、扫黄打非等综合治理专项行动，出动市场巡查工作人员约815人次，检查企业490家次，有效推进平安市场、诚信市场、法治市场建设，持续“零”安全事故。

（区文旅体局）

卫生健康事业快速发展

民生实事高标准推进，卫生健康事业快速发展。

一、项目建设高质高效完成

一是高质量建设武江区中医院。根据《广东省中医药发展“十三五”规划》，各县（市、区）原则上建有1所二级以上中医医院，每万常住人口中医医院床位数力争达到5.5张。为解决区二级公立医院缺失，填补武江区公共服务领域短板，区委区政府于2020年4月启动武江区中医院建设。项目建设地址在龙归镇龙归人民法庭西侧，占地面积30148平方米，总建筑面积为31430平方米，含一栋门诊综合楼、一栋住院楼及一栋后勤楼，实有床位300张，总投资约31359.73万元。项目于2022年12月底顺利竣工，计划由武江区龙归镇中心卫生院整体搬迁至武江区中医院，实行一套人马、两块牌子的运行模式。

二是高标准建设武江区儿童医院。武江区暂

无二级公立医院，特别是儿童医院救治机构建设仍未得到实质性的发展。建设武江儿童医院既提高儿童医疗保障能力，又符合完善公立医疗体系的建设需求。区委区政府综合考虑儿童医院的建设和长远发展，从打造粤北优质名片和提高医疗卫生服务水平出发，采取与中核医疗公司合作共建的模式在核工业四一九医院院内建设区儿童医院。项目估算总投资27643.07万元，项目总用地面积16889平方米，新建建筑面积26790平方米，规划床位200张，停车位161个。项目主要新建2栋综合楼及地下室、门卫和连廊，包括土地平整工程、建安工程、室外及其他配套设施工程等。截至12月底，完成工程总进度85%左右。

三是扎实推进武江区基层公共卫生体系补短板项目建设。新华社区卫生服务中心、重阳卫生院、江湾卫生院主要承担新华街道、重阳镇、江湾镇常住人口的基础医疗和基本公共卫生服务，社区服务中心、卫生院自我发展能力有限，自身没有能力进行设备更新和房屋改造。为改善三个医疗机构就医环境，2022年，区卫健局对上述三个基层医疗机构和辖区部分村卫生站改造提升，通过基础设施提升、更新医疗设备，提高医疗服务能力，项目总投资约3151.73万元。

二、民生实事扎实有序开展

2022年12月31日，武江区居民电子健康档案建档率达91.19%，全区老年人健康管理率达到49.60%，全区老年人中医药健康管理率达到49.15%，全区高血压患者管理任务目标完成率达到97.51%，全区糖尿病患者管理任务目标完成率达到96.53%。

一是有序推进精神病患者救治工作。武江区累计登记并录入广东省精神卫生信息平台的患者1542人，去除累计死亡患者148人后，全区在册严重精神障碍患者1394人。严重精神障碍报告患病率为3.73‰，年面访率为86.01%、管理率为96.63、规范管理率为95.77%、在册患者服药率为90.46%、规律服药率为73.6%、服药率（精分）为91.51%、规律服药率（精分）为74.71%、体检率为64.42%。

二是超额完成普通人群地贫筛查项目。2022年，韶关市普通人群地中海贫血防治项目武江区3926例检测任务，完成4197例筛查，完成率106.89%，位列全市第二名。

三是做好出生缺陷筛查。2022年，武江区完成地中海贫血筛查1706对，完成率102.03%。孕妇产前筛查唐氏综合征筛查1676例，完成率100.23；严重致死致残结构畸形筛查1443例，完成率86.3%；新生儿遗传代谢性疾病（4种）筛查1925例，完成率92.11%；新生儿听力筛查1954例，完成率93.49%。

四是超额完成城乡妇女免费“两癌”筛查。2022年，武江区35—64岁妇女免费“两癌”筛查任务数2000人，在芙蓉社区服务中心设点，对35—64岁妇女进行免费“两癌”检查。充分发挥宣传力量，发放宣传折页、宣传视频等，截至12月31日完成宫颈癌筛查2021人，完成率101.05%；乳腺癌筛查2015人，完成率100.75%。

五是顺利完成适龄女生免费接种HPV疫苗。适龄女生免费接种HPV疫苗是武江区2022年十件民生实事之一，前期组织制定《武江区适龄女生人乳头瘤病毒（HPV）疫苗免费接种工作实施方案（2022—2024年）》接种工作实施方案。会同区教育局做好人数统计，确定采购需求量。9月14日开始为适龄女生免费接种第一针HPV疫苗。全区共计1328名女生，有意愿接种1275人，完成接种1271人，完成接种率95.71%。

六是多措并举开展职业卫生工作。抓好职业病危害专项治理工作。截至12月31日，辖区内共有57家企业被纳入治理范围，其中55家企业完成网上职业病危害项目申报，其他各项指标也在逐步推进。联合区总工会开展“职业健康达人”评选活动。开展职业健康素养调查，8月1日至9日期间，全区委托市职健所开展职业健康素养调查工作，辖区内4家企业共计200人参与调查问卷。开展工作场所危害因素监测，全区8家企业被纳入监测范围，委托市职健所开展现场监测工作。

（区卫健局）

武江区红色遗址保护利用开发情况

武江具有光荣的革命历史和革命传统，在新民主主义革命时期形成许多红色革命遗址，但因年代较为久远，长期失修，或在城镇化建设中缺少保护，不少遗址遭到严重损坏，甚至灭失。近年来，武江区着力保护好本地红色资源，扎实做好红色革命遗址保护利用开发工作，深入开展社会主义核心价值观宣传教育，服务好党史学习教育、革命传统教育、爱国主义教育，传承红色基因，赓续红色血脉，取得显著成效。

一、全面摸清家底，不断夯实革命遗址保护基础

为进一步摸清武江区革命遗址的“家底”，2020年2月13日，武江区下发《韶关市武江区革命遗址普查工作实施方案》，正式启动武江区革命遗址普查工作，对全区范围内党的重要机构旧址，重要党史人物的故居、活动地，重要事件、重大战役战斗遗址进行全面普查。通过查阅大量历史资料、文献资料、旧报刊、回忆录、访谈录等，深入挖掘梳理全区的革命遗址线索。对辖区的革命遗址进行全面的田野调查，做好文字与照片记录，撰写遗址情况概述。编制武江区遗址总目录，编写《韶关市武江区红色革命遗址通览》。武江区普查登记革命遗址51个，主要有4种类型：一是反映党史重大事件类，如龙归冲下村革命烈士纪念碑等；二是战斗或活动遗址遗迹类，如青水塘农军炮楼旧址等；三是反映重要会议类，如中共广东省委第四次执委扩大会议西河黄田坝遗址等；四是重要人物的活动遗迹、故居，如带头村旧屋——朱德隐蔽旧址等。

二、提高政治站位，持续加强革命遗址组织保障

为推进革命遗址遗迹的保护利用工作，2022年12月，武江区出台《武江区红色资源保护利用议案实施方案（2022—2027年）》，对宣传、党史、文旅等相关部门的职责作出明确规定，理顺管理体制。组建武江区红色资源保护利用工作领导小组，统筹红色资源保护利用工作，协调跨部门重大事项，研究解决工作中的重要问题，督促落实红色资源保护利用。加强巡查检查，2022年6月至10月区文旅体局会同各相关单位，出动420人次，完成24处省级红色革命遗址名录和9处省级红色革命遗址名录线索的巡查检查。

三、加强修缮保护，持续改善革命遗址保存状况

一是积极申报争取上级资金。主动向省委宣传部争取广东省红色遗址保护利用项目经费101万元，用于西水暴动指挥部旧址的修缮建设和改陈布展。依照修旧如旧原则，对墙体、地面、屋顶进行修缮，并在遗址内进行陈列布展，该旧址于2022年9月30日正式揭牌。二是加大修缮保护力度。实施遗址保护修缮工程，修缮侯屋村炮楼、青水塘炮楼、李子园炮楼、徐屋村炮楼、中共南方工作委员会南岸村交通站旧址门楼5处革命遗址。完成重阳革命烈士纪念碑、龙归冲下村革命烈士纪念碑、龙归奇石村革命烈士纪念碑的修缮和提质改造工作。

四、强化教育功能，不断创新革命文化宣传方式

武江区积极组织开展红色教育活动，践行“线下组织＋线上宣传”的工作思路，积极发掘该区“红色地点”“红色榜样”等文化资源，活化开展红色教育。一是积极组织在孟洲坝夜市开展红色电影放映活动，同步在“武江发布”公布放映日程，线下线上一体推进，不断强化红色教育。二是精心谋划“传承红色基因　强国复兴有我”2022年庆六一暨抗美援朝事迹宣讲和《丰碑·长津湖 1950》油画作品发布会，通过现场安排事迹宣讲、诗歌朗诵、纪录片及艺术品展示等环节，邀请抗美援朝英雄到现场交流，有效加强青少年红色教育和爱国主义精神教育。三是举办庆八一建军节暨抗美援朝老兵座谈会，邀请曾参加抗美援朝的老战士们齐聚一堂，回忆难忘岁月，武江区优秀少先队员、优秀青少年代表为老战士们佩戴红领巾，传承红色基因，起到较好的宣传教育效果。四是开展“红色讲解员进校园”活动，区属 31 所中小学校 1300 余人参与活动，选出优秀红色讲解员 30 多人；组织“红色电影”进校园活动，开展“童心向党·探索红色密码”演讲比赛。武江区“传承红色基因”系列活动，将红色文化融入到校园文化展板中，进一步弘扬革命精神，传承红色基因。

五、提升展示水平，不断厚植红色文旅融合新优势

武江区加强部门联动，凝聚工作合力，细化工作措施，落实工作责任，用心用情用力保护好、管理好、运用好红色资源，进一步擦亮武江区红色品牌。一是加大布展力度。区博物馆在武江区人文历史展厅设“红色武江”主题展，两边走廊设西水暴动旧址、西水暴动指挥部旧址、李子园炮楼等 5 处红色革命遗址宣传栏。2022 年 9 月 30 日，武江区西水暴动指挥部旧址正式揭牌，展陈武江革命历史，为广大干部群众提供了一个生动的爱国主义教育平台。区史志办精心挑选十个具有代表性的武江区红色革命旧址，以图文的形式在区档案馆展厅陈展。二是组织红色研学。坚持突出特色、优化布局、联动开发，统筹红色资源，组织开展红色研学，建设形成“连点成线”的红色教育培训大格局。2022 年 8 月开展“喜迎二十大，强国复兴有我”青少年研学活动之红色重阳，进一步激发新时代青少年的爱国主义热情，引导青少年继承革命传统，传承红色基因。三是推进文旅融合。打造西河—重阳红色旅游线路：山蕉知青文化园—重阳镇水上无动力运动中心—千亩油菜花观光栈道—兰花种植基地—中共南方工作委员会南岸村交通站旧址—千亩蔬菜观光栈道—西水暴动指挥部旧址（青暖村）—西水暴动旧址（青水塘炮楼）—市级红色村万侯村→徐屋村炮楼。大力推进武江区龙归镇革命老区和红色遗址开发利用项目，2022 年龙归镇启动武江区龙归镇革命老区和红色遗址开发利用项目，以龙归镇红色革命遗址为点，“串珠成链”打造冲下村革命烈士纪念碑，龙归镇革命史展览馆，带头古道——带头自卫队活动旧址，鹞婆岩——朱德、欧日章隐蔽宿营旧址，耙齿山——欧日章牺牲地旧址，带头村旧屋——朱德隐蔽旧址，龙安村党建公园，山前村党建阵地，冲下村党建示范点，菩提树，邓屋楼肖扬工作旧址，奇石村谭屋——龙归农会旧址，奇石村革命烈士纪念碑，进行沿线人居环境改造，整体提升龙归镇革命遗址保护开发利用水平，带动周边经济发展。

下一步，武江区将以习近平新时代中国特色社会主义思想为指导，以党的二十大精神为统领，以开展爱国主义、培育社会主义核心价值观为根本，以弘扬革命精神、继承革命文化为核心，扎实做好革命遗址连片保护开发利用和整体展示，持续加大对革命文物的保护力度，不断提升开发保护利用水平，助力红色革命老区镇村的乡村振兴。

（武江区史志办）

重点项目建设

2022年，韶关市武江区牢固树立“项目为王”工作理念，积极发挥投资对拉动经济增长的关键性作用，强化责任担当，勇于攻坚克难，按照“抓项目、促投资、稳增长、保民生”的工作思路，大抓项目管理，以谋划包装项目申报为抓手，积极争取上级项目资金为保障，扎实推进重点项目工程建设，促进固定资产投资增长。

一、谋划储备先行

（一）加强统筹组织。全区自上而下深研政策，区级层面把握关注国家宏观调控经济政策的变动趋向于中央预算内投资、专项债券资金、涉农资金等多种扶持方向，找准政策与全区区情的结合点与突破点，精准谋划项目，做好项目筛选把控。区发改局成立项目谋划工作专班，由局领导带队，对各镇街及主要行业部门主动上门实地走访，“一对一”指导项目单位包装谋划项目，加强项目谋划的可行性、可操作性。

（二）实施分类储备。紧盯国家重大战略和投资导向，按照有利于增加供给、满足需求、优化结构、改善民生、保护生态的原则，分类对加强基础设施、产业转型升级、公共服务、生态环保等领域的重大项目谋划储备。通过组织开展全区项目谋划专项培训，加大对国家相关政策支持投向内容研习力度，结合武江实际找准切入点，反复论证，立足要素保障，确保谋划的项目更加贴近需求、更加符合投向。按照轻重缓急分批次做实项目前期，提高项目成熟度，努力争取更多项目列入国家、省盘子。

2022年8月25日，武江区发改局会同江湾镇前往曲江樟市、乐昌坪石实地考察华电公司新能源发电项目　　　　（区发改局　供图）

（三）发挥专项债券资金保障。围绕专项债券九大投向领域以及新增的新能源、新基建领域，结合“十四五”规划谋划新的专项债券需求项目、关键短板领域和产业转型升级方面精准发力、持续发力，有针对性地谋划项目、争取资金。以政府投资撬动社会投资，储备一批企业投资项目。以新能源项目储备为突破口，加强集中式光伏、风电等项目统筹规划。2022年，武江区谋划五大领域项目获批地方政府债券额度7.2亿元，包括韶关市武江区乡村振兴示范项目资金额度2.5亿元、广东省城乡融合发展省级试点武江区产业经济基础设施建设与开发项目资金额度2.7亿元、武江区医药健康科技产业园建设项目，资金额度0.2亿元、韶关市武江区儿童医院建设项目，资金额度0.3亿元、韶关高新区莞韶城三期基础设施项目，下达金额1.5亿元。

（四）推进项目前期工作。首先由各镇（街）、各单位会同要素保障部门，对拟谋划项目的规划、用地、用林等建设要素进行核实，对拟申报项目的必要性、可能性、可行性、合理性、经济性等重大问题进行研究论证，再由各行业主管部门对各镇（街）、各单位上报的项目站在全区的高度，组织有关人员，认真研究，精心梳理整合打包，上报至区发改局建立项目储备库，最后由区发改局围绕国家及省、市项目申报要求和重点领域方向，密切对接上级业务主管部门，根据上级部门的反馈意见指导项目单位提前做好材料准备、策划论证、项目包装等，推动项目前期工作抓实、抓细、抓具体，做深项目前期，切实提高申报项目的数量、质量与成功率。

二、全生命周期推进

（一）项目储备。由区发改局牵头制订《武江区2022年重点建设项目计划》并经区第十届人民代表大会第二次会议审议通过。围绕全年固定资产投资增长5%的目标，谋划全年77个区重点建设项目，2022年计划投资41亿元。项目涵盖基础设施工程（32项）、产业工程（17项）以及民生工程（28项）三大类共77项。

（二）挂点推进。结合武江区实际制订《武江区2022年区领导联系督导固定资产投资项目工作方案》，分解项目投资计划，由责任区领导挂点督导，强化对分管领域项目（含招商引资项目）调度，将任务落实到具体部门及责任人，定期深入企业、项目现场走访调研，帮助解决项目建设中出现的用地、手续办理等难题。项目主管单位对标工作任务，合力推动项目建设，拉动投资增长。定期报告项目进展及完成投资情况，对建设进度滞后的项目及时提醒，分类建立项目问题解决层级及措施，强化向上对接，推动项目早开工、早建成、早达产、早见效。

（三）全链条管理。按照“全链条推进、高效调度、协同配合、改革创新”的原则，建立健全项目建设管理机制，以项目建设为抓手，确保项目谋得实、引得进、能落地、建得好、见效快，助推武江开创经济社会高质量发展新局面。制订实施《武江区建设项目“全生命周期”管理机制实施方案》，坚持全链条推进。建立项目全流程、全要素统筹保障体系，使各职能部门围绕项目谋划、项目前期、项目建设、项目竣工等各个环节形成合力，全链条推动项目建设，不断提高投资效益和质量。坚持高效指挥调度，及时收集项目实施全过程存在问题，做到第一时间发现问题、第一时间反馈问题、第一时间研究解决问题，突出对重大事项的研究、对重大问题的解决，全力加快项目建设。坚持改革创新，围绕加快项目建设推进行政改革、营商环境改革。强化项目建设要素保障，确保用地保障及时、项目审批高效、资金落实到位、问题解决快速，形成各司其职、各负其责、齐抓共管、运转高效的工作格局。

（四）建立激励机制。为进一步营造大抓项目、抓大项目的良好氛围，推动全区项目建设提速增效，结合全区实际，制订实施《武江区重点项目建设“流动红黄旗”考评工作方案》，从项目推进情况、投资完成情况、项目相关交办事项落实情况对项目责任单位量化考核；从业务指导、服务态度、审批效率、解决问题情况四方面对服务保障单位进行考评评比，重点抓好促项目开工、扩大投资额度等核心目标，层层传导压力，由考评小组办公室每季度第一个月10个自然日内对各责任单位、服务保障单位上个季度工作成效进行考评，排在首位的单位被授予“红旗”，对评分排名末位的被授予“黄旗”。督促各项目建设责任单位、服务保障单位细耕责任田，直面问题、查找问题、解决问题，形成比学赶超的工作氛围。

三、项目建设保障

（一）并联审批机制。组建韶关市武江区重大项目并联审批工作专班，由发改、自然资源、财政、住建等部门集中办公，紧紧围绕要素保障不到位、无法推进等“难点”“堵点”问题，按照突出重点、分清轻重缓急的原则，梳理出一批并联审批项目清单和需要市跟进审批项目清单，及时转交集中审批协调组跟进办理，推动项目尽早开工，保障项目建设全过程服务。全年新增政府投资项目立项审批94宗，概算审批27宗，企业投资项目备案56宗。

（二）助企暖企行动。深入学习贯彻党的二十大精神和中央经济工作会议精神，充分认识开展助企暖企行动的重大意义，从思想上重视，从行动上落实，以“开年即开工、开工就实干”的姿态，设身处地为企业着想、帮企业解难、助企业发展，为稳住全区经济大盘和推动高质量发展提供坚实支撑。由区四套班子领导为责任人，成立韶关市武江区开展重点企业服务活动工作领导小组，多渠道、多形式组织企业参加政策宣讲

2022年5月30日，武江区领导赴企业开展暖企行动，现场了解企业生产经营情况

（区委宣传部　供图）

培训活动，公开发布政策咨询指南，帮助企业用足用好各项政策，切实为企业纾困助力、排忧解难，全面摸排企业发展困难和诉求，全程跟踪、及时反馈、挂账督办、对账销号，实行台账式管理、清单式推进，做到发现真问题、解决真问题、真解决问题，推动“暖企”服务常态化。累计梳理出“四上”企业诉求21条，全部纳入问题跟进台账。

（三）加强督导跟踪。由区委区政府督查室和区重点办从项目谋划储备、项目推进情况、投资完成情况、项目相关交办事项落实情况等项目全生命周期进行督查督办，对进度偏慢未达预期目标的项目，进行重点督查、动态跟踪、定期通报，确保建设项目工作取得成效。对“流动红黄旗”考评结果要在“担当落实、走在前列”中通报，与镇（街）和部门绩效挂钩。

四、项目落地成效

2022年度武江区区级重点建设项目77个，至2022年末，开工项目64个，竣工项目20个，全年完成固定资产投资31.64亿元。市级重点建设项目16个，2022年完成投资10.4亿元。武江区扎实推进重点项目工作，取得一定的成效。一是2022年武江区农村道路建设项目、武江分布式光伏开发项目等一批城乡基础建设加快升级，累计完成投资10.03亿元。二是韶关供电局电网技改项目、烟厂工业技改项目等一批传统产业升级改造。项目累计完成投资4.76亿元。三是武江小学、保利东岗小学、新区第二幼儿园建设工程、武江中医院建设项目、韶州体育中心、武江区应急指挥中心建设项目等一批民生工程竣工完成，累计完成投资7.2亿元。

（区发改局）

2022年9月1日，武江区武江第一小学建成启用。图为武江第一小学正门外观　（区教育局　供图）

大事记

1月

4日 区委书记张广晖前往区儿童医院建设现场调研项目进展及核工业四一九医院医养业务开展情况。

5日 武江区召开2021年度“一村（社区）一法律顾问”工作联席会议。

是日 武江区西河镇、重阳镇、新华街道经韶关市乡镇(街道)统计调查能力建设考核领导小组考核，被韶关市统计局评为“2021年度韶关市乡镇（街道）统计能力建设先进单位”，区统计局被评为“2021年度推进韶关市乡镇（街道）统计能力建设先进单位”。

是日 区妇联联合区自然资源局、区住建局、区农业农村局、江湾镇等组成验收组，对武江区援建单亲特困母亲安居房建设项目（第三期）进行验收。

10日 武江区人民检察院“风度武检”新媒体工作室揭牌成立。

11日 副区长李小平带领武江区自然资源局会同技术支撑单位广东省地质局第三地质大队前往韶关市龙韶实业有限公司龙归镇石背山石场，对武江区非煤矿山开展岁末年初安全生产检查工作，并实地调研区拟设矿权韶关市武江区三棵松建筑石料用灰岩矿。

12日 广东省爱国卫生运动委员会发布《2021年“广东省卫生村”名单》，武江区重阳镇青暖村、西河镇田心村、村头村3个村通过省级卫生村评审，获得“广东省卫生村”荣誉称号。

13日 韶关市武江区少先队校外实践教育基地在重阳镇水口村水口龙舟馆揭牌。

14日 区政协组织提案委员会委员开展政府投资谋划项目前期工作情况进行视察调研，推动2022年政府专项债项目扎实开展前期工作，提高政府投资谋划项目质量和项目前期工作成熟度，确保资金落实到位后能够快速形成实物工作量。

是日 广东省“舒心驿站”（武江站）首场心理咨询师培训座谈会在武江区惠民街武江北社区召开。

是日 团区委联合区委政法委、区教育局等部门在工业西社区举行“12355青少年综合服务中心”和武江区“善美心房”服务站点揭牌仪式。

15日 韶关市委、市政府授予武江区发展和改革局“韶关市2021年度全面深化改革工作先进单位”荣誉称号。

16日 “乡情·文化名家话韶关”座谈会在韶关市武江区文化馆举行。

18日 武江区召开2022年文明城市创建工作会议。区委书记张广晖出席会议并讲话，区委副书记、区长黄艺坤主持会议，区人大常委会主任孙理鸣参加会议。

是日 区委书记张广晖，区委副书记、区长黄艺坤率巡察督导组一行，前往沐溪河、东冲河、项目排污排水口等地开展巡河督导工作。

19日 武江区召开党史学习教育总结会议。

是日 新丰县领导一行到龙归镇交流乡村振兴示范村、示范带建设及农村人居环境整治“打擂比武”工作。

21日 武江区第七次全国人口普查领导小组授予西联镇碧桂园太阳城社区居民委员会、西联镇芙蓉村村民委员会、西联镇阳山村村民委员会、西联镇甘棠村村民委员会“武江区第七次全国人口普查先进集体”荣誉称号。

24日 中共韶关市武江区第十届委员会第二次全体会议在武江区委区政府七楼会议厅召开。

是日 武江区2022年“红十字博爱送温暖”活动在西河镇政府启动，为西河镇50多户困难家庭送去大米、花生油、毛毯及新春礼包等价值约2万元的慰问物资。

是日 武江区2021年度干部选拔任用工作“一报告两评议”会议召开。

26日 2021年度武江区委领导班子党史学习教育专题民主生活会召开。

是日 武江区新华街道工业东、芙蓉东、惠民东3个社区党群服务中心分别揭牌启用。

27日 武江区法院第二个网上巡回法庭在重阳镇揭牌启用。

是日 全市固定资产投资及重点项目建设工作推进会暨第一季度项目集中开竣工活动——武江区分会场活动在武江区城乡融合产业园顺利举行，共集中开竣工15个项目，总投资约13.6亿元。

28日 武江区召开2022年度征兵工作会议。

29日 武江区召开2022年宣传工作会议。

是日 武江区委常委会（扩大）会议召开，听取各镇（街）党工委书记和区直各党（工）委书记抓基层党建工作述职，并进行评议。区委书记张广晖主持会议并讲话，区委副书记、区长黄艺坤，区人大常委会主任孙理鸣，区政协主席彭波，区委副书记王友华出席会议。市委组织部有关负责人到会指导。

2月

1日 区委书记张广晖深入基层，看望慰问春节期间坚守岗位的一线民警、医护人员和交通执法人员，向他们致以新春的祝福和节日的问候。

7日 武江区召开2022年开春动员大会，总结春节假期社会面总体情况，部署当前重点工作，动员全区上下迅速收心归位，以崭新的姿态、扎实的作风，投入新一年各项工作中。

是日 武江区召开新任职领导干部任前集体谈话会。

9日 武江区召开企业新春座谈会，进一步加强政企之间的沟通交流，听取企业意见、建议，共商推动武江经济高质量发展良策。

10日 武江区新华街道花城社区被韶关市住房和城乡建设局评为“第一批韶关市绿色社区”。

11日 区教育局召开春季开学工作会议，就开学前后的校园安全、防流控辍、“开学第一课”和新一年的师德师风建设、校园文化建设等工作作出详细部署。

18—19日 武江区委副书记、区长黄艺坤率队前往东莞市凤岗镇学习考察，双方围绕产业共建、招商引资，以及教育、医疗等重点领域加强对接联动，进一步拓展两地各领域交流与合作，共商产业发展良策，推动两地对口帮扶工作再上新台阶。

19日 副市长、市公安局局长张岩到武江区开展防冻防汛工作专项督查，要求武江抓紧、抓实、抓细防冻防汛各项工作，认真查找存在的突出问题和薄弱环节，筑牢防冻防汛安全防线。

21日 区委书记张广晖率检查组一行开展防冻防汛工作检查。要求各相关部门要坚持人民至上、生命至上，切实加强公共安全风险防范应对工作，确保群众正常生产生活秩序、确保城市公共安全、确保人民生命财产安全。区委常委、区委办公室主任廖钢青陪同检查。

是日 区人社局深化综合窗口改革，将原社保综合窗口、医疗生育专窗、就业专窗进行合并，整合为集人力资源、社会保险、医疗保险等业务于一体的“人社综合服务窗口”，建立“前台综受理、后台分类审批、统一窗口出件”的经办服务新模式，推动业务集成协同，实现一窗通办，全面提升人社窗口的服务效能。

22日 中国共产党韶关市武江区第十届纪律检查委员会第二次全体会议召开。区委书记张广晖出席会议并讲话，区委副书记、区长黄艺坤传达十三届市纪委二次全会精神，区人大常委会主任孙理鸣，区政协主席彭波出席会议，区委常委、纪委书记沈中伟主持会议并代表区纪委常委会作工作报告。

23日 武江区副区长马文娟率武江医保局领导班子成员赴挂点企业开展“暖企”行动走访调研，将医保助企服务“打包”送上门，指导帮助解决实际问题，实现医保助企发展“零距离”。

23—24日 政协第十届韶关市武江区委员会第二次会议召开。

23—25日 武江区十届人民代表大会第二次会议胜利召开。会议听取、审议并表决通过关于区人民政府、区人大常委会、区人民法院、区人民检察院、计划和财政等工作报告的决议，票决通过区人民政府2022年度10件民生实事项目。

24日 武江区第十届人民代表大会第二次会议在区委区政府七楼会议厅开幕。

3月

1日 林若熹教授师生团队“煦色韶光”没骨画写生作品展在武江区文化馆开幕。

是日 武江区人民检察院家庭教育指导中心揭牌成立。

是日 区税务局办税服务厅（新区）创新开启“零窗”模式，率先在全市试行100%“非接触式”税费服务模式，提供不受区域、空间局限的办税渠道，实现办税缴费“零跑动”。

2日 区委召开2022年度农村工作会议，深入贯彻习近平总书记关于“三农”工作重要论述，以及中央和省、市有关“三农”工作会议、中央一号文件精神，总结全区“三农”工作成效，全面部署全区2022年度“三农”工作。

3日 副市长罗海俊到武江区调研教育路和武江小学建设项目进展情况。

是日 武江区新业态行业工会联合会第一届委员会第一次全体会议会议在区政府410会议室召开。

4日 武江区召开2022年武装工作暨党管武装述职会议。

是日 区人大常委会机关工会委员会召开会员大会，选举产生新一届工会委员会主席、副主席、委员及工会经费审查委员会委员。

5日 武江区在西河全民健身广场举行“文明创建　志愿先行”2022年武江区志愿服务暨学雷锋活动月启动仪式。

8日 韶关市总工会授予武江区总工会“韶关市2021年度工会先进单位”称号，武江区在劳动领域维护政治安全和劳资纠纷预防调处工作、产业工人队伍建设改革工作等7个专项奖中荣获6个一等奖和1个二等奖，受到表彰。

10日 武江区开展2022年义务植树活动。

11日 团区委、区教育局联合龙归镇中心小学在武江乡村振兴培训实践中心成立韶关市武江区少先队校外实践基地。

22日 区委常委会会议召开扩大会议，传达学习习近平总书记在全国两会上的重要讲话精神和全国两会精神，学习贯彻全省干部大会精神和市委常委会（扩大）会议精神，研究部署武江区贯彻落实意见。

26日 区委书记张广晖，区委常委、区委办公室主任廖钢青到龙归镇检查防汛和地质灾害点治理工作。

31日 武江区开展“守护·2021清明祭英烈”主题宣传教育，为烈士亲属和社会民众缅怀英烈提供暖心服务。

4月

1日 韶关市税务部门第31个全国税收宣传月启动仪式在武江区税务局举行。

6日 武江区政务服务数据管理局开展应用"粤省事"码和证照授权功能工作，配备扫码枪在"一门式一网式"政务服务信息系统扫"粤省事码"授权用证，实现群众办事免证办理。

10日 区委书记张广晖到龙归镇调研危废非法倾倒应急处置及案件办理工作。

11日 武江区开展第九次全国职工队伍状况调查工作。

是日 广东省考核组到武江区龙归镇冲下村省级蔬菜产业园实地检查考核。

15日 武江区志愿者联合会新址揭牌仪式在惠民南路向阳小区红色楼长楼举行。

18日 区委副书记、区长黄艺坤一行深入重阳镇督导检查防汛备汛、春耕生产、疫苗接种和乡村振兴示范带建设等工作。

19日 武江区召开2022年交通安全整治专项行动动员部署会。

是日 区自然资源局完成全区古树名木补充调查及挂牌工作。

21日 "武江区政协文化艺术界别委员工作站"揭牌仪式在韶州公园兰花轩举行。

22日 由武江区委组织部、武江区直属机关工委联合举办武江区第四届机关工作创新创优竞赛在武江区文化馆一楼演艺厅举行。

27日 武江区召开全区常态化扫黑除恶斗争工作部署会议。

27—28日 武江区妇女第四次代表大会召开，选举产生区妇联新一届领导班子。

28日 武江区总工会搬迁到武江区新兴路19号1号楼2楼新地址办公，并在新地址增设武江区职工服务中心办事大厅。

29日 韶关市第二季度项目集中开竣工——武江区分会场活动在韶州文创园项目现场举行。

30日 "相约水口·激情龙舟"龙舟文化体验活动在重阳镇水口村无动力水上运动基地举办。

5月

1日 武江区在区文化馆举办2022年武江区"新使命·新担当·新作为"专题摄影展暨"四季之歌"东方花道艺术展。

是日 第一届武江区新业态行业"最美快递员"表彰会在武江区文化馆举行。

1—2日 乡村振兴大舞台"庆五一文艺展演"在重阳镇举办。

4—5日 共青团武江区第九次代表大会召开。

6日 武江区重阳镇强镇富村公司——韶关市武江区安和产业发展有限公司正式成立。

9日 云浮市新兴县委组织部、乳源县委组织部到武江区龙归镇参观交流党建引领农村人居环境整治工作。

11日 区委书记张广晖率队到龙归镇对全区进一步做好防汛防台风和居民自建房隐患排查整治工作再督导再落实。

12日 韶关市政协和武江区政协共建"委员工作站"揭牌仪式在韶州公园兰桂轩、碧水花城文化活动中心举行。

13日 武江区职工服务中心揭牌仪式在武江区总工会新址惠民街道新兴路19号1号楼2楼举行。

是日 广东省农业农村厅正式公布2022年省级现代农业产业园推荐名单，共有53个产业园进入公示名单，其中韶关市武江区蔬菜产业园上榜。

15日 "氢哇出行"氢能两轮车正式入驻韶州公园。

16日 西联镇党委副书记、镇长曹吾林被确定为全国"人民满意的公务员"拟推荐对象。

24日 武江区2022年基干民兵点验暨任务分队授旗仪式在区体育馆举行。

25日 武江区召开2022年政府廉政工作会

议，深入贯彻落实国家、省、市廉政工作会议精神，总结回顾2021年全区政府系统党风廉政建设工作，部署2022年政府自身建设工作。

25—26日 第九次全国信访工作会议在北京召开。韶关市武江区信访局副局长杨伟波被授予“全国信访系统先进个人”称号。

30日 “2022年增殖放流暨国际生物多样性日”活动在重阳镇水口村渔舟湾码头举办。

6月

1日 武江区举办“传承红色基因　强国复兴有我”2022年庆六一暨抗美援朝事迹宣讲和《丰碑·长津湖1950》油画作品发布会。

2日 武江区龙归粮仓美术馆、摄影馆开馆揭牌仪式在龙归镇龙归粮仓乡村振兴实践培训中心举行。

3日 武江区端午龙舟文化旅游节在重阳镇水口村举行。

是日 央视CCTV-1综合频道和CCTV-13新闻频道分别报道武江区端午龙舟文化旅游节盛况。

7日 区委书记张广晖带队到辖区高考考点，检查高考期间校园安保、食品安全、服务保障等工作。

8日 武江区举办“百名法学家百场报告会”法治宣讲活动韶关市武江区委理论学习中心组专场。

9日 “关于司法拍卖不动产涉税问题协作机制备忘录”签约仪式在武江区法院举行。

10日 区委书记张广晖率党政代表团一行到东莞市凤岗镇实地参观，共商乡村振兴驻镇帮镇扶村良策，全面深化交流合作，推动对口帮扶结出新硕果。

是日 武江区西联镇碧桂园太阳城物业党群服务中心举行揭幕仪式。

12日 区委书记张广晖率队督导检查文明城市创建工作推进情况。

13日 区委副书记、区长黄艺坤到龙归镇深入在建项目现场、水电站等，调研在建项目进展和防汛工作。

19日 韶关市遭遇超50年一遇的洪水，出现持续极端强降雨过程。

20日 区委书记张广晖深入龙归镇、江湾镇、重阳镇的学校及村庄等地，督导检查防汛救灾工作，强调要坚持人民至上、生命至上，克服疲劳厌战情绪，积极应对汛期引发的各种灾情，筑牢防汛安全屏障，全力做好防汛救灾工作。

21日 市““三防””指挥部启动防汛Ⅰ级应急响应。武江区迅速响应，立即执行停课、停工、停运措施，全区上下万众一心、众志成城，全力抢险救灾，迅速做好群众的转移、救援、安置工作。

是日 武江区内涝点和沿河低洼地带的积水逐渐退去，全区开展环境卫生大扫除、大消杀行动，坚决防止出现灾后疫情。

24日 武江区召开乡村振兴推进会。

是日 “爱心家庭+留守儿童”公益项目之儿童“五防之防意外”安全教育活动在武江区西河学校开展。

27日 区委书记张广晖带队深入龙归镇各农业企业和种植基地，调研农业产业受灾复产情况。

28日 武江区政协农业和农村专委会的委员工作站揭牌仪式在龙归镇伯雄农副产品有限公司举行。

29日 武江区开展2022年“广东扶贫济困日”捐赠活动，全区上下围绕“巩固脱贫成果，助力乡村振兴”主题，积极开展2022年的扶贫济困日活动。

30日 韶关市第三季度项目集中开竣工——武江区分会场活动在武江第一小学举行。

是日 武江区粮食应急供应网点授牌暨签约活动在区发改局举行。

7月

1日 武江区“唱支歌儿给党听　携手奋进

新征程”七一文艺晚会在武江区科创园天紫路演中心举行。

2日 武江区新时代文明实践“强国复兴有我”系列活动在新华书店（韶关书城）举行。

4日 武江区举办学习贯彻省第十三次党代会精神宣讲报告会暨全区正科职以上领导干部学习贯彻省第十三次党代会精神专题研讨班，进一步引导全区各级党组织和广大党员干部学深悟透，切实把思想和行动统一到大会精神上来，加快推进武江高质量发展。

5日 武江区反邪教警示教育基地正式对外开放。

8日 区委书记张广晖带队调研反邪教警示教育基地和法治文化主题公园建设，进一步夯实反邪教、法治文化主题宣传教育主阵地基础，推进法治宣传教育扎根基层。

是日 武江区召开干部大会，传达习近平总书记在庆祝香港回归祖国25周年大会暨香港特别行政区第六届政府就职典礼上的重要讲话精神，研究部署全区学习贯彻落实工作。

是日 区统计局供稿《以“改革攻坚年”为契机 强化统计调查基层基础建设》，被国家统计局工作信息网采用。

12日 区委书记张广晖带队调研红色文旅资源开发工作，谋划推进红星综合印刷分厂洋楼片区提升改造项目，加快推进武江区红色文旅特色街区打造。

20日 区委书记张广晖率慰问组前往某部队和区人武部开展八一拥军优属慰问活动。

20—21日 区委副书记、区长黄艺坤，区人大常委会主任孙理鸣分别率队深入东岗岭社区、五祖路社区人大代表联络站，以人大代表身份带头开展“更好发挥人大代表作用”主题活动，倾听群众之声，回应群众关切。

22日 江湾镇在胡屋村田心果园举办早脆梨开园仪式暨江湾农产品推广会，通过线上、线下相结合的方式，推广江湾镇名特优农产品。

23日 武江区西水暴动旧址被评为第十批广东省文物保护单位。

24日 广东省第十三届中学生运动会开幕式在韶州体育公园体育馆开幕。

26日 区委全面依法治区委员会第六次会议召开，深入学习贯彻习近平法治思想，全面贯彻落实中央和省委、市委有关工作部署要求，总结区2021年全面依法治区工作，部署推进2022年依法治区重点任务。

27日 区委审计委员会召开第九次全体会议。

29日 武江区召开十届区委财经委员会第二次（扩大）会议，总结分析全区上半年经济运行情况，研究部署下一阶段工作。

30日 武江区举办庆八一建军节暨抗美援朝老兵座谈会。

是日 武江区2022年八一军地联欢晚会在武江科创园举行。

8月

1日 “庆八一·红色文化交流会”活动在韶州公园兰桂轩的市（区）政协委员工作站举行。

3日 国家税务总局韶关市武江区税务局在“第一批广东省法治政府建设示范项目”中，被评为“广东法治税务示范单位”，成为韶关市首个省级法治政府建设示范点，是全省唯一获此荣誉的县（市、区）级税务局。

5日 2022年韶关市退役军人优待证首发仪式在武江区科创园举行。

是日 中共百旺社区支部委员会、百旺中社区居民委员会、百旺中社区居务监督委员会举行揭幕启动仪式。

7日 武江区“全民健身日”活动暨社区运动会启动仪式在武江区碧水花城文体中心举行。

8日 武江区出台《法治武江建设规划（2021—2025年）》（韶武法治委〔2022〕1号）和《韶关市武江区法治社会建设实施方案（2021—2025年）》（韶武法治委〔2022〕2号）。

是日 武江区人民检察院联合武江区司法

局、武江区财政局等单位共同成立武江区涉案企业合规第三方监督评估机制管理委员会。

11日 武江区重阳镇“青林水岸、红色印记”美丽乡村风貌提升示范带荣获韶关市首届“农行杯”“个十百”乡村振兴擂台赛第三名。

18日 武江区开展“粤菜师傅”送教下乡活动，在重阳镇举办“粤菜师傅”技能培训班，采取教学和实操相结合的培训方式，提升村民就业创业技能水平，助力乡村振兴。

19日 武江区博物馆开展“喜迎二十大 强国复兴有我”2022年青少年研学活动。

21日 武江区摄影家协会、作家协会分别在翰林世家7号商铺和武江区图书馆正式揭牌成立。

24日 武江区“户外劳动者工会爱心驿站”揭牌仪式暨新业态劳动者入会仪式在五祖路社区举办。

25日 武江区西联镇太阳城社区被韶关市住房和城乡建设局评为“韶关市2022年第一批绿色社区”。

27日 武江第一小学和新区第二幼儿园分别举行落成启用活动。

28日 武江区大学生联合会在区档案馆四楼会议室成立。

30日 全国“人民满意的公务员”和“人民满意的公务员集体”表彰大会在北京举行。武江区西联镇党委副书记、镇长曹吾林被党中央、国务院授予全国“人民满意的公务员”称号。

9月

2日 武江区劳动争议裁前联调工作室正式揭牌运作。

5日 区委书记张广晖带队调研辖区历史文化和非遗传承工作。

9日 武江区2022年金秋文化旅游节开幕仪式在韶州公园西广场举行。

10日 区委书记张广晖率慰问组，开展教师节和中秋节走访慰问活动，向教师代表和困难户送去党和政府的关怀。

16日 区委第三巡察组巡察龙归镇所辖村级党组织工作动员会在龙归镇召开。

18日 武江区召开向先进模范人物曹吾林学习大会，号召全区广大党员干部向先进模范人物学习，汲取先进典型精神力量，更好地履行职责使命，奋力推进武江高质量发展。

20日 “喜迎二十大‘艺’起绘武江”武江区美术家协会首届会员作品展在区文化馆举行。

是日 广东省民政厅二级调研员谢军一行到重阳镇调研标杆社工站创建工作。

21日 武江区召开2022年农村人居环境整治第一批“打擂比武”现场评选表彰会。龙归镇续源行政村圆石村、奇石行政村龙湾村，江湾镇围坪行政村叶屋村、湖洋行政村黄陂谭村，重阳镇妙联行政村观音山新村、九联行政村大沙洲上村被评为“武江区农村人居环境整治优秀村庄”的自然村。

22日 武江区西联镇赤水村召开《武江区西联镇赤水村“村改居”试点工作调整方案》村民表决大会。

23日 “庆丰收·迎盛会”2022年中国农民丰收节暨“金秋迎盛会·蔬果画武江”生态农业博览会在武江区龙归粮仓开幕。

29日 武江区2022年城乡居民基本医疗保险参保缴费工作动员部署会，在区政府510会议室召开。

30日 武江区西水暴动指挥部在重阳镇暖水村揭牌。

10月

1日 “喜迎二十大 奋进新征程”文艺汇演在龙归镇举行。

2日 2022年度韶关市武江区龙归镇高标准农田建设项目（示范）开工仪式在龙归镇奇石村举行。

16日 中国共产党第二十次全国代表大会

2022年10月27日，武江区首个党史方志驿站在区图书馆正式揭牌　　　（区史志办　供图）

在北京人民大会堂隆重开幕。武江区广大党员干部通过广播、电视、网络、手机等多种形式收听收看党的二十大开幕盛况。

18日　区委书记张广晖带队深入江湾镇森林防火一线，检查督导森林防火工作开展情况。

27日　武江区史志办设立的首个史志驿站在区图书馆正式揭牌。

是日　深圳科技工业园（集团），深圳市产业园区发展促进会有关领导率考察团到韶关考察交流，寻求合作契机，谋划推动深圳科技工业园武江科技创新产业基地项目在韶关落地，助力武江产业高质量发展，携手打造广东省标杆型产城融合示范区。

是日　韶关市总工会联合武江区总工会在韶关书城举办“户外劳动者工会爱心驿站”揭牌仪式暨新业态劳动者入会活动。

31日　武江区召开全区传达贯彻党的二十大精神大会，认真贯彻落实省、市电视电话会议精神，具体部署全区学习宣传贯彻党的二十大精神工作。

是日　“广东兜底民生服务社会工作双百工程”新增村（居）社会工作服务点挂牌仪式在惠民街道武江北社区党群服务中心举行。

11月

7日　区委书记张广晖到惠民街道调研社区党群服务中心建设工作，并向基层党员干部群众宣讲党的二十大精神。

是日　广东电视台记者到重阳镇大夫前村委蔬菜省级现代农业产业园拍摄《农业产业园丰收致富，农户温暖过立冬》的短视频，在广东新闻频道午间30分播出，展现武江区产业振兴成果。

是日　武江区召开庆祝第二十三个中国记者节座谈会。

9日　区委书记张广晖到区消防救援大队调研消防救援队伍建设和火灾防范工作，并慰问消防救援人员。

10日　武江区西联镇乡村振兴车间在韶关市连捷电子科技有限公司正式挂牌成立。

14日　西河镇红星村成功完成“村改居”工作，由“红星村”转变为“红星社区”，成为韶关市第一批“村改居”的成功典范。

15日　在龙归镇试种植的优质水稻新品种——多年生稻，喜获丰收，亩产超450千克。

是日　武江区2473公顷晚稻秋收工作基本结束，产量与2021年持平，实现稳产目标。

17日　武江区举行城乡融合产业园入园项目签约仪式，引进两家工业企业落户武江，进一步完善区装备制造产业链条，助推武江制造业高质量发展再上新台阶。

18日　武江区召开学习贯彻党的二十大精神宣讲动员会，全面深入推进党的二十大精神学习宣传贯彻工作，引导广大党员干部群众把思想和行动统一到党的二十大精神上来，把力量凝聚到党的二十大确定的各项任务上来，推动全区掀起学习宣传贯彻党的二十大精神的热潮。

是日　“跃动武江　不负韶华”——2022年武江区第一届职工趣味运动会在孟洲坝国际标准飞盘场举行。

23日　韶关市武江区优百特养殖有限公司入选2022年畜禽养殖标准化示范场名单，是韶关市唯一入选企业。

28—29日　武江区工会第四次代表大会在摩尔城假日酒店召开。

是日　市人居环境整治督导组到龙归镇开展第四轮农村人居环境整治常态化督导工作。

30日 区委书记张广晖在武江第一小学以思政课方式到教育系统宣讲党的二十大精神。

是日 武江区芙蓉文化广场改造提升竣工并向群众开放。

12月

5日 武江区与广东车八岭国家级自然保护区管理局举行战略合作协议签订仪式，携手共建车八岭世界生物圈保护区武江科普基地。

7日 西河镇人民政府与韶关市佳讯投资有限公司正式签订近水楼台园林食府项目（新）、创意港商务酒店建设项目投资协议，打造集高档客房、餐饮、会议、停车场等于一体的现代化、智能化的综合性旅游和商业服务设施，为武江都市圈增添一座时尚生活新地标。

10日 武江区乡村振兴车间暨扶持壮大村集体经济试点项目开工仪式在龙归镇续源村冯屋村自然村召开。

13日 武江区召开全区干部大会。会议深入学习贯彻落实党的二十大精神，贯彻落实省委十三届二次全会精神以及韶关市干部大会有关部署，凝心聚力抓恢复抓生产抓发展。

14日 武江区举办学习贯彻党的二十大精神宣讲报告会暨正科职以上领导干部专题研讨班，持续掀起学习宣传贯彻热潮，推动党的二十大精神学习宣传贯彻走深走实。

2022年12月15日，粤北家电促消费活动暨韶关家电消费节启动仪式在武江区保利广场举行

（区委宣传部　供图）

15日 2022年，粤北家电促消费活动暨韶关家电消费节启动仪式在保利广场举行。

16日 中国少年先锋队韶关市武江区西联镇工作委员会成立仪式在西联镇人民政府五楼会议室举行。

20日 全市第四季度项目集中开竣工——武江分会场暨武江区中医院竣工活动在武江区中医院召开。

22日 武江区市场监督管理局举行赠药派发镇（街）仪式，将爱心企业捐赠的药品发放到各街道（乡镇），保障困难群众用药需求。

31日 车八岭世界生物圈保护区——武江科普基地正式揭牌。

是月 武江区科创园40套人才周转公寓建设完工。

区情概览

自然地理

【位置】 武江区位于广东省北部，韶关市境内的武江、北江河以西。地理坐标为北纬24° 42′ 00″ —24° 48′ 00″，东经113° 06′ 00″ —113° 34′ 00″。东与浈江区隔河相望，南与曲江区白土镇接壤，西与乳源瑶族自治县大布、东坪、乳城、一六镇毗邻，北与乳源桂头镇相连。辖区总面积677.85平方千米。

【地质·地貌】 武江区域内的地质地层以沉积岩地层为主。受粤北山字形地质构造的影响，区内褶皱和断裂极其发育，褶皱主要由古生代地层形成紧密式之背斜核部，以北北东向构造为主，次级构造亦较为发育。褶皱构造有北部的大岗头向斜，中部的天子岭背斜和南部的芙蓉山向斜。均为断褶带内曲江复向斜的次褶皱带。地貌以丘陵地带和冲积小平原及高山奇峰为主。区境地势北高南低，西高东低，海拔多在55—200米，坡度约30度。江湾镇境内的大东山主峰海拔1390米，是武江区最高山峰；依次有江湾镇枫岭头海拔1100米，龙归镇凤田黄茂堂海拔941米，西河镇境内的圆子背肩山海拔1125.5米、大岗山海拔406米、天子岭海拔357米、芙蓉山海拔282米。最低武江河河床处，海拔55米。

【地形】 武江区地处南岭山脉南麓的盆地之中，其地形犹如一只卧狮，东西长、南北窄呈现不规则多边形。区境东起市区武江河中心，西至江湾镇武洞、白石村，长56.75千米，南至曲江交界的圆子背肩山，北至重阳镇大夫前村，宽17.8千米。

【河流】 武江区主要河流有武江、北江、南水河、重阳河、锅溪河、韶西水、沐溪水、芙蓉水、沙山水。其中，武江历史上曾称虎溪、武溪，发源于湖南省临武县三峰岭，途经坪石、乐昌、桂头，由浈江区犁市镇上朗流入该区重阳镇水口村，至北江桥下与浈江河汇合成北江河。武江河全长260千米，河床坡降0.906‰，在该区河段约16千米，河面宽150—200米，为Ⅶ级航道，境内河段通航能力为300吨级船舶。含武江在内的韶关市区最高洪水位57.21米，最大洪流量9460米 ^{3}/秒，发生于1994年6月18日。最低水位0.7—1米，枯水流量12.3米 ^{3}/秒，发生于1966年9月24日。北江河古称“溱水”“肄水”“始兴大江”，发源于江西省信丰县石碣大茅山和湖南省临武县三峰岭，上游分别称“浈江”“武江”。北江流至佛山市三水区思贤滘与西江汇合，全长468千米，河床坡降0.398‰，多年平均流量1080米 ^{3}/秒。北江流经武江区西河、西联境内约12千米。河面宽150—350米，可通航为Ⅶ级航道，通航能力为300吨级船舶。西联镇下胡村、赤水村有煤运码头常年水运，可直抵珠江三角洲及连接西江水道。

【气候与灾害】武江区地处北回归线以北，属亚热带气候为主的湿润性季风气候，日照充足，雨量充沛，冬季多干冷的偏北风，夏季多偏南的暖湿气候。年平均气温 20.3℃（其中，年平均最高气温 25.4℃、最低气温 16.8℃），年平均湿度为 52%，年平均日照时数 1858 小时，年平均雨量为 1537.4 毫米。入汛期为每年 4 月中旬至 7 月下旬。春季冷暖季风交替频繁，多为低温阴雨天气，日照最少；夏季炎热酷暑，雨量多且集中；秋季秋高气爽，昼夜温差较大，降水量少；冬季雨量减少，天气寒冷，年无霜冻期 305 天。2005 年秋旱严重；2006 年 7 月 15 日，遭百年一遇的洪灾；2008 年 1 月，遭遇 80 年一遇的雨雪冰灾；2013 年 5 月 16 日、8 月 15 日，武江大部分地区遭遇重大洪涝灾害。2022 年，武江区自然灾害防御实现“零伤亡”。

（区年鉴编辑部）

建置沿革

【概况】武江区因珠江水系北江上游武江流经境内而得名，另因地域处于武江（河）以西，故又俗称“西河”。

【南朝以前建置】春秋时期武江境内为百越地。战国时期为楚国属地。秦始皇三十三年（前 214 年），统一岭南，设南海郡，郡治在番禺，辖区属南海郡管辖。赵佗立南越国后，又为南越国属地。

西汉元鼎六年（前 111 年）平定南越，本境设置曲江县，属桂阳郡，郡治在郴州，隶于荆州。元封五年（前 106 年），置十三刺史部（亦称州，时为监察区），桂阳郡曲江县受荆州刺史部监察。王莽新朝时，桂阳郡改称南平郡。东汉初复称桂阳郡。东汉后期，在桂阳郡南部地区设始兴都尉，以加强对曲江县的管辖。三国吴甘露元年（265 年），在桂阳郡南部分设始兴郡，郡治设在曲江县城（今浈江区莲花山），隶属荆州。

西晋太康元年（280 年）三月，武帝平吴，始兴郡移属广州。曲江县治从莲花山迁往安聂邑（今武江境内西河），西河成为曲江县政治、经济、文化中心。东晋末，曲江县治迁往官滩（今浈江境内南郊）。

南朝梁承圣（552—555 年）中，于始兴郡置东衡州，州治在曲江，州县治所迁西河。

【隋、唐、五代十国时期建置】隋开皇九年（589 年），改东衡州为韶州，州县治所回迁莲花山。开皇十一年（591 年），撤销韶州，曲江并入广州。唐武德元年（618 年），曲江县治再迁西河。武德四年（621 年），把广州属的曲江设置为番州，不久更名东衡州。

唐贞观年间（627—649 年），改东衡州为韶州。五代时期，后梁乾化元年（911 年），刘岩发兵破韶州，州县治所迁往中洲（今浈江境内小岛），本境仍一直是韶州、曲江县的城区部分。

五代十国时期，先属后梁，后属南汉，以韶州辖曲江县，辖区属曲江县。

【宋、元、明、清时期建置】宋初仍以岭南东道韶州辖曲江县。未久撤道改称州，曲江县隶属韶州。北宋至道三年（997 年），又于州上置路（半行政半监察性质），曲江县隶属广南东路韶州管辖。

元朝以行省为地方最高行政区，下设道（省派出机构）、路、县三级。至元十五年（1278 年）岭南平定后，曲江县隶属海北广东道韶州路［此间又在韶州路置录事司，以管理城乡居民；一说至元二十三年（1286 年）置，又称新民官司］。至顺元年（1330 年），属江西行省广东道韶州路管辖。

明洪武元年（1368 年），改韶州路为韶州府（同年罢新民官司）。洪武二年（1369 年）升广东道为广东行中书省；洪武八年（1375 年）又改称广东承宣布政使司（简称广东布政司，习惯上称广东省），曲江县均隶属韶州府。

清初仍称广东布政司，未久定称广东省，省下设道（省的派出机构）、府、县，曲江县隶属广东省南韶连道韶州府管辖。

【民国时期建置】民国元年（1912 年），撤销道、府，曲江县隶属广东省。民国 3 年（1914

年）复设道，曲江县隶广东省南韶连道（未久改称岭南道）。民国9年（1920年），又撤销道，未久设北区善后督办，性质与道同。此后屡设屡废，民国14年（1925年）设北江行政区，民国15年（1926年）撤销北江行政区。民国17年（1928年）设北江善后委员会。民国21年（1932年）改为北江绥靖区。民国25年（1936年）改设第二行政督察区，性质与善后委员会、行政区、绥靖区同，均为省派出机构，曲江县仍属之。民国29年（1940年）改称北江行政区。民国30年（1941年）复称第二行政督察区，曲江县仍属之。民国32年（1943年）11月，在曲江县城置韶关市，升格为省直辖市。民国34年（1945年）1月，韶关被日本侵略军占领，市的建制自行解体。民国36年（1947年）再次调整全省行政区，曲江县隶属第三专署行政督察区。武江境内隶属韶关市和曲江县管辖。

【中华人民共和国时期建置】1949年10月7日，韶关市区武江境内解放。是日，成立韶关市人民政府。10月10日，宣告成立曲江县人民政府。武江境内隶属曲江县管辖。1951年6月1日，恢复韶关市建制；武江境内属韶关市管辖。韶关市设立郊区办事处，境内设西厢乡。1952年11月9日，撤销北江专署，改设粤北行政公署，辖曲江等19个县、1个市。是年，撤销西厢乡，改称西河街道办事处，属韶关市管辖。1956年3月1日，改置韶关专员公署，辖曲江等17个县、1个市。是年，西河街道办事处并入韶关市和平街道办事处。武江境内西河、西联隶属韶关市管辖。1959年1月，韶关市郊区办事处、曲江县、仁化县和乳源县合并（时称三县一市合并），武江境内西河、西联农村归蔬菜公社（后改称环市公社）管辖。1961年1月17日，撤销韶关市大郊区，恢复韶关市建制。武江境内西河、西联仍归韶关市管辖。1965年8月，环市公社分出西联公社，归属韶关地区示范农场管理。1969年，西联公社并入环市公社，归属韶关市管辖。1971年，韶关市区划分东河、南郊、中区、南区、北区、西河6个区，武江境内城区设西河区街道革命委员会。1972年，环市公社从南郊迁入武江境内五祖路。1975年3月，恢复韶关市郊区建制。7月，新韶公社分出芙蓉公社。11月，韶关市城区6个区合并为西河等3个区。西河区街道革命委员会，改称武江区革命委员会，为韶关市的派出机构。1977年1月，韶关市升格为省直辖市。武江境内西河、西联属韶关市。1978年7月，撤销韶关市革命委员会，改置韶关市人民政府。武江境内西河、西联隶属韶关市。1983年6月，韶关地区与韶关市合并为地级市，统称韶关市。武江境内西河、西联仍属韶关市。

1984年9月，经广东省人民政府批准，撤销韶关市郊区（原市政府派出机构），成立武江区，为韶关市辖县级行政区，辖西河、芙蓉、新华3个街道办事处，16个居委会（新华北、武江北、新村、新村二、工业中、东岗、黄田坝、群立街、工业西、工业东、芙蓉北、光明巷、狗头山、沙湖、武江南、新华南），13个村级乡（西河、黄田坝、马停脚、白芒、下坑、黄塱、田心、车头、阳山、沐溪、西联、甘棠、芙蓉），以及塘湾、山蕉2个场。区人民政府驻所在西河五祖路（原市郊区办公楼）。1994年9月28日，迁往韶关市惠民南路128号。2004年8月，韶关市部分行政区域调整，原曲江县龙归、江湾、重阳3个镇划入武江区。2022年，武江区辖西河、西联、龙归、江湾和重阳5个镇，惠民、新华2个街道。

（区年鉴编辑部）

行政区域

【区域】武江区地处广东省北部，南岭山脉南麓。东以武江、北江为界，与浈江区隔河相望，南与曲江区白土镇接壤，西与乳源瑶族自治县相连，北与浈江区的犁市镇相邻。

【区划】辖新华、惠民2个街道和西河镇、西联镇、龙归镇、江湾镇、重阳镇5个乡镇，共40个社区、49个行政村。其中西河镇辖有13个行政村、1个社区；西联镇辖有7个行政村、5个社区；龙归镇辖有15个行政村、1个社区；江湾镇辖有6个行政村、1个社区；重阳镇辖有8个行政村、1个社区；惠民街道辖有14个社区；新华街道辖有17个社区。

（区年鉴编辑部）

2022年度武江区行政区划一览表

表1

镇（街）	村（社区）
西河镇	向阳村、前进村、朝阳村、塘湾村、大村村、什石园村、糖寮村、马屋村、下坑村、黄塱村、田心村、村头村、山蕉村、红星社区
西联镇	西联村、芙蓉村、下胡村、甘棠村、车头村、阳山村、沐溪村、碧桂园·太阳城社区、碧桂园·太阳城第二社区、恒大社区、赤水社区、百旺社区
龙归镇	凤田村、续源村、社主村、龙归村、奇石村、冲下村、山前村、方田村、坳头村、马渡村、寺前村、盘村村、留村村、龙安村、后坪村、龙归社区
江湾镇	梁屋村、瑶族村、锅溪村、湖洋村、胡屋村、围坪村、江湾社区
重阳镇	大夫前村、九联村、青暖村、重阳村、水口村、黄岸村、万侯村、妙联村、重阳社区
惠民街道	沙湖社区、冷水坑社区、群康社区、新华北社区、群立社区、武江北社区、黄田坝社区、侨新社区、惠民北社区、东岗岭社区、新村社区、沐阳东社区、幸福社区、长城社区
新华街道	乳韶社区、工业西社区、工业中社区、芙蓉北社区、沙洲社区、金洲社区、芙蓉东社区、惠民东社区、惠民西社区、五祖路社区、工业东社区、武江南社区、新华南社区、红尾坑社区、花城社区、利民社区、御龙湾社区

自然资源

【土地资源】 至2022年末，武江区耕地面积4996.88公顷（水田3601.53公顷、旱地765.59公顷、水浇地629.76公顷），园地1374.63公顷，林地50800公顷，草地1183.6公顷，湿地56.03公顷，城镇村及工矿用地5512.59公顷，交通运输用地810.82公顷，水工建筑用地91.29公顷，水域及水利设施用地2462.91公顷，其他土地470.13公顷（农村道路120.44公顷，设施农用地207.09公顷，田坎106.94公顷，裸土地31.15公顷、裸岩石砾地4.51公顷），森林蓄积量382.54万立方米，森林覆盖率70.45%。

【矿产资源】 辖区矿产资源较为丰富，但储量较少，共生、伴生矿较多。主要有煤矿、铁矿、铅锌矿、锡矿、钨矿、金矿、银矿、石灰石、高岭土、萤石矿等。铅锌矿（小型）主要分布在重阳镇；石灰石储量丰富，品质好，主要分布在西联镇、龙归镇、西河镇。陶瓷矿（高岭土）主要分布在重阳镇、龙归镇。

（区自然资源局）

【动植物资源】 武江区内野生动物种类繁多，主要分布于山区和丘陵地带，体型较大的野兽多栖息在西北山区，一般兽类出没于平川、丘陵。主要野生动物有哺乳类、鸟类、鱼类、甲壳类、两栖类、爬行类、昆虫类等。主要野生植物有维管束植物2349种，分隶207科、877属。水果类38种、野生药用植物135种。内陆水域中常见的浮游生物共14门、120多属。

【旅游资源】 武江区是粤北古邑，韶关博物馆珍藏有武江境内出土的汉代、三国、西晋、东晋文物。自然景观有广东韶关芙蓉山国家矿山公园、芙蓉山公园、芙蓉仙洞、沐溪水库、石背窝水库和江湾温泉等。人文景观主要有唐朝宰相张九龄家族墓、北宋尚书余靖墓、蓉山古刹。有南昌起义军朱德部队驻地旧址、八路军驻韶关办事处旧址、抗战时期中共广东省委遗址、青水塘和李子园炮楼等革命遗址。有荷花园酒店、湖心宾馆、倚山酒店、汇展酒店、碧桂园·太阳城凤凰酒店等一批旅游酒店。

（区年鉴编辑部）

环境质量

【大气环境】 2022年，武江区空气质量指数（AQI）优良率为94.2%，同比下降3.6个百分点，达到市区AQI优良率94%以上要求；$PM_{2.5}$为22微克/立方米，空气质量六项指标（SO_2、NO_2、CO、PM_{10}、$PM_{2.5}$、O_3-8h）均达到国家环境空气质量二级标准，空气综合指数为2.75，为市辖三区空气质量最优。

【水环境】 2022年，武江十里亭市级集中式饮用水水源水质100%达标，稳定达到Ⅱ类水要求；全区水环境质量水质指数为3.2009，全市排名第三，地表水四个市控以上断面（孟洲坝电站、武江桥、十里亭、龙归）水质达标率100%，其中龙归断面综合污染指数3.1421、排名同比下降8位；孟洲坝电站断面3.3985，排名同比上升1位；武江桥断面3.2757，排名同比上升1位；十里亭断面2.9627，排名均与上年持平。地下水质量考核点位水质级别保持稳定且极差比例为0。

【声环境】 2022年，武江区昼间道路交通声环境平均等效声级范围在64.0—68.4分贝；市区区域声环境质量昼间平均等效声级声强度为二级（标准值为68.1—70.0分贝）。道路交通声环境质量较好。

（市生态环境局武江分局）

人口·语言

【人口】 2022年，年末全区户籍总人口30.69万人，比上年末增加0.79万人。其中，城镇人口24.56万人，比上年末增加1.10万人；乡村人口6.13万人，比上年末减少0.31万人；男性15.20万人，女性15.49万人。年末全区常住人口38.44万人，比上年末增加0.55万人。其中，城镇常住人口32.97万人，比上年末增加0.69万人，常住人口城镇化率85.76%，比上年末提高0.56个百分点；农村常住人口5.47万人，比上年末减少0.14万人。全区常住出生人口2761人，人口出生率8.74‰；死亡人口1996人，人口死亡率6.32‰；自然增长人口765人，人口自然增长率2.42‰。

【语言】 武江区方言复杂，有粤语、客家话、虱婆声、连滩话、船民话、瑶族勉语等方言。还有潮汕、清远、河源、梅州、湖南、四川、河南等地方言。粤语区域面积、人口均占全区的绝大部分，城乡流行。客家方言主要分布在龙归等5个镇的大部分地区。虱婆声主要分布在重阳、西联镇大部分农村、龙归镇后坪村和西河镇向阳、村头、大村等。连滩话主要分布在西河镇什石园下坝村、黄塱中坝村。江湾镇瑶族村村民讲瑶族勉语。

（区统计局）

民族·宗教

【民族】 2022年，武江区居民以汉族为主，少数民族25个，少数民族人口3000人，包括瑶族、壮族、畲族、维吾尔族等。其中，超过100人的少数民族有瑶族、壮族等。其中，包括1个少数民族行政村江湾镇瑶族村，该村2022年有瑶族人口139户、669人。

【宗教】 2022年，武江区宗教主要有佛教、基督教，依法登记宗教活动场所3个，分别为韶关市芙蓉禅寺、韶关市武江区基督教龙归聚会点，韶关武江区九归禅寺。全区信教群众550人，占全区户籍人口的0.15%，其中，佛教500人、基督教50人。全区有宗教教职人员6人，其中，佛教僧尼5人。

（区委统战部）

中共武江区委

综　述

【概况】 2022年，在市委、市政府的坚强领导下，武江区坚持以习近平新时代中国特色社会主义思想为指导，深入学习贯彻党的二十大精神，认真贯彻落实习近平总书记对广东省系列重要讲话、重要指示精神，全面落实省第十三次党代会精神以及省委书记黄坤明在韶调研讲话精神，团结带领全区广大党员干部群众，科学统筹推进经济社会发展，加快建设韶关“双化双融”先行示范区和高质量发展率先突破区，经济社会发展各项事业稳中有进。

【政治建设】 2022年，武江区始终把政治建设放在首位，开展区委常委会会议“第一议题”学习、区委理论学习中心组专题学习36次，推动全区上下准确把握“两个确立”决定性意义，认真践行“两个维护”。通过召开全体干部大会、专家授课、研讨学习、走访宣讲等方式，深入学习宣传贯彻党的二十大精神、习近平总书记在香港回归25周年庆祝大会上的重要讲话和对广东省系列重要讲话重要指示批示精神、省第十三次党代会精神、省委书记调研韶关讲话精神，以及市委十三届二次全会精神等，推动党员干部自觉把思想、意志、行动统一到以习近平同志为核心的党中央上来。充分发挥百姓宣讲团作用，积极探索“互动+访谈”等新型宣讲模式，打响武江理论宣讲分众化品牌，开展两期“书海课堂”专场宣讲活动，多渠道畅通党员群众理论学习“最后一公里”，把广大群众紧紧团结在党的周围。严格落实党委（党组）意识形态工作责任，坚持月研判、季联席，召开4次意识形态工作联席会议暨分析研判会议，加大防范化解意识形态领域风险力度，筑牢意识形态安全防火墙。

【防灾减灾】 2022年，武江区认真开展汛前防汛防风、旱季森林防火灭火大检查，发现并处置各类安全问题和安全隐患。提前研判并全力应对6月创历史极值“龙舟水”袭击，派出应急人员1.77万人次开展抢险救灾工作，快速安全转移避险群众近5000人，迅速开展灾后清淤消杀和风险隐患排查工作，严防灾疫等次生灾害发生。认真落实森林防火各项措施，组建护林队和民兵应急分队，做好特别防护期巡山守卡工作，及时排查并制止野外吸烟、孩童玩火和烧荒等行为，消除火灾隐患。

【推进资源资产价值化】 2022年，武江区坚决扛起生态环境保护“党政同责、一岗双责”和属地管理责任，认真落实中央生态环境保护督察发现问题整改工作，14宗交办案件全部报送办结。加强生态环境保护修复，北江流域生态环境系统保护修复工程完成区级验收，资金支付率达92%，完成全区91宗小水电站退出类和整改类“一站一策”编制。大力开展大气污染防治，强化餐饮油烟、扬尘整治，空气质量指数

（AQI）优良率达94.2%，区域空气质量为市辖“三区”最优。推进水污染防治，深入实施河长制，完成16.2千米碧道建设和北江流域、东冲河、沐溪河入河排污口整治38个，4个地表水断面水质达标率100%，十里亭市级饮用水水源水质达标率100%。有序推进矿山污染防控与整治，推进矿区历史遗留固体废物排查整治，严厉打击龙归镇龙安村煤隆坑固体废物倾倒违法犯罪行为，全区建设用地安全利用率100%。加快推进重阳镇三墩寨建筑石料用灰岩矿、龙归镇红尾坑熔剂矿、龙归镇三棵松建筑石料用灰岩矿采矿权出让项目。全面推行林长制，高质量完成年度水源林建设22.13公顷和73.33公顷省级碳汇抚育建设项目，完成2666.67公顷林业有害生物防治。

【夯实高质量发展基础】 2022年，武江区地区生产总值完成306.87亿元，同比下降0.3%。面对较大经济下行压力，多措并举稳定全区经济基本盘，力破发展瓶颈。打好新型工业化翻身仗，武江科创园成功引进137家企业，为武江区创造税收约1.6亿元；青创中心建成运营，45家企业入驻办公，入驻率达100%。武江区城乡融合产业园稳步推进，完成“一桥一路”工程，主干道全线通车，园区道路、厂房片区和污水处理厂等基础设施项目有序建设，推出超53.33公顷工业用地用于承接项目落地。成功引进广东锦胜装配科技公司并完成签约。武江区完成现代农业产业园“三通一平”等工程，基础设施建设项目二期工程进场施工。扎实开展营商环境专项整治行动，倾心倾力提升招商引资成效，常态化开展“暖企助企”活动，2022年武江区完成招商引资新签约项目34个，投资额可达37.45亿元，其中超亿元项目4个；新开工建设项目19个，新竣工投产项目6个。引导企业积极参加全市“春夏秋冬”四季主题促销活动，举办“夜生活　粤精彩”等主题汽车展销活动，投入200万元发放消费券，撬动全区餐饮、住宿、商贸、旅游等行业发展，2022年武江区社会消费品零售增速排名全市第一，限上批发业增速全市排名第二。

【新型城镇化道路】 2022年，武江区大力推进城市有机更新，完成“三区三线”第三轮成果划定，完成怡华路、工业路、新华南路等一批武江城区主次干道提升改造工程。开工建设55个老旧小区改造项目，做好7个背街小巷改造提升和6个“五小”项目建设。稳步推进自建房隐患排查整治工作，累计排查22534栋，对隐患房屋针对性作出加固、停用、人员撤离、警醒通知等处理。深入开展巩卫创文，大力整治“三线”“六乱”，拆除在建及存量违法建筑11.67万平方米，完成裸露土地整治面积10万平方米，市政道路和普通国道省道公路周边连接线硬化16万平方米。坚持“烟火气”与“文明风”并重，因势利导，逐步完善孟洲坝临时摆卖点基础设施，提升夜市卫生环境、经营秩序及文化内涵，多措并举推动孟洲坝夜市从“车尾厢经济”发展成“网红打卡街”。优化提升韶州公园文化内涵，打造张九龄雕塑，盘活蒙古包形建筑、湖心洋楼等遗弃资产，大力推进韶州文创园项目建设，为推动文旅产业发展“筑巢引凤”。探索与车八岭自然资源保护区进行协议共建，把韶州文创园二期区域建设为车八岭世界生物圈保护区武江科普基地。谋划打造西河山蕉知青文化园、重阳西水暴动指挥部旧址、重阳温泉、江湾温泉等系列农文旅项目，推动构建“一镇一品”农文旅融合发展新格局。

【农业农村现代化】 2022年，武江区持续夯实镇村基础，统筹协调资金3700万元用于龙归镇美丽圩镇和重阳镇乡村振兴示范带建设，打造重阳镇“青林水岸、红色印记”乡村振兴示范带，积极参与市“个十百”乡村振兴擂台赛活动，乡村精品线路新增10个网红打卡点。深化“打擂比武2.0版”工作，启动农村“四小园”建设，鼓励村民在房前屋后、闲置空地经营美丽田园，全面提升乡村风貌。建立镇村生活垃圾收运处理考核方案和农村长效保洁机制，农村生活垃圾收运体系100%全覆盖。

持续推进农村生活污水治理，全区污水收集率达95.97%，农村生活污水处理设施覆盖率达86.45%。完善农村住房建设管理长效机制，处置10个农村削坡建房风险点，进一步规范农村宅基地和建房审批管理，坚决遏制乱占耕地建房行为。加快发展现代农业，成功创建蔬菜省级现代农业产业园，现流转土地268.07公顷，落实建设用地3.85公顷，农业设施用地0.678公顷，认真谋划农业设施、土地流转、产业融合、科技研发与信息支撑、农业品牌、贷款贴息六大板块30个子项目，开工28个。制订农业产业发展贷款贴息方案及撂荒地复耕奖补方案，完成撂荒地复耕面积432.93公顷，土地流转209.96公顷，完成率达125.97%。成功打造3个千亩蔬菜种植基地，粤园家庭农场创建为省级示范家庭农场，武江农业品牌建设得到积极强化。

【深化改革】2022年，武江区充分发挥“改革攻坚规范治理”工作领导小组牵头抓总作用，召开8次区委常委会会议、33次区委书记专题会研究部署规范治理工作，持续发力加快重点改革任务推进，新型城镇化改革4月获得市委、市政府通报表扬。以规范治理手段推动城乡融合发展再上新台阶，西联镇赤水村、西河镇红星村的《“村改居”试点工作调整方案》分别以100%、96.61%的同意票通过村民大会表决，在全市率先取得突破性进展。煤矸石综合利用规范治理全面完成，辖区内3家相关企业按要求在取得煤矸石年度用量指标之前停止自取采用煤矸石。大力推进整区屋顶分布式光伏开发国家级试点工作，按照“全额上网、全部自用、自发自用余电上网”三种运营模式，完成纳统投资1.47亿元。主动破解历史遗留难题，推动中民长者公寓项目处置、闲置低效国有资产摸查处置、区营商服务和大数据运营管理中心建设项目、城区内涝黑点治理等一批重点改革攻坚工作，其中长者公寓历史遗留问题完成资产初评报告，区营商服务和大数据运营管理中心建设项目完成工程部分、信息化部分设计。自主探索强化基层治理体系和治理能力，以规范治理举措做到放管结合，助推“孟洲坝夜市”发展成300多个摊位，高峰时期客流超过4.5万人次的“网红打卡点”，做法成效被《人民日报》客户端、广东广播电视台等多家中央、省、市主流媒体报道。

【民生福祉】2022年，武江区新建武江第一小学、东岗保利小学、新区第二幼儿园，完成九中天子岭校区改造，共新增优质学位2520个；采取盘活资源、借校办学的方式，有效解决超出招生计划的约600名七年级学生就读需求。“双减”工作成效明显，在全省调度会和全市教育工作会议上作经验介绍。全区39家义务教育学科类培训机构注销14所、转型为非学科类或成人文化类25所，压减率100%。医疗卫生体系逐步完善，区儿童医院完成总工程进度的70%。投入7000万元对乡镇卫生院和社区卫生服务中心进行改造提升，区、镇、村三级医疗卫生服务网络得到优化。大力发展文旅体事

2022年，新建武江区东岗保利小学　　（区委宣传部　供图）

业，新建2间风度书房，完成31个基层综合性文化服务中心提质升级试点建设。依托重阳水口水上无动力运动基地，办好“端午龙舟文化旅游节”，大力发展篮球、桨板、飞盘等热门体育活动。协助做好广东省第十六届省运会工作，举办草地音乐会等文化活动，群众性文体活动更加丰富，带动全年旅游收入11.36亿元。兜牢社会保障底线，扎实推进“粤菜师傅”“南粤家政”“广东技工”三项工程，完成城镇新增就业人数3650人，任务完成率101.4%，“韶州工匠计划”风采技师稳岗补贴完成率居全市首位，全区总体就业形势稳中向好。足额发放城乡低保、特困、临时救助、残疾人“两项补贴”等困难群众补助资金，并完成低保、特困、残疾人补贴提标工作。

【全面从严治党】2022年，武江区持续巩固执政之基，推进党组织标准化规范化建设，建立健全基层党组织按期换届提醒督促等制度，严格清查整治党务工作突出问题。精心开展党员教育培训工作，分级分类开展党员、干部教育培训335期，培训24212人次。在攻坚一线培养选拔优秀年轻干部，共提拔或进一步使用领导干部91人，其中正科领导干部23人。加大优秀干部发现推荐储备力度，西联镇党委副书记、镇长曹吾林被授予全国“人民满意的公务员”称号，区司法局一级主任科员杨伟波被授予“全国信访工作先进个人”称号。区应急管理局党委书记、局长黄勇被授予“个人三等功”。落实“民情夜访”和“1+4+N”在职党员到社区报到制度，区、镇干部联系服务群众5328人，夜访5148户，解决问题5278个，参与报到党员70403人次，服务时长达267434小时。始终绷紧纪律之弦，高标准召开以案为鉴以案促改专题民主生活会，区委领导班子深入剖析自我，推动领导干部强化政治担当，架牢政治防线。积极配合市委开展涉粮领域、土地房屋征收领域、乡村振兴资金管理使用和农村集体“三资”管理专项巡察以及重点（中心）镇提级巡察，新一届区委对区委巡察全覆盖进度和对村（社区）巡察全覆盖进度分别达21.2%和33.7%。着力整治群众身边腐败和不正之风，严格落实中央八项规定及其实施细则精神，从严纠治“四风”及其隐形变异问题，全年共立案70件，结案60件，给予党纪政务处分36人，给予组织措施惩戒23人。

（刘志琳）

【廉政建设】2022年，区委坚定不移贯彻和弘扬伟大建党精神，严格履行管党治党政治责任，推动全面从严治党向纵深发展。坚持把政治建设摆在首位，不断压实管党治党政治责任，紧紧围绕习近平总书记关于防灾救灾、粮食安全、土地管理、自建房安全、优化营商环境、生态环境保护等重要论述、重要指示批示精神，聚焦党中央重大决策部署、省委“1+1+9”工作部署、市委建设“六新”韶关要求，推进政治监督具体化常态化。组织实施十届区委第一、第二轮常规巡察。区级巡察和对村（社区）巡察全覆盖进度分别达28.8%和33.7%。积极配合市委开展涉粮领域、土地房屋征收领域、乡村振兴资金管理使用和农村“三资”管理专项巡察以及重点（中心）镇村级巡察。

（金　晶）

重要会议

【区委十届二次全体会议】2022年1月24日，中共韶关市武江区第十届委员会第二次全体会议召开。全会由区委常委会主持。会议的主要任务是：以习近平新时代中国特色社会主义思想为指导，深入学习贯彻党的十九大和十九届历次全会以及中央经济工作会议精神，认真贯彻落实省委十二届十五次全会、市委十二届十六次全会和市第十三次党代会精神，总结2021年工作，部署2022年工作，动员全区上下以史为鉴、开创未来，埋头苦干、勇毅前行，加快建设韶关“双化双融”先行示范区和高质量发展率先突破区，以优异成绩迎接党的二十大胜利召开。会议听取区委书记张广晖代表区委常委会所作的报告，听取区委副书记、区长黄艺坤关于全区经济工作的讲话，审议区委常委会2021年传达学习贯彻落实习近平总书记重要讲话和重要指示批示精神情况报告及2021年度抓党建工作情况报告，表决通过武江区遴选提出的广东省出席党的二十大代表候选人推荐人选，通过《中国共产党韶关市武江区第十届委员会第二次全体会议决议》。

【区委常委会会议】 2022年，共召开37次区委常委会会议，依照规定可公开的有11次。

1月27日，召开区委第十届第十一次常委会会议。会议传达学习习近平总书记在十九届中央纪委六次全会上发表的重要讲话精神以及全国、全省、全市宣传部长会议精神，听取区法院、区检察院党组2021年工作情况汇报，审议并原则同意《武江科创园企业入驻管理办法》、2021年度市管干部年度考核结果及区政协委员人选调整有关事宜。

2月17日，召开区委第十届第十四次常委会会议。会议传达学习习近平总书记对党的建设研究工作作出的重要指示精神、市委十三届二次全会精神，审议并原则同意《韶关市江湾温泉旅游开发有限公司组建工作方案》《武江区政府工作报告》《武江区2022年重点项目计划》《韶关市武江区政府投资非经营性项目代建管理办法（试行）》《韶关市武江区2021年国民经济和社会发展计划执行情况及2022年计划草案的报告》《关于韶关市武江区2021年预算执行情况和2022年预算草案的报告》，研究关于召开区十届人大第二次会议、区政协十届二次会议有关事宜，审议区纪委十届二次全会方案及全会报告。

3月11日，召开区委第十届第十八次常委会会议。会议传达学习习近平总书记在中央党校（国家行政学院）中青年干部培训班开班式上发表的重要讲话精神以及中央、省委、市委全面深化改革委员会会议精神，审议并原则同意《韶关市武江区征地拆迁工作绩效考核办法（试行）》《武江区关于2022年提升农村人居环境整治建设生态宜居美丽乡村“打擂比武”工作实施方案》。

3月22日，召开区委第十届第十九次常委会会议。会议传达学习贯彻习近平总书记在全国两会上的重要讲话精神和全国两会精神、全省干部大会精神和市委常委会扩大会议精神，以及《习近平法治思想学习纲要》精神，听取《韶关市武江区人民政府2021年度法治政府建设工作情况报告》《武江区2021年行政复议与行政应诉案件情况报告》。

5月10日，召开区委第十届第二十三次常委会（扩大）会议。会议传达学习贯彻习近平总书记在中共中央政治局会议上发表的重要讲话精神和省、市有关会议精神，习近平总书记对湖南长沙居民自建房倒塌事故作出的重要指示精神，5月9日市委常委会扩大会议精神，以及李希、王伟中到广州市及省气象局、省应急管理厅调研时的指示精神和省、市有关会议精神。

6月24日，召开区委第十届第二十七次常委会（扩大）会议。会议深入学习贯彻习近平总书记对防汛救灾工作作出的重要指示精神和李希书记等省领导在韶关检查指导防汛救灾工作时的讲话精神，套开区委防范化解重大风险工作领导小组会议、区““三防””指挥部全体成员会议、区安全生产委员会会议，研究部署武江区相关工作。

6月27日，召开区委十届第28次常委会会议。会议传达学习习近平总书记在十九届中共中央政治局第三十九次集体学习会议上发表的重要讲话精神，审议并原则同意韶关市高新区莞韶城三期基础设施项目二期道路工程概算、韶关高新区莞韶城三期基础设施项目二期厂房片区基础工程（二期及三期）概算、实施武江区中医院医疗设备采购事宜、《中共韶关市武江区委领导班子以案为鉴、以案促改专题民主生活会问题整改工作方案（送审稿）》，以及2021年度镇（街）和部门绩效考核结果。

7月28日，召开区委十届第30次常委会会议。会议传达学习习近平总书记在新疆考察时发展的重要讲话精神，组织观看《生命重于泰山》电视专题片，听取2022年上半年应急管理（安全生产）工作情况汇报，审议并原则同意韶关市武江区西联镇农村乡村振兴建设项目概算、韶关市武江区现代农业产业园基础设施建设项目二期工程（主体及部分配套工程）概算、西河幼儿园建设项目概算，听取十届区委第一轮巡察情况综合汇报、武江区机关事业单位工作人员2021年度考核结果评定情况汇报。

9月9日，召开区委十届第34次常委会会议。会议传达学习习近平总书记在中央全面深化改革委员会第二十七次会议上的重要讲话精神、李希在韶调研指示精神以及全省安全生产电视电话会议精神。

10月20日，召开区委十届第37次常委会会议，会议传达学习习近平总书记在党的十九届七中全会上的重要讲话精神，审议并原则同意武江区营商服务和大数据运营管理中心项目概算、韶关市武江区教师发展中心建设项目一期（教师实训基地）概算、《武江区2022年压减部门预算支出工作方案》、授予武江区消防救援大队集体三等功的事项以及《2022年武江区镇（街）和部门绩效考核实施方案》。

11月10日，召开区委十届第40次常委会会议，会议传达学习贯彻中共中央政治局会议精神和习近平总书记在二十届中共中央政治局第一次集体学习时的重要讲话精神，省委书记黄坤明和省委副书记、省长王伟中在韶调研指示精神以及《中共中央办公厅印发〈推进领导干部能上能下规定〉的通知》，审议并原则同意《中共韶关市武江区委关于认真学习宣传贯彻党的二十大精神的通知》《中共韶关市武江区委办公室关于印发〈学习宣传贯彻党的二十大精神总体工作方案〉的通知》《西河镇红星村“村改居”试点工作调整方案》《西联镇赤水村“村改居”试点工作调整方案》。

其他重要会议

【党史学习教育总结会议】 2022年1月19日，武江区召开党史学习教育总结会议，深入学习贯彻党的十九届六中全会精神，认真贯彻落实习近平总书记关于党史学习教育的重要论述和重要指示精神，按照党史学习教育总结会议、广东省党史学习教育总结会议和韶关市党史学习教育总结会议要求，总结全区党史学习教育成效，对巩固拓展党史学习教育成果，推动党史学习教育常态化长效化进行部署安排。区委书记、区委党史学习教育领导小组组长张广晖出席会议并讲话，区委副书记、区长、区委党史学习教育领导小组副组长黄艺坤主持会议。市委党史学习教育第一巡回指导组组长、市人大常委会城建工委主任潘国忠，指导组副组长、市直机关工委副书记向志强及市委党史学习教育第一巡回指导组成员到会指导。

【开春动员大会】 2022年2月7日，武江区召开2022年开春动员大会，总结春节假期社会面总体情况，部署当前重点工作，动员全区上下迅速收心归位，以崭新的姿态、扎实的作风，投入新一年各项工作中。区委书记张广晖在会上讲话，区委副书记、区长黄艺坤主持会议。区四套班子领导、区法院、区检察院主要负责人，各镇（街）党政主要负责人，区委各部门、区直各单位、区各人民团体、驻区各单位主要负责人参加会议。

【学习曹吾林先进事迹全体干部大会】 2022年4月7日，武江区召开学习曹吾林先进事迹全体干部大会。区委书记张广晖在会上作讲话，区委副书记、区长黄艺坤主持会议，区人大常委会主任孙理鸣，区政协主席彭波，区委副书记王友华以及区四套班子领导、区法检“两长”、各镇（街）党（工）委、区直各单位部门主要负责人参加会议。

【传达学习贯彻习近平总书记重要讲话精神干部大会】 2022年7月8日，武江区召开干部大会，传达习近平总书记在庆祝香港回归祖国25周年大会暨香港特别行政区第六届政府就职典礼上的重要讲话精神，研究部署全区学习贯彻落实工作，区委书记张广晖主持会议并讲话，区委副书记、区长黄艺坤传达有关讲话精神，区人大常委会主任孙理鸣以及区四套班子领导和法检“两长”，各镇（街）党（工）委主要负责人，区委各部门、区直各单位和驻区有关单位负责人参加会议。

【武江区向先进模范人物学习大会】 2022年9月1日，武江区召开向先进模范人物学习大会，号召全区广大党员干部向先进模范人物学习，汲取先进典型精神力量，更好履行职责使命，奋力推进武江高质量发展。会上，全国“人民满意的公务员”曹吾林、“全国信访工作先进个人”杨伟波分享获奖心得，以及到北京受到党和国家领导人亲切接见的激动之情。区委书记张广晖出席会议并讲话，区委常委、宣传部部长廖功文主持会议。区四套班子领导和法检“两长”、各镇（街）党政主要负责人、区直各部门主要负责人参加会议。

【农村人居环境整治第一批“打擂比武”现场评选表彰会】 2022年9月21日，武江区召开2022年农村人居环境整治第一批“打擂比武”现场评选表彰会。市委副秘书长、二级巡视员谢祥腾，市委农办常务副主任、乡村振兴局常务副局长刘世冬，区委书记张广晖，区人大常委会主任孙理鸣，区政协主席彭波，区委副书记王友华出席活动。区四套班子成员，“法检”两长，区直有关单位主要负责人，各镇主要负责人、分管“打擂比武”工作副书记，驻镇帮镇扶村工作队队长，51个行政村党组织书记，专家评审组参加活动。

【安全稳定工作会议】 2022年10月15日，武江区召开安全稳定工作会议，贯彻落实省市会议精神，对全区安全稳定工作进行再部署再落实。区委书记张广晖出席会议并讲话，区委副书记、区长黄艺坤主持会议。区委常委、区委政法委书记黄向阳，副区长钟爱明、马文娟分别就安全稳定、安全生产和森林防火工作情况进行通报。法检“两长”，各镇（街）党（工）委、区委有关部门、区直有关单位主要负责人参加会议。

【武江区传达贯彻党的二十大精神大会】 2022年10月31日，武江区召开全区传达贯彻党的二十大精神大会，认真贯彻落实省、市电视电话会议精神，具体部署全区学习宣传贯彻党的二十大精神工作。区委书记张广晖主持会议并讲话，区委副书记、区长黄艺坤传达学习党的二十大精神，区人大常委会主任孙理鸣、区政协主席彭波、区委副书记王友华等四套班子领导参加会议。

【武江区干部大会】 2022年12月13日，武江区召开全区干部大会，强调要坚持以习近平新时代中国特色社会主义思想为指导，深入学习贯彻落实党的二十大精神，贯彻落实省委十三届二次全会精神以及全市干部大会有关部署，在全区上下统一思想，尽快把工作重心转移到发展上来，凝心聚力抓恢复、抓生产、抓发展，坚决打赢经济发展这场硬仗。区委书记张广晖出席会议并讲话，区委副书记、区长黄艺坤主持会议并传达省委十三届二次全会主要精神和全市干部大会主要精神，区人大常委会主任孙理鸣，区政协主席彭波，区委副书记王友华出席会议。区四套班子领导，法检“两长”，各镇（街）党（工）委主要负责人，区直各部门主要负责人参加会议。

【学习贯彻党的二十大精神宣讲报告会暨正科职以上领导干部专题研讨班】 2022年12月14日，武江区举办学习贯彻党的二十大精神宣讲报告会暨正科职以上领导干部专题研讨班，持续掀起学习宣传贯彻热潮，推动党的二十大精神学习宣传贯彻走深走实。区委书记张广晖主持会议，区委副书记、区长黄艺坤，区人大常委会主任孙理鸣，区政协主席彭波，区委副书记王友华出席会议，区委理论学习中心组成员，区人大常委会、区政府、区政协领导班子成员，法检“两长”，各镇（街）、区直各单位和驻区有关单位正科职以上领导干部参加会议。

2022年武江区委书记专题会议一览表

表2

日　期	会议内容
1月11日	传达市委书记专题会议精神，研究部署武江区垦造水田和国土空间规划编制有关工作
1月14日	研究芙蓉禅寺、九归禅寺用地问题
1月18日	专题研究财政有关事项
1月24日	研究全区道路交通安全专项整治工作
2月10日	听取江湾至牛尾岭隧道段公路改建项目方案
2月14日	审议《武江区2022年重点建设项目计划（送审稿）》
2月16日	研究武江区城乡融合产业园“一号工程”推进工作
3月1日	听取长者公寓项目进展情况汇报
3月9日	研究处置中民长者公寓项目有关事项
3月14日	研究武江中医院运营管理有关事项
3月29日	专题研究《韶关市武江区马屋片区控制性详细规划成果》有关事宜
3月31日	研究武江区行政服务办事大厅物业租赁有关事项
4月8日	研究富康广场“三旧”改造项目等问题处置工作
4月13日	研究长者公寓项目、行政服务中心物业租赁有关事项
4月14日	研究武江中医院运营管理有关工作
4月18日	研究武江区乡村振兴培训实践中心运营管理事宜
4月19日	听取武江区2022年第一季度经济运行情况，专题研究部署下一阶段经济工作任务和行动举措
4月25日	研究武江区五一期间促消费有关工作
4月29日	研究韶州公园草地音乐节有关工作
5月5日	专题研究韶州文创园建设运营有关工作
5月12日	研究文武阁塔修缮及周边环境提升工作
5月13日	听取西河镇山蕉村知青馆设计方案
5月17日	专题研究武江区教师发展中心项目建设有关工作
5月26日	听取端午文旅活动筹备情况、水口龙舟文化节环境提升方案汇报
5月26日	听取区委书记信访包案进展情况汇报
5月27日	研究端午音乐节、科创园工业大厦设计方案有关工作
5月30日	听取江湾温泉项目进展情况汇报
5月31日	研究债券项目有关工作

续表2

日　期	会议内容
6月6日	听取凤武共建武江区城乡融合产业园标准厂房项目设计方案以及韶关高新区莞韶城三期污水处理厂设计方案
6月7日	研究成立武江区新媒体中心有关事项
6月8日	研究韶关市武江区康乐养老中心项目建设工作
6月13日	研究芙蓉洞藏酒旅游文化园综合开发项目有关事项
6月14日	研究武江区营商服务和大数据运营管理中心建设项目（暂定名）有关事项
6月16日	研究中核锦原大厦租赁事项处置及招商项目引进有关工作
6月17日	研究村（社区）“两委”干部待遇有关事项
6月23日	听取七一红歌晚会和文艺汇演活动筹备情况汇报
6月24日	听取国家储备林项目情况汇报
6月28日	听取武江区法院审判法庭大楼项目建设情况汇报
6月30日	研究新增债券项目谋划工作
7月1日	听取十届区委第一轮巡察情况汇报
7月5日	研究区属中小学校校长换届工作
7月6日	总结武江区草地红歌晚会工作有关事项
7月6日	研究参加“个十百”乡村振兴擂台赛活动有关工作
7月7日	听取江湾温泉设计方案汇报
7月13日	区委书记张广晖到江湾温泉项目调研，详细了解项目建设进展情况和存在问题，随后在江湾镇政府二楼会议室召开区委书记专题会议，对有关工作提出具体的指导意见和工作要求
7月15日	听取法治公园设计方案汇报
7月18日	研究辖区建筑企业生产经营有关事项
7月19日	听取区农业农村局关于粮食安全、灾后复产、债券资金使用、省级蔬菜产业园创建和2023年省级现代农业产业园谋划申报创建等工作情况汇报
7月20日	听取审计反馈整改情况汇报
7月25日	研究武江区新旧城区排水问题
7月27日	听取八一军地联欢双拥晚会筹备情况
8月1日	听取孟洲坝夜经济规范管理情况汇报
8月4日	听取国企运营、政府资产管理等工作情况汇报
8月8日	听取武江区康乐养老中心项目建设推进情况汇报
8月10日	听取武江区营商服务和大数据运营管理中心项目设计方案汇报
8月10日	研究韶州文创园项目建设有关事宜

续表 2

日　期	会议内容
8月11日	研究康乐养老中心项目有关事宜
8月15日	研究武江侨新小区改造提升事宜
8月22日	研究2023年专项债储备项目
8月23日	听取龙归镇革命老区和红色遗址开发利用项目设计方案汇报
8月24日	研究孟洲坝夜市规范提升有关事项
8月25日	研究龙归镇革命老区和红色遗址开发利用项目设计方案
8月29日	听取江湾镇练屋村特色瑶族文化村规划改造设计方案汇报
9月4日	听取武江区营商服务和大数据运营管理中心项目设计方案汇报
9月5日	研究孟洲坝夜市规范提升有关事项
9月13日	研究龙归镇石背山石场矿地综合开发利用有关事宜
9月14日	听取江湾镇小水电清理整治工作方案汇报
9月17日	研究武江区2022—2024年义务教育学校布局规划有关事宜
9月22日	研究江湾温泉项目有关事项
9月23日	听取城乡融合产业园招商项目和建设进展情况汇报
9月28日	听取武江区法治公园设计方案汇报
10月18日	研究江湾镇文化旅游项目规划与投资汇报方案
10月19日	研究武江乡村振兴培训实践中心扩建项目有关工作
10月21日	听取科创园工业大厦设计方案以及重阳镇青暖温泉项目设计方案汇报，研究武江区城乡融合产业园标准厂房项目有关事项
10月21日	研究“二拖”“三旧”改造项目有关事项
10月24日	听取档案馆布展方案汇报
11月1日	研究韶州文创园一期项目有关事宜
11月9日	研究山蕉村知青文化园二期项目规划设计方案
11月16日	研究莞韶城周边违法占地及安全隐患整治有关工作
11月23日	听取龙归镇革命老区和红色遗址开发利用项目室内展陈方案以及项目进展情况汇报
12月1日	听取重阳镇重点项目设计方案
12月9日	听取年产8万吨A级新型防火保温材料（岩棉）生产基地项目情况汇报
12月13日	听取乡村振兴资金管理使用暨农村集体“三资”管理专项巡察情况汇报，研究《武江区基层群众性自治组织中从事管理的人员受处分（处理）后补贴、奖金减扣工作指引（试行）》

重要活动

【开春动员大会】 2022年2月7日，武江区召开开春动员大会，总结春节假期社会面总体情况，部署当前重点工作，动员全区上下迅速收心归位，以崭新的姿态、扎实的作风，投入新一年各项工作中。区委书记张广晖在会上讲话，区委副书记、区长黄艺坤主持会议。区人大常委会主任孙理鸣，区政协主席彭波，区委副书记王友华参加会议。区委书记张广晖指出，召开党的二十大是党和国家政治生活中的一件大事，做好当年工作，意义重大、责任重大。全区上下要围绕“全面提升武江作为中心城区核心区的承载力和宜居宜业品质，以新使命、新担当、新作为，奋力开创武江经济社会高质量发展新局面”的总体工作目标，认真贯彻落实党中央决策部署和省委、市委工作要求，全力统筹做好经济社会发展工作，力争在产业发展、城区建设、城乡融合、科技创新、商贸物流等方面走在全市前列，以优异成绩迎接党的二十大胜利召开。

【武江区科创园招商项目集中签约仪式】 2022年4月28日，武江区举行2022年武江科创园招商项目集中签约仪式，副区长刘喆焱，区工信局、区发改局、区财政局、区税务局、区国投公司相关负责人，签约企业代表等参加签约仪式。

【七一文艺晚会】 2022年7月1日，“唱支歌儿给党听　携手奋进新征程”武江区七一文艺晚会在武江区科创园天紫路演中心上演，晚会围绕歌颂党、歌颂祖国的主题，讴歌党和人民在新时代取得的卓越成就，用歌声献礼建党101周年。区委书记张广晖出席晚会并致辞。区委副书记、区长黄艺坤，区人大常委会主任孙理鸣，区政协主席彭波等四套班子领导出席。晚会分为“铭记·红色岁月”和“献礼·时代风华”上下两个篇章共14个表演节目，中间穿插“光荣在党50年”纪念章颁发仪式、重温入党誓词以及讲述《人民至上》等环节。活动在《永远跟党走》歌舞中拉开序幕，小组唱《穿越时空的敬礼》、歌曲联唱《岁月回声》《永远的荣光》《中国》《祖国不会忘记》、乐队弹唱《我和我的祖国》等，唱出武江区党员干部对党、对祖国的热爱和祝福；歌舞《国家》《在灿烂阳光下》《党耀我心》《强国有我　青春百年》《强国一代有我在》《一起向未来》等精彩节目一次次将晚会的氛围推向高潮。最后，晚会在歌舞《再一次出发》中落下帷幕。

【金秋文化旅游节】 2022年9月9日，武江区金秋文化旅游节开幕仪式在韶州公园西广场举行，区委书记张广晖、区人大常委会主任孙理鸣，区政协主席彭波，区委副书记王友华等区领导出席活动。金秋文化旅游节围绕中秋节、中国农民丰收节、国庆节三大节日，策划推出草地音乐会中秋之夜、孟洲坝夜市游园、摄影展、农特产品展销、羽毛球公开赛等系列文旅体活动28项，重点推荐“龙归—江湾生态休闲旅游”“西河—重阳红色旅游”两条精品路线，活动持续至10月。开幕仪式上，由

2022年7月1日，武江区七一文艺晚会在武江区科创园举行，图为获“光荣在党50年”纪念章的老党员代表合影

（区委宣传部　供图）

著名艺术家黄河老师创作、爱心企业捐建的《张九龄》雕塑也正式揭幕，成为韶州公园内的又一文化新地标。张广晖代表区委、区政府为黄河老师颁发“城市文化建设特别贡献奖”。

【“打擂比武”现场评选表彰会】 2022年9月21日，武江区召开农村人居环境整治第一批“打擂比武”现场评选表彰会。市委副秘书长、二级巡视员谢祥腾，市委农办常务副主任、乡村振兴局常务副局长刘世冬，区委书记张广晖，区人大常委会主任孙理鸣，区政协主席彭波，区委副书记王友华出席活动。活动通过自我介绍、视频展示、现场讲解进行“比武”，综合现场评委评分、实地观摩评分结果决出胜者予以表彰奖励。龙归镇盘村专班多田老屋村等10个村庄获评“武江区农村环境整治示范村庄”；江湾镇围坪专班叶屋村等6个村庄获评“武江区农村人居环境整治优秀村庄”；武江区田心新村等10个村庄获评“武江区生态宜居美丽村庄”；武江区梁志其等20户农户的庭院被评为“武江区美丽庭院”。

【西水暴动指挥部旧址揭牌】 2022年9月30日，武江区举行西水暴动指挥部旧址揭牌和烈士群雕揭幕仪式。区委书记张广晖出席活动，并与参加活动的领导嘉宾一同为旧址揭牌和烈士群雕揭幕，陈慧等老战士受邀参加。西水暴动指挥部旧址位于武江区重阳镇青暖村。西水暴动为革命斗争提供重要经验借鉴，鼓舞和促进北江其他县陆续组织农民暴动，在北江革命斗争史上树起一座丰碑，成为当时整个北江乃至广东武装暴动的重要组成部分。区委书记张广晖在活动中表示，举行西水暴动指挥部旧址揭牌和烈士群雕揭幕仪式，是武江坚持利用好红色资源、发扬好红色传统、传承好红色基因的生动实践。希望参加活动的人员能继承先烈革命传统，发扬爱国主义精神，铭记历史，传承历史，以革命先烈英勇顽强、不怕牺牲的战斗精神为指向，怀揣梦想、勇往直前，为创造更加辉煌灿烂的未来而努力奋斗。

【武江科普基地揭牌】 2022年12月31日，车八岭世界生物圈保护区——武江科普基地正式揭牌。副市长蒋文泓、武江区委书记张广晖出席活动并致辞，广东车八岭国家级自然保护区管理局副局长束祖飞在活动中致辞，区委副书记、区长黄艺坤主持活动。该基地是韶州文创园二期项目，以11座原蒙古包形建筑体为基础，综合运用展品、图文、多媒体等多种手段，将科技与人文、自然融为一体，打造“沉浸式”文旅体验场景。该基地的建成启用是武江区推动“公园+科普”有机融合的创新尝试，也是武江区贯彻新发展理念的生动实践。

武江科普基地　　（区委宣传部　供图）

区委办工作

【概况】 2022年，在区委的正确领导和市委办公室的坚强指导下，区委办坚持以习近平新时代中国特色社会主义思想为指导，深入学习贯彻党的十九届历次全会精神和党的二十大精神，以及省委、市委重要会议精神，紧紧围绕全区工作中心重点，高标准服务发展大局，高水平认真履行参谋、统筹、协调、服务等各项职能，为区委各项工作顺利开展提供坚实保障。

【文电档案】 2022年，区委办坚持立改废释并举，完善清理工作机制，提高党内法规制度质量，全面梳理2002—2022年印发的涉及计划生育党内规范性文件，并对其中4件区委文件予以废止，1件区委文件宣布失效。2022年拟文、发文243件，办理公文6368余件，收发邮政机要文件1840余件，报备规范性文件3件。全面启用办公OA系统，大大减少纸质公文印刷，并实现区委办和区政府办之间文件流转。加强对基层单位档案工作监督指导，深入乡镇一线指导开展扶贫档案整理工作，对各镇（街）档案库房、安全设施设备、档案信息管理系统、档案数字化场所和服务外包等方面开展全面档案安全检查。组织开展全区办公室系统业务培训，邀请市委办业务骨干就会务政务、文电法规等业务作详细培训。

【会务统筹】 2022年，区委办深度把关重大会议、政务活动，年度共筹备区委常委会会议37次、书记专题会议93次、专项工作会议25次，协助做好全区性会议15场，撰写会议纪要92份。在筹备和接待工作中，始终积极做到与部门沟通协调，对会议议程、参观路线、餐饮通勤等相关事宜进行周密安排和部署，较好完成市委主要领导来武江调研会务组织工作。认真细致做好书记专题会服务工作，助推经济、文旅、项目建设等重点工作的深入研究，有力推动韶州文创园、山蕉知青园文旅项目、武江城乡融合产业园项目建设取得较大进展，稳步推进江湾温泉项目，盘活孟洲坝片区，会务服务获区领导肯定。

【政策研究】 2022年，区委办高标准完成开春大会、区委领导班子以案为鉴以案促改专题民主生活会、学习曹吾林先进事迹全体干部大会等重要活动超百篇文稿起草工作。聚焦经济社会发展重点领域和关键环节，深入推进区级重大调研，完成关于全面开拓产城融合新发展空间的调研报告，主动厘清武江区承接高新区社会事务管理存在的问题，对武江康养基地建设前景作全面研究分析，积极发挥参谋辅政作用，推动调研成果转化。充分发挥信息“前哨”作用，积极主动、多渠道多角度搜集、挖掘、提炼亮点信息和问题类信息报市委办信息科，市级采用20篇，报省9篇，为领导掌握情况、精准指导、科学决策提供较好的信息依据。

【改革攻坚】 2022年，区委办制定实施《区委全面深化改革委员会2022年重点改革工作安排》《关于开展“改革攻坚规范治理年”的工作方案》，细化19个重点领域共208项深化改革和规范治理任务，建立完善“周汇报、月汇总、季回顾”工作机制，注重发挥制度引领作用，推动全区改革任务抓细抓紧抓实。联合区纪委监委、区政府督查室等组建4个全覆盖督导组，开展深化改革和规范治理任务督查10次，督查任务责任单位50个，138项区级规范治理任务进展顺利，完成136项任务，任务完成率达98.5%。在“武江发布”公众号开设“改革攻坚规范治理”专栏，推出优化营商环境、推行政复议体制改革、规范农村住房建设管理、健全矛盾纠纷化解机制等63篇新闻报道，在中央和省、市主流媒体发稿372篇次，持续扩大武江区全面深化改革成效，营造改革攻坚、规范治理的浓厚氛围。

【督查督办】 采取专项督查、现场检查、明察暗访、温馨提示等方式，完成2022年各项专项重点工作督查，对区委常委会、区委书记专题会、区委书记调研交办的42宗事项进行跟踪督办，多次深入现场对交通安全专项整治、项目建设等区委、区政府重点交办事项开展督查督办，形成《区委督查督办工作专报》8期，助推区委决策部署及时、高效落实。在全区范围内开展政治要件制度建立和落实情况专项督查，对区城管局、区自然资源局、区农业农村局等13个单位开展政治要件督查，注重指导各单位落实落细政治要件管理工作。印发《武江区“担当落实，走在前列”进行时》12期，“红旗榜”共通报各类表扬154项，通过“黄旗榜”对8项工作落实不力的后进单位进行提醒。

【保密安全】 2022年，区委办从严抓好保密工作，召开全区保密工作会议，组织全区保密人员培训、初任公务员保密培训、重点部门保密培训等多次活动，开展党的二十大风险排查等专项保密检查，切实强化机关工作人员及群众的保密意识。

全面深化改革

【概况】 2022年，武江区委、区政府紧紧围绕中央和省委、市委部署的改革任务，坚持以习近平新时代中国特色社会主义思想为指导，全面贯彻党的二十大精神，深入学习贯彻习近平总书记对广东重要讲话和重要指示批示精神，全面落实省委书记黄坤明在韶关调研讲话精神，认真落实市委“改革攻坚规范治理”年工作要求，改革创新、真抓实干，较好地完成上级部署的各项改革任务，有力推动武江加快建设韶关“双化双融”先行示范区和高质量发展率先突破区。

【强化组织领导】 2022年以来，武江区委、区政府不断强化组织统筹领导，坚持与时俱进把握改革“脉搏”，注重提高改革工作的系统性，大力激发高质量发展内生动力。谋篇布局，注重抓好整体性改革，结合市委全面深化改革工作要求，围绕提质增效、争先创优，制定实施《区委全面深化改革委员会2022年重点改革工作安排》《关于开展“改革攻坚规范治理年”的工作方案》，细化19个重点领域共209项深化改革和规范治理任务，由分管区领导各自抓好分管领域的改革，明确各项改革任务的责任单位，推动武江全面深化改革和规范治理任务落地见效。建章立制，推动改革工作走深走实，充分发挥区委深改委牵头抓总作用，高位推动改革攻坚、规范治理工作，共召开11次区委常委会会议听取工作进展、审议深化改革和规范治理方案，召开37次区委书记专题会研究规范治理任务，推动新出台区级政策文件12份，规范治理专项行动方案16份，修订或废止文件10份，解决改革发展难题，有力推动规范治理提速增效。从严督导，确保压实责任到底到边，坚持“全覆盖督导”与“专项督导”结合、“红旗榜”与“黄旗榜”相促进，联合区纪委监委、区委督查室、区政府督查室等组建4个全覆盖督导组，开展深化改革和规范治理任务督查10次，督查任务责任单位50余个，印发通报、专报11期，确保各职能单位责任明晰到位、工作落实到位。坚持改革任务跟踪落实机制，定期收集工作台账，强化跟踪问效，确保困难及时反馈、问题及时解决。

【坚持试点先行】 2022年，武江区坚持抓紧抓实改革试点任务，不断总结改革经验做法，以试点作为突破口、先行棋，扩大全区改革创新效应。有序推进各项改革试点任务，整区屋顶分布式光伏开发试点工作大力推进，按照“全额上网、全部自用、自发自用余电上网”三种运营模式，力争“宜建尽建”，电网“应接尽接”。以规范治理手段推动城乡融合发展再上新台阶，西联镇赤水村、西河镇红星村的《“村改居”试点工作调整方案》分别以100%、96.61%的同意票高票通过村民大会表决，在全市率先取得突破性进展。标准化试点实施单位组织、宣传、管理和保障机制逐步健全，顺利通过省级中期验收。严格落实“三保”试点地区主体责任和首位责任，坚决兜牢兜实“三保”支出底线。持续推进新型城镇化改革工作，2022年4月获得市委、市政府通报表扬。“点状供地”试点工作实现实例操作，《重阳镇粤北现代设施农业观光园点状供地项目实施方案》完成编制。2022年，武江坚持以改革促发展，准确把握上级重大改革部署的工作思路和具体要求，精准发力、主动出击，成功争取到省级应急管理执法工作标准化示范点，省级法治政府建设示范项目、省级特色产业园项目等试点，持续增强武江区改革示范效应。

【加大宣传力度】2022年，武江区大力宣传各镇各单位深化改革和规范治理工作中的亮点成效，收集整理各单位报送的工作信息90篇，编印28期区级简报，向上报送高质量工作信息28篇，其中3篇被市简报采用。深化“担当落实、走在前列”激励机制，每月通报1—2项优秀工作做法，通过“担当落实、走在前列”刊物表扬14个单位，激发全区聚精会神抓改革的精气神。紧扣信息宣传新常态，利用“武江发布”等微信公众号网络平台进行宣传，设立“改革攻坚规范治理”专栏，推送各镇（街）、各单位深化改革和规范治理工作动态信息63篇次，并积极与上级媒体平台对接，在中央和省、市主流媒体发稿372篇次，“端午龙舟文化旅游节”“孟洲坝夜市”“村改居”“草地红歌会”等被《南方日报》、韶关电视台等媒体争相报道，营造深化改革攻坚、规范治理推动武江高质量发展的浓厚氛围，凝聚起全区上下齐心干事创业的实干作风。

（刘志琳）

组织工作

【概况】2022年，武江区辖5个镇（西河、西联、龙归、江湾、重阳）、2个街（惠民、新华），共49个行政村、40个社区。共有党的基层组织555个，其中，基层党（工）委10个（五镇两街、教育、公安、直工委），下辖党委33个，党总支41个，党支部471个；党组30个。党员13388名，其中，35岁以下2361名，占17.6%，60岁以上5972名，占44.6%，平均年龄55.8岁；大专及以上学历6335名，占47.3%；女性4753名，占35.5%；少数民族125名，占0.9%。

【干部选拔任用】2022年，区委组织部坚持以习近平新时代中国特色社会主义思想为指导，深入学习贯彻党的二十大精神以及习近平总书记关于干部工作的重要论述精神，全面贯彻新时代党的建设总要求和党的组织路线，坚持新时期好干部标准，严格规范执行《党政领导干部选拔任用工作条例》和有关干部工作政策法规，建立健全干部选育任用机制，努力建设忠诚干净担当的高素质干部队伍，选人用人工作水平不断提高，为武江经济社会发展提供坚强组织保障。2022年，武江区共开展干部选拔任用和职级晋升工作15批次，涉及各级干部415人次。其中，提拔或进一步使用91人，晋升职级217人，交流28人，退出领导岗位4人（含申请提前退休2人），挂职（含挂职期满）15人，调动4人（含调入1人、调出3人），调整19人，兼任职务13人，重新任命或机构更名21人，因机构改革职务自然免除3人。提拔任职91人中，包括正科23人，副科68人。其中，37岁以下年轻干部49人；女干部33人（含正科7人、副科26人）；党外干部6人，少数民族干部1人；没有破格提拔的情况。

【干部监督】2022年，区委组织部落实严管干部的要求，累计发出“三示三书”289份。实行区委对新提拔干部、转任重要岗位干部任前谈话、任职提示和任职承诺制，进行任前个别谈话或集体谈话145人次。开展全区在职及退休领导干部违规兼职取酬专项整治工作及

2022年6月13—16日，韶关市2022年村（社区）党组织书记培训班（武江片区）在龙归镇龙归粮仓举办　　（区委组织部　供图）

因私出国（境）证件排查工作。加强对受处分党员干部的教育管理监督，及时跟进做好后续工作，化解消极因素，帮助其提高认识和改正错误，促使受处分党员干部放下思想包袱，轻装前进，大胆干事创业。

【基层党建】 2022年，区委组织部编制《武江区发展党员工作常用文书实用选编》，建立54个文书模板。按照“一人一档、统一管理”原则推进村（社区）“两委”干部档案规范化管理。推动村（社区）党群服务中心“赋能”，提前完成9个党群服务中心“物理下楼”、9个“服务下楼”任务。探索“2+1”村企党组织结对共建，有效链接区域党建、经济、人力等资源。推动乡村产业发展，全区村集体经济合作社资产总额达25.64亿元，列全市各县（市、区）首位，8个农产品入选全国名特优新农产品名录。充分运用“社区吹哨、党员报到”“街社呼叫、部门销号”双运行机制，街道社区党组织“平战转换”能力有效提升，合力打赢“3·15”“6·19”等多轮防汛攻坚战，相关经验在“学习强国”学习平台、《人民日报》等中央、省、市媒体报道推广。

【“两新”组织党建】 2022年，区委组织部规范“两新”党建指导员管理，出台《武江区“两新”组织党组织党建指导员工作指引》，调整补充区委“两新”工委组成人员。安排22个经济领域职能部门党组织挂点联系22个区非公企业党组织，45个区直单位挂点社区“大党委”兼职委员。

【人才工作】 2022年，区委组织部落实中共韶关市武江区委人才工作领导小组办公室关于印发《韶关市武江区开展“百团千才万匠”人才工程实施方案》的通知要求，大力引进各类人才，全年招录公务员（含选调生、参公人员）75人，招聘教学人才237人，医技人才11人，综合类事业单位人员8人。积极配合实施全市“丹霞英才”计划，全年招聘并认定“青年人才”16名，培育“韶州工匠”191名。加大职称送评力度，乡村工匠民间建筑类职称申报通过12人，生产应用专业助理级职称申报通过8人，烹饪专业职称申报通过3人，家政专业职称申报通过7人，教育类高级职称申报通过120人，医疗类高级职称申报通过评审3人。持续推进“粤菜师傅”“广东技工”“南粤家政”三项工程，新增职业技能等级证书1793人次。充分发挥人才驿站柔性引才作用，累计组织各类人才活动23场，共934人次，柔性引才31人次。

【公务员管理】 2022年，区委组织部完成选调优秀大学毕业生和考试录用公务员工作，共招录75名公务员（其中含6名选调生）。推进公务员分类管理改革，开展专项调研，有序完成行政执法类公务员职位设置、职级套转、分类招录等工作，行政执法类公务员入轨189人。规范公务员转任、登记、退出等工作，办理区外调入43名、区内调动76名（其中因机构管理体制调整划转57名公务员至镇、街）、调出区外18名；办理公务员（参公管理人员）登记145名、任职定级41名、退休38名、辞去公职2名。1人获评全国“人民满意的公务员”，武江区人民法院刑事审判庭获广东省“人民满意的公务员集体”称号。

【组工调研信息】 2022年，区委组织部加大向上级党刊报送稿件力度，全年信息稿件上稿市级平台43篇，省级平台6篇，中央级平台5篇。开展村（社区）“两委”干部待遇调查研究，区财政增加经费350万元/年，提高536名村（社区）“两委”干部待遇，按照人均增长13%的标准提高社区干部月补贴，按照人均增长33%的标准提高社区干部年度绩效，并落实社区干部住房公积金和村干部社会保险待遇。

（张国威　赖锦明　李　鑫　陈　熙）

机构编制

【概况】 2022年，中共韶关市武江区委机构编制委员会办公室（简称区委编办）在区委、区政府的正确领导下，在市委编办的业务指导下，区委编办坚持以习近平新时代中国特色社会主义思想为工作指引，深入学习贯彻党的二十大精神，认真贯彻落实区委、区政府各项决策部署，以“改革攻坚规范治理年”为抓手，着力加强机构编制管理，不断优化机构编制资源配置，持续推进机构编制法治化建设，为武江区奋力开创经济社会高质量发展新局面贡献机构编制力量。

【派驻机构管理体制调整】 2022年，区委编办不断深入各乡镇（街道）和涉改区直部门，对派驻机构属地管理改革进行书面调研和实地调研，深入区自然资源局、区市场监管局等部门和镇（街）听取对派驻机构下放改革的意见和建议，印发《关于梳理局机关和派出机构权责划分等情况的函》，了解局机关和派驻机构编制、人员、权责划分和工作量等情况，为正式改革方案出台提供参考依据。4月，武江区召开派驻机构管理体制改革座谈会，市委编办行编科、机改科等相关科室、区委编办、区自然资源局、区市场监督管理局、区司法局、部分镇（街）参加，研究听取派驻机构下放改革意见。经区委编委同意，8月，印发《韶关市武江区自然资源所和市场监督管理所管理体制调整工作方案》（韶武机编〔2022〕31号）。11月，印发《武江区自然资源所和市场监督管理所编制调整方案》。12月，体制调整工作基本完成。

【优化乡镇（街道）编制资源配置】 2022年，武江区对镇街现有机构编制资源配置状况进行全面梳理。3月，区委编办提前摸底，收集武江区镇（街）常住人口、地域面积、镇域经济发展情况等基础信息，根据韶办字〔2022〕26号文，明确武江区各镇（街）类型。结合派驻机构下放工作对镇街编制进行统筹调整优化，倾斜中心镇，提升编制资源使用效益。

【深化镇街综合行政执法改革】 2022年，武江区通过区外调入和公开招录的形式补充乡镇（街道）公务员59名。5月，区委依法治区办、区委编办联合印发《韶关市武江区镇街综合行政执法改革驻班指导工作方案（试行）》，建立健全驻班导师工作机制，通过区政府直属执法部门的驻班指导，充分发挥“传帮带”作用，切实解决镇街专业执法及法制审核人员短板，缩短改革阵痛期，确保全区镇街综合执法事权能够“放得下、接得住、管得好”。在此基础上，完善镇街综合行政执法人员培训机制，全面提升镇街综合行政执法人员能力素质，保障综合行政执法工作稳步推进，完成2021年度法治广东建设有关深化综合行政执法改革考核相关迎检工作。

【完善“三个平台”指挥协调机制】 2022年6月，区委编办起草《乡镇（街道）综合治理委员会、公共服务委员会、综合行政执法委员会运行规则》，指导镇街进一步完善组织架构、明晰工作职责等。区委依法治区办先行先试，从区级层面建立上下联动、沟通协调等机制，结合武江区实际，制定印发《关于建立武江区镇街综合行政执法委员会工作制度的实施意见》，编制《关于进一步规范镇（街）行政执法的工作指引》《关于建

2022年4月27日，区委编办组织召开派驻机构管理体制改革座谈会
（区委编办　供图）

立武江区镇街综合行政执法工作制度的实施意见》等文件，加强对镇（街）综合行政执法的指导。8月，区委政法委制定印发《关于建立武江区乡镇（街道）综合治理委员会工作机制的实施意见》，区政数局制定印发《关于建立武江区公共服务委员会工作制度的实施意见》。区委编办指导镇街完善综合治理委员会与公共服务委员会工作平台的指挥协调机制，明确组织架构、工作制度等。各镇（街）根据实际情况对3个平台委员会成员进行动态调整并梳理制定本地区乡镇（街道）内部职责清单报区委编办备案。

【机构改革评估】 2022年，区委编办针对2019年机构改革时改革整合力度较大的10个涉改单位开展机构改革同级评估。推动机构职能体系更加优化协同高效。评估过程中多渠道收集材料信息，立体多维地了解评估单位职能职责开展情况，全面客观地评价10个涉改单位在机构改革中的情况及成效，形成《武江区机构改革评估报告》报送至市委编办。

【民生领域编制资源保障】 2022年，武江区在编制资源紧缺情况下，不断挖掘资源，从其他事业单位统筹调整15名事业编制划转为中小学教职员编制，向市委编办争取，增加武江区中小学教职员编制136名。2022年区委编委会议同意新增设立韶关市武江区东岗保利小学、韶关市武江第一小学、韶关市武江区新区第二幼儿园，核准区事业单位公开招聘工作人员、“丹霞英才”计划、订单定向培养农村卫生人才、基层医疗机构公开招聘医疗卫生专业技术人员等事项使用事业编制414名，强化服务保障为全区教育卫生事业发展保驾护航。

【双拥工作】 2022年，区委编办精准制订安置计划，及时开展随军家属安置情况摸底调查，核查随军家属基本信息，依据现行政策规定研究制订安置计划，按上级要求办理好随调家属和随军家属的安置工作，有序推进随军家属就业安置工作高质量落实。根据2022年度符合政府安排工作条件退役士兵人数和事业单位接收安置比例要求进行精确测算，及时提出退役士兵安置用编计划审核意见。与区组织人社部门、区退役军人事务部门沟通对接，及时了解2022年度武江区安置工作最新动态，梳理接收安置退役士兵情况，共同商定事业单位接收安置方案，从区级层面统筹研究全区事业单位安置指标和比例。提前开展有关事业单位空编统计、岗位安置计划摸底等工作，精准掌握用人单位需求，结合事业单位职责任务、退役士兵特点等因素，提出具体岗位安置意见，做到人岗相适、人事相宜。全年完成退役士兵的安置工作。

【事业单位法人登记管理】 2022年，区委编办完成2021年度事业单位年度报告工作，全区108个进行法人登记的事业单位全部按时完成报送工作，报送率为100%。坚持做好事业单位法人登记业务办理工作，全年共办理事业单位法人设立登记8宗，事业单位法人变更登记76宗，机关群团单位设立登记2宗，变更登记16宗，事业单位法人撤销登记27宗。推进党政事业单位中文网站域名注册工作，全区有效域名169个，注册率达100%。

【监督检查】 2022年，区委编办对全区事业单位报送的法人年度报告进行线上核查，发现问题70项，通过粤政易、电话等方式联系需整改的单位，督促单位按期完成整改工作。实地抽查11家事业单位督促完成整改问题4项。

【清理应注销未注销的事业单位】 2022年，区委编办开展全区应注销未注销事业单位法人清理工作，将事业单位法人注销“难点”变成“亮点”，切实推动事业单位法人注销登记。针对部分应注销单位因时间间隔久远所导致的基本资料缺失、人财物实施清算难等情况，在严格按照事业单位法人注销登记规定程序的基础上，区委编办根据省委编办印发的《关于做好事业单位法人简易注销登记工作的通知》等文件精神，由责任主体出具有效的资料并明晰责任，简化相应流程，调整上报资料，解决清理工作的

“堵点难点”。全年完成区27家“僵尸型”单位的注销工作。

（谭灯材）

宣传工作

【概况】 2022年，在区委的坚强领导和市委宣传部、市委网信办、市创文办的指导支持下，区委宣传部踔厉奋发、勇毅前行，紧紧围绕迎接学习贯彻党的二十大精神这条工作主线，全面贯彻落实党的二十大精神，全力以赴做好学习思想文化领域各项重点工作，深入开展社会主义核心价值观宣传教育，着力培养担当民族复兴大任的时代新人。加强新时代公民道德建设，积极弘扬中华传统美德，提高道德水准和文明素养，进一步提高全社会文明程度。为武江区经济社会发展营造良好的宣传舆论环境。

【意识形态工作】 2022年，武江区意识形态领域保持安全稳定。全面落实党委（党组）意识形态工作责任制，从严从实，筑牢意识形态安全防线。加强分析研判，尤其在党的二十大召开期间，形成每日一研判的工作机制，强化风险隐患排查。结合区委巡察，对近10个区直单位开展意识形态专项检查，压实党委（党组）意识形态工作责任。深入开展“扫黄打非”专项行动，强化宣传教育和整治清查。持续筑牢网络意识形态“防火墙”，做好网络安全风险排查。

【理论武装】 2022年，武江区深入学习宣传贯彻习近平新时代中国特色社会主义思想，围绕重点主题，推进理论学习入脑入心。区委理论学习中心组示范表率，开展《习近平谈治国理政》第四卷等主题集中学习、学习贯彻党的二十大精神等主题研讨交流13次，通过持续“领学”带动各党委（党组）理论学习中心组积极“跟学”。积极探索“互动＋访谈”新型宣讲模式，孵化理论宣讲“芙蓉讲坛”“鹦鹉学堂”“书海课堂”“武水书堂”分众化四大品牌，开展基层理论宣讲100场次，覆盖党员干部群众3000人次，构建多形式、分众化、全覆盖的理论宣讲格局。积极推广“学习强国”学习平台，引导广大党员干部随时随地学习。

【新闻宣传和舆论引导】 2022年，区委宣传部聚焦区委区政府中心工作，主动讲好武江故事，传播“武江好声音”，荣获2022年市新闻工作者协会、市新闻协会授予的“新闻宣传工作先进集体”称号。“武江发布”共发布推文3280篇，视频号共发布视频稿件1720篇，总阅读/播放量超2000万人次。在中央媒体平台刊发正面宣传76篇，在省、市级媒体平台分别刊发1323篇、2574篇。先后推出《深度报道丨讴歌新时代，让文艺之花绽放武江》《“夜经济”点亮武江夜色“新夜态”迸发城市活力　武江着力绘就现代版〈清明上河图〉》等深度报道，受到新华社、《人民日报》、《香港商报》等中央及省、市、特别行政区主流媒体关注并报道。在“6·19”汛情期间，全方位报道武江抗洪一线情况。武江区新媒体中心于2022年7月正式成立，区委宣传部积极探索、大胆实践，将新媒体中心打造成为对外展示武江城市魅力的平台和窗口。

【推进文明创建】 2022年，武江区创新制定《武江区文明城市创建工作考核激励方案》，围绕“创文网报、实地测评、入户宣传、志愿服务”等方面进行“周督查、月评比、季考核、年表彰”，提升创文工作水平。8月26日，召开区文明委2022年第一次全体成员会议暨创建全国文明城市工作推进会，对全区文明创建工作再部署、再推动、再落实。扎实落实“一周一督一通报”工作要求，创文督导52期。在全区重点区域主次干道、农贸市场周边、社区小区周边新设置非机动车停车位2894个，机动车停车位222个。利用“武江发布”微信公众号推送《创文在行动》系列推文81篇，创文宣传视频180余条；利用家长学校、微信群等方式进行深入宣传，发放“致市民的一封信”，创文宣传入户超过5万户，不断提高群众知晓率、满意度，展现“善美韶关·魅力武江”的城市形象。

【文化建设】 2022年，武江区美术家协会、摄影家协会、作家协会陆续成立，为武江区从业人才促进自身发展、服务武江经济社会高质量发展、更好承担社会责任搭建起更为广阔的平台。分别在七一、丰收节、国庆等重要节日主办、协办、参与策划稻田里乡村音乐会、草地音乐会、钢琴音乐会、艺术作品展等文化文艺活动30场。出版《凤翔武江》诗歌集，创作《魅力武江》《点亮江湾》等多首歌曲MV。全年共拍摄《人间有味是清欢》等200部短视频。倾力打造张九龄雕塑、诗歌步道、武江科普基地、孟洲坝夜市、山蕉知青文化园等一批文旅项目。完成带头古道、西水暴动指挥部旧址等红色文化项目建设，重阳红色旅游、红星综合厂改造提升等项目前期改造顺利推进，推进武江红色资源活化利用。

【宣传教育】 2022年，武江区坚持面向基层，服务群众，在春节、元宵、清明、端午等传统节日，组织创文宣传活动进社区、进公园、进夜市等。开展"红红火火过大年我们的节日·春节文艺汇演"、"传承文明　品味端午"等系列活动，传播文明理念。不断推出鼓人心、聚力量的文艺作品和文艺活动，如倡导凝聚战"疫"正能量的"3·15"摄影展、《"3·15"战"疫"画册》等。中秋、国庆等节日期间在武江夜市（孟洲坝）举办5次创文知识有奖问答活动。全区共计举办践行和培育社会主义核心价值观系列活动300场。

【培育文明乡风】 2022年2月22日，印发《武江区新时代文明实践积分制管理试点实施方案》，以西河镇什石园村、西联镇阳山村、重阳镇万侯村、龙归镇龙安村、江湾镇湖洋村为试点村开展文明实践积分制工作。龙归镇龙安村开拓创新采用"村民互评＋考评小组现场评分"的方式，评选出2021—2022年十大文明户，根据文明积分评定标准，将每户的分数分为三个等次，依据不同等次发放相应的奖品。在全区30%的行政村开展"文明积分制"工作，调动群众积极性，提升村级治理能力和水平。

2022年9月20日，武江区美术家协会首届会员作品展在区文化馆举行　（区委宣传部　供图）

【思想道德建设】 2022年，武江区开展道德模范专题展览及故事汇宣讲活动20场。区1人获评2022年第一季度"韶关好人"，1人获评2021年12月"中国好人"。在全区31所中小学精心组织开展130场心理团辅"进校园"课程，近6500名学生受益。6月1日，举办"传承红色基因　强国复兴有我"2022年庆六一暨抗美援朝事迹宣讲和《丰碑·长津湖1950》油画作品发布会，现场以宣讲、诗歌朗诵、纪录片播放及艺术品展示等形式开展活动，邀请抗美援朝英雄到现场与师生们交流。7月30日，举办武江区庆八一建军节暨抗美援朝老兵座谈会。

【新时代文明实践中心建设】 2022年，武江区推进文明实践综合体建设工作，着眼阵地共建、活动共联、品牌共育，以龙归粮仓、御龙湾社区、花城社区为试点探索打造文明实践综合体。龙归粮仓文明实践综合体新设美术馆、摄影馆等文化场所，进一步满足群众多样化需求。培育"做好未成年人心理健康的‘守门人’”心理健康教育志愿服务、“强国有我 与法同行”法律援助志愿服务、“多彩暑期 快乐一‘夏’”文艺培训志愿服务等一批区级新时代文明实践特色项目。为全方位、多视角、形象化展现“魅力武江”的崭新面貌，围绕武江齐心战疫、共同防汛、武江夜市（孟洲坝）及武江文化景观和文化标志等4个方面举办4期“新使命·新担当·新作为”新时代文明实践摄影作品比赛，共评选出优秀奖作品255件，并在新时代文明实践阵地展出，不断传播武江正能量。全区共开展各类新时代文明实践活动4900场，受惠群众超过14万人次。大力发挥红色电影宣传教育党员群众的作用，策划组织红色电影“进农村”“进社区”“进夜市”“进校园”四进系列活动612场。

（郭 婷）

统战工作

【概况】 2022年，在区委、区政府的正确领导下，在市委统战部的指导帮助下，武江区统一战线以习近平新时代中国特色社会主义思想为指导，深入学习贯彻党的十九大、二十大和十九届历次全会精神，以《中国共产党统一战线工作条例》为工作指引，牢牢把握大团结大联合主题，坚持统筹兼顾、稳中求进，坚持服务大局、担当作为，着力凝聚人心、汇聚力量，扎实推进全区统一战线各领域工作深入开展。

【多党合作和民主协商】 2022年，武江区委统战部贯彻落实《中国共产党政治协商工作条例》，组织在区委常委会会议上专题学习《中国共产党政治协商工作条例》，并邀请各民主党派武江基层委员会主委列席区委全会。11月24日，区委召开进一步优化营商环境专题议政会，听取各民主党派、无党派代表人意见建议。完成武江区民主党派改造工程建设，解决6个民主党派无办公场所问题，更好地支持和保障民主党派、无党派人士参政议政。2022年，引导担任区政协委员的区民主党派集体及成员、无党派人士积极撰写提案议案20余件。区委统战部推荐一批民主党派、无党派人士到区审计局、区法院、区检察院、区纪委等部门担任特约人员，并组织开展一系列民主监督活动。引导各民主党派围绕武江区委、区政府抗洪救灾等重点中心工作出资出力，6个民主党派武江基层委员会参与武江区扶贫济困日捐资救灾活动，累计捐款共计38500元。

【民主党派和无党派人士队伍建设】 2022年，区委统战部加强对民主党派和无党派人士的思想引领，6名民主党派武江基层委员会主委和1名无党派人士代表围绕党的二十大精神畅谈心得体会。做好民主党派干部的培养、教育工作，选派5名党派新成员参加韶关市举办的2022年民主党派新成员培训班、党外中青年干部培训班。全面落实区委巡察关于民主党派之家整改工作任务，积极筹措资金、物资完成武江区民主党派改造工程建设，解决6个民主党派无办公场所问题。组织各民主党派围绕武江区委、区政府抗洪救灾等重点中心工作出资出力，6个民主党派共计300人参与武江区扶贫济困日捐资救灾活动。

【党外知识分子和新的社会阶层人士队伍建设】 2022年，区委统战部组织武江区新的社会阶层人士联谊会、党外知识分子联谊会深入学习贯彻党的二十大精神，围绕党的二十大积极谈心得体会。建成韶关市首个党外知识分子联络服务站（党外知识分子工作站），完善相关工作制度，交付区卫健局投入使用。推选2名新的社会阶层人士代表、党外知识分子代表参与上级部门举办的培训班，进一步提升其履职能力。建立完善武江区无党派人士信息名册，为推进无党派人士参政议政和发挥群体影响力搭建好基础工作。

【民族工作】 2022年，区委统战部持续推进民族团结进步。组织宣传、教育、民政等区直部门结合本单位工作职能和实际，共同开展宣传月活动，大力宣传党的民族理论、民族政策、民族法律法规、民族基本知识；引导外来少数民族同胞积极参与创文工作，做到文明经商；在开斋节、古尔邦节期间，对少数民族同胞开展慰问工作，进一步增进民族互助互信。做好城市少数民族服务管理；协调解决少数民族商业纠纷2宗，审核确认3名少数民族中考生资格，协助3名少数民族大学生申请每年1万元补助，办理2名公民民族身份变更登记。推进少数民族聚居村高质量发展。持续推动少数民族资金项目和开展少数民族特色村寨建设工作，申请市级少数民族发展资金20万元，用于修缮改造瑶族村村道会车点，提高瑶族同胞出行安全性。

【宗教工作】 2022年，区委统战部高度重视宗教场所节假日安全防范工作。在春节、五一、端午节、重阳节等重大节假日期间部署做好芙蓉禅寺及宗教活动场所安全工作。定期到宗教和民间信仰场所明察暗访，确保“场所安全、活动安全、人员安全”。定期开展宗教场所安全生产和工作检查，督促场所做好安全隐患排查工作，及时整改消除安全隐患，不断完善管理制度。全年开展特别防护期、汛期安全生产检查4次。稳步推进宗教领域房屋自建房排查整治工作，摸清场所自建房底数，建档建册，发放责令整改通知书2份，指导场所按照时间节点完成整改，消除安全隐患。完成宗教领域规范治理任务。

【非公有制经济领域统战工作】 2022年，区委统战部加强对民营经济人士的政治引领。区工商联通过执委会、主席（会长）会议学习党的二十大、省十三届党代会等重要会议精神。多举措促民营经济发展，开展“大走访、深调研、解难题、促发展”活动，走访企业40家、收集问题10个，全部协调解决。在区工商联挂牌成立武江区涉案企业合规第三方监督评估机制管理委员会办公室，并召开第一全体会议，探索建立优化企业发展法治营商环境工作机制。推进区工商联（商会）组织建设规范化。区工商联印发《韶关市武江区工商业联合会（商会）会员互访交流工作制度》等6项工作制度，推进规范化运作。有序推进、顺利完成武江区商会、惠民街道商会的注册登记。强化民营经济代表人士队伍建设，调整区工商联10名执行委员；培养先进典型，推荐1名企业家为广东百佳爱心新乡贤人选，对20名年度先进个人、企业进行通报表扬。引导民营企业履行社会责任，全区民营企业投入人力、物力参与武江抗洪抢险救灾工作，全年捐赠物资、款项累计120万元。

【港澳台统战工作】 2022年，区委统战部坚决贯彻落实中央、省委、市委有关港澳台政策和工作部署，全力以赴做好涉港澳台各项工作。主动关心慰问港澳乡亲，开展春节走访慰问，及时协调港澳乡亲解决在生产经营等方面的问题和困难；帮助3名定居武江的台胞申请生活困难扶助金。对武江辖区港澳台企业进行全面走访、排查，建立工作底册，并按照上级部署开展惠台暖企。加强对香港、澳门爱国社团和代表人士的沟通联络，协助两个社团完成换届工作，并在港澳开展一系列爱港爱澳爱国活动，增加社团的社会影响力和对在港澳乡亲的凝聚力。坚决落实上级工作部署要求，克服困难、想方设法推进涉港统战工作。组织在辖区工作生活港澳台代表人士共计11人次参加上级部门组织的培训、交流、座谈活动。

【海外统战工作】 2022年，区委统战部强化思想政治引领，通过组织辖区侨界代表人士学习党的二十大、省十三次党代会精神等及观看爱国主义教育电影《万里归途》，强化对侨界代表人士的爱国主义教育。推进区侨联基层组织建设，划拨1.5万元用于完善基层侨联阵地建设，全年组织开展各类活动5场约120人次，有效发挥侨联在侨界群众间的向心力。加强对侨服务，及时为全区困难归侨侨眷发放慰问金、补助金。积极联络侨界慈善基金组织和个人，全年争取并发放御寒冬衣、洗护套装和钙片等物资500份。贯彻落实党的侨务方针政策，以社区为平台开展“尊侨、爱侨、护侨”侨法宣传；依法规范开展行政事项审批，全年审批华侨归国定居1项、开具侨眷证明2项。加强联络联系，及时更新完善武江区侨界代表人士数据库。走访韶关市潮人海外联谊会、韶关市潮汕商会以及在韶外籍华侨，积极挖掘和涵养新侨资源。围绕区委抗洪救灾工作发动侨界力量助力武江区发展，慰问“6·19”受灾困难群众3人并发放慰问金5000元。

【助力乡村振兴】 筹措多方力量助力乡村振兴，发动区工商联会员企业捐赠20万元完成龙归镇瑶族村委左坑新村门楼建设，发动全区统一战线成员定向捐赠9万元用于龙归镇凤田村委乡村振兴和灾后重建，向上争取50万元定向捐赠资金用于重阳镇两座农用机耕桥项目建设。

（郭二妮）

非公有制经济组织和社会组织党建

【推进“双同步”工作】 2022年，区“两新”组织党工委深入推进非公企业、社会组织党建摸排和组织建设“双同步”工作，将866家“两新”组织纳入非公企业和社会组织党建底数，与税务、市场监管、工商联等有关部门形成合力，精准识别党员分布情况，有效推进“两新”组织党的建设工作。

2022年3月11日，武江区领导接见澳门武江联谊会一行

（区委统战部　供图）

2022年，新建两新组织党组织12个，新建党组织数量位列市辖3个区第一。

【拓展新兴业态党建】 2022年，区“两新”组织党工委推进新业态新就业群体党建工作，做好快递员等新就业群体关心关爱和权益保障，率先在韶关市设立第一家“暖心驿家”，推动新就业群体更好地融入城市生活。联合工、青、妇等单位加强对新就业群体的关心关爱和权益保障，建设“爱心驿站”7个。

（李　鑫）

老干部工作

【概况】 2022年，武江区离退休干部共计1381人，其中，机关单位558人，事业单位823人。由区委老干部局直管的离休干部仅有1人，已93岁高龄，正处级，曾参加解放战争。区委老干部局直管的退休干部共有45人，其中，正处级（含享受正处待遇）23人，副处级22人。

【离退休干部党建】 2022年，武江区共有离退休党支部10个，离退休干部党员共756人，占离退休干部总数的54.75%。全区各级老干部工作部门坚持把党的全面领导落实到老干部工作全过程、各方面，将新时代党的创新理论纳入离退休干部党支部“三会一课”、老年大学、各类老干部工作“云平台”必学内容，完善和落实党政主要领导通报情况等政治待遇，同频同步学习党的十九大、十九届历次全会和党的二十大精神，“全面学、贯通学、跟进学”落实落地。制定武江区贯彻落实中办发《关于加强新时代离退休干部党的建设工作的意见》的19条具体措施；干部荣誉退休制度、支部书记述职评议考核机制、党员教育管理正负面清单等一批接地气、易执行、效果好的“小特精”制度应运而生，有力促进党中央和市委、区委相关部署的要求精准落地、精准执行。

【老干部服务保障】2022年，武江区各级老干部工作部门针对不同群体、不同需求分别制定保障措施，退休干部“一人一策”、特殊困难帮扶计划等一系列精准、精细、精密的制度机制相继出台。为离退休干部提供健康咨询、健康服务等医疗保障，医疗服务“绿色通道”更加畅通。针对有特殊需求的老干部，建立“一对一”帮扶机制，老干局干部职工定期走访关心慰问，随时了解他们的身体状况，解决他们的实际困难。加大“困难帮扶”政策宣传力度，积极协调有关部门，对生活特殊困难离退休干部给予重点帮扶、救济，帮扶资金列入年度财政预算，由区财政予以保障。

【发挥老干部余热作用】2022年，区委老干局围绕中心工作，进一步发挥老干部人才资源优势，老干部的理论优势、专业优势、技术优势，建立区、镇两级“老干部智库”，组织其围绕乡村振兴、招商引资等中心工作，通过联合调研和专题调研的方式，为经济社会发展建言献策，征集质量高、针对性强的建言献策成果。通过组织老干部视察，定期召开老干部座谈会、情况通报会，发放征求意见表，开展“我为武江经济发展建言献策”等活动，激励引导老干部为韶关市高质量发展凝聚“银发力量”。对具有不同专长的老干部“因材施用”，让其担任楼（道）长、网格员，多渠道、多途径鼓励老干部参与社区治理，带动越来越多的老干部融入社区、服务社区、奉献社区。开设“五老大讲堂”，邀请“五老”宣讲团成员围绕中心工作，每月宣讲一期，紧扣服务青少年主题开展专题宣讲。

【文化养老】2022年，区委老干局充分发挥好老干部活动中心主阵地作用，举办老干部趣味运动会、书画摄影展等多种形式的庆祝活动，积极组织老干部参加大型文艺演出、省市区各类竞赛，进一步扩大老干部群体的社会影响力。坚持把坐下来学习文件材料与走出去参观考察结合起来，通过组织离退休干部到工业园区、红色教育基地等参观考察，让老干部们切身感受武江的崭新变化。以区老年大学辐射带动镇（街）、社区建立“家门口的老年学校”，使优质老年教育资源为更多老年人所共享。

（冯　洁）

党校工作

【概况】中共韶关市武江区委党校（简称区委党校）成立于2014年，属区委直属正科级公益一类事业单位。党校地处武江区龙归镇冲下村的龙归粮仓。2018年12月开工建设，2019年12月完工，2020年7月挂牌。校园占地面积2万平方米，建筑面积7000平方米。校内配置基本的设施功能，有容纳300人以上的大礼堂1间、容纳75人的教室2间，有100个学员床位；有食堂、图书馆和乡村振兴展示中心等基础设施。

【干部教育培训】2022年，区委党校把学习贯彻习近平新时代中国特色社会主义思想作为党员干部教育培训的中心内容，开展党的二十大精神培训，教育引导广大党员干部自觉忠诚拥护“两个确立”、增强“四个意识”、坚定“四个自信”、做到“两个维护”。在做好自身办学工作的同时，武江区委党校严把学员选调关，择优推荐选派领导干部参加省委党校、市委党校各主体班次和省直、市直单位举办的各类专题培训班。2022年，武江区委党校组织开展各类专题干部培训8期，累计培训领导干部1830人次。

（赖锦明）

区直机关工委

【概况】2022年，中共韶关市武江区直属机关工作委员会（简称区直机关工委）共下设72个党组织，其中，机关党委2个、党总支部7个、党支部63个，共有党员1145名。在区委的坚强领导和市直工委的精心指导下，区直机关工委以习近平新时代中国特色社会主义思想为指导，深入贯彻落实党的二十大精神以及习近平总书记系列重要讲话和重要指示精神，以《武江区加强党的基层组织建设三年行动计划实施方案（2021—2023 年）》为抓手，抓牢“提升党建引领基层治理效能”主题，围绕改革攻坚规范治理年等重要工作部署，不断推进区直机关党建高质量发展。

【2021 年度机关党组织书记述职】 2022 年 2 月 21 日，区直机关工委召开 2021 年度区直机关党支部书记抓基层党建述职暨政风行风民主评议会议，组织 10 个机关党支部书记进行现场述职，压实党建主体责任。对 22 个机关职能部门进行政风行风民主评议，以评议促整改、以结果促提升，整体抓实机关服务效能建设坚决落实。

【印发机关党的工作要点】 2022 年 4 月 11 日，区直机关工委印发《韶关市武江区 2022 年机关党的工作要点》和《2022 年全区机关推进“双争双促”主题实践活动常态化实施方案》。从深化党的政治建设、深化理论武装、加强基层组织建设、坚持围绕中心服务大局、切实转变机关作风 5 个方面 17 个要点明确目标，细化措施。深入实施“思想聚力”“规范治理”“融合创新”“典型领航”四大工程，引导全区机关争做推动发展战斗堡垒，争当干事敬业落实先锋，促进执行力提高，促进机关效能整体提升。

【创新创优竞赛】 2022 年 4 月 22 日，武江区第四届机关工作创新创优竞赛现场赛在武江区文化馆内举办，来自全区各级党组织选送的 11 件作品进入现场赛，本次现场赛创新采取“线上 + 线下”双同步展现形式，竞赛实况首次全程直播，吸引 3091 名线上观众，收获 6.6 万个赞。提炼的机关工作创新案例强化党建促业务发展，亮点频出、实效显著，充分展示和广泛传播武江区机关党建先进经验和特色做法。选送的 2 件优秀作品成功入围市级现场赛，分别获得党建创新类一等奖和围绕中心类二等奖，获奖成绩连续三年在各县（市、区）中最优。

【模范机关创建活动】 2022 年，区直机关工委制定以模范机关创建实际成效迎接党的二十大胜利召开工作任务清单，从坚持用党的创新理论武装头脑等 6 个方面，制定 21 项重点任务，组织动员区直机关各级党组织和广大党员干部奋进新征程、建功新时代，为迎接党的二十大胜利召开营造平稳健康的经济环境、国泰民安的社会环境、风清气正的政治环境。

【夯实机关党组织基础】 2022 年，区直机关工委共指导 54 个区直机关党组织做好换届、补（改）选工作，进一步夯实机关党建基础。指导区城管局优化党组织设置，撤销区市政综合管理中心机关一、二党支部，成立区市政综合管理中心党支部和区城市管理和综合执法局退休党员党支部，进一步加强对离退休党员干部管理。

【党员发展工作】 2022 年，区直机关工委严格落实发展党员“十六字”总要求，严格审核入党材料、严把程序关，保证入党手续完善。区直机关各级党组织共收到入党申请书 55 份，吸纳入党积极分子 40 名，储备

2022年4月22日，武江区第四届机关工作创新创优竞赛在武江区文化馆一楼演艺厅举办　　（区委组织部　供图）

发展对象32名，发展预备党员26名，完成34名预备党员转正。

【党员培训工作】2022年，区直机关工委依托广东南岭干部学院现场教学点武江乡村振兴培训实践中心，充分运用本地红色教育资源，举办2022年区直机关党务工作者暨新任党组织书记任职培训班和2022年度区直机关党员发展对象培训班，共培训党支部书记10名、党务工作者53名、发展对象61名。以发展党员和党务调阅为契机组织轮流跟班学习，9名党务工作者完成跟班，理论联系业务能力大幅度提升，并搭建良好沟通渠道。

【开展“双报到”活动】2022年，区直机关工委组织党员干部下沉村社区参与防汛工作，在应对“6·19”抗洪救灾中，组织党员干部发扬不怕苦、不怕累的工作作风，用最快的速度开展抢险救灾，恢复社会生产生活。

【打造夜市党员志愿服务驿站】2022年8月19日，区直机关工委印发《武江区开展党员志愿服务驿站活动实施方案》，在孟洲坝夜市设立党员志愿服务驿站，组织区直机关党员对接夜市经营和消费需求，开展便民服务、政策宣传、秩序劝导、文体宣传、交通管理、环境清洁、安全经营等志愿服务活动，充分发挥党组织和党员的先锋模范作用，推进武江夜市经济健康有序发展。全年共开展党员志愿活动25场，组织216名党员参加，发放约8000份宣传资料，向路过群众和地摊摊主1200余人宣讲政策。

【组织开展绩效考核】2022年，区直机关工委组织各单位有序完成2021年度绩效评价工作。2022年7月，印发《关于武江区2021年度镇（街）和部门绩效评价结果的通报》。开展2022年绩效考核改革工作，进一步完善武江区对镇（街）和部门绩效考核体系。2022年10月，经常委会审议同意印发《2022年武江区镇（街）和部门绩效考核实施方案》。

【开展主题党课系列活动】组织开展2022年全区机关党组织书记主题党课展示活动，落实党员领导干部领学带学督学制度。组织举办“献礼二十大·奋进新征程”微党课大赛，为全区机关党组织订购党的二十大精神学习书籍，组织党员通过“三会一课”、主题党课等方式迅速掀起党的二十大精神学习热潮。

（张运运）

武江区人大

综　述

【概况】2022年，武江区设有区级人民代表大会和镇级人民代表大会。有各级人大代表532人，其中全国人大代表1人、省人大代表3人、市人大代表36人、区人大代表190人、镇人大代表302人。区第十届人大常委会组成人员32人，其中主任1人、副主任6人、委员25人。韶关市武江区人民代表大会常务委员会（简称区人大常委会）设有法制工作委员会、财政经济工作委员会、城乡建设与环境资源保护工作委员会、教育科学文化卫生工作委员会和选举联络人事任免工作委员会5个机构。年内，武江区人大常委会召开常委会会议8次、主任会议11次，听取和审议“一府一委两院”专项工作报告27项，组织代表开展视察、调研、执法检查等28次，依法作出决定决议6项，作出审议意见1份，任免国家机关工作人员56人，作出决定接受11名市、区人大代表辞去代表职务。

2022年，区人大常委会在区委的坚强领导下，坚持以习近平新时代中国特色社会主义思想为指导，全面贯彻落实党的十九大和十九届历次全会精神，深入学习贯彻全国两会精神、党的二十大精神、习近平总书记关于坚持和完善人民代表大会制度的重要思想，以及中央、省、市委人大工作会议精神，紧扣区委中心工作和区人大常委会2022年工作要点，勇于担当，主动作为，扎实开展监督、决定、任免、代表等工作，统筹推进乡村振兴和经济社会发展，较好地完成各项工作任务。

【服务中心工作】2022年，区人大常委会紧紧围绕区委的中心工作和重大决策部署，把人大工作放在全区工作大局中谋划，主动服务大局。在抗洪救灾、文明创建等工作中，武江区500多名三级人大代表在各

2022年6月24日，区人大常委会机关党员志愿者到挂点社区（新华街道芙蓉北）开展灾后清扫活动　　（区人大　供图）

条战线、各自工作岗位上同心战“疫”，用实际行动诠释人大代表的初心和使命。6月30日“广东省扶贫济困日”，共收到三级人大代表捐资47万多元。

【理论学习】 2022年，武江区邀请省第十三次党代会党代表、学习贯彻省第十三次党代会精神区级百姓宣讲团成员方婷婷到人大常委会机关作省第十三次党代会精神专题宣讲，区人大常委会领导班子到挂点村(社区)开展学习贯彻省第十三次党代会精神宣讲14场次。邀请广东天行健律师事务所李鹏律师对《习近平法治思想学习纲要》进行解读。邀请韶关市第十五届人大代表、广东众同信律师事务所副主任杨姗姗律师给机关干部讲解新修订的地方组织法。邀请区委宣讲团成员郭瑾进行党的二十大精神专题宣讲，组织全区人大系统专题宣讲党的二十大精神10场次，党员领导干部讲党课13场次。

【代表联络站建设】 2022年，武江区持续优化五镇两街人大代表中心联络站7个，89个村(社区)人大代表联络站的软件硬件建设，配足配强工作人员，形成以镇(街)人大代表中心联络站为主，以村(社区)人大代表联络站为辅的代表联系群众阵地建设网格化体系。2022年，代表联络站累计参与代表1500人次，接待来访群众270人次，收集群众反映问题238个，推动落实解决224个，形成意见和建议32件。

【代表履职培训】 2022年，区人大常委会积极组织辖区内市人大代表参加各级人大组织的初任培训和线上培训，开展区、镇人大代表业务培训，为区人大代表订阅学习书籍和辅导资料，拓展代表知识视野，提高履职能力水平，全年共培训三级人大代表500多人次。

2022年12月8日，武江区人大常委会党组理论学习中心组学习(扩大)会议召开 (黄国萍 摄)

重要会议及决议

【区人民代表大会会议】 2月23—25日，韶关市武江区第十届人民代表大会第二次会议在区委区政府七楼会议厅开幕。会议由大会主席团常务主席、执行主席孙理鸣主持。会议应到代表190人，实到176人，符合法定人数。区委副书记、区长黄艺坤代表区人民政府向大会作政府工作报告，区人大常委会主任孙理鸣作区人大常委会工作报告，区人民法院院长李芳作区人民法院工作报告，区人民检察院检察长钟全芳作区人民检察院工作报告。会议书面审查了韶关市武江区2021年国民经济和社会发展计划执行情况及2022年计划草案的报告，韶关市武江区2021年预算执行情况及2022年预算草案的报告。会议表决通过了韶关市武江区第十届人民代表大会第二次会议民生实事项目票决办法。

【区人大常委会会议】 1月28日，区十届人大常委会召开第二次会议，决定免去段锋刚的韶关市武江区人民政府办公室主任职务；黄海涛的韶关市武江区工业和信息化局局长职务；黄艺顺的韶关市武江区住房建设和城乡建设局局长职务。决定任命李旭阳为韶关市武江区人民政府办公室主任；邱洲才为韶关市武江区民族宗教事务局局长；陈华林为韶关市武江区发展和改革局局长；何远韶为韶关市武江区教育局局长；叶龙涛为韶关市武江区工业和信息化局局长；宋清为韶关市武江区民政局局长；茹伟杰为韶关市武江区司法局局长；刘江平为韶关市武江区财政局局长；朱冬生为韶关市武江区人力资源和社会保障局局长；邱江为韶关市武江区自然资源局局长；杨国浩为韶关市武江区农业农村局局长；刘枫为韶关市武江区文化旅游体育局局长；刘敏为韶关市武江区卫生健康局局长；余聪为韶关市武江区退役军人事务局局长；黄勇为韶关市武江区应急管理局局长；袁文娟为韶关市武江区审计局局长；古寿英为韶关市武江区市场监督管理局局长；黄倩为韶关市武江区统计局局长；李惠歆为韶关市武江区医疗保障局局长；丁少锋为韶关市武江区城市管理和综合执法局局长；叶文辉为韶关市武江区政务数据管理局局长。

2月18日，区十届人大常委会召开第三次会议，原则通过区人民政府、区人大常委会、区人民法院、区人民检察院、计划、财政等工作报告（送审稿）及韶关市武江区第十届人民代表大会第二次会议有关事项。决定免去黄碧贞的韶关市武江区人大常委会选举联络人事任免工作委员会主任职务。决定任命侯芊彤为韶关市武江区人大常委会选举联络人事任免工作委员会主任，任命曾细娥为韶关市武江区人大常委会办公室副主任。决定免去胡敏的韶关市武江区人民法院行政审判庭副庭长职务；免去周江婷的韶关市武江区人民法院民事审判庭副庭长职务；免去吴放的韶关市武江区人民法院龙归人民法庭副庭长职务；免去梁增有的韶关市武江区人民法院民事审判庭副庭长职务。决定任命胡敏为韶关市武江区人民法院民事审判庭副庭长；任命周江婷为韶关市武江区人民法院执行局副局长；任命吴放为韶关市武江区人民法院立案庭（诉讼服务中心）副庭长（副主任）；任命梁增有为韶关市武江区人民法院行政审判庭副庭长。

2月20日，区十届人大常委会召开第四次会议，决定接受龚玉敏辞去韶关市第十五届人民代表大会代表职务的请求，报韶关市人大常委会备案、公告。

4月29日，区十届人大常委会召开第五次会议，决定免去邱洲才的韶关市武江区民族宗教事务局局长职务；免去宋清的韶关市武江区民政局局长职务。决定任命宋清为韶关市武江区民族宗教事务局局长；任命李远贵为韶关市武江区民政局局长。决定免去谭裕敏的韶关市武江区人民法院审判管理办公室（研究室）主任职务；免去朱建祥的韶关市武江区人民法院执行局副局长职务。决定任命谭裕敏为韶关市武江区人民法院行政审判庭庭长、审判委员会委员；任命朱建祥为韶关市武江区人民法院执行局局长、审判委员会委员；任命朱琴为韶关市武江区人民法院审判管理办公室（研究室）主任；任命李劲为韶关市武江区人民法院审判委员会委员。

6月28日，区十届人大常委会召开第六次会议，听取区人民政府2021年度生态环境保护暨中央生态环境保护督察整改落实情况的报告；审议通过《韶关市武江区人民代表大会常务委员会关于开展第八个五年法治宣传教育的决议》。决定免去李小平的韶关市武江区人民政府副区长职务；免去张亚的韶关市武江区人民政府副区长职务。

8月30日，区十届人大常委会召开第七次会议，听取和审议区人民政府2021年决算草案的报告，同意批准2021年决算草案；听取区人民政府2022年上半年财政预算执行情况的报告；听取和审议区人民政府2022年预算调整方案的报告，同意批准2022年预算调整方案；听取和审议区人民政府关于2021年度区级预算执行和其他财政收支的审计工作报告；听取区人民政府2022年上半年国民经济和社会发展计划执行情况的报告；听取区人民法院2022年上半年工作情况报告；听取区人民检察院2022年上半年工作情况报告。决定免去刘枫的韶关市武江区文化旅游体育局局长职务，免去李惠歆的韶关市武江区医疗保障局局长职务。决定任命刘枫为韶关市武江区医疗保障局局长，任命李婷为韶关市武江区文化旅游体育局局长。

10月31日，区十届人大常委会召开第八次会议，听取区“八五”普法工作情况报告；听取区2021年度国有自然资源资产专项报告；审议通过《韶关市武江区人大常委会规范性文件备案审查工作办法》；听取区人大常委会城建工委关于武江区森林防火工作情况的调研报告；听取区人大常委会教科文卫工委关于武江区推动瑶族村高质量发展的调研报告、关于武江区老旧小区环境卫生整治工作情况的调研报告、关于武江区公共卫生应急体系和能力建设工作情况的调研报告。决定免去成燕萍的韶关市武江区人民法院立案庭（诉讼服务中心）副庭长（副主任）、审判员职务。

12月28日，区十届人大常委会召开第九次会议，听取和审议区人民政府关于2022年财政预算调整的报告，同意批准武江区2022年财政第二次预算调整方案；听取武江区2021年国有资产管理情况的综合报告；听取武江区人民政府关于2021年度区级预算执行和其他财政收支审计查出问题整改情况的报告；听取区人民政府2022年度十件民生实事办理情况报告；听取区人民政府关于十届人大一次、二次会议代表建议议案办理情况报告。

是日，区十届人大常委会召开第九次会议，决定接受乔嘉赓、林拥强等辞去韶关市第十五届人民代表大会代表职务的请求；决定接受邓武、陈雪、何远韶、李毅、严恋花、肖启斌、汤凤声、黄文等辞去韶关市武江区第十届人民代表大会代表职务的请求；决定补选韶关市武江区第十届人民代表大会代表13名。决定免去蔡伟雄的韶关市武江区人民检察院检察委员会委员、检察员职务；决定任命方洁为韶关市武江区人民检察院检察委员会委员。

视察调研

【生态环境工作检查】2022年4月14日，区人大常委会组织人大代表对区人民政府贯彻落实《中华人民共和国环境保护法》《广东省环境保护条例》情况进行执法检查。执法检查组深入龙归镇童氏电源科技有限公司，听取生态环境局武江分局汇报及现场查看童氏电源科技有限公司在废气废水方面的治理情况。

【森林防火工作调研】2022年4月14日，区人大常委会组织人大代表深入龙归镇部分森林防火点位，实地检查森林防火工作开展情况，详细了解护林防火值班人员的工作制度、人员配备及防火灭火物资储备等情况。

【“河长制”落实情况调研】2022年6月7日，区人大常委会组织人大代表对全区乡村振兴工作情况和“河长制”落实情况进行调研。

【校园食品安全工作调研】2022年6月30日，区人大常委会组织人大代表对全区校园食品安全工作进行调研。

【少数民族村发展工作调研】2022年7月27日，为深入贯彻落实习近平总书记在中央民族工作会议上的重要讲话精神，巩固武江区脱贫攻坚成果和乡村振兴的有效衔接，推进区少数民族村高质量发展，区人大常委会主任孙理鸣率队到江湾镇少数民族聚居村（瑶族村）开展专题调研。

【公共卫生应急体系能力建设工作调研】2022年7月29日，区人大常委会组织市、区两级人大代表对武江区城市老旧小区环境卫生整治工作和公共卫生应急体系及能力建设工作进行专题调研。

【老旧小区改造提升工作调研】2022年9月19日，区人大常委会组织代表围绕桥新小区改造提升开展调研，调研组深入实地查看桥新小区基础配套设施、提升排污排水、道路等整治建设工作，并就有关问题向城管等部门提出整改意见和建议。

【贯彻落实《韶关市野外用火管理条例》工作调研】2022年9月30日，区人大常委会组织人大代表对武江区贯彻落实《韶关市野外用火管理条例》情况进行专题调研。

【教师发展中心建设情况调研】 2022 年 10 月 27 日，区人大常委会副主任韩伟强率调研组对武江区教师发展中心建设情况进行专题调研。区教师发展中心于 8 月取得立项批复，建成后拥有一栋 6 层的教学综合楼和一栋 3 层的多功能报告厅，将成为广大教师、校（园）长成长的“加油站”，名教师、名校长的“孵化器”，实施教师精准培训和系统培训的重要阵地，为提升教育质量、推进素质教育和实现教育现代化提供有力保障。

【市容市貌环境卫生专题调研】 2022 年 11 月 3 日，区人大常委会组织人大代表对市容市貌环境卫生进行专题调研。

【武江区文化惠民工程专题调研】 2022 年 11 月 22 日，区人大常委会副主任曾宏率调研组对武江区文化惠民工程、健全公共文化服务体系工作情况进行调研并召开座谈会。调研组一行到工业西社区综合性文化服务中心进行实地调研，听取工作人员介绍，详细了解综合性文化服务中心工作开展情况。

（谭冬连）

2022 年武江区人大常委会依法任免国家机关工作人员一览表

表3

序号	文件题目、法规名称	发文号
1	关于李旭阳等职务任免的通知	韶武人常〔2022〕1号
2	关于侯芊彤等职务任免的通知	韶武人常〔2022〕2号
3	关于胡敏等职务任免的通知	韶武人常〔2022〕3号
4	关于宋清等职务任免的通知	韶武人常〔2022〕5号
5	关于谭裕敏等职务任免的通知	韶武人常〔2022〕6号
6	关于李小平等免职的通知	韶武人常〔2022〕7号
7	关于刘枫等职务任免的通知	韶武人常〔2022〕9号
8	关于成燕萍免职的通知	韶武人常〔2022〕13号
9	关于方洁等职务任免的通知	韶武人常〔2022〕19号

武江区人民政府

综　述

【概况】2022年，在市委、市政府及区委的坚强领导下，在区人大、区政协的有力监督支持下，区政府坚持以习近平新时代中国特色社会主义思想为指导，全面贯彻落实党的十九大和十九届历次全会以及党的二十大精神，按照省“1+1+9”工作部署，紧紧围绕市委、市政府确定的“六新”目标、“六化”举措及赋予武江建设韶关“双化双融”先行示范区和高质量发展率先突破区的使命任务，坚持稳中求进工作总基调，统筹经济社会发展，统筹发展和安全，着力稳增长促回升、防风险保安全，推动全区经济社会平稳健康发展。政府质量工作考核、新型城镇化、年度市重大项目土地要素保障等19项工作获省市表扬。全区地区生产总值达306.9亿元，同比下降0.3%，基本稳住经济大盘。

【经济实力】2022年，武江区常态化开展暖企助企活动，推动各项助企纾困政策免申即享，为各类市场主体新增减税降费及退税缓税6.8亿元。全年新增“四上企业”40家；全区市场主体累计达2.8万家，全年新增4416家，增长17.35%。工业经济提质增效，全区规上工业增加值88.85亿元，增长1.0%，本区（不含新区）完成工业投资6.77亿元。新增高新技术企业22家。整区分布式光伏开发工作成效初显，完成投资1.47亿元，备案容量达7.65万千瓦。武江科创园青创中心建成运营，吸引45家企业入驻办公，园区全年创造税收2.1亿元。武江区城乡融合产业园主干道全线通车，厂房片区基础工程二期基本完成，成功推出工业项目用地30公顷，引进年产值超亿元项目2个。农业发展稳中有进，农林牧渔业产值15.34亿元，增长2.7%。完成撂荒地复耕面积432.93公顷，土地流转184.3公顷。粮食生产面积和总产量实现双增长，粮食安全得到有效保障。

韶关国源18兆瓦工商业分布式光伏发电项目

（区委宣传部　供图）

武江区现代农业产业园基础设施建设有序推进，成功创建蔬菜省级现代农业产业园，打造千亩蔬菜种植基地3个。新增11家新型农业经营主体、2个全国名特优新农产品。现代服务业持续发展，全年社会消费品零售总额增长3.7%，位居全市第一。区财政安排200万元开展消费券发放活动。引导大型商超持续拓展线上业务，举办汽车展销、家电以旧换新等促消费系列活动，沐溪大道吸引落户汽车销售企业8家。群康路、沙洲尾片区等街区夜间经济持续活跃，成功打造孟洲坝“网红夜市”。建成粤北首个国际标准飞盘场，组织举办“草地音乐会”等多场大型文化文艺活动，“端午龙舟文化旅游节”活动盛况被中央、省级媒体报道。全年接待游客69.6万人次，旅游收入达12.14亿元。

【城乡建设】 2022年，武江区教育西路建成通车，改造提升芙蓉东路、工业路、新华南路等7条主次干道。有序推进80个老旧小区改造项目，完工31个。完成7个背街小巷改造提升和5个“五小”项目建设。完成韶州体育中心建设；大力推进韶州文创园项目建设，盘活闲置资产打造成武江科普基地，建成“诗歌步道”，增设张九龄雕塑，推动韶州公园文化内涵和商业价值有机融合。强力推进精准拆违攻坚行动，全年拆除违法建筑13.73万平方米。积极推进智慧城市建设，完善信息共享机制，提高执法效率和城市管理水平。深入开展文明城市创建工作，大力整治“三线”“六乱”；持续做好垃圾分类，武江区餐厨垃圾资源化处理站建成运行。深入实施农村人居环境整治“打擂比武”，28个村获“区农村人居环境整治示范村庄”称号、14个村获“区农村人居环境整治优秀村庄”称号；创建美丽庭院、“四小园”小生态板块50个。完善镇村生活垃圾收运处理及农村长效保洁机制，农村生活垃圾收运体系100%全覆盖。扎实推进重阳镇“青林水岸·红色印记”、西河镇“什石园—糖寮”乡村振兴示范带建设，“西河—重阳”“龙归—江湾”精品线路新增黄塱沿河步道、湾仔古树公园等一批网红打卡点。完成24.25千米“四好农村路”、30.8千米美丽农村路建设，重阳水、新街水河道整治加固取得初步成效。

【生态环境】 2022年，武江区严查快处露天焚烧、道路扬尘等大气污染问题，完成裸露土地整治5.2万平方米，市政道路、国省道周边连接线硬化约5.38万平方米。空气环境指标优良达标率达94.2%，空气质量保持市辖三区最优。完成龙归水（二期）、南水河（二期）、北江（市区段）碧道建设16.2千米。完成北江流域、东冲河、沐溪河35个入河排污口整治。治理水土流失1.2平方千米。全区饮用水水源和地表水断面水质达标率均保持100%。深入开展土壤、固体废物污染防治，受污染耕地安全利用率达95.79%。大力推进山水林田湖草生态修复工程，完成生态修复项目4个。全面实施林长制，完成22.13公顷高质量水源林和73.33公顷省级碳汇林抚育，全区森林火灾受害率控制在0.5‰以内。整改土地卫片违法图斑24.27公顷。完善农村住房建设管理长效机制，“零容忍”查处乱占耕地建房行为。

【新能源项目建设】 2022年，武江区备案装机容量10.4万千瓦，总投资4.8亿元，其中并网约1万千瓦。大力推进党政机关和公共机构建筑屋顶、工商业厂房屋顶、居民屋顶三个领域屋顶光伏项目建设，结合屋顶资源实际分布情况选择“全额上网、全部自用、自发自用余电上网”三种运营模式，力争“宜建尽建”，电网“应接尽接”；加快推进能源结构的调整，对全区地面资源进行全面摸排，建立地面图斑、工作台账，经初步统计，适合可建地面光伏1466.67公顷，融合产业乡村、美丽乡村、文化乡村等元素，积极推广“光伏+”等场景多元开发，建设西河田心村地面分布式光伏项目、龙归马渡村地面分布式光伏项目、重阳暖水村和水心村地面分布式光伏项目等一批高标准“光伏+种植”“光伏+养殖”项目，积极开发多元模式促进阳光资源开发，带动乡村经济增长；加大风能清洁能源产业项目建设力度，积极协调完成江湾大东山分散式风电项目前期工作，推进该项目的谋划、申报、审批和建设工作。

【深化改革】 2022年，武江区深化土地征收管理机制改革，完成芙蓉园等11个地块征拆，全年共交地83.71公顷。深化“重点项目全生命周期管理”改革，组建重大项目并联审批工作专班，政府投资项目审批由120个工作日压缩到53个工作日内。创新试行政府投资非经营性项目代建制，争取到位各类债券资金7.96亿元，实施区重点建设项目77个，完成投资31.42亿元，推动全年完成固定资产投资（不含高新区）40.19亿元。扎实开展营商环境专项整治，营商环境便利度保持全市前列，招商引资成果逐步显现，新签约项目34个，投资额37.45亿元，其中超亿元项目8个。深化政务服务“一门式、一网式”改革，1271项依申请和公共服务事项进驻政务大厅，进驻率达96%；“粤智助”自助终端设备实现镇村全覆盖，重阳镇政务服务大厅被评为全市“镇级标杆大厅”。深化商事制度改革，开办企业事项环节整合至1个，实现“一网通办、一窗通取”。大力实施预算绩效管理改革，全面启用“数字财政”系统，财政预算实现全链条线上管理。规范区属国资国企经营管理，盘活中核锦原大厦等闲置资产。城乡融合发展省级试点扎实推进，完成西联镇赤水村、西河镇红星村“村改居”试点建设。

【民生事业】 2022年，武江区全面完成区十件民生实事。武江第一小学、东岗保利小学、新区第二幼儿园建成开学，新增学位2520个；完成第九中学天子岭校区一期改造并投入使用，有效解决突增且超出招生计划约600名学生的就读难题。选聘305名教师充实教师队伍。区中医院基本建成并将启动运营，区儿童医院完成主体工程建设；3个镇卫生院和社区卫生服务中心，以及17个卫生站完成改造提升。完成50个基层综合性文化服务中心改造升级，区图书馆二期、文武阁塔保护修缮工程基本完成。深化驻镇帮镇扶村，成立5家强镇富村公司，建成4间乡村振兴生产车间。扎实推进“粤菜师傅”“南粤家政”“广东技工”3项工程，新增城镇就业3651人。持续开展安全隐患大排查、大整治，全年未发生较大以上生产安全事故。压紧压实食品安全“两个责任”，全年食品药品安全形势总体稳定。成功应对百年一遇“龙舟水”强降雨洪涝灾害。

【政府建设】 2022年，武江区坚持改进作风、提升效能，全面加强服务型政府建设，政府工作提质增效。强化政治建设，深入学习宣传贯彻党的二十大精神，深刻领悟“两个确立”决定性意义，增强“四个意识”、坚定“四个自信”、做到“两个维护”。深化法治政府、法治社会一体建设，扎实推进“八五”普法、村（居）法律顾问、法律援助和人民调解工作。坚持依法行政，深化综合行政执法改革，加强执法规范化建设，完善行政复议体制改革，高效完成行政复议案件办理50宗，行政应诉案件办理54宗，政府班子成员带头出庭应诉33件，行政负责人出庭应诉率100%。严格执行民主集中制和“三重一大”决策机制，全面落实合法性审查制度，审查重大行政决策11件、各类重要合同及文件328件。自觉接受区人大、区政协和社会各界的民主监督，全年办理区人大议案和建议17件、区政协提案151件，满意率和基本满意率达100%。

重要会议

【区政府常务会议】 2022年，区政府共召开政府常务会议18次。

1月21日，区长黄艺坤在区政府主持召开区政府常务会议。会议审议并原则通过《武江区推进农业产业发展贷款贴息实施方案（试行）》《韶关市武江区政府投资非经营性项目代建管理办法（试行）》《武江科创园企业入驻管理办法》《武江区2020年国有资产管理情况综合报告》；研究讨论武江区西联镇社区居委会增设事项；学习《韶关市武江区党政领导干部安全生产职责清单及年度工作清单》。

2月11日，区长黄艺坤在区政府主持召开区政府常务会议。会议审议并原则通过《政府工作报告》《武江区2022年重点项目计划》《韶关市武江区征地拆迁工作绩效考核办法（试行）》《韶关市江湾温泉旅游开发有限公司组建工作方案》《韶关市武江区事业单位管理岗位职员等级晋升制度工作实施方案》《关于韶关市武江区2021年预算执行情况和2022年预算草案的报告》《韶关市武江区2021年国民经济和社会发展计划执行情况及2022年计划草案的报告》。会议研究讨论14处资产性质调整事宜、2022年武江区公开招（选）聘教师工作有关事宜、2022年武江区医疗卫生机构公开招聘工作人员事宜、2022年武江区事业单位公开招聘工作人员事宜、农业转移人口入户区城镇户口给付交通补贴有关事宜。

3月30日，区长黄艺坤在区政府主持召开区政府常务会议。会议研究讨论武江区2022年安全生产和消防安全工作情况、武江区第二轮中央生态环保督察整改情况、韶关市武江区医药健康科技产业园建设项目（青创中心）设计变更事宜、莞韶城三期（武江区城乡融合产业园）东北侧地块购买耕地储备指标事宜、粤北机械交易市场处置事宜。会议审议并原则通过莞韶城三期（武江区城乡融合产业园）基础设施项目二期工程厂房片区基础工程（一期）预算、《置换东莞银行韶关分行7027万元贷款方案》。

4月14日，区长黄艺坤在区政府主持召开区政府常务会议。会议审议并原则通过《区委宣传部　区司法局关于开展法治宣传教育的第八个五年规划（2021—2025年）》。会议研究讨论教育路谭某房屋重新评估结果有关事项。会议传达学习《广东省自然资源厅关于印发自然资源管理工作中若干底线要求的通知》精神，并研究部署武江区贯彻落实意见。

4月29日，区长黄艺坤在区政府主持召开区政府常务会议。会议审议并原则通过《规范区属国资国企经营管理专项行动方案》《武江区西联镇小阳山经济发展用地1号地块岩矿处置拍卖方案》《关于武江区建立农村长效保洁机制奖补实施方案》及2022年武江区重阳镇滑坡和西河镇松苑花园崩塌地灾点治理工程概算、2022年武江区西河镇塘湾新村滑坡地灾点治理工程概算。会议研究讨论武江区智能监测设施建设项目和武江区应急救援培训基地项目的建设内容和投资额度调整有关事宜、增加30名辅警有关事宜。会议传达学习中共中央办公厅、国务院办公厅印发《关于更加有效发挥统计监督职能作用的意见》，并研究部署武江区贯彻落实意见。

5月20日，区长黄艺坤在区政府主持召开区政府常务会议。会议研究武江区1—4月经济运行情况，并部署上半年经济工作。会议研究讨论2022年区重点项目建设及2021年、2022年专项债项目支付进度有关事宜。

6月18日，区长黄艺坤在区政府主持召开区政府常务会议。会议研究部署武江区上半年经济稳增长工作。会议审议并原则通过《武江区2022年垦造水田方案》《关于实施事业单位管理岗位职员等级晋升制度完善事业单位工资和津贴补贴标准的方案》、韶关市高新区莞韶城三期基础设施项目二期工程道路工程概算、韶关高新区莞韶城三期基础设施项目二期工程厂房片区基础工程概算。会议研究讨论2022年上半年协税护税工作情况、武江区龙归镇农村村内道路提升改造工程等13个项目投资概算有关情况、武江区流域水生态环境综合治理建设项目（龙归镇粮仓—南岸瀑布段与龙归污水处理厂—产业园段一期）（水整治提升部分）重大变更事宜、武江区西河镇山蕉灌区改造工程重大变更事宜、招录政府专职消防员和招收消防执法辅助人员相关事宜、2022年韶关市武江区医疗卫生机构公开招聘有关事宜、武江区中医院建设项目工程变更及预算有关事宜、实施武江区中医院医疗设备采购事宜。会议传达学习新修订的《信访工作条例》，并研究部署武江区信访工作。

7月5日，区长黄艺坤在区政府主持召开区政府常务会议。会议审议并原则通过《韶关市武江区人民政府2022年度重大行政决策事项目录》《韶关市武江区儿童发展规划(2021—2030年)》《韶关市武江区妇女发展规划(2021—2030年)》《武江区党政机关国内公务接待管理工作制度》、2022年度韶关市武江区龙归镇凤田村垦造水田项目概算、韶关高新区莞韶城三期基础设施项目二期工程污水处理厂概算、韶关市武江区现代农业产业园基础设施建设项目二期工程(主体及部分配套工程)概算。会议研究讨论实施武江区营商服务和大数据运营管理中心项目有关事宜。

8月12日，区长黄艺坤在区政府主持召开区政府常务会议。会议审议并原则通过《椰林〈项目招商三方协议书〉》《韶关市武江区2022年燃购消费券活动实施方案》及第三方活动机构合作协议、《武江区“村改居”试点工作实施方案》、武江区龙归镇革命老区和红色遗址开发利用项目投资概算、武江区龙归镇路域安全整治提升工程(一期)投资概算、武江区农村水系整治项目(西河镇)投资概算、韶关市武江区重阳镇新街水水环境整治项目投资概算、韶关市武江区重阳镇重阳水水环境整治项目投资概算、武江区新城片区智慧监控平台建设项目采购预算、韶关市武江区公共智慧停车场建设项目(一期)采购预算、武江区儿童医院专业科室净化系统及配套设备采购安装项目预算、武江区中医院配套设施设备采购预算、《韶关市武江区撂荒地复耕奖补方案(试行)》、《武江区河道管护服务项目实施方案(2022—2025年)》《韶关市武江区市场监管体系“十四五”发展规划》。会议研究讨论武江区流域水生态环境综合治理建设项目重大变更事宜、武江区2021年本级预算执行和其他财政收支审计结果报告、实施韶关市武江区龙归镇三棵松建筑石料用灰岩矿(采矿权)出让工作有关事宜。

8月19日，区长黄艺坤在区政府主持召开区政府常务会议。会议审议并原则通过《韶关市武江区全民健身实施计划(2021—2025年)》《武江区2022年度耕地“进出平衡”总体方案》《韶关市武江区小水电清理整改综合评估报告》《区人社局关于增加劳动合同制工作人员的请示》《关于追加2022年地方政府新增债券还本付息资金的请示》《关于韶关市武江区2021年财政决算草案的报告》《关于申请动用2022年区级年初预算“预备费”的请示》《关于韶关市武江区2022年上半年财政预算执行情况的报告》《关于韶关市武江区2022年财政预算调整方案的报告》。会议研究讨论启动韶关市武江区乡村振兴示范项目等14个项目前期工作事宜。会议听取武江区2022年1—7月经济运行情况报告，研究部署下一步经济稳增长工作。

9月9日，区长黄艺坤在区政府主持召开区政府常务会议。会议审议并原则通过《武江区关于促进镇域经济高质量发展激励方案(试行)》《武江区农村集体留用地申请落实和开发利用实施方案》《韶关市武江区撂荒地复耕奖补方案(试行)》《广东魅力文化旅游投资运营有限公司组建工作方案》以及2022年度韶关市武江区龙归镇高标准农田建设项目总投资、武江区龙归中学宿舍楼新建项目概算。会议听取武江区2022年1—8月根治欠薪工作情况汇报，研究部署下一阶段工作(套开区根治拖欠农民工工资工作领导小组会议)，听取武江区2022年1—8月经济运行情况报告，研究部署下一步经济稳增长工作。

10月18日，区长黄艺坤在区政府主持召开区政府常务会议。会议审议并原则通过韶关市武江区教师发展中心建设项目一期(教师实训基地)概算、武江区营商服务和大数据运营管理中心项目概算以及《韶关市武江区“十四五”残疾人保障和发展规划(2021—2025年)》《韶关市武江区重阳镇、江湾镇国土空间规划及武江区村庄规划优化提升工作方案》《武江区2022年压减部门预算支出工作方案》。会议研究讨论授予武江区消防救援大队集体三等功有关事宜。会议研究部署安全稳定工作。

【区政府工作会议】2022年，区政府共召开政府工作会议89次。

1月7日，副区长刘喆焱在区政府会议室召开专题研究武江区西联镇阳山新村安置地“三通一平”工程资金结算工作会议。会议听取西联镇关于莞韶城一期阳山新村安置地“三通一平”工程前期建设情况的汇报。会议明确，由西联镇组织会同东韶公司，加强与韶关新区的沟通对接，就阳山新村安置地“三通一平”工程资金结算事项提请莞韶对口帮扶指挥部常务会议审议，并由西联镇做好相关会议汇报资料的准备工作。

1月10日，副区长刘喆焱在区政府会议室召开专题研究万通城项目房屋拆除工作和武江区城乡融合产业园“一号工程”推进工作会议。会议听取新华街道、区征收中心关于万通城项目需拆除房屋现状情况的汇报和区工信局关于武江区城乡融合产业园基础设施项目二期工程进展情况的汇报。会议明确，由新华街道会同区应急管理局、区征收中心，对万通城项目范围需拆除房屋（劳教所对面四栋房屋）的安全风险情况进行评估认定，相关情况同步报市土地储备中心；城乡融合产业园土地报批由区自然资源局会同区工信局，结合产业园地块现状和会议讨论意见，研究制定产业园土地报批方案，并同步做好资金测算。

1月11日，副区长钟爱明在区政府会议室主持召开专题研究甘棠工业园、武江科技园清产核资推进工作会议。会议听取甘棠工业园、武江科技园清产核资进展和存在问题。会议明确，区财政局按程序成立甘棠工业园、武江科技园清产核资领导小组，负责统筹推进该项工作。

1月18日，副区长钟爱明在区政府会议室主持召开专题研究江湾镇温泉开发有关事宜会议。会议听取江湾镇温泉有关情况。会议明确，由区国投公司制定江湾温泉项目合作开发方案，按程序提请区常务会议审议，由区国投公司牵头，与合作商负责合作开发江湾温泉项目。

1月26日，副区长钟爱明在区政府会议室主持召开专题研究武江区“三供一业”有关工作会议。会议听取区国投公司关于武江区“三供一业”维修改造工作情况汇报。会议议定，为提升国有企业职工家属区物业管理水平，完成“三供一业”改造的小区，其物业管理由区国投公司子公司（协佳公司）承接。

2月14日，副区长刘喆焱在区工信局召开专题研究中国韶关·亚琦国际商贸城项目前期工作推进事宜会议。会议听取区工信局关于《中国韶关·亚琦国际商贸城项目合作协议书（征求意见稿）》修改建议情况的汇报。会议要求：区工信局要进一步加强与韶关新区的沟通对接，结合武江区职责全力支持项目推进。会议明确，由区征收中心牵头会同西联镇、区自然资源局、区国投公司，积极对接市土地储备中心，加快项目地块用地报批、地价评估等土地出让前期工作，确保项目用地按期完成挂牌出让。

2月21日，区长黄艺坤在区委、区政府会议室主持召开全区2022年第一季度经济开局会议。会议传达学习全市一季度经济开局和统计工作会议精神，听取区发改局等10个部门一季度经济工作情况汇报，对抓好全区一季度经济工作进行部署。会议强调，抓好一季度经济稳增长工作意义重大，各地、各单位要认真学习领会全市一季度经济工作会议精神，把一季度经济稳增长工作摆在更加突出的位置，集中时间精力，强化责任担当，奋力真抓实干，全力推动各项稳增长工作措施落实落地。

3月8日，副区长余志强、钟爱明、马文娟在区政府会议室主持召开专题研究推进西河幼儿园项目建设有关事宜工作会议。会议听取区教育局、区征收中心及设计单位关于西河幼儿园项目建设有关情况汇报，对加快推进西河幼儿园项目建设有关工作进行部署。会议明确，各单位要迅速行动，按照工作要求加快推进各项工作，确保项目尽快动工建设。

3月15日，副区长李小平在区政府会议室主持召开区工程施工采挖砂石处置工作领导小组会议，专题研究武江区工程施工采挖砂石处置工作。会议原则同意小阳山一号地块岩矿处置拍卖方案。会议明确，区财政局要根据会议讨论意见对处置拍卖方案进行修改完善，并征求法律顾问意见，区财政局按程序将处置拍卖方案提请区政府常务会议审议。

4月17日，副区长、公安武江分局局长余志强在区政府会议室主持召开专题研究武江区国防教育训练基地修缮项目有关事宜会议。会议听取区人武部关于武江区国防教育训练基地有关情况的汇报。会议议定，原则同意实施区国防教育训练基地修缮项目，并根据《国防领域中央与地方财政事权和支出责任划分改革方案》文件要求，项目委托由区应急管理局作为业主单位建设。

4月24日，副区长刘喆焱在区政府会议室主持召开专题研究西联镇2022年上半年土地和房屋征收任务推进工作会议。会议听取西联镇关于2022年上半年土地和房屋征收任务推进情况的汇报。会议明确，由西联镇牵头会同区征收中心，严格对标武江区2022年土地和房屋征收任务时间节点，加强与相关地块被征收人的沟通、动迁工作，确保上半年土地和房屋征收任务按时保质完成，区自然资源局、区城市管理和综合执法局、区征收中心要做好业务指导。

5月31日，副区长刘喆焱在区政府302会议室召开专题研究东岗岭片区“三旧”改造项目房屋（征收）拆迁安置推进工作会议。会议听取东岗岭片区“三旧”改造项目房屋（征收）拆迁安置工作进展情况报告，并通报韶关市富凯房地产开发有限公司（以下简称“富凯公司”）关于协助东岗岭片区“三旧”改造项目房屋（征收）拆迁安置的请示。会议议定，由区征收中心根据富凯公司请示事项，做好剩余11户房屋的征收协助、管理、督导工作。

6月6日，副区长马文娟在区政府323会议室主持召开工作会议，专题研究区卫生健康系统项目建设有关事宜。会议听取区中医院项目建设情况和医疗设施设备采购事宜有关汇报，对有关工作进行研究部署。

7月15日，副区长钟爱明在区政府会议室主持召开专题研究向阳小区周边环境整治推进工作会议。会议听取向阳小区周边环境前期整治工作情况。会议指出，因各方面原因，向阳小区周边环境前期整治成效不理想，环境“脏乱差”面貌没有得到有效改善，自发形成的卖肉、蔬菜摊档小市场未得到有效管理，严重影响市容市貌和创文巩卫工作。会议要求，西河镇政府要牵头每周召开现场工作会议，协调各相关单位推进该区域环境整治各项工作，每半月向区政府报送整治工作情况；要协调向阳村加大对该区域环境整治工作的支持力度。区城市管理和综合执法局加快该区域道路整治；加大该区域乱摆乱卖行为执法力度。公安武江分局（区交警大队）在道路改造提升后要安装交通电子抓拍设施，加强执法，规范交通停车秩序。

7月20日，副区长马文娟在区政府323会议室主持召开专题研究基层公共卫生体系补短板项目和区中医院有关事宜会议。会议听取基层公共卫生体系补短板项目——新华社区卫生服务中心、重阳卫生院、江湾卫生院提升项目有关情况汇报，对项目实施主体、概算等相关事项进行研究讨论。会议指出，基层公共卫生体系补短板项目列入武江区2022年前期工作（预备）项目计划，该项目的实施有利于进一步提高武江区应对突发公共卫生事件的能力和水平，更好地满足群众就医需求。会议要求，项目概算及设施设备采购事宜，由区卫生健康局根据会议讨论意见修改完善后，分别按程序提请区政府常务会议审议。区卫生健康局要严格按照项目实施流程开展项目建设工作，确保项目实施合法合规。

8月10日，副区长刘喆焱在区政府会议室主持召开专题研究农村通信线路整治工作会议。会议明确，农村通信线路整治工作由各镇具体实施，项目建设资金由涉农资金保障；各镇要积极与市通建办沟通对接，及时将工程设计图提交市通建办开展联合会审，会审通过后才可以组织实施，确保后期的验收和割接工作顺利；各镇要按照实事求是、因地制宜的原则开展整治工作。

8月30日，副区长余志强在区政府会议室召开专题研究武江区酒吧等营业性场所规范管理有关事宜会议。会议听取公安武江分局、区文旅体局、区市场监管局等部门关于酒吧等营业性场所管理问题的情况汇报，就相关工作进行研究部署。会议指出，近年国家大力支持推进“放管服”改革，市场“宽进”政策使市场主体大批涌现，新业态不断丰富，激发市场活力，会议要求，公安武江分局、区文旅体局、区市场监管局等部门要切实担起对酒吧、沐足兼营KTV、音乐餐吧等营业性场所的监管责任，规范场所经营管理。各有关行政执法部门要加大明察暗访力度，对违法违规以及超出经营范围的，做好调查取证，依法依规处罚或取缔。

9月2日，副区长钟爱明在区政府会议室主持召开专题研究武江区农村集体留用地落实推进有关工作会议。会议听取区自然资源局关于省委巡视涉及农村集体留用地整改工作情况汇报。会议强调，西河镇、西联镇、龙归镇和区自然资源局等有关部门要主动作为，加强与村集体沟通，强化项目谋划实施，加强留用地落实，高效推动开发利用，早日产生经济社会效益。

9月14日，副区长马文娟在西河幼儿园项目现场主持召开项目现场调度会，专题研究调度西河幼儿园项目建设有关事宜。会议听取西河幼儿园项目建设进展情况汇报，对下一步工作进行研究部署。会议明确，要加快完善项目前期手续。区教育局要指导区国投公司加快办理项目前期手续，要加快推进项目建设。区国投公司要督促项目施工单位按照施工进度计划表，要做好农民工工资支付保障工作。区教育局、区国投公司要督促项目施工单位落实保障农民工工资支付相关制度，定期检查核实项目施工单位按时足额发放农民工工资情况，确保一线工人工资能够及时发放到位。

9月20日，副区长马文娟在区政府会议室专题研究加快推进武江区教师发展中心项目建设有关事宜工作会议。会议明确，该项目不实行代建，由业主单位区教育局继续开展项目建设相关工作。

9月29日，副区长余志强在区政府会议室召开专题研究新爱婴早教中心欠费欠薪问题工作会议。会议听取公安武江分局、区教育局、区人社局等部门关于新爱婴早教中心欠费欠薪有关情况的汇报，就下一步相关工作进行研究部署。会议明确，惠民街、区有关职能部门要高度重视，迅速展开调查，加强信息互通共享，进一步厘清该早教中心债务情况，为退回欠款提供依据。

11月30日，副区长钟爱明在区政府会议室主持召开专题研究武江区建设路农贸市场升级改造奖补相关工作会议。会议听取武江区建设路农贸市场升级改造工作情况汇报，并就该市场升级改造奖补资金进行研究。会议明确，西河镇要督促市场管理方在市场内增设无障碍卫生间，并安装相关标识；区市场监管局、西河镇要指导市场管理方整理好升级改造资料，及时报区农业农村局、区财政局审核。

12月7日，副区长钟爱明在区政府会议室主持召开全区自然资源重点工作调度推进会议。会议听取区自然资源局关于全区批而未供及闲置低效处置、耕地保护“进出平衡”、违法用地查处整改“百日攻坚”、垦造水田等四项重点工作汇报，对当前自然资源领域工作存在的主要困难进行讨论研究。

【区长办公会议】 2022年，区政府共召开区长办公室会议33次。

1月13日，区长黄艺坤在区政府会议室召开专题研究武江区城乡融合产业园建设用地报批相关工作会议。会议听取区自然资源局关于武江区城乡融合产业园建设用地报批方案和费用测算情况的报告。会议明确，由区自然资源局牵头会同龙归镇、区工信局，根据会议讨论意见，对武江城乡融合产业园地块报批红线进行优化调整，并以“一桥一路”西侧桥头2块工业用地、园区工业用地规划范围内的耕地和部分低洼填土区域作为首批地块同步组卷，加快用地报批进度。

1月29日，区长黄艺坤在区政府会议室主持召开专题研究根治欠薪有关工作会议。会议传达学习省治理拖欠农民工工资有关文件精神，听取武江区根治欠薪有关工作情况汇报，研究部署相关工作。会议要求，提高政治站位，立行立改。区直有关单位要严格落实省治理拖欠农民工工资有关文件精神，认真履职尽责，迅速对指出的问题进行整改，建立健全整改台账清单，做好整改材料整理，并形成书面整改情况报告。

2月24日，区长黄艺坤在区政府会议室主持召开专题研究债券资金专用账户开设有关事宜工作会议。区财政局传达市财政局《关于加强新增债券资金支出管理的通知》（韶财〔2022〕4号）文件精神，指出为确保新增债券资金专款专用，切实加快新增债券资金支出进度，提高新增债券资金使用效益，建议区工信局、区住建局、区农业农村局、区国投公司均开设新增债券专用账户。

3月13日，区长黄艺坤在区政府会议室召开专题研究韶关高新区莞韶城三期基础设施项目二期工程厂房片区基础工程有关事宜工作会议。会议听取区城市管理和综合执法局关于厂房片区基础工程设计方案编制情况的汇报。会议明确，为进一步确保项目推进符合卫片执法、地类管控要求，结合区级财政情况，原则同意将园区厂房片区基础工程分三期实施。

4月8日，区长黄艺坤在区政府会议室召开专题研究武江区土地房屋征收项目专项清查整改工作会议。会议听取区征收中心、西河镇、西联镇、惠民街道、新华街道关于土地清查整改工作进展情况的汇报，并就问题整改过程中存在的问题、下一步工作进行研究部署。

4月22日，区长黄艺坤在区政府会议室主持召开专题研究重点项目谋划储备有关事宜工作会议。会议传达学习全市招商引资和重点项目调度会议精神，听取区发改局、区财政局关于武江区重点项目和债券项目有关情况汇报，围绕重点项目谋划储备工作进行研究讨论，并就做好项目谋划工作提出相关工作要求。

5月6日上午，区长黄艺坤在区委区政府会议室召开专题研究武江区土地房屋征收项目专项清查整改工作会议。会议听取区征收中心、西河镇、西联镇、惠民街道、新华街道关于土地清查整改工作进展情况的汇报，并就问题整改过程中存在的问题、下一步工作进行研究部署。

5月24日，区长黄艺坤在区政府会议室主持召开专题研究武江区城乡融合产业园项目规划及招商相关工作会议。会议明确，武江区城乡融合产业园项目采取共建模式开发建设，由凤武合作公司参与土地招拍挂，武江区通过申请专项债等方式多方筹资开展标准厂房、综合楼、宿舍楼等建筑及配套设施建设。

5月28日，区长黄艺坤在区政府会议室主持召开区长办公会议，专题研究韶关高新区莞韶城三期基础设施项目污水处理厂设计方案及科创园工业大厦概念性设计方案。会议议定，污水处理厂项目采取政府直接投资模式建设，区工信局作为项目建设单位，委托区国投公司做好后续运营管理。

6月27日，区长黄艺坤在区政府会议室主持召开区长办公会议，专题研究煤矸石综合利用改革有关事宜。会议听取区发改局关于武江区煤矸石综合利用改革有关情况汇报，对下一步工作进行研究部署。会议要求，各单位要严格按照市政府《关于进一步加强煤矸石资源综合利用改革的实施意见》和《关于进一步加强煤矸石利用和日常监督管理的通知》要求，结合全区实际，科学合理制定全区煤矸石综合利用改革方案，规范有序推进武江区煤矸石综合利用改革，促进煤矸石资源价值化。

7月15日，区长黄艺坤在区政府会议室主持召开区长办公会议，专题研究利民制药厂北侧地块收储工作有关事宜。会议听取区征收中心关于利民制药厂北侧地块收储工作情况的汇报。会议明确，由区征收中心积极与市土地储备中心协商，申请将该地块转为武江区自营收储开发项目有关事宜，达成共识后以区政府名义报请市政府批准实施，征拆相关经费由区政府先行垫付，地块出让后再按市的有关制度要求结算。

8月21日，区长黄艺坤在区政府会议室主持召开区长办公会议，调度专项债券资金使用支付有关事宜。会议传达学习韶关市专项债实际支出低于支出计划地区和单位约谈会议精神，分批对武江区专项债资金支出较低的项目进行调度。

8月22日，区长黄艺坤在区政府会议室主持召开区长办公会议，专题研究河道清淤可利用料资源化利用有关事宜。会议听取区住建局关于辖区清淤可利用料资源化利用情况汇报，就相关工作进行研究部署。

8月29日，区长黄艺坤在区政府会议室主持召开芙蓉新城房地产项目涉及征拆有关工作推进会议。会议传达市委书记专题会议上关于芙蓉新城保利、恒大等房地产项目推进工作的有关要求，并对芙蓉新城下胡村等5个村委征拆历史遗留问题进行研究。

10月20日，区长黄艺坤在区政府310会议室主持召开区长办公会议，专题研究调度2022年专项债券项目资金支出及拟申报2023年专项债券项目前期工作有关事宜。会议传达学习省审计厅专项工作审计进点见面会议精神，听取全区各专项债券项目（含子项目）资金使用情况及拟申报2023年专项债券项目前期工作开展情况汇报。

11月7日，区长黄艺坤在区政府310会议室主持召开区长办公会议，专题研究全区森林防灭火工作。会议通报始兴县马市镇“10·31”山火扑救情况及全区派出队伍参与支援灭火情况，分析该起山火救援灭火过程的成功经验和不足之处；听取武江区近期森林防灭火工作有关情况，对区森林防灭火指挥体系、应急处置机制、防灭火队伍建设和现场指挥调度等方面存在的问题进行研究分析，并对下一步优化提升进行安排部署。

11月30日，区长黄艺坤在区委、区政府办公楼310会议室主持召开区长办公会议，研究土地和房屋征收体制改革工作。会议强调，要高度重视土地和房屋征收体制改革工作，提高思想认识，深入开展调查研究，认真梳理涉及武江区土地和房屋征收工作相关资料，为改革做好充分准备。

12月6日，区长黄艺坤在区政府310会议室主持召开区长办公会议，专题研究武江区综合应急救援大队组建工作和武江区应急仓储物流设施建设项目。会议听取区应急管理局关于武江区综合应急救援大队组建工作情况汇报。经讨论研究，会议原则同意《武江区综合应急救援大队组建方案》。

12月21日，区长黄艺坤在区政务服务数据管理局召开专题会议，研究政务服务改革和“数字政府”建设相关工作。会议要求，进一步优化“12345”便民服务热线办理工作；加快推进政务服务“综合受理，集成服务”改革工作。区政数局要进一步深化“大综窗”服务模式改革，加强与各相关部门对接，做好抽调人员的调配和培训工作，提高服务效能。

重要活动

【全市固定资产投资及重点项目建设工作推进会暨第一季度项目集中开竣工活动——武江区分会场活动】 2022年1月27日，2022年韶关全市固定资产投资及重点项目建设工作推进会暨第一季度项目集中开竣工活动——武江区分会场活动在武江区城乡融合产业园（龙归镇留村村）举行。

【企业新春座谈会】 2022年2月9日，武江区召开企业新春座谈会，进一步加强政企之间的沟通交流，听取企业意见、建议，共商推动武江经济高质量发展良策。座谈会上，企业代表介绍各自企业发展情况以及未来发展规划。大家畅所欲言，交流认识体会，为武江经济发展提出宝贵意见和建议。对企业反映的问题，参会的各职能部门予以一一答复。

【全市第二季度项目集中开竣工——武江区分会场活动】 2022年4月29日，韶关市第二季度项目集中开竣工——武江区分会场活动在韶州文创园项目现场举行。区委书记张广晖现场致辞并宣布活动启动，区委副书记、区长黄艺坤参加活动并讲话，区政协主席彭波等四套班子领导参加活动。参加本次集中开竣工活动的有韶州文创园建设项目、韶关国源18兆瓦工商业分布式光伏发电项目、烟厂工业技改项目等15个项目，其中竣工项目3个，完成投资2.06亿元，新开工项目12个，年度计划投资6.01亿元，包括1个新能源项目，2个现代服务业项目，2个工业技改项目，7个基础设施建设和社会民生项目。

【全市第三季度项目集中开竣工——武江区分会场活动】

2022年6月30日，全市第三季度项目集中开竣工——武江区分会场活动在武江第一小学（暂名）项目现场举行，区委书记张广晖向主会场报告集中开竣工项目情况。区委副书记、区长黄艺坤，区人大常委会主任孙理鸣，区政协主席彭波等四套班子领导参加活动。

【战略合作协议签订仪式】

2022年8月9日，广东省农业科学院（以下简称省农科院）与武江区联合举行战略合作协议签订仪式暨武江区蔬菜省级现代农业产业园工作推进会，省农科院副院长何秀古、科技合作部处长袁显、蔬菜所所长谢大森，市人大常委会副主任沈河民、市农业农村局局长叶洪番，区委书记张广晖，区委副书记、区长黄艺坤等领导出席会议。省农科院分别与武江区政府、广东兴顺佳集团有限公司签订《强化科技支撑推进农业产业提质增效战略合作框架协议》《武江区蔬菜省级现代农业产业园科技研发与支撑协议》。省农科院、市、区领导为广东省农科院专家工作站揭牌。此次推进会的召开，将共同开启院地合作的新模式，按照“政府引导、专家服务、企业参与、市场驱动”的工作思路，为武江区乡村振兴工作提供强力的科技支撑，进一步加快推进武江区蔬菜省级现代农业产业园建设，助力乡村振兴。

2022年8月9日，省农科院、市、区领导为广东省农科院专家工作站揭牌

（区委宣传部　供图）

【中国农民丰收节系列活动】

2022年9月23日，“庆丰收·迎盛会”中国农民丰收节暨“金秋迎盛会·蔬果画武江”生态农业博览会在武江区龙归粮仓开幕。广东省文旅厅原一级巡视员陈杭，广东雕塑院院长许鸿飞，广东轻工业职业技术学院原副院长林润惠；市委农办常务副主任、市乡村振兴局常务副局长刘世冬，市委宣传部副部长李梅；区人大常委会主任孙理鸣，区政协主席彭波，区委副书记王友华等四套班子领导出席活动，与广大农民朋友一起庆丰收、迎盛会，共谋乡村发展，共话灿烂未来。活动开展歌舞表演和民俗文艺汇演，设置有特色美食品尝区、农特产品展销区、趣味运动会、农耕文化展示以及乡村振兴图片展等。

【城乡融合产业园入园项目签约仪式】 2022年11月17日，武江区举行城乡融合产业园入园项目签约仪式，此次引进2家工业企业落户武江，进一步完善武江区装备制造产业链条，助推武江制造业高质量发展再上新台阶。区委书记张广晖，区委副书记、区长黄艺坤，区委常委、副区长房仲斌，副区长刘喆焱，区工信局、东莞市高埗镇相关负责人以及签约企业代表参加签约仪式。此次签约的企业有东莞富增泡棉塑胶有限公司和广东锦胜装配科技有限公司。东莞富增泡棉塑胶有限公司位于东莞市高埗镇，主要生产适用于鞋类、体育用品、服装和音响等的泡棉，企业拟在武江区城乡融合产业园项目投资8000万元建设年产万吨泡棉生产基地项目，建成后预计年产值达到1亿元。广东锦胜装配科技有限公司是粤北地区材型生产及建筑行业的骨干企业，拥有粤北地区最大的除锈打砂机，箱型柱电渣生产线等配套设施，年钢结构生产能力达2万吨。企业拟在武江区城乡融合产业园项目投资8000万元建设绿色装配式建筑钢生产项目，建成后预计年产值达到3.12亿元。

【全市第四季度项目集中开竣工——武江区分会场活动】2022年12月20日，韶关市第四季度项目集中开竣工——武江分会场暨武江区中医院竣工活动在武江区龙归镇举行。区委书记张广晖向主会场报告集中开（竣）工项目情况并宣布活动启动，区委副书记、区长黄艺坤出席活动并致辞，区人大常委会主任孙理鸣，区政协主席彭波，区委副书记王友华等四套班子领导参加活动。武江区参加前8次项目集中开竣工活动的新开工项目共58个，总投资69.38亿元。2022年，实际开工58个，其中统计入库项目58个；截至11月，纳统投资25.36亿元。参加本次活动的项目共12个，总投资8.69亿元。其中，7个新开工项目总投资1.54亿元，年度计划投资8300万元；5个竣工项目总投资7.15亿元。项目的开工建设，对促进武江区产业转型升级、补齐基础设施短板、推动民生持续改善等将发挥重大作用，将进一步为辖区经济发展注入新的活力。

【爱心捐赠】2022年12月22日，武江区举行赠药派发镇（街）仪式，将爱心企业捐赠的药品发放到各街道（乡镇），全力保障困难群众用药需求，确保困难群众“困有所帮、难有所助、急有所需”。该批药品是由韶关华生药业有限公司向区市场监管局无偿捐赠，主要解决生活困难群体买药难的问题。

（卓　佳）

区政府办工作

【概况】2022年，韶关市武江区人民政府办公室（简称区政府办）紧紧围绕区委、区政府的中心工作和重大决策部署，着力加强队伍作风建设，积极完善工作制度，服务发展大局，认真履行参谋、协调、服务等各项职能，为区政府各项工作顺利开展提供坚实保障。

韶关市武江区人民政府办公室是武江区人民政府的综合协调部门，负责协调相关职能部门贯彻执行上级党委、政府政策方针，推动落实区政府决策部署，承担区政府日常具体政务事务运行保障工作。

【办文办会】2022年，区政府办注重发挥办公室综合协调和服务作用，高标准、高质量做好办文办会工作。坚持从严从精从简从快的原则，严把政策

2022年12月20日，全市第四季度项目集中开竣工——武江分会场暨武江区中医院竣工活动在武江区龙归镇举行

（区委宣传部　供图）

关、文字关、格式关和程序关，力求每一份公文都政策清楚、逻辑严密、格式规范、准确及时，确保各类公文的规范性和权威性。全年共处理市以上文电、区政府和政府办下发、区各单位来文等各类文件 2 万件。严格按照中央八项规定的要求，精简会议活动，认真做好全区重要会议和活动的安排、组织和服务工作。全年共组织召开各类工作会议 100 次、区长调研会议 6 次、区长办公会议 29 次、区政府常务会议 18 次。充分发挥信息“前哨”作用，积极主动开展调研，多渠道多角度搜集、挖掘、提炼信息，为领导掌握情况、精准指导、科学决策提供较好的信息依据，组织审核、撰写各类综合文字材料 1000 篇，为高质量完成《2023 年区政府工作报告》打下坚实基础。2022 年，向市政府上报信息 11 篇，被省市采用 7 篇。

【督查督办】 2022 年，区政府办紧紧围绕武江区工作大局，紧盯项目建设、区政府工作要点、民生实事、上级交办等重点，进一步强化督查督办，压实责任，推进工作，全年制发督办通知 8 件，落实督查督办任务 400 多件，其中包括区政府工作要点 131 件、民生实事 10 件、政府常务会议定事项 168 件、区长办公调研 73 件；扎实做好人大议案建议、政协提案意见的跟踪办理工作，共完成市政府办公室交办全区市人大议案建议 21 件、市政协提案（意见）33 件、区人大建议 17 件、区政协提案（意见）151 件。

（李嘉泷）

外事工作

【外事服务】 2022 年，区外事局继续做好武江区 APEC 商务旅行卡宣传和办理工作，会同区工信局在日常走访企业和宣传活动的过程中，常态化对武江外向型企业开展 APEC 商务旅行卡宣传，了解和掌握武江区企业对 APEC 商务卡的需求，及时提供申办服务，助力武江企业更好地“走出去”。持续开展海外领事保护和境外安全防范相关知识宣传工作，联合各镇（街），通过各类宣传活动发放和在社区党群服务中心放置《海外领事保护与协助》手册，向企业和群众宣传领事保护知识。

【国际交流合作】 2022 年，区外事局重点强化政法、公安、工信、教育等部门协作联动，及时掌握武江区外资企业、外籍人员动态情况，组织开展海外人员和机构排查及安全保护工作，全力配合市有关部门积极应对和防范化解海外安全风险，落细落实外事领域意识形态和涉外安全防范工作，为党的二十大胜利召开营造良好的外部环境。按规定做好外国人到武江申办工作，共为 2 家企业办理 2 位外国人来华邀请函业务。

【因公出国（境）管理】 2022 年，区外事局严格落实市委外事办公室关于加强因公出国管理工作的文件精神，认真贯彻党中央八项规定精神。2022 年，武江区无因公出国团组任务。

（谭紫鹏）

信访工作

【信访突出问题化解】 2022 年，区信访局扎实开展治理重复信访、化解信访积案专项工作。中央、省联席办第一批交办武江区重复访案件 26 宗，中央第二批交办武江区重复访案件 9 宗，全部交办至各责任单位，均落实包案责任领导、责任人和工作措施，并在规定期限内结案。推进重点信访事项领导包案化解工作，列入区领导包案 35 宗，区领导高度重视，积极主动与责任部门对接，认真研判案情，制定化解措施，促进案件化解。2022 年，武江区 3 宗被列入市领导包案的案件全部化解。

【信访渠道】 2022 年，信访人可通过武江区人民政府公布的信访工作机构通信地址、电子信箱、投诉电话、网上投诉平台，以走访或者来电来信网信形式提出信访诉求，也可通过武江区人民政府网站公布的接待日和接待地点当面反映信访事项。全年区信访局共受理各级来信来访 318 批 372 人次。

其中，走访58批67人次，网信、信件260批305人次。主要涉及征地补偿、物业纠纷、山林（土地）权属纠纷、欠薪劳资纠纷及城建领域纠纷。

（王贝毓）

机关事务

【概况】 2022年10月31日，韶关市武江区机关事务服务中心（简称区机关事务服务中心）调整为区政府直属管理的正科级公益一类事业单位，增设6个正股级内设机构及内设机构正职领导职务6名，且于12月19日成立中共韶关市武江区机关事务服务中心党组。

【公务接待】 2022年，区机关事务服务中心严格落实中央八项规定，厉行节约，严格按照相关规章制度执行接待工作，牵头起草《武江区党政机关国内公务接待管理工作制度》，全年主要公务接待活动用餐均安排在机关食堂，未出现超标准、超范围接待的行为。做好广东省农业科学院推动院地农业科技合作助力乡村振兴调研工作、韶关市第十三届中国统计开放日活动、2022年武江区庆八一建军节暨抗美援朝老兵座谈会的接待后勤保障服务工作。

【后勤服务】 2022年，区机关事务服务中心建立健全机关物业服务管理规范和监管考核机制，定期开展检修、维护、保养工作。全力做好区政府机关大院的保洁工作，定时定人对会议室、办公大楼走廊、食堂、楼梯、电梯间等重点场所进行清洁、消杀，切实保障集中办公区域安全，有效预防和排除各类安全隐患。积极改善会务环境，提高会务服务质量，全面做好重大会议、活动的后勤服务保障工作。

【食堂用餐】 2022年，区机关事务服务中心全力做好机关食堂运行保障工作，科学设计食谱、合理搭配，切实保障干部职工的饮食营养均衡、安全卫生，机关食堂全力保障区政府机关大院所有工作日早、中、晚干部职工用餐。

【机关大院安全保卫】 2022年，区机关事务服务中心适时开展消防演练，完善反恐防范制度、添置反恐设备，增强对于突发事件的防范与处置能力，确保区政府机关大院的安全与稳定。实行24小时值班巡逻，定人定岗，对重点区域、重点部位实行智能监控、昼夜巡查，严格落实区政府机关大院门岗管理，坚持文明执勤，有效保障区政府机关大院的安全。

【公务车辆管理】 2022年，区机关事务服务中心认真履行公务用车管理职责，完善公务用车各项管理制度，强化公务用车监督。加强公务用车编制管理，牵头起草《武江区一般公务用车管理调整方案》，发布《关于加强公务用车运行数据管理的通知》《关于进一步完善公务用车管理的通知》，依托广东省公务用车管理平台安排专人负责一般公务用车运行数据监管工作，有效杜绝私车公养、公车私用等违规现象。2022年，区机关事务服务中心通过平台督办、印发通知、粤政易和电话等方式督办相关单位，完善平台数据、及时处理用车复核等相关业务。建立24小时应急用车值班机制，出台《车队应急用车司机值班制度》《政府车队驾驶员管理制度》，定期组织车队司机开展行车安全教育培训，全力保障重大会议、公务接待活动等用车。

（骆婕怡）

“数字政府”建设

【概况】 2022年，韶关市武江区政务服务数据管理局（简称区政务服务数据管理局）坚持将推进数字政府建设作为提升政务服务能力的先导工程，高位谋划、高效推进，紧紧围绕深化“放管服”改革优化营商环境工作重点，完善基础设施、加强数据共享、深化便民利企，多措并举提高政务服务能力，扎实推进数字政府建设，全区“一网通办”服务效能显著提升。

【政府信息化建设管理】 2022年，根据省市统一部署，武江区深入推进数字政府2.0建设，强化“粤系列”平台推广应用。深化政府运行“一网协同”，以粤政易移动办公平台与电子政务综合应用平台作为全区政府各部门办公枢纽，全面提升数字机关建设水平。推动数据资源“一网共享”直达基层，为各级各部门提供统一规范的数据服务，全面赋能政府部门履职。推进全区7个在运行政务信息系统迁移上云，全区迁移上云率达100%。完善“数字政府”安全体系，完成区政府网站等保二级测评和基础主干网络等保二级备案工作，相继完善网络与数据安全管理制度与应急处置预案，强化网络安全监管。根据《韶关市政务信息化服务项目管理办法》，全力做好全区政务信息化服务项目立项审批及指导工作，并按照省、市要求认真完成广东省数字政府政务信息化项目管理平台数据填报工作。

【政务服务管理】2022年，区政务服务数据管理局积极落实各项政务服务管理工作，规范行政审批行为，开展政务服务事项“二次统筹”修订工作，统一行政审批事项标准，规范办事指南编制，提升办事指南要素的准确性、完备性、便利性。落实政务服务事项进驻政务服务大厅进行管理，杜绝明进暗不进，为企业群众提供一站式服务，2022年事项进驻率提升至95%。推广“电子证照”“电子印章”，拓展无证明城市深度。完成证明材料保留清单、免提交清单、应用场景3个清单的梳理，推行“粤省事码”“粤商通码”扫码用证，465项事项1004项材料实现“免证办”。提高政务服务“适老化”水平，配置老年人帮办代办窗口及导服人员提供“全程陪同引导”服务。开通现金支付通道，解决老年人线下缴费难的问题。设置“我来办”窗口、帮办代办专业导服台、工作室和工作组，为企业、特殊人群等提供帮办代办服务。

【政务数据资源管理利用】2022年，区政务服务数据管理局扎实做好数据资源管理利用工作，根据省、市文件要求，做好政务数据资源目录编制工作，组织全区各单位按照政务数据资源目录编制规范，迅速开展数据编目工作，共编目挂接数据目录267个，完成政务服务子项、政务服务业务办理项、业务部门全覆盖。进一步加强政务信息资源共享内容完整性和共享及时性，确保共享内容完整并按共享周期按时共享数据。不断提高数据需求按时审核率，督促各有关单位加快数据申请审核，提高工作效率。开展武江区政务数据开放工作。依托省数据资源“一网共享”平台和“开放广东”平台共开放数据集100个，进一步提高数据目录开放率。推进数据资源分析利用。协同税务部门以政务大数据为纽带，在“协税护税”专题上开展数据智能分析平台建设合作，并取得初步成效。

【政务服务平台管理】2022年，区政务服务数据管理局完善政务服务大厅建设与运行管理规范、服务规范，区级大厅在全市首个完成房地产窗口“互联网+”改革、企业开办“一网通办、一窗通取”、工建项目审批、出生一件事集成办理等综合窗口设置工作。推进镇级大厅建设标准化、服务规范化、办事便利化和应用数智化等方面的优化提升，重阳镇政务服务大厅被评为韶关市首届镇级政务服务标杆大厅。各村（居）便民服务站实现101个事项延伸、政务数据连通，“粤智助”政府服务自助机实现各村全覆盖，打通基层服务“最后一公里”。大力推广应用“粤省事”“粤商通”平台，实现掌上预约、办理各项民生服务。积极投放“粤智助”政府服务自助机，大力推动政务服务向基层延伸。截至2022年底，武江区投放64台“粤智助”政府服务自助机（其中桌面型自助机56台，增强型自助机8台），实现5个镇2个街道和51个行政村全覆盖，可自助办理177项业务，实现群众办事“就近办、自助办、一次办成”。全年，“粤智助”政府服务自助机共办理业务8万件，服务群众6万人次。

【政务公开】2022年，武江区落实国家和省、市关于政务公开各项工作分工要点，落实“应公开尽公开”职责，围绕“放管服”改革和“六稳”“六保”及重点民生领域、招商引资等内容，做好主动公开工作，及时公开涉及群众切实利益的政府信息，区政府门户网站全年主动公开信息6832条。加强平台建设，完成区政府网站适老化及无障碍改造、支持IPv6等工作。落实县级政府部门及乡镇（街道）原则上不单独开设政务新媒体工作要求，推动政务新媒体健康有序发展。完善政府信息公开监督体系，严格落实“三审三校”“先审后发”制度，将政府信息主动公开、依申请公开、政策解读、政务舆情、政府信息主动公开基本目录编制等工作落实情况纳入区直部门政务公开绩效考核范围。

2022年1月10日，副区长马文娟（右二）到区政务服务大厅实地调研
（林皓 摄）

【政务服务热线】2022年，区热线办充分发挥综合协调作用，建立纵向联动、横向配合、监督到位、推动有力的督促协调机制，明确责任主体，落实解决措施，形成工作合力，促进热点、难点问题的解决，做到“事事有回音，件件有答复”。全年共受理转派工单21179件，工单量全市第一，同比增长57.88%，工单办结率100%。

（林 皓）

政协武江区委员会

综　述

【概况】2022年，中国人民政治协商会议韶关市武江区委员会设常务委员会（简称区政协），由主席、副主席、秘书长和常务委员组成。设主席1名、副主席6名、秘书长1名。设提案、经济、农业和农村、教科文卫体、社会和法制、港澳台侨6个专门委员会。政协机关设办公室、组织联络科、宣教提案科。政协第十届武江区委员会实有委员184人，其中常务委员会组成人员31人。委员中，中共党员74人、非中共人士110人；常务委员会委员中，有中共党员11人。政协委员来自23个界别，分别是中国共产党、民革、民盟、民建、民进、农工党、九三学社、无党派、工会、妇联、共青团、工商联、侨联、文化艺术界、科技界、社科界、经济界、农业界、教育界、体育界、医卫界、社会福利保障界、特别邀请人士。

【政治协商】2022年，区政协积极开展政治协商，加强与各民主党派、人民团体和各界人士的沟通交流，积极为民主党派履职创造条件，区政协十届二次会议选取各民主党派、人民团体与社会各界的6位委员作大会发言。把握“改革攻坚规范治理年”工作意图，向区委请示将“进一步优化营商环境”确定为2022年专题协商议题。委员的发言紧扣全区中心工作，聚焦民生热点、难点，体现出强烈的责任担当意识；区委主要领导高度重视，要求相关单位认真研究吸纳，把政协调研发言所列问题、所提建议作为武江区规范治理工作下一步重点。围绕推进经济高质量发展献良策，组织政协委员积极协商议政，广泛听取各民主党派、工商联及无党派人士意见和建议，就“打造农特产品武江品牌”“如何加强社会法治能力建设”分别召开专题议政会、政协专题议政性常委会会议，委员们所提的意见和建议，得到区委、区政府领导的高度评价，一批高水平协商成果转化为党委政府决策。

【理论研究】2022年，区政协围绕区委、区政府中心工作，精心组织政协委员开展各项专题调研视察活动24次，区政协班子成员分别带领调研小分队，先后深入调研视察覆盖重点项目建设、社会治理、住房、教育、医疗等群众关心的热点、难点问题，形成《武江区改革攻坚规范治理工作情况报告》《武江区政协对专项债重点项目调研报告》《关于我区集中开竣工项目进展情况的调研报告》《关于打造我区农特产品“武江品牌”的调研报告》《武江区政协关于加强医院护工队伍建设的调研报告》等一批高质量调研成果，得到区委、区政府高度重视，分解交办、逐一落实。

【提案工作】2022年，区政协委员、政协参加各单位和各专门委员会积极通过提案建言资政，共提出提案151件，其中委员提案143件，集体提案8

件。经审查立案 120 件，立案率 79.5%。总体来看，提案数量和质量大幅度提升，集体提案实现零的突破。共有 10 件提案被确定为重点提案，16 件提案被评为优秀提案并获表彰。截至 2022 年底，提案 100% 办复。其中，解决或采纳的 59 件，占 39.1%；正在解决或拟采纳的 80 件，占 53%；因条件限制或其他原因未能解决的 12 件，占 7.9%。委员满意和基本满意率为 100%。经过各方努力，提案工作取得显著成效，助推一大批社会民生热点、难点问题的解决，为推动武江区高质量发展贡献智慧和力量。

重要会议

【武江区政协十届二次会议】 2022 年 2 月 23—24 日，中国人民政治协商会议第十届韶关市武江区委员会第二次会议召开。来自武江区各行各业、各条战线的区政协委员齐聚一堂，认真履行政治协商、民主监督、参政议政的职能，为全面提升武江区作为中心城区核心区的承载力和宜居宜业品质，奋力开创武江经济社会高质量发展新局面积极建言献策。

【党组会议】 2022 年 1 月 12 日，区政协召开十届 3 次党组会议，传达学习《习近平总书记关于加强党内法规制度建设的重要指示精神、王沪宁在全国党内法规工作会议上的讲话精神；传达学习中共中央办公厅《关于加强和改进新时代市县政协工作的意见》精神；传达学习省委十二届十五次全会精神；传达学习《关于转发〈中共中央纪委机关　中共中央组织部　党史学习教育领导小组关于开好党史学习教育专题民主生活会的通知〉的通知》精神及其研究部署政协党组召开党史学习教育专题民主生活会有关事项；研究讨论确定召开区政协十届 1 次常委会会议议程；研究讨论确定十届政协委员民主监督员名单；研究有关人事议题。

2 月 15 日，区政协召开十届 4 次党组（扩大）会议，传达学习习近平总书记在十九届中央纪委六次全会上发表的重要讲话精神；传达中国共产党韶关市第十三届委员会第二次全体会议精神；研究讨论召开区政协十届 2 次常委会有关事项；研究讨论区政协十届二次会议经费预算；研究筹备区政协十届二次会议有关工作；研究讨论人事事项。

3 月 9 日，区政协召开十届 6 次党组（扩大）会议，学习习近平在中央党校（国家行政学院）中青年干部培训班开班式上的重要讲话精神；学习李希在省政协“充分释放‘双区’建设效能，推动‘一核一带一区’协调发展，有效打造新发展格局战略支点”系列提案办理情况汇报会上的讲话精神；学习李希在全省党史学习教育总结会议上的讲话精神；学习李希在省委常委会（扩大）会议上的讲话精神。

4 月 21 日，区政协召开十届 10 次党组（扩大）会议，传达学习习近平总书记关于粮食安全的系列论述精神；传达学习习近平总书记在海南考察时发表的重要讲话精神；传达学习《中共中央国务院关于做好 2022 年全面推进乡村振兴重点工作的意见》精神；传达学习《2022 年韶关市武江区党委（党组）理论学习中心组专题学习重点内容安排》精神，研究区政协党组理论学习中心组学习计划；研究讨论《武江区关于汇聚“改革攻坚规范治理”强大合力的倡议书》。

5 月 31 日，区政协召开十届 14 次党组（扩大）会议，传达学习习近平总书记在庆祝中国共产主义青年团成立 100 周年大会上发表的重要讲话精神；传达中共中央政治局会议审议《中国共产党政治协商工作条例》精神；传达省第十三次党代会及省委十三届一次全会精神及市委、区委常委会（扩大）会议精神；传达学习《政协韶关市委员会提高提案工作质量的实施意见》精神；传达《2022 年韶关市武江区宣传文化工作要点》精神及研究贯彻落实；传达《关于开展主责主业项目违规外包问题自查自纠工作的通知》精神；研究讨论 2022 年区政协机关与挂点田心村、群康社区有关工作。

6 月 10 日，区政协召开十届 16 次党组（扩大）会议，传达学习习近平总书记在中共中央政治局会议上发表的重要讲话精神和有关巡视巡察工作会议精神；传达《中共韶关市委办公室关于协助韶关市民主党派、知联会开展“市委出题，党派调研”活动的通知》精神及研究有关工作；研究委员迎七一活动有关事项；研究委员工作站有关事项；研究专题议政会有关事项；研究港澳委员座谈会有关事项。

7月11日，区政协召开十届19次党组（扩大）会议，传达学习贯彻习近平总书记在庆祝香港回归祖国25周年大会暨香港特别行政区第六届政府就职典礼上的重要讲话精神；传达学习习近平总书记在中央政治局第三十九次集体学习时的重要讲话精神；传达贯彻市政协“委员工作站”现场会精神；研究筹备专题议政会工作。

8月18日，区政协召开十届20次党组（扩大）会议，传达学习习近平总书记在中央统战工作会议上的重要讲话精神；传达学习《武江区2022年纪律教育学习月活动实施方案》并研究贯彻落实；传达学习《韶关市武江区拓展新时代文明实践中心建设工作方案》；传达学习《关于进一步学好用好习近平总书记〈论坚持全面依法治国〉等教材读物 持续加强习近平法治思想学习宣传贯彻工作的通知》精神；通报《2022年6月武江区新闻宣传信息月报》；通报武江区2021年度镇（街）和部门绩效评价结果；研究贯彻落实有关中央文件精神台账。

9月28日，区政协召开十届23次党组（扩大）会议，学习《习近平谈治国理政》第四卷；传达学习习近平总书记在中央全面深化改革委员会第二十七次会议上的重要讲话精神；传达学习李希在韶关调研时有关指示精神；传达《关于做好2022年第三季度“韶关好人”推荐工作的通知》精神；传达《武江区“担当落实、走在前列”进行时（〔2022〕第8期）》精神；通报《韶关市武江区关于对2022年第一批在农村人居环境整治“打擂比武”活动中获奖自然村进行表彰的决定》；研究区政协机关挂点田心村“打擂比武”工作。

10月24日，区政协召开十届24次党组（扩大）会议，传达学习贯彻习近平总书记在党的十九届七中全会上的重要讲话精神；传达学习贯彻党的二十大精神；传达学习《习近平生态文明思想学习纲要》总纲；通报《2022年8月武江区新闻宣传信息月报》；研究区委专题协商会有关事宜；研究武江区政协机关外聘人员绩效考核办法（修改稿）；研究2023年经费预算及2022年政协委员联系群众工作室经费的使用。

11月28日，区政协召开十届28次党组（扩大）会议，传达学习贯彻习近平总书记在二十届中共中央政治局第一次集体学习时的重要讲话精神；传达学习《中共广东省委关于认真学习宣传贯彻党的二十大精神的通知》《学习宣传贯彻党的二十大精神总体工作方案》精神；传达学习《中共韶关市委关于认真学习宣传贯彻党的二十大精神的通知》《学习宣传贯彻党的二十大精神总体工作方案》精神；传达学习《中共韶关市武江区委关于认真学习宣传贯彻党的二十大精神的通知》《学习宣传贯彻党的二十大精神总体工作方案》精神；传达学习《中共韶关市武江区委办公室关于做好学习贯彻党的二十大精神宣讲工作的通知》；传达学习《中国人民政治协商会议韶关市委员会主席会议工作规则》《中国人民政治协商会议韶关市委员会常务委员会工作规则》《中国人民政治协商会议韶关市委员会专门委员会通则》精神；传达学习《关于予以委员工作站建设工作先进单位表扬的通报》精神。

12月15日，区政协召开十届30次党组（扩大）会议，传达学习习近平致信祝贺国史学会成立30周年重要指示精神；审议区政协十届六次常委会会议议程；研究近期有关工作；观看警示教育片《追问初心》。

【常委会会议】 2022年1月28日，区政协召开十届第一次常委会会议，区政协主席彭波主持会议。传达学习习近平总书记在全国政协新年茶话会上的重要讲话精神；传达学习党的十九届六中全会精神及省、市传达学习贯彻党的十九届六中全会精神干部大会精神；对习近平总书记在中央政协工作会议暨庆祝中国人民政治协商会议成立70周年大会上的重要讲话精神再学习、再领会；对《中共中央关于新时代加强和改进人民政协工作的意见》精神再学习、再领会；传达学习中共中央办公厅《关于加强和改进新时代市县政协工作的意见》精神；传达学习省政协十二届五次会议精神；传达学习区委十届二次全会精神；审议通过政协第十届韶关市武江区委员会常务委员会工作报告（征求意见稿）；审议通过政协第十届韶关市武江区委员会常务委员会关于提案工作情况的报告（征求意见稿）；审议通过政协第十届韶关市武江区委员会第二次会议议程、日程（草案）；审议区政协常委会2022年工作要点（征求意见稿）；通报有关人事事项。

2月17日，区政协召开十届第2次常委会会议，区政协主席彭波主持会议。深入学习、领会党的十九届六中全会精神；传达学习贯彻中国共产党韶关市第十三届委员会第二次全体会议精神；听取区政府工作报告（征求意见稿）的说明和政府部门2021年办理政协提案情况的通报；听取区纪委监委2021年全区党风廉政建设和反腐败工作情况通报；听取区法院关于2021年工作情况通报；听取区检察院关于2021年工作情况通报；协商人事事项。

2月24日，区政协召开十届第3次常委会会议，区政协主席彭波主持会议。听取各组第一召集人汇报分组讨论各报告、区政协十届第二次会议决议（草案）的情况；审议政协第十届韶关市武江区委员会第二次会议决议（草案）。

5月12日，区政协召开十届第4次常委会会议，区政协主席彭波主持会议。传达学习贯彻习近平总书记在中共中央政治局常务委员会会议上的重要讲话精神；传达学习贯彻《政协韶关市委员会关于建设"委员工作站"的指导意见（试行）》精神；研究市（区）两级政协委员工作站有关事项。

9月15日，区政协召开十届第5次常委会会议，区政协主席彭波主持会议。传达学习习近平总书记在中央统战工作会议上的重要讲话精神；传达学习《中国共产党政治协商工作条例》精神；开展"如何加强社会法治能力建设"专题协商活动；开展区政协2022年纪律教育学习月活动；协商人事事项。

12月22日，区政协召开十届第6次常委会会议，区政协主席彭波主持会议。传达学习贯彻党的二十大精神；传达学习习近平总书记在中央经济工作会议上发表的重要讲话精神；审议《中国人民政治协商会议韶关市武江区委员会常务委员会工作规则》《中国人民政治协商会议韶关市武江区委员会专门委员会通则》；通报《政协韶关市武江区委员会关于表彰2022年参加武江区政协"广东扶贫济困日"捐款活动突出贡献委员的决定》。

协商议政

【参政议政】 2022年，区政协围绕党委、政府中心工作，积极参政议政。区政协领导班子积极走访各党派人士企业、新阶联人士企业和政协委员企业开展"暖企"行动，助推进一步优化武江区营商环境，助力武江区经济社会高质量发展。区政协领导班子及广大政协委员，为全面开展农村人居环境整治建设生态宜居美丽乡村"打擂比武"出谋划策，努力推动"打擂比武"工作高效开展；区政协机关挂点的田心墩子头村，在区2022年农村人居环境整治第一批"打擂比武"的众多参赛村中脱颖而出，被评为"武江区农村人居环境整治示范村庄"；区政协系统积极参加2022年"广东扶贫济困日"捐赠活动，政协领导班子带头捐款，奉献爱心，广大政协委员和机关干部职工踊跃参与，捐款总额再创新高，彰显武江政协委员乐善好施、热心公益的良好形象；委员所捐款项全部转入武江慈善会，定向支持武江区乡村振兴和援助受灾群众；社会和法制委部分委员还深入重阳镇水口村走访困难群众，当场慷慨解囊6000元助力困难户孩子上职校。为树立先进典型，区政协举办"广东扶贫济

2022年9月1日，武江区政协委员粤韶兴公司石高峰（右三）爱心捐赠支持惠民街道创文工作。图为捐赠仪式

（区委宣传部　供图）

困日”爱心捐赠突出贡献政协委员表彰大会，对捐款活动做出突出贡献的21名政协委员予以大会表彰，对所有捐款委员进行通报表扬。

【专题议政会】 2022年8月11日，武江区召开“打造农特产品武江品牌”专题议政会。区委书记张广晖，区委副书记、区长黄艺坤参加会议，区政协主席彭波主持会议。会议听取区政协关于专题议政会筹备工作的汇报。各民主党派、各专委以及辖区优秀企业代表，围绕“如何打造农特产品武江品牌”议题，提出优化农特产品产业链、强化品牌宣传、推进科技成果转化、强化产品品质等针对性意见和建议。

【专题协商会】 2022年11月24日，中共武江区委召开关于“进一步优化营商环境”专题协商会。区委书记张广晖，区委副书记、区长黄艺坤参加会议，区政协主席彭波主持会议。会上，区政协委员、各民主党派、工商联和无党派人士代表围绕优化营商环境、提升企业服务等方面作发言，结合武江实际，从不同角度对解决优化营商环境工作存在的问题提出富有建设性的意见和建议。

民主监督

【概况】 2022年，区政协聚焦产业发展、城区建设、城乡融合等重点领域和人民群众关心的热点、难点问题，认真组织开展民主监督活动，广泛征集信息，反映社情民意，推动民生实事落实，不断实现人民对美好生活的向往。

【专题视察】 2022年，区政协提案委对政府投资项目前期谋划工作情况进行民主监督视察，助推政府投资项目提高前期工作谋划成熟度及质量水平；经济委视察武江区城区干道提升和“三旧”改造项目建设进展情况，助推城区干道提升和“三旧”改造工作；教科文卫体委开展教育现代化建设民主监督视察，助推武江区教育优质均衡发展。此外，区政协还积极组织政协民主监督员对区教育局、区财政局、区住建局等部门开展工作情况实施民主评议民主监督，促进职能部门政风、行风建设。

【专题调研】 2022年区政协农业和农村委到省级现代农业产业园——武江区蔬菜产业园调研，到农业企业走访调研指导巨型稻试验种植工作，助推武江区农业现代化发展；社会和法治委走访韶扬律师事务所并开展座谈，针对加强社会与法治建设提出意见和建议；港澳台侨委深入惠民街道、社区，对侨新小区整治提升工程进行民主监督，助推侨新小区整治提升和武江区创文巩卫提上新水平。

【社情民意】 2022年，区政协坚持丰富“有事好商量、众人的事情由众人商量”的制度化实践，为加强与界别群众沟通交流，及时反映群众意见和建议，在原建立4个政协委员联系群众工作室基础上，2022年先后在碧水花城、韶州公园兰桂轩、武江区益农信息社、新雅物业创新建立4个界别的“委员工作站”，在新华北社区创新建立“委员会客厅”。其中，设在韶州公园兰桂轩、碧水花城的两个站均为市、区两级政协共建委员工作站；区政协依托委员工作站（室）、委员会客厅等协商平台，推动协商民主向基层延伸，取得较为显著的成效，全年共收集群众反映的惠民街新华北社区原印刷厂物业管理落后和西河镇村头村路灯通电困难等问题25条，其中，协商解决23条、正在协商解决2条；各委员工作站（室）积极开展各具特色的履职探索，打通委员服务群众的“最后一公里”，畅通群众诉求表达、利益协调、权益保障通道，助力完善社会治理体系，得到党委、政府的肯定与人民群众的点赞。市政协并于11月15日发布《政协韶关市委员会关于予以委员工作站建设工作先进单位表扬的通报》，对武江区在委员工作站建设工作中的突出表现予以通报表扬。

重要活动

【上级领导调研】 2022年2月16日，市政协副主席卢春燕一行到武江区调研政协工作情况。

3月8日，市政协主席胡海运一行到武江区调研政协委员工作站建设和乡村振兴发展情况。

4月12日，市政协调研组到武江区开展“推进改革攻坚规范治理全面激发高质量发展新活力”专题调研，并召开座谈会。

5月23日，省政协联络工作委员会专职副主任廖珍玉一行到武江区调研政协委员工作站建设情况。

6月6日，市政协副主席王德雄一行到武江区调研韶州公园政协委员工作站建设情况。

6月24日，市政协副主席卢春燕一行到武江区调研，了解抗洪救灾和灾后复产情况。

7月1日，市政协主席胡海运一行到武江区调研武江北社区党群服务中心和光孝路受灾及灾后情况。

7月28日，市政协副主席王德雄一行到武江区调研特色农产品，深入生产企业了解情况并主持召开“打造农特产品韶关品牌”协商座谈会。

8月30日，市政协副主席刘大济一行到武江区西河镇调研创文工作。

9月15日，市政协副主席王德雄一行到武江区广发养殖场和兴农畜牧养殖场调研农业企业生产情况。

11月9日，市政协主席胡海运一行到武江区惠民街群康社区、西河镇村头村调研，开展市（区）委员工作站基层协商活动。

11月30日，市政协主席胡海运一行到武江区调研，进一步了解乡村振兴发展情况。

12月7日，市政协副主席刘大济一行到武江区调研政协委员工作站建设情况。

12月28日，市政协主席胡海运一行到武江区调研医药生物企业发展情况。

【交流学习】 2022年5月24日，曲江区政协副主席周炳康一行到武江区考察交流建设“政协委员工作站”的经验和做法。

7月8日，中山市政协副主席黄振球一行到武江区开展“加强农房管控　提升乡村风貌”专题调研。

7月20日，乐昌市政协副主席邓华一行到武江区考察政协委员工作站建设和管理的经验及做法。

7月29日，仁化县政协党组副书记、副主席李建平一行到武江区考察交流“政协委员工作站”建设经验和做法。

8月4日，佛山市政协副主席黄福洪一行到武江区调研风度书房和政协委员工作站建设情况。

8月17日，南雄市政协党组副书记、副主席袁元桃一行到武江区考察“政协委员工作站”建设工作。

11月1日，仁化县政协副主席刘普新一行到武江区考察基层社会治理综合网格化工作。

（何承康）

中共武江区纪委　武江区监委

综　述

【概况】2022年，武江区纪检监察机关坚持以习近平新时代中国特色社会主义思想为指导，全面贯彻落实党的十九大、十九届历次全会以及党的二十大精神，认真贯彻落实中央、省、市纪委全会精神，深刻领悟“两个确立”的决定性意义，进一步增强“四个意识”、坚定“四个自信”、做到“两个维护”，坚决贯彻落实党的自我革命战略部署和全面从严治党战略方针，自觉把纪检监察工作放到大局大势中谋划推动，坚定不移正风肃纪反腐，为武江加快高质量发展提供坚强保障。

【纪检监察队伍建设】2022年，区纪检监察机关持续开展全员培训，分类分批开展12场培训及交流，切实提升干部业务能力素质。2022年，组织全区纪检监察干部参加本级和上级纪委监委业务培训20期281人次。印发《武江区纪委监委关于实施青年理论学习提升工程的工作方案》，组织青年干部43人次集中开展业务理论学习。采取以老带新、以案代训、以查带训等形式增强基层纪检监察干部业务水平，共抽调镇街纪检监察干部参与审查调查实践锻炼4人（次）。2022年，向上级纪委监委请示报告报备事项50项，全区纪检监察干部履行请示报告430人次。落实区纪委常委会定期听取汇报工作制度，召开3次纪委常委会专题听取了解镇街纪（工）委2022年工作情况，督促增强履职意识。开展风险隐患排查及防范化解工作，自查梳理出58个风险隐患并制定147项防范化解措施，有效堵住工作风险“漏点”，不断强化纪检监察干部防范化解风险意识。制发《办公室工作提示》《审理工作提示》4期，在业务工作规范化法治化正规化建设上持续发力。坚持正确用人导向，2022年，共提拔使用纪检监察干部5人，职级晋升12人。

【理论学习】2022年，区纪检监察机关坚持以党的政治建设为统领，突出抓好区纪委常委会自身建设，严格落实领导班子加强自身建设十项措施，不断提高把握新发展阶段、贯彻新发展理念、构建新发展格局的政治能力。充分发挥领导班子带头示范作用，认真落实纪委常委会“第一议题”和理论学习中心组学习制度，强化思想淬炼、政治历练、实践锻炼、专业训练。深入学习贯彻党的十九大和十九届历次全会以及党的二十大精神、习近平总书记关于加强党的建设和全面从严治党等重要论述。

【党史学习教育】2022年，区纪检监察机关开展党史学习教育，贯通学习《习近平谈治国理政》第四卷，铸牢对党忠诚的政治品格，引领全区纪检监察干部不断提高政治判断力、政治领悟力、政治执行力。

重要会议

【党史学习教育总结会议】2022年1月25日，在区委、区政府610会议室召开区纪委监委党史学习教育总结会议。区委常委、区纪委书记、区监委主任沈中伟对区纪委监委党史学习教育开展情况进行总结，对巩固拓展党史学习教育成果，推动党史学习教育常态化长效化进行安排部署。

【党史学习教育专题民主生活会】2022年1月27日，在区委、区政府610会议室召开区纪委监委领导班子党史学习教育专题民主生活会，区委常委、区纪委书记、区监委主任沈中伟代表区纪委监委领导班子作对照检查发言，纪委监委班子成员依次围绕主题开展批评和自我批评。区委组织部、区委党史学习教育巡回指导组到会指导并作点评。

【十届区纪委二次全会】2022年2月22日，在区委、区政府七楼会议厅召开中国共产党韶关市武江区第十届纪律检查委员会第二次全体会议。区委常委、区纪委书记、区监委主任沈中伟代表区纪委常委会作题为《坚定不移推进全面从严治党为武江高质量发展提供坚强保障，以实际行动迎接党的二十大胜利召开》的工作报告，区委书记张广晖参加会议，并作讲话。

2022年1月27日，武江区纪委监委领导班子党史学习教育专题民主生活会在区委、区政府610会议室召开　（区纪委监委　供图）

监督检查

【强化政治责任】2022年，区纪检监察机关忠诚拥护“两个确立”、坚决做到“两个维护”，进一步强化监督首责。围绕重大决策部署强化政治监督，紧紧围绕习近平总书记关于防灾救灾、粮食安全、土地管理、自建房安全、优化营商环境、生态环境保护等重要论述、重要指示批示精神，聚焦党中央重大决策部署、省委“1+1+9”工作部署、市委建设“六新”（城乡融合发展新韶关、经济跨越发展新韶关、人民生活幸福新韶关、生态环境优美新韶关、创新活动迸发新韶关、治理规范高效新韶关）韶关和区委工作要求，加强监督检查。印发《关于进一步防范化解政治安全领域风险隐患的通知》，确保中央、省委、市委、区委各项政策在基层落实落地。重点抓好抗洪救灾监督检查，发现并督促整改突出问题59个。

【政治监督】2022年，区纪检监察机关开展政治监督检查4次，发现问题49个，提出整改意见50条。制定实施《韶关市武江区关于加强对“一把手”和领导班子监督的责任落实方案》，坚持提醒在先、监督在前，督促“一把手”和领导班子严以律己、严负其责、严管所辖。督促全区各单位领导干部726人次开展谈话提醒1272人次，组织47名“一把手”向区委书面述职述廉。在开展私车公养和违规吃喝问题专项监督中，对9名领导班子成员进行约谈和批评教育。组织19名新任职“一把手”或领导班子成员进行任前集体谈话；组织9批90名拟提拔科级领导干部签订廉洁从政承诺书、参加党纪法规考试。

党风政风建设

【正风肃纪】2022年，区纪检监察机关常态化监督检查中央八项规定及其实施细则精神落实情况，坚持“风”“腐”一体纠治。印发《关于深挖彻查党员干部和公职人员酒驾醉驾及其背后“四风”问题的通知》，深挖彻查领导干部违纪违法案件中的“四风”问题，坚决防止反弹回潮。全区查处违反中央八项规定精神问题28起28人。核查违规吃喝、私车公养等“四风”问题6个，谈话提醒5人，批评教育4人，责令检查3人，立案2宗。

【作风建设机制完善】 2022年，区纪检监察机关深入实施《武江区作风提升三年行动计划（2021—2023）》，持续加强干部队伍作风建设。开展节假日监督检查工作，对107个单位（场所）节假日值班值守、森林防火、防汛等工作进行监督检查，发现并督促整改问题13个。

【群众身边腐败作风问题整治】 2022年，区纪检监察机关着力整治群众身边腐败和不正之风，抓好分层分类统筹联动开展群众反映强烈突出问题专项整治。开展土地房屋征收、自建房安全隐患、损害营商环境突出问题、乡村振兴项目管理问题、困难群众权益保障责任落实情况、防汛应急物资保障等专项整治、监督检查，发现并督促问题整改。切实提升基层监督质效，指导各镇街分类开展专项监督，以“小切口”提升基层监督质效，乡镇重点以“村小组账目管理”、街道重点以“老旧小区改造工作”作为专项监督检查的内容，督促相关部门抓好问题整改工作，共推动整改问题34个。

审查调查

【腐败案件审查问题】 2022年，区纪检监察机关坚持反腐永远在路上，聚焦工程建设、土地房屋征收、农村自建房等问题线索反映集中、群众反映强烈的重点领域，深挖细查、严惩不贷。受理群众信访举报56件，处置问题线索140条。立案70件，结案60件。给予党纪政务处分36人（其中区管干部2人），给予组织处理23人（其中区管干部2人），采取留置措施1人。运用监督执纪“四种形态”批评教育帮助和处理134人次。

【防治腐败制度建设】 2022年，纪检监察机关严格依规依纪依法办案，认真执行镇（街）纪（工）委案件区级审核制度，开展镇（街）纪（工）委案件质量和处分（处理）决定执行情况专项检查。做实以案为鉴以案促改以案促治，协助区委开好区委领导班子以案为鉴以案促改专题民主生活会，并制定整改工作方案。做深做实监督执纪执法“后半篇文章”，发出纪律检查建议书、监察建议书9份，督促相关案发单位抓好教育整改。聚焦土地房屋征收领域，组织人员到征收任务重、廉政风险高的镇开展专题警示讲座，组织干部签订承诺书、编发警示教育口袋书、公开举报电话；组织有关单位召开土地房屋征收领域以案促改警示教育专题会；打造廉洁征收主题教育基地1个，教育引导干部增强廉洁征收意识。

巡察工作

【区委巡察】 2022年，区纪检监察机关高质量谋划新一届区委巡察工作，印发新一届区委巡察五年规划（试行）、实施对村巡察全覆盖、对村级党组织分类细化巡察监督重点等10项制度机制。扎实推进新一届区委巡察工作，对9个区直单位和24个村（社区）党组织开展两轮常规巡察。做实巡察“后半篇文章”，构建“两个清单+一个提示”的监督协同工作模式，通过制定《区纪委监委区委巡察机构落实〈关于加强巡视整改和成果运用的意见〉任务清单》、区委书记专题会工作任务分解责任清单以及印发《巡察整改监督工作温馨提示》，进一步拧紧巡察整改监督链条，督促被巡察单位和有关职能部门落实书记专题会交办的23项工作任务，相关单位制定整改措施51条。

【专项巡察和提级巡察】 2022年，纪检监察机关积极配合市委开展涉粮领域、土地房屋征收领域、乡村振兴资金管理使用和农村集体“三资”管理专项巡察以及重点（中心）镇提级巡察，新一届区委对区委巡察全覆盖进度和对村（社区）巡察全覆盖进度分别达28.84%和33.71%。

廉洁建设

【廉洁文化建设】 2022年，区纪检监察机关加强新时代廉洁文化建设，充分发挥新媒体传播优势，利用本土民俗文化资源，拍摄《清明风至，清廉随行》《龙舟竞渡，稳者行远》《中秋家洁，万盏灯和》等"武江清韵"系列短视频，传递崇德倡廉正能量。

【开展廉洁文化建设试点工作】 2022年，区纪检监察机关在5个镇2个街选取10个村（社区）开展廉洁文化建设试点工作，打造本土廉洁文化阵地，反映新华街道花城社区试点建设工作的文章《"廉洁之花"进万家》被人民日报客户端采用。

2022年7月20日，武江区纪委监委联合区妇联、新华街道在区档案馆4楼会议室举办"廉洁从家出发"——武江区廉洁家风建设主题活动

（区纪委　供图）

【好家风传承】 2022年，区纪检监察机关组织开展传承廉洁好家风亲子活动等，积极培育崇廉尚廉价值理念。常态化开展领导干部廉政家访活动，向11名镇街"一把手"赠阅"廉政礼包"，并签订廉洁承诺、提出廉洁齐家要求，培育廉洁好家风。举办"廉洁从家出发"——武江区廉洁家风建设主题活动，推进党员干部廉洁家庭建设，筑牢家庭反腐倡廉防线。

（全　晶）

民主党派·工商联

民革武江区基层组织

【概况】 2022年，民革在武江区设有1个基层委员会，武江区基层委员会下设5个支部，共有党员125人，其中武江一支部22人，武江二支部32人，武江三支部25人，武江四支部26人，武江五支部20人。党员主要由党政、医疗卫生、高等及普通教育、科学技术、文化艺术、法律、公有制经济、非公有制经济等各个领域人士组成。

【思想政治建设】 2022年，民革武江区基层委员会以“矢志不渝跟党走、携手奋进新时代”政治交接主题教育为主线，抓实政治理论学习，筑牢理想信念根基，不断巩固多党合作的共同思想政治基础。进一步提高政治站位。深入学习贯彻党的二十大精神，贯彻落实中共韶关市第十三次党代会、中央统战会议、中共广东省第十三次代表大会、民革广东省第十四次代表大会、民革十四大精神，推动学习入脑入心。把全区民革党员的思想和行动统一到会议精神上来、智慧和力量凝聚到各项决策部署上来，不断提高政治判断力、政治领悟力、政治执行力，做到更加坚定自觉拥护“两个确立”、坚决做到“两个维护”，形成同心共圆中国梦的强大合力。创新理论学习形式，迅速掀起学习党的二十大精神热潮，推动学习宣传贯彻持续走深走实。积极参加市委会组织的理论学习中心组学习、“观故居，走多党合作之路”和“重走红军路”活动各1次，通过“线上线下结合、集中学习与自学结合、理论教育与实地参观结合”，开展“矢志不渝跟党走、携手奋进新时代”政治交接主题教育和履职能力建设年活动有机结合，巩固政治共识，赓续优良传统，始终保持同中国共产党同心同德、团结奋斗的政治本色，全面加强参政党基层组织建设，确保多党合作事业薪火相传。

【组织建设】 2022年，民革武江区基层委员会按照“四新”“三好”要求，深入贯彻落实中国特色社会主义参政党建设有关文件纪要重要精神，全面加强自身建设。把好党员发展关，促进党员队伍结构逐步优化。2022年，共发展党员2人。加强人才培养，推荐3人次参加中共韶关市委统战部举办的各类培训班。

【参政议政】 2022年，民革武江区基层委员会完善工作机制，健全上下联动、横向沟通、内外联合的工作机制，加强与民革市委会机关、武江区委各部门、区政府各单位工作互动，积极参加由民革市委会退休领导、专家组成的民革韶关市委参政议政咨询委员会，广泛汇聚智慧和力量，提升参政议政综合能力。在各级两会上，担任政协委员的韶关民革党员切实履行职责，建言资政和凝聚共识双向发力，收到良好的社会反响。在韶关市政协十三届一次会议上，武江基层委员会向市政协提交集体提案3件、个人提案6件，意见3件。在区两会上，提交提案8件。参加“市委出题，党派调研”课题调研和2022年市政协大会发言课题。积极开展“我为韶关发展献一策”活动，献策3篇。

【社会服务】 2022年，民革武江区基层委员会以“博爱·牵手”为统领，整合社会服务资源，支持和鼓励民革党员双岗互动，发挥自身优势，为扶贫济困、乡村振兴、防汛救灾等做出贡献。开展“博爱·牵手”活动3次，活动捐款捐物总价值人民币10万元，受益党员群众600人。资助困难学生6人。实施法律援助10例，受益25人；开展法律咨询和普法活动35次。开展义诊活动1次，受益200人。2022年6月21日，韶关发生汛情后，民革全区各级组织和广大民革党员全力以赴投入抗洪抢险救灾一线工作，保障人民群众生命财产安全。市委会号召全市民革党员慷慨解囊、奉献爱心，为受灾群众送去温暖，帮助其复工复产、重建家园。赵高凌以公司名义捐款1万元。全市民革党员为抗洪抢险救灾累计捐款5万元，捐赠一批食品、饮品等爱心物资。

（王龙树）

民盟武江区基层组织

【概况】 2022年，民盟武江区基层委员会下辖6个支部：北江中学支部、田家炳中学支部、武江区科技教育支部、医卫支部、粤北医院支部、文体机关二支部，盟员总数122人。盟员主要来自教育、医卫、科技、文化、政府机关等界别。

【思想建设】 2022年，武江区全体盟员自觉把开展政治学习作为思想政治建设的首要任务，深入学习贯彻习近平新时代中国特色社会主义思想，中共十九大和二十大精神、习近平总书记出席中央统战工作会议上的重要讲话精神，全国两会、民盟十三大以及省第十三次党代会、民盟广东省第十六次代表大会等会议精神。中共二十大开幕当天，广大盟员通过电视、电脑等方式收看开幕会盛况，并迅速掀起学习贯彻热潮。各基层组织按照盟市委的部署，开展“我为韶关发展献一策”专题建言献策活动，到民盟传统教育基地和红色教育基地开展现场教学等活动，扎实推进“矢志不渝跟党走、携手奋进新时代”政治交接主题教育。盟员蒋光源的作品入选民盟广东省委主办的“奋进新征程　建功新时代　庆祝广东民盟组织成立80周年盟员书画展”。4名盟员获民盟市委组织的“民盟——我向往的家园”主题征文表彰。

【参政议政】 2022年，市、区两会期间，盟员人大代表、盟员政协委员积极履职，展现民盟风采。盟员政协委员撰写提交的提案，被市政协立案4件，盟员政协委员陈胜鸿的提案《关于推动我市传统商超创新转型发展的提案》被评为韶关市政协2021年优秀提案。向区政协提交提案5件。盟员撰写的4篇反映社情民意信息稿件被省、市有关部门采用。组织骨干盟员积极参加民盟韶关市委的各项调研活动，参加“依托农业产业园优势，大力发展预制菜产业”“加强农村常态化保洁，狠抓农房管控和乡村风貌提升的建议”“加强直播电商培育，大力宣传推广我市特色农产品的建议”等多个课题调研。多个支部负责人和盟务骨干参加盟市委与市发改局、市统计局、市科技局等9个职能部门的对口联系活动，参加市委政研室组织召开的“推动韶关基础教育高质量发展座谈会”。各支部积极开展“一支部一议”“一人一议”活动，为盟市委参政议政提供素材。在2022年武江区“进一步优化营商环境”专题协商会上，陈胜鸿代表民盟武江区基层委员会在会上作《用良法善治筑营商环境　以完善的法治体系优化营商环境》的发言，部分意见被采纳。

【组织建设】 2022年，是民盟韶关市委对各基层组织实施量化考核的第一年。各基层组织认真比照《民盟韶关市委基层支部考核标准》的相关要求开展各项工作，有力推动全市各级民盟组织思想建设、组织建设、参政议政、社会服务等工作的制度化、规范化、科学化建设水平。武江区发展2名新盟员。选派骨干盟员参加韶关市社会主义学院2022年党外中青年干部培训班和韶关市民主党派新成员培训班。各级盟组织结合支部和盟员本职工作实际，积极开展形式多样的各种活动：积极参加民盟市委组织的“重走长征路　筑梦新时代”主题教育实践活动，到南雄市水口镇参观水口战役纪念公园和南雄市博物馆水口分馆，并听取《中国共产党多党合作史》专题讲座。在盟省委开展的庆祝广东民盟组织成立80周年表彰活动中，盟员曾敏青荣获“优秀盟务工作者”称号。多个基层组织和个人荣获盟市委表彰：文体机关二支部、田家炳中学支部被评为“盟务工作先进集体”。盟员甘苏佳、田艳被评为“盟务工作先进个人”。

【社会服务】 2022年，广大盟员积极参加“6·30”广东扶贫济困日活动，捐款捐物献爱心。

（陈于兵）

民建武江区基层组织

【概况】 2022年，民建武江区基层组织在武江区设有1个基层委员会，武江区基层委员会下设7个支部，共有会员138人，其中，武江一支部17人，武江二支部25人，武江三支部19人，武江四支部20人，武江五支部19人，武江六支部19人，武江七支部19人。会员主要由驻区和区政府机关经济界人士组成。

【思想建设】 2022年，民建武江区基层委员会按照民建上级组织的部署和要求，以开展“矢志不渝跟党走、携手奋进新时代”政治交接主题教育为主线，深入开展各项学习教育，组织会员学习贯彻中共二十大、全国两会、中央统战工作会议精神；学习贯彻习近平总书记在党外人士座谈会、在中央党校（国家行政学院）中青年干部培训班开班式重要讲话精神；学习贯彻广东省第十三次党代会精神、中国民主建国会广东省第十次代表大会精神；研读《中国共产党政治协商工作条例》等。组织会员参与民建韶关市委举办的民建会史专题讲座及到始兴县隘子镇风度村、阳西县边海红色展馆、江门梁启超故居等地开展爱国教育实践活动。引导会员积极参与理论研究和主题征文的撰写工作，严志全撰写的《民建地方组织开展社会服务的路径探析》获民建广东省委2021年度理论研究成果特等奖。

【组织建设】 2022年，民建武江区基层委员会各支部根据自身实际情况，开展专题学习、课题研讨、联合调研、红色教育、会务交流、社会服务等丰富多彩的组织活动，充分调动会员参与各项会务工作的积极性，展现各支部积极向上的精神风貌。全年各支部及会员在会务工作中取得新成绩。武江四支部获“民建广东省委会先进基层组织”荣誉称号；武江二支部、武江四支部、武江七支部获民建韶关市委2022年度先进基层组织称号。

【参政议政】 2022年，民建武江区基层委员会鼓励和动员广大会员认真履行职责，围绕党委政府中心工作积极建言献策。全年被采用作为民建社情民意信息、政协提案、统战信息、专题协商会发言等参政议政材料共31件。会员陈曦在省政协

2022年，民盟武江区基层委员会组织相关人员参加民盟韶关市委组织的送医送药活动　（民盟武江区基层组织　供图）

会议上提交《关于支持韶关市创建碳达峰碳中和先行示范区》《关于支持韶关丹霞机场高质量发展》等提案，为韶关新能源产业、高速公路等领域的规划布局建设积极建言献策；会员黄永忠撰写的《警惕年轻人就业困难滋生暴富臆想而误入歧途》被采用为民建中央和民建省委社情民意信息，《关于利用资本市场培育"专精特新"企业的提案》被选为市政协重点督办提案；会员严志全执笔的《关于进一步推进我市煤矸石资源综合利用的建议》被选为市政协重点督办提案；会员李华峰撰写的《关于加强农村供水工程规范管理的建议》被选为市委专题协商会发言材料；会员刘东提交的《关于进一步推动我区传统产业改造提升的建议》被选为武江区政协重点督办提案。

2022年5月13日，民建武江区基层委员会组织七支部向乐昌市沙坪镇马子坪小学学生捐赠校服及书包等学习用品

（民建武江区基层组织　供图）

【社会服务】 2022年，民建武江区基层委员会各支部及广大会员积极为韶关抗洪救灾出力，展现民建会员的社会责任和担当。委员刘东及其企业为武江慈善会捐赠20万元；会员王爱玲为西联镇政府捐赠500套医用防护服，价值3.9万元；会员许定才为惠民西社区捐赠物资一批，价值1.5万元。6月的抗洪救灾工作中，武江基层委员会筹集8200元捐赠给武江慈善会；武江五支部发动会员筹集善款1万多元，购买紧缺物资支援抗洪救灾；多家会员企业调动洒水车、推土机、发电机、运输车等设备支援抢险和灾后清淤工作。在广东扶贫济困日捐款活动中，会员刘东为江湾镇、西河镇定向捐款共30万元；会员许定才捐款5万元；会员谢欢捐款1万元。各支部及会员还积极参与各项公益活动。武江四支部资助北江中学7名学生每人每学期1000元，筹集6000元在建军节前夕慰问多名退役老军人；会员刘东为龙归镇乡村振兴工作定向捐款20万元，为有关团体捐赠价值7万多元的办公设备等；会员谭定军为沙坪镇马子坪小学捐赠学习用品一批，价值1.7万元。

（严志全）

民进武江区基层组织

【概况】 2022年，民进武江区基层组织共有武江区基层委员会1个，支部4个，总计会员130人，其中，武江区综合一支部38人，武江区综合二支部39人，五中支部27人，韶关新区支部26人。会员主要来自教育、文化、医卫、经济等界别。

【思想建设】 2022年，民进武江区基层组织扎实推进政治学习，深入学习贯彻中共二十大精神，迅速开展"矢志不渝跟党走、携手奋进新时代"政治交接主题教育，武江区综合二支部赴广东南岭干部学院现场分教点以召开会议、举办知识竞赛等多种形式学习中共二十大精神，武江区综合一支部赴仁化县红军长征粤北纪念馆开展红色教育研学。民进武江区基层组织继续深入开展"我身边的先进"宣讲活动，树立"伟大出于平凡，先进就在身边"的理念。各支部积极宣传会员中的优秀典型，获得省级以上的表彰主要有：武江区综合一支部主委黄春神撰写的论文《韶关市校园足球活动竞赛体系发展困境与对策》获得广东省第十三届中学生运动会科学论文报告会一等奖，被广东省教育厅评为优秀指导教师；副主委罗成入选广东省戏剧家协会会员，为国家二级演员（副高职称），并获广东省文化和旅游工作先进个人称号；副主委陈媛媛撰写的论文《初中语文阅读教学应重视“补白”知识中的语法知识》发表于《教育教学与管理》。武江综合二支部副主委赖国斌荣获第30届广东人大新闻二等奖；支委委员赵芳荣获广东省第七届少数民族传统体育运动会表演项目竞技类和技巧类一等奖；涂德福获评2022年全国跳绳联赛线上分站赛（第五站）优秀教练员；姚志红获评2022年广东省“百校联动、百万同跳”第二届暑假线上跳绳挑战赛优秀教练员等。

【组织建设】 2022年，民进武江区基层组织发展2名新会员。武江区各支部定期组织退休会员开展集体活动，丰富退休会员业余文化生活。继续推行退休会员“逢五逢十”生日慰问制度，为退休会员送上生日问候和生日礼金；坚持重大节日慰问制度和生病住院探望制度，及时发现退休会员生活上的困难并努力帮助其解决困难。民进武江区基层组织会员任职取得突破，市委委员、武江区基层委员会主委刘旭担任武江区科协主席，武江区综合一支部姚志红担任田家炳小学副校长；五中支部主委麦振中担任韶关市第五中学政教处副主任。

【参政议政】 2022年，民进武江基层组织会员中，廖学成担任市人大代表，宋良锋、李德新担任武江区人大代表；宋良锋、黄亮担任市政协常委，蔡红燕、温荣华、谭志雄担任市政协委员；闫世鹏担任武江区政协常委，刘旭、李婷、黄春神、欧俊锋、姚志红担任武江区政协委员。民进武江区基层组织的各级人大代表和政协委员及广大会员紧紧围绕区委、区政府中心工作，积极参政议政。2022年市两会期间，市委委员、武江区基层委员会主委刘旭执笔的市政协大会发言材料、民进集体提案《加快推动大数据产业高质量发展，争创国家算力网络枢纽节点城市》获时任市委书记王瑞军领衔督办；参政议政工委主任、新区支部朱思武执笔的《打造韶关“碳达峰、碳中和”先行示范区，擦亮粤北生态绿色发展名片》集体提案获时任市长现任市委书记陈少荣领衔督办。武江区基层委员会提交武江区政协提案3件，均得到有关单位的重视。委员李婷提交的《关于对背街小巷的提升改造，助力全国文明城市创建》《关于挖掘乡村旅游潜力 助推韶关乡村振兴的提案》被列为武江区政协重点提案。

【社会服务】 2022年，民进武江区各支部凝聚广大会员的爱心和力量，发挥自身优势，创新工作思路，积极做好社会服务工作。韶关民进武江区基层组织持续擦亮社会服务“金字招牌”，五中支部“爱心基金”品牌，共资助市第五中学困难学生超过200名，助学总金额近40万元。武江区综合二支部联合团区委赴龙归镇中心小学组织开展“点亮微心愿，圆梦暖童心”活动。疫情期间，市委委员、武江综合一支部副主委廖学成参加乳源县工商联“同心同行，助力”爱心捐赠活动，捐款1.2万元，为乳源县残疾人康复中心捐款3万元，为新时代文明实践中心捐款5.8万元，全年累计各类捐款达10万元，其公司荣获县“热心公益爱心企业”称号；新区支部刘春华、黄庭昌在2022年6月水利防汛工作中获突出贡献个人称号；新区支部副主委廖进流将自己位于富康广场A幢7层30多平方米的一间办公室贡献出来作为“民进之家”，供武江区基层委员会开展活动使用；武江区综合二支部主委李婷筹划开展“助听行动、点亮心灯”爱心捐赠活动，为10名听障儿童配助听器进行募捐。

（朱玉娟）

农工党武江区基层组织

【概况】 2022年，农工党武江区基层组织共有1个基层委员会，1个总支，11个支部，党员200人。其中粤北人民医院总支75人（一支部29人，二支部25人，三支部22人），市医卫支部

13人，粤北第二人民医院支部15人，市中医院支部17人，韶关市第二人民医院支部17人，韶关学院医学院支部27人，市科技支部12人，市妇幼保健院支部10人，武江区一支部13人。成员主要分布在驻区医药卫生、教育和科技系统。2022年12月，武江区一支部吕泱被农工党中央评为2018—2022年先进表彰个人。

【思想建设】 2022年3月11日，农工党武江区基层委员会，组织骨干党员参加农工党韶关市委会扩大会议，学习贯彻全国两会精神、习近平总书记在全国两会上的系列重要讲话精神、各民主党派“矢志不渝跟党走、携手奋进新时代”政治交接主题教育动员会精神、王伟中省长在韶调研讲话精神和中共韶关市委十三届二次全会精神。5月30日，组织骨干党员参加农工党韶关市委会会议暨理论学习中心组专题学习会，学习贯彻中国共产党广东省第十三次代表大会精神、李克强总理在全国稳住经济大盘电视电话会议上的讲话精神和首届“东数西算”粤港澳大湾区（广东）算力产业大会情况。10月16日，组织党员在市政协四楼会议室集中收看中共二十大开幕会直播，认真聆听和学习习近平总书记代表十九届中央委员会向大会所作的报告。11月1日，组织骨干党员参加农工党韶关市委会扩大会议暨理论学习中心组专题学习会，学习中共二十大精神、习近平总书记在参加广西代表团讨论和在陕西延安和河南安阳考察时的重要讲话精神、省市传达贯彻中共二十大精神大会精神，聆听中共二十大代表、韶关市星河生物科技有限公司项目组组长周姗分享参加盛会的感悟。11月6日，组织党员参加农工党韶关市委会到乐昌坪石华南教育历史研学基地开展“矢志不渝跟党走、携手奋进新时代”政治交接主题教育。12月18日，组织党员参加农工党韶关市委会召开的学习中共二十大精神专题报告会。

【组织建设】 2022年，农工党武江区各支部进一步加强组织发展，切实推进基层组织建设，全年共发展新党员7人。6月27日至7月22日，组织党员参加中共韶关市委组织部和中共韶关市委统战部在广东南岭干部学院举办的2022年韶关市党外中青年干部培训班。6月27—29日，组织党员参加中共韶关市委组织部和中共韶关市委统战部在广东南岭干部学院举办的2022年韶关市民主党派新成员培训班。9月5—7日，组织骨干党员参加农工党中央举办的2022年全国参政议政骨干和社情民意信息员线上培训班。继续抓好基层组织创优和“星级支部”创建活动，共评选出医卫支部、韶关学院医学院支部2个五星级支部，中医院支部、科技支部、粤北医院一支部、武江区一支部、妇幼保健院支部、市第二医院支部6个四星级支部。

【参政议政】 2022年，农工党武江区党员向市人大、区人大和政协提交提案和建议13件，武江区基层委员会集体提案1件，委员陈勇胜的《推进长征国家文化公园韶关段建设 打响“红色韶关”品牌的建议》、委员黄文的《关于在公共场所配置和推广使用“救命神

2022年9月4日，韶关学院医学院农工党支部到武江区碧桂园凯旋华府开展“送医送药义诊咨询进社区”服务活动

（农工党武江区基层组织　供图）

器”AED 的提案》、委员邱韶东的《加快南岭旅游公路建设，打通“江湾—罗坑—大布”县界“断头路”的建议》3 件提案被评为市政协 2021 年优秀提案。吕泱、邱韶东、陈勇胜 3 名委员在市政协 2021 年度委员履职考核中被评为优秀委员。

【社会服务活动】 2022 年，农工党武江区各支部充分发挥自身优势和特点，积极开展各种社会服务活动。9 月 4 日，韶关学院医学院支部到武江区碧桂园凯旋华府开展“送医送药义诊咨询进社区”服务活动，受众 200 人。9 月 9 日，粤北第二人民医院支部到武江区江湾镇、龙归镇开展送医送药下乡活动。

（陈晓聪）

九三学社武江区基层组织

【概况】 2022 年，九三学社武江区各基层组织，围绕区委、区政府的工作重点，积极履行新时代参政党职能，为促进武江区高质量发展做出积极贡献。2022 年，九三学社在武江区有基层委员会 3 个、基层支社 13 个，共有社员 210 人。其中，武江基层委员会 152 人、粤北医院基层委员会 27 人、韶关新区基层委员会 31 人。

【思想建设】 2022 年，各基层组织以习近平新时代中国特色社会主义思想为指导，召开各类学习会议 29 次，组织班子成员和广大社员深入学习习近平新时代中国特色社会主义思想，学习贯彻中共二十大精神、全国两会精神、九三学社十二大精神，学习《中国共产党统一战线工作条例》和《中国共产党政治协商工作条例》。根据社中央、社省委、社市委的统一部署，各基层组织结合实际，以不同方式开展政治交接主题教育。4 月，九三学社武江基层委召开“矢志不渝跟党走、携手奋进新时代”政治交接主题教育动员会议；韶关新区基层委举办主题教育思想政治及全国两会精神学习会。7 月，九三学社武江基层委员会前往新丰县马头镇开展红色教育现场教学活动。8 月，九三学社韶关新区基层委员会赴南雄开展学习贯彻习近平总书记近期重要讲话精神、喜迎中共二十大暨乡村振兴调研活动。10 月，九三学社武江基层委员会、九三学社韶关新区基层委员会、九三学社粤北医院基层委员会结合“矢志不渝跟党走、携手奋进新时代”政治交接主题教育，分别召开专题思想政治学习会，集体学习贯彻中共二十大精神。11 月，副市长李再丰带领市委委员、市区各基层组织班子成员及机关干部到五里亭粤北省委旧址开展红色教育学习活动。

【组织建设】 2022 年，坚持社市委领导分片联系基层组织制度，定期拜访社员所在单位的党组织。监督委深入学习《九三学社中央委员会监督委员会工作规则》等文件制度精神，列席九三学社韶关市委主委会议和市委委员会议，开展对各基层组织的巡察督导工作，指导和规范基层组织建设及履职。10 月，武江基层委完成届中班子调整工作。坚持“人才强社”战略，严把新社员质量关。加强青年社员培养，推荐市医保局医疗保障基金社会监督员 1 人。继续对各基层组织实施支社年度社务工作目标管理考评。武江基层委员会、韶关新区基层委员会被评为九三学社韶关市委 2022 年度先进基层委员会。武江一支社等 12 个支社被评为九三学社韶关市委 2022 年度先进支社。2022 年，九三学社韶关市委被九三学社中央评为“九三学社 2021—2022 年社会服务先进集体”；韶关新区一支社被九三学社广东省委授予“组织工作先进集体”称号。李少鸿、罗燕、胡金和、粱芹、曾瑛、谢斌荣获社省委“九三学社广东省组织工作先进个人”称号。周小红在“韶关市首届百佳优秀护士”评选表彰活动中荣获护理服务之星奖。

【参政议政】 2022 年，武江区社员参加中共武江区委、区人大、区政府和区政协组织召开的专题协商会、情况通报会、征求意见座谈会，对重大决策、经济建设和社会发展提出意见和建议。九三学社韶关市委先后召开参政议政工作会议 5 次，推动“社市委+支社+社员”三级联动调研机制，围绕养老产业、科技创新平台建设、“双变”改革、产业数字化等重点课题开展调研10次，完成参政议政调研报告10篇，武江各基层组织参与社员26人次。武江区各基层组织开展“我为韶关发展献一策”活动，提交建议5篇。武江区的社员有：市政协委员4人（常委2人）、市人大代表3人（常委1人）、区人大代表3人（副主任1人）、区政协委员6人（副主席1人）；向市、区两会提交议案、提案、意见和建议6件。其中，九三学社韶关市委提交的集体提案《关于加快推进大数据产业高质量发展，争创国家算力网络枢纽节点城市的提案》《关于加强我市基层医疗人才引进与培养，强化基层医疗卫生服务能力的提案》《关于加快推进我市养老事业发展的提案》《关于发挥生态优势，创建“丹霞白毛茶”品牌，助力乡村振兴，打造茶香韶关的提案》《关于大力发展水产生态养殖的提案》及社员曾凯委员的《关于加强农村生活污水处理工作的提案》获2022年市政协优秀提案表彰。九三学社武江基层委提交的集体提案《关于扶持我区小微零部件企业配套能力、配合我市先进装备制造业共同发展的建议》入选武江区政协重点提案。

【社会服务】 2022年，九三学社武江区各基层组织开展社会服务活动7次，参与“广东扶贫济困日”暨灾后复产重建爱心捐赠活动，共计捐款32600元，开展慰问退休社员活动14人次。粤北医院基层委、武江一支社联合捐赠曲江区枫湾镇新村村委风采街道办物资一批，价值1890元；供电支社资助北江中学的一名贫困生5400元助学金；韶关新区三支社捐赠乐昌市九峰镇人民政府129册图书价值3900元。韶关新区基层委到张九龄纪念公园开展“科学推进国土绿化·建设生态善美韶关”植树节公益活动。2022年，韶关市“乡村健康快车”继续发车，全年共为1085名困难白内障患者实施免费手术治疗，投入136.5万元。武江三支社、韶关新区基层委发动社会力量，为韶关市“乡村健康快车”募捐62500元。

（成志军）

武江区工商业联合会（商会）

【概况】 韶关市武江区工商业联合会（商会）（简称区工商联）是区委领导的以民营企业和民营经济人士为主体，具有统战性、经济性、民间性有机统一基本特征的人民团体和商会组织，是党和政府联系民营经济人士的桥梁纽带，是政府管理和服务民营经济的助手，是中国人民政治协商会议的重要组成部分。工商联工作是党的统一战线工作和经济工作的重要内容。工商联事业是中国特色社会主义事业重要组成部分。

【重要会议】 2022年11月10日，区工商联（商会）召开第六届执行委员会第三次会议，深入学习贯彻党的二十大精神，进一步引导全区民营经济人士深刻领悟“两个确立”的决定性意义，增强“四个意识”、坚定“四个自信”、做到“两个维护”。

【新型政商关系】 2022年，区工商联培养先进典型，在关心关爱中见“亲”。对政治合格、贡献突出、守法经营的民营企业家，优先推荐为人大代表和政协委员候选人及各级荣誉称号人选，不断增强民营企业家的参与感、获得感、归属感。推荐现任执委班子共35人担任市、区两级人大代表、政协委员；推荐工商联主席、韶关市龙韶实业有限公司董事长刘东申报并成功获评“广东百佳爱心新乡贤”。授予刘东等20人“韶关市武江区工商业联合会（商会）年度先进个人”称号。印发《韶关市武江区工商联（商会）会员互访交流工作制度》等多项制度，积极开展走访交流活动，收集企业在生产经营中遇到的困难问题，主动协调有关部门，解决问题困难，助力企业健康发展。

【履行社会责任工作】 2022年，区工商联召开六届二次主席（会

2022年11月10日，韶关市武江区工商业联合会（商会）召开第六届执行委员会第三次会议 （区工商业联合会 供图）

长）扩大会议，引导民营经济人士自觉践行以人民为中心的发展思想，向民营经济人士发起“广东扶贫济困日”、灾后重建等倡议。共有25家企业参与，累计捐款65万元。

【服务会员】 2022年8月8日，韶关市武江区涉案企业合规第三方监督评估机制管理委员会办公室在区工商联挂牌，并召开第一全体会议，共同成立武江区涉案企业合规第三方机制管理委员会，联合签发《关于印发〈韶关市武江区涉案企业合规第三方监督评估机制工作办法（试行）〉》等5份文件，做到司法、执法、行业监管联手，以严管体现厚爱。开展“大走访、深调研、解难题、促发展”活动。全年累计走访会员企业40多家，收集问题10个，解决问题10个。

【镇街商会】 2022年12月12日，西联镇商会召开第二次会员代表大会，选举产生新一届商会领导班子，顺利完成商会换届选举工作。积极推进基层商会登记注册。通过走访调研、召开镇街商会登记推进会，有序推进全区7个镇街商会开展注册登记工作，完成武江区商会、惠民街道商会和西联镇商会的注册登记。

【自身建设】 2022年，优化及扩大工商联（商会）执行委员队伍，按照程序优化调整10名执行委员，免去1名执行委员，同意3名执行委员辞去执委职务，新增补6名执行委员。印发《韶关市武江区工商业联合会（商会）会员互访交流工作制度》《韶关市武江区工商联（商会）第六届主席会长会议制度》《韶关市武江区工商联（商会）第六届优秀执委评选办法》等6项制度，进一步规范工商联（商会）工作，增强执委委员的在位感、责任感、归属感。

（黄学源）

群众团体

武江区总工会

【概况】2022年，韶关市武江区总工会（简称区总工会）是区委领导下负责工会工作的群团组织，是各镇（街）、工业园区工联会和区直单位机关工会、辖区企事业工会组织的领导机关。主要职责是：负责贯彻执行党的路线、方针和政策，围绕党的中心任务和党的工运方针，制订和组织实施工会工作计划，并指导全区工会工作。2022年，武江区有基层工会285个，会员1.6万名。2022年，新建基层工会32家，发展会员9474名。其中，成立新就业形态企业工会7家，新业态行业工联会1家，吸纳新就业形态劳动者工会会员2116名。组织举办健康知识讲座、心理健康咨询、“同饮一江水”劳动者歌唱比赛、七一文艺晚会、篮球比赛、第一届职工趣味运动会、“喜迎二十大　唱响新时代”文艺汇演等7次活动，参与职工3000多人。

【武江区工会第四次代表大会】2022年11月28—29日，武江区工会召开第四次代表大会。会议由区委副书记王友华主持，市总工会常务副主席吴国强向大会致贺词，区委书记张广晖发表讲话。大会代表应到118名，实到107名。大会选举35人为武江区总工会第四届委员会委员；选举9人为武江区总工会第四届经费审查委员会委员；选举谭木初为武江区总工会第四届常务委员会主席、龚耿岚为常务副主席、陈献平为副主席，选举2人为兼职副主席、6人为武江区总工会第四届常务委员会委员。本届委员会任期5年。

【工会组织建设】2022年，区总工会以“党建带工建，多部门联动”为抓手开展“工会组建百日攻坚”与“新业态集中入会行动”工作，推进企业基层工会、行业性工联会、百人以上企业和新就业形态（以下简称新业态）行业劳动者建会入会。2022年3月2日，成立武江区新业态行业工会联合会；3月3日，召开武江区新业态行业工会联合会第一届委员会第一次全体会议，会议选举陈献平为武江区新业态工联会主席、李文杰为副主席。

【政治思想学习】2022年，区总工会组织开展“中国梦·劳动美”、“劳动创造幸福”、“劳模宣讲进企业、进学校、进社区”、劳模工匠先进事迹展览、粤工惠“党的二十大知识线上竞答”和“中共党史知识线上竞答”等主题活动，深入学习宣传贯彻党的二十大精神和习近平总书记关于大力弘扬劳模精神、劳动精神、工匠精神的重要论述，引领广大职工听党话、跟党走。

【“县级工会加强年”工作】2022年，制定《武江区总工会“县级工会加强年”专项工作实施方案》，以“18条措施”为抓手，为实现“七个全覆盖”的目标，积极推进区工人文化宫和职工服务中心选址建设。

【工会职工维权】2022年，区总工会联合区人社局、区工商联共同制定《武江区协调劳动关系三方共同推进劳资沟通协商工作实施方案》，引导职工和企业通过集体协商机制，组织38家50人以上企业完成集体合同签订。2022年，处理劳资纠纷线上舆情13件和线下来访案件9件。通过法院诉调对接工作室和仲裁院裁前联调工作室成功调解劳资纠纷案件18宗，涉及金额约23万元。2022年，区总工会组织工会律师顾问团到企业、社区开展法律宣传，组织法律宣传培训讲座等公益服务活动5场，解答职工咨询76人次，协助企业修改合同和规章制度4次，出具法律意见书2份。结合工会工作，面向职工开展普法宣传、安全生产、劳动保护、工资保障、女职工权益保护等权益保障工作。

【困难职工帮扶】2022年，区总工会发放帮扶资金5.04万元，帮扶困难职工9户。动员广东韶新高速公路有限公司、周和律师事务所和阿多乐物流配送有限公司等基层工会和职工助学爱心捐款，资助惠民街道东岗岭社区贫困大学生陈同学学费及生活费1万元。

【关心关爱职工】2022年，武江区开展“夏送清凉”活动，向65家企业赠送价值10多万元的清凉饮料。对366名留在韶关过年的外来务工人员和困难职工赠送价值7.2万元的慰问礼包和套票。对13家企业787名职工赠送价值7.5万元的住院综合互助保障计划。为7名一线职工和困难职工提供免费体检。新建2家工会户外劳动者爱心驿站，全区共有户外劳动者爱心驿站4家，其中广东爱心大药房向阳分店爱心驿站被评为“全国最美工会户外劳动者服务站点”，五祖路社区爱心驿站和武江北社区爱心驿站被评为“省级工会户外爱心驿站”。武江区行政服务中心设立“爱心妈妈小屋”，在企业开设工会“职工之家”“职工小家”“职工书屋”，为广大户外劳动者提供贴心服务。

武江区工会爱心驿站一览表

表4

序号	驿站名称	驿站地址	组建年份	备　注
1	广东省韶关市爱心大药房向阳分店爱心驿站	韶关市武江区新华街道惠民南路130栋福荣楼首层第1、2、3号商铺	2020年	全国总工会发布2022年全国“最美工会户外劳动者服务站点”
2	五祖路社区党群服务中心户外劳动者爱心驿站	韶关市武江区体育东路3号H栋首层	2022年	广东省工会爱心驿站站点
3	武江北社区居民委员会工会户外劳动者爱心驿站	韶关市武江区武江北路19号	2022年	广东省工会爱心驿站站点
4	书城工会户外劳动者爱心驿站（市组建、区管理）	韶关市武江区芙蓉一路3号	2022年	广东省工会爱心驿站站点

【职工活动和慰问】2022年，区总工会利用“武江工会”微信公众号及粤工惠平台开展“月月活动 次次惊喜”系列工会会员线上活动13次，其中粤工惠平台“月月活动 次次惊喜”之粤工惠“加油打工人”活动案例获广东省总工会“县区及以下各级工会优秀运营案例”表彰。安排15万元救灾经费慰问“龙舟水”汛期878名受灾职工。

【劳动技能竞赛】2022年，区总工会组织举办行业劳动技能竞赛3场，其中铁友建设机械有限公司防控应急专项组荣获全国“安康杯”竞赛广东省优胜班组称号，莱雅新化工科技有限公司荣获市第二届叉车技能大赛优秀组织奖（职工岑禧华荣获一等奖，李常录、许永锦荣获优胜奖），韶关市振华中等职业学校2名职工获得市第三届“广东技工”大赛优胜奖。五一劳动节期间，举办武江区第一届“最美快递员”评选表彰活动，对15名新业态行业劳动者进行表彰。

【基层工会经费收缴】2022年，区总工会聘请第三方会计服务公司对18个基层工会2019—2021年工会经费使用、1家基层工会主席离任和总工会机关工会委员会2021年度工会经费进行审计；对本级工会2021年度工会经费计拨、收支和预算执行情况、资产资金管理进行审计，指导和监督基层工会规范管理使用经费。

【消费帮扶】2022年，区总工会组织发动基层工会开展农产品消费帮扶3224人次，消费金额93.8万元。

【服务中心工作】2022年，发动广东爱心大药房、广药白云山陈李济、天士力医药集团、广东雪印集团有限公司、五华商会等7家企业助力“龙舟水”汛期救灾，捐赠医疗和生活物资共计人民币13.3万元。在社区开展“我为群众办实事”主题实践活动12次。动员辖区基层工会和广大职工加入抗洪救灾行动等志愿服务近200人次。对奋战在抗洪救灾一线工作者赠送价值11万元的食品、清凉饮料、药品等慰问物资。

【劳动者权益保护】2022年，区总工会创新劳资纠纷调解新模式，联合区法院、区人社局、广东周和律师事务所在区仲裁院挂牌成立韶关市首家“劳动争议裁前联调工作室”。通过建立“仲裁+工会+律所”的劳动争议裁前联调和“法院+工会+律所”劳动争议诉前联调机制，全年成功调解案件18宗，涉及金额约23万元。多维度推进新业态劳动者权益保护，针对新业态群体组织松散、体系构建难、企业变动快等特点，采取“一摸底、二核对、三筛选、四走访”方式，摸清网点布局、运作模式、从业人员数量等情况，建立工会台账。运用微信公众号、粤工惠等线上平台宣传工会职能及会员权益，线下举行灵活多样的新业态劳动者集中入会活动，全方位提升新业态劳动者入会氛围。全年武江区组建新业态企业工会10家、会员2116人，工会工作全覆盖至外卖配送、物流、快递、互联网等新业态行业。

2022年6月23日，武江区总工会慰问抗洪救灾一线人员

（区总工会 供图）

开展困难帮扶、大病救助、免费体检等“我为群众办实事”实践活动，增强新业态劳动者的认可度和归属感。建成“户外劳动者工会爱心驿站”6家，向306名新业态劳动者开展送温暖活动，关心慰问因汛受灾职工163名。督促指导新建工会严格落实职代会、民主选举、厂务公开等内部管理制度，制定组建工会“一条龙”系列模板文件，推动新业态工会规范化建设。

【表彰情况】2022年，基层工会广东爱心大药房向阳分店爱心驿站获2022年全国“最美工会户外劳动者服务站点”称号。武江区总工会“粤工惠‘加油打工人’活动”被评为广东省总工会粤工惠平台优秀运营案例。武江区总工会新就业形态劳动者建会入会之“三个‘实施’广纳新业态劳动者入会”荣获广东省创新案例二等奖。武江区总工会获评“广东省新就业形态劳动者建会入会集中行动先进集体”。基层工会韶关市武江区侨睿环保有限公司（车队）获2022年“广东省工人先锋号”称号。基层工会韶关市铁友机械建设有限公司工会委员会（防控应急专项组）获2020—2021年全国“安康杯”竞赛广东省优胜班组称号。武江北社区居民委员会工会户外劳动者爱心驿站和五祖路社区党群服务中心户外劳动者爱心驿站获“广东省2022年户外劳动者爱心驿站”称号。武江区总工会获“2021年度韶关市工会工作先进单位”“2021年度韶关市工会统计工作先进单位”称号及韶关市第二届集体协商竞赛“三等奖”。基层工会广东爱心大药房连锁有限公司工会委员会获2022年韶关市“在城市困难职工解困脱困工作中做出重要贡献的集体”称号。基层工会广东莱雅新化工科技有限公司获2022年韶关市叉车技能大赛（比亚迪杯）“优秀组织”奖。

（刘秀静）

中国共产主义青年团武江区委员会

【概况】中国共产主义青年团韶关市武江区委员会（简称团区委）是区委领导下的群团组织，负责领导全区团组织和联系、服务青年，内设办公室。截至2022年底，区属基层团委22个，团支部715个，团员6038人；团干部1006人，其中专职团干部3人，兼职团干部1003人。

【青少年思想工作】2022年，团区委围绕团市委和区委决策部署，广泛开展“青春献礼建团百年”、“喜迎二十大、永远跟党走、奋进新征程”主题团日和队日活动、新团员集中入团仪式、“红领巾奖章”评选等活动40场次，覆盖青少年近5万人；运用新媒体组织全区青年团员广泛参与“青年大学习”，推动学习常态化、制度化，“青年大学习”共组织30期学习，总参学人数超过2万人。充分发挥团属新媒体矩阵优势，在“共青团武江区委员会”微信公众号创设“大学习”“志愿联盟”“团青咨询”等特色专栏，“线上+线下”深入宣讲党的十九届六中全会精神、习近平总书记在庆祝中国共产主义青年团成立100周年大会上的重要讲话精神以及党的二十大精神，机关领导干部分赴有关学校、团属阵地开展宣讲5场次，覆盖团员青年500名。5月，召开共青团韶关市武江区第九次代表大会，区委书记张广晖寄语全区青少年只争朝夕、不负韶华，奋力书写青春无悔的时代篇章。

【团务工作】2022年，团区委实施“命脉工程2.0”扩大共青团组织规模，党政机关及事业单位团组织比2021年增加108个，“两新”组织团建得到有效夯实，完成6个非公有制团组织、1个新社会组织团支部建设，全区7个镇街91个村（社区）均实现团组织全覆盖。实行团（队）干队伍配备通报制度，配强团（队）干队伍，678名专职、兼挂职团干完成入驻“智慧团建”。7月，举办全区优秀青年干部马克思主义培训班，组织辖区内优秀引进人才、年轻干部、团干部60余人参与培训。强化团前教育、团员意识教育，严把入团关口。全年新发展团员266人，其中社会领域发展团员25人。有力推进“学社衔接”，依托“智慧团建”系统建立覆盖724个团组织、6041名团员的数据库，835名团员通过系统完成组织关系转接，转接率达到86.5%。9月，全面启动县域共青团基层组织改革，出台武江区共青团基层组织改革工作方案，成立由区委书记担任组长的县域共青团改革领导小组。

【先进典型】 2022年，团区委成功推选一批省、市先进典型。4位团员团干获得省级“两红两优”表彰，5个团组织获得市级“两红两优”表彰。2名学生获省级“最美南粤少年”称号，15名学生获市级“最美南粤少年”称号。3个集体和62名个人获省级“红领巾奖章”集体称号和个人四星章；8个集体和621名个人获市级“红领巾奖章”集体称号和个人三星章。3名个人获省级少先队先进个人称号，9个集体和20名个人获得市级少先队先进集体和个人称号。

【青少年服务】 2022年，团区委联合区委政法委、区直机关工委、区教育局组织开展普法创意绘画征集活动，以“预防青少年违法犯罪”为主题展开创作。寒暑假期间开展假期自护教育，宣传防溺水、禁毒、防性侵、垃圾分类等知识。6月，联合区文明办和区教育局开展“从心出发·轻松迎考”考前减压团体心理辅导活动，通过团课辅导，让同学们学会自我调节，放松心态；积极开展“12355”宣传教育活动，向青少年提供有针性的心理咨询和服务，广泛宣传心理健康知识。联合区文明办成立“善美心房”心理辅导站，专业的心理辅导工作人员4名，“善美心房”全年进校园开展77场团体心理辅导，活动人数4200人，开展个案心理辅导人数12名。组织开展、联谊交友、志愿服务、心理咨询、实习见习等活动20次，服务青年群众2000人次。

【青少年志愿活动】 2022年，团区委组织30名青年志愿者到西河汽车站开展暖冬志愿服务活动，协助加强西河汽车站管理，提升群众对创建平安武江的满意度。3月，组织市一医院团委、乐善义工、区直部门等机构在重阳镇及西河全民健身广场开展以“喜迎二十大 志愿建功行”为主题的学雷锋志愿服务活动，现场为群众提供义诊、义剪服务，开展禁毒、垃圾分类、消防安全、反邪教等政策宣传。6月，联合区教育局和韶关市名创教育培训有限公司在武江区特殊教育学校开展“关爱特殊儿童 助力健康成长”志愿服务活动。7月，联合风岗镇团委举办以“七彩假期 关爱童行”为主题的大学生暑假社会实践活动暨爱心助学活动。8月，联合新华街道开展2022年八一关爱退役军人慰问活动。11月，组织开展30余名青年志愿者到孟洲坝进行“河小青”生态文明志愿服务活动，用双手践行“绿水青山就是金山银山”的理念。全年团区委开展“河小青”巡河护河、禁毒宣传、关爱特殊群体等志愿服务活动20场，参与1000人次。

【系统推广和培训】 2022年3月11日，团区委举办基层团干部培训班，按武江区创文工作部署，对“i志愿”系统的设

2022年5月31日，武江区团委举办“喜迎二十大 永远跟党走 奋进新征程”庆祝建团100周年演讲比赛 （团区委 供图）

置、定位、功能进行培训，各镇（街）、区直各单位、各社区的 30 名负责人参加培训。全年武江区“i 志愿”系统共有注册志愿者 19737 人。

【青少年帮扶】 2022 年，团区委开展以“微行动”助力实现“微心愿”活动，共征集到困难中小学生“微心愿”300 个，爱心群众通过捐款认领或物资捐赠认领的方式帮助困境青少年实现“微心愿”。6 月，团区委联合区检察院、民进武江二支部、社会爱心人士代表在甘棠小学和龙归中心小学开展“别样六一　入校关怀”关爱儿童的“微心愿”捐赠活动，通过满足孩子们小小的“微心愿”，给孩子们送去六一儿童节礼物与节日的祝福。开展武江区 2022 年“圆梦计划”贫困大学新生助学行动，对 20 名大一优秀新生，按照每人 3000 元的标准进行资助。联系爱心企业长期对武江区家庭困难且品学兼优学生进行资助。

【志愿服务乡村振兴】 2022 年，团区委实施广东大学服务山区计划——广东高校毕业生志愿服务乡村振兴行动项目，招募和选派青年志愿者到乡村基层一线开展为期 2—3 年的乡村振兴志愿服务。项目实施以来，团区委项目办在区委、区政府的正确带领下，坚持以习近平新时代中国特色社会主义思想为指导，深入贯彻党的二十大精神和习近平总书记关于志愿服务的重要指示批示精神，带领志愿者积极助力乡村振兴，用实际行动践行“奉献、友爱、互助、进步”的志愿服务精神。截至 12 月底，武江区乡村振兴志愿者共在岗 36 人，其中，县级项目专员 1 人，驻镇帮扶工作队服务岗 8 人，乡镇综合服务岗 9 人，乡村文化服务岗 5 人，乡村产业园区服务岗 1 人，乡村教育服务岗 10 人，乡村学校社会工作服务岗 2 人。

（吴志梅）

武江区妇女联合会

【概况】 韶关市武江区妇女联合会（简称区妇联）是中共武江区委领导下的群团组织，负责领导团结全区妇女和妇联组织，服务广大妇女群众，内设机构办公室。区妇女儿童工作委员会办公室设在区妇联，接受区妇女儿童工作委员会的直接领导，承担委员会具体工作。

2022 年，全区建有镇（街）妇联 7 个，区级执委人数 31 人，镇（街）级执委人数 175 人，镇（街）妇联区域化建设改革覆盖率达到 100%；建有村（社区）妇联 88 个，村（社区）妇联执委数量 916 人，“妇女之家”88 个，创建率 100%，“儿童之家”88 个，创建率 100%。

【理论学习】 2022 年，区妇联着力构建新媒体矩阵，转载、发布展示妇联重大事件、新成果，广泛调动武江区妇女听党话跟党走，号召各级妇联转发学习文件、特稿等 1600 次，在省、市、区各级各类媒体上刊发信息 80 篇，向市级平台发出热议稿 40 篇。

【服务妇女发展】 2022 年，区妇联助力乡村振兴，实施“乡村振兴巾帼志愿宣讲员培育试点村”项目，以重阳水口村为试点，培养一批巾帼志愿宣讲员，带动发展庭院经济；协助种养女能手成功创办市级“巾帼种养示范基地”2 个，培育申报市级“十百帮扶农村低收入妇女乡村振兴项目”1 个、市级“巾帼创业基地”1 个；推进妇女创业小额贴息贷款，承接 2 个项目共发放贷款 60 万元，有效缓解创业妇女资金难题；聚焦发展“一村一品”产业，举办“科技创业巾帼行动”电商直播带货培训班 2 场，组织城乡 70 名妇女参加线上创业就业培训。推进组织建设，新建“妇女微家”20 个，积极推动组织建设向新领域、新阶层、新群体迈进，努力将服务延伸至百姓生活的方主面面，打造细微、活跃、贴心服务平台。注重强化培训，选送种养能手、城乡妇女 30 人次参加市举办的电商直播带货、合作社创业等培训班；11 月，组织镇（街）、村（社区）妇联干部 90 余人参加妇女干部能力提升培训班。

【换届选举】 2022 年 4 月，区妇联完成武江区妇女第四届代表大会换届工作，选举产生区妇联新一届领导班子，推选新一届区级妇联执委31名；打造专挂兼相结合的干部队伍，完成配备挂职副主席1名、兼职副主席2名。

【两纲规划】 2022年，区妇联成立“新规划”编制工作领导小组，积极推动妇女儿童发展和家庭建设重要目标细化到《武江区妇女发展规划（2021—2030年）》《武江区儿童发展规划（2021—2030年）》中；严格程序，精准规划施策，对标对表省、市规划新变化新要求，向各单位发出“新规划”第一、二次征求意见稿并作审议讨论、修改公开后，依程序报审提交区政府常务会议通过并完成“新规划”印发工作；精细解读，强化宣传发动，围绕“新规划”提出的主要目标及策略措施，进行“新规划”解读公示并向民众派发“新规划”，加大“新规划”的宣传力度。

【妇女儿童维权】 2022年，严格落实妇联执委联系妇女儿童工作制度，建立健全武江区重点人群台账，制定印发《韶关市武江区各级妇联执委联系妇女儿童工作制度》，进一步细化对“两类”重点人群的服务联系，联系服务“两类”女童2350次，“两类”妇女6427次，结对帮扶“两类”女童84人，结对帮扶“两类”妇女543人；各级妇联执委探访重点儿童2556人次、重点妇女4803人次。持续推进婚调工作部门联动协同化、规范化建设，织牢织密维权保障网，共受理来访案件35宗，结案率达100%。切实发挥省级项目“舒心驿站”作用，共接待来访咨询82人次，开展个案服务9宗，团体辅导4次，心理健康讲座6期，户外宣传6次。大力开展维权普法宣传，共开展反家庭暴力法、家庭教育促进法、妇女权益保障法、未成年人保护法等维权普法宣传15场次。

【做好“家”字文章】 2022年，区妇联以“好家风好家教”系列宣传活动为载体，组织开展“书香飘万家”亲子阅读、“家庭教育大讲堂”“关爱留守儿童”等系列活动40场，“家风家教”专题宣传活动7场。推动营造全区广大家庭传承“好家风”良好氛围，推荐申报的“家风家教系列”家庭情景微剧《不能输在起跑线？》《做成功父母，培养优秀孩子》分别获2022年韶关市家庭情景微剧比赛评选一等奖和二等奖。

【惠民关爱帮扶】 2022年，区妇联强化对留守流动妇女儿童、困难妇女儿童、病残妇女儿童等弱势群体的常态化、接力式的关爱帮扶，全年共为困难母亲、儿童送去“母亲爱心邮包”59个、美赞臣爱心奶粉846罐、棉被8床、纯牛奶22箱等物资。开展“两癌”救助关爱服务行动，举办“乳此美丽”女性保健公益讲座1场，提供免费义诊及现场咨询，受惠妇女群众达50人；联合卫健部门为1200余名城乡妇女进行“两癌”筛查；开展“关爱女性保障计划”行动，免费为1500名妇女赠送公益保险，每人次均享有价值5000元的健康保障，有效扩大“两癌”救助覆盖面。推进单亲特困母亲安居

2022年11月9日，武江区妇联举办武江区妇联干部能力提升培训班
（区委宣传部　供图）

房项目建设，第三期1户单亲特困母亲顺利入住新居。

【选树先进典型】 2022年，区妇联成功培育、选树、创建一批省、市先进典型：韶关市铧林农业开发有限公司、韶关紫漫生态农业有限公司2个集体被评为韶关市“巾帼创业基地”；国家税务总局韶关市武江区税务局纪检组、武江区教育局德体卫艺股等5个集体被评为韶关市“巾帼文明岗”；武江区统计局、武江区西联镇人民政府妇女联合会2个集体被评为韶关市“三八红旗集体”；武江区重阳镇青暖村、国家税务局武江区税务局2个集体被评为“忠诚立家风”实践示范基地；白玉婷家庭被评为广东省“最美家庭”；何淑萍家庭、孟聪家庭等5户家庭被评为韶关市“优秀书香家庭”；刘小伍、邓晓峰2户家庭被评为韶关市“十大优秀书香家庭”；吴碧蕾家庭被评为韶关市“十大最美家庭”；李素芬家庭被评为韶关市“最美家庭”，陈怡家庭被评为韶关市“绿色家庭”；张小英、杨思、张纯艳3人被评为韶关市三八红旗手。

（杨　思）

武江区归国华侨联合会

【概况】 2022年，在区委的正确领导和市侨联的关心指导下，武江区归国华侨联合会（简称区侨联）始终坚持以习近平新时代中国特色社会主义思想为指导，深入学习贯彻习近平总书记重要讲话重要指示精神，以迎接党的二十大为主线，紧紧围绕区委各项中心工作，以凝聚侨心侨力同圆共享中国梦为主题，树立大侨务的观念，凝聚侨界力量，以新担当新作为奋力推进武江侨联工作创新发展。

【思想政治引领】 2022年，坚持把强化侨界思想政治引领作为侨联工作重大任务，把学习宣传习近平新时代中国特色社会主义思想作为重中之重，引导侨界群众认清发展形势，坚定发展信心，激发干事创业精气神，进一步增强“四个意识”、坚定“四个自信”、做到“两个维护”，引导侨界群众增强对党、对民族、对国家、对社会主义制度的认同，最大限度把侨界群众团结凝聚在党的周围。加强党的侨务理论和方针政策宣传，团结引领广大侨界群众听党话、跟党走，为新时代新征程贡献力量。组织侨联班子学习广东省第十三次党代会精神。组织归侨侨眷代表认真学习广东省第十三次党代会精神。组织侨界群众参加市侨联组织召开的学习贯彻省第十三次党代会精神宣讲会。

【基层组织建设】 2022年，区侨联共召开全委会议1次、常委会会议2次。5月20日，武江区侨联召开五届三次全委会议，会议增补宋清为武江区侨联五届委员会主席。完善侨胞之家制度建设、档案资料建设等工作。区侨联充分利用侨胞之家的阵地，积极开展侨界群众活动。截至8月，全区侨联各侨联工作站、侨胞之家共开展各类活动5场120人次。7月，省侨联党组书记、主席颜珂赴韶关出席“侨爱南粤·助力韶关抗洪救灾”捐赠活动，看望慰问受灾困难侨界群众，并就做好新时代“侨”的文章开展调研。

【为侨服务】 2022年，区侨联认真开展2021年贫困归侨侨眷扶贫救助补助的省市核查工作。开展2022年春节前困难归侨侨眷慰问工作，发放市级慰问金8人共8000元，区级慰问金9人共2700元。1月，武江区侨联积极向广东省侨心慈善基金会争取霍宗杰捐赠棉背心139件，发放给辖区五镇两街的归侨侨眷、困难党员、贫困户。广东省侨联党组成员、副主席邵瑾一行到韶关开展“侨爱南粤·新春送暖”慰问调研活动。在走访慰问武江区越南侨眷郑秀英家中，邵瑾与郑秀英亲切交谈，详细询问她的身体、生活情况，传递党和政府的亲切问候和新春祝福，并送上节日慰问金和御寒冬衣。开展2022年贫困归侨侨眷扶贫救助补助资金发放工作，为4名贫困归侨侨眷发放扶贫救助补助资金15000元。协助开展关爱老年人公益捐赠志愿服务活动，获赠南宁富莱欣生物科技有限公司捐赠的康绿宝洗护套盒、富莱欣氨糖钙片等物资一批500份，价值10万元。积极联系对接广东省侨界仁爱基金会、广东省侨心慈善基金会在韶关实施“侨爱南粤·助力韶关抗洪救灾”“慈爱基金·侨界奖教奖学金”“侨心居工程”“救护车捐赠”“爱心棉衣捐赠”等公益项目，捐赠物资折合人民币40万元。积极向省侨界仁爱基金会争取助听器一批，受助归侨侨眷12人。武江区越南侨眷文芊芊在“慈爱资金·侨界奖教奖学”活动中获优秀学生荣誉称号。

【维护侨益】 2022年，区侨联推进涉侨纠纷多元化解机制建设，完善提升涉侨纠纷多元化解机制，加强调解员队伍建设，提升调解员业务能力。定期组织观看调解实务在线培训，开展调解员培训。10月28日，由韶关市侨联主办，韶关武江区侨联承办，武江区惠民街道武江北社区侨胞之家、惠民街道办事处侨联工作站协办的韶关市涉侨纠纷调解员培训班在武江区开班，30名涉侨纠纷调解员、各县（市、区）侨联分管领导参加本次培训会。认真处理群众来信来访。截至2022年12月，共接待处理来访归侨侨眷5人，100%办结。做好参政议政工作，建立侨界人大代表、政协委员名册。据统计，武江区侨界有区政协委员3名，区人大代表1名。

【海外交流联系】 2022年，区侨联努力挖掘侨务资源，及时更新完善归侨侨眷、华人华侨、友好社团、侨资企业等侨情数据库。进一步完善全区归侨、侨眷基本情况登记表。密切与海内外侨团侨领侨商的联系交流。7月，区侨联主席宋清率队，区委统战部及区侨联相关领导一行走访韶关市潮人海外联谊会、韶关市潮汕商会，开展亲切友好座谈活动，共谋武江发展。3月1日，中国艺术研究院教授、博士生导师林若熹教授师生团队“煦色韶光”没骨画写生作品展在武江区文化馆开幕。广东省侨联常委、北京潮人海外联谊会书画院院长张热云（女）受邀参加开幕式。

【发挥侨联作用】 2022年，区侨联充分发挥侨联工作的优势，围绕武江发展，主动对接武江乡村振兴、大智慧产业等方面建设开展工作，讲好武江好故事，传播武江好声音，凝聚侨心，发挥侨智，主动作为，为武江经济社会发展贡献侨界应有力量。7月，区侨联抓住走访韶关市潮人海外联谊会、韶关市潮汕商会的有利契机，向前来参加座谈的企业家积极宣传推介武江，发放有关宣传资料，主动开展招商引资工作。3月，武江区侨联积极向省侨心慈善基金会为重阳镇卫生院成功申请价值约30万元的救护车一辆。6月，韶关连续遭受强降雨袭击，武江辖区各镇（街）发生严重的洪涝灾害，武江区侨联积极响应区委统战部的倡议号召，发动归侨侨眷开展“广东扶贫济困日”捐款活动，帮助群众灾后复工复产，重建美丽家园。截至7月4日，武江区归侨侨眷捐款34人共4200元。在市侨联的积极帮助下，区侨联争取上级资金，深入龙归镇、江湾镇和归侨侨眷家中，开展水灾受损群众慰问活动，共慰问水灾受损群众10户，发放慰问金5000元。

（郭二妮）

武江区残疾人联合会

【概况】 2022年，韶关市武江区残疾人联合会（简称区残联）坚持贯彻党的十九大及十九届系列全会精神，落实习近平总书记系列重要讲话、重要指示精神和党的二十大精神，在区委、区政府的正确领导和市残联的精心指导下，围绕残疾人的基本需求，立足基层，切实加强残疾人社会保障、康复救助、就业培训、扶残帮困等工作，一心一意为残疾人做好事、办实事、解难事，推动残疾人事业高质量发展。区残联是由残疾人及其亲友和残疾人工作者组成的人民团体。辖区五大残疾人专门协会，分别为武江区肢残人协会、武江区盲人协会、武江区聋人协会、武江区智力残疾人及亲友协会、武江区精神残疾人及亲友协会。

【残疾人证发放】 2022年，区残联积极推进第三代残疾人证（智能化）换证工作，制订实施方案，按照有关要求落实好相关工作的调查摸底和组织协调工作，完成第三代残疾人证换发相关设备采购和业务培训，开启第三代残疾人证换发工作，全年共发放残疾人证740本。

【残疾人社会保障】 2022年，区残联协助区民政局做好重度残疾人护理补贴和困难残疾人生活津贴的发放审核；协助区医保局和区人社局办理残疾人城乡基本医疗保险和养老保险的投保；牵头组织卫健等部门开展疑似残疾人上门评残及办理残疾人证服务和残疾人家庭医生签约服务。发放74名肢体残疾人机动轮椅车燃油补贴共1.924万元；发放10名考取汽车驾驶证残疾人汽车驾驶技能培训费2万元。

【残疾人教育】 2022年，区残联协同教育部门对适龄残疾儿童少年入学需求进行排查和评估并给予科学安置，通过普通学校就读、特殊教育学校就读、特教班就读、送教上门等多种方式，落实“一人一案”教育安置；落实南粤扶残助学工作，为27名家庭困难的中等和高等教育残疾学生申办助学金1.84万元。

【残疾人就业和培训】 2022年，区残联开展武江区电商直播带货和面点烹饪培训，组织动员残疾人参加市残联举办的各类残疾人培训班，全年累计培训人数144人，完成率达236%；城镇新增就业56人，农村新增就业92人。3月，组织各镇（街）对402户返贫监测对象的就业情况进行全面排查；5月13日，联合区人社局开展“送岗上门”活动，15日在武江区文化馆开展“促进残疾人就业、保障残疾人权益”全国助残日宣传活动，为应届毕业生、求职者及困难家庭宣讲就业政策；6月，开展应届高校残疾人毕业生就业需求调查工作，落实2022年毕业的3名残疾人高校毕业生就业帮扶“四个百分百”（百分百建档立卡、百分百调查评估、百分百就业服务、百分百就业回访）；7月，对武江区1745名就业年龄段残疾人进行未就业状况调查；9—10月，组织残疾人参与2022年广东“众创杯”创业创新大赛之残疾人公益赛活动，武江区选送6个残疾人创业项目，其中“阳光巧家园”残疾人宁晓梅的“残疾人编织文化艺术创意产业园”项目获得省级企业组助残类铜奖和10万元的创业奖金；10月，组织镇街对全区5589名持证残疾人进行基本服务状况和需求信息数据动态更新工作入户调查，全面掌握残疾人基本服务状况和需求，入户率达99.65%。

【协助残保金征收】 2022年，区残联开展全国残疾人按比例联网认证“跨省通办”工作，协同税务部门依法征收残疾人就业保障金，共年审武江区220家用人单位，安置残疾人665人，征收残保金金额约1543万元。

【提升残疾人服务水平】 2022年，区残联为残疾人提供康复评估、康复训练、辅具适配、咨询转介等康复服务，全年为627位残疾人给予免费配发轮椅、坐便椅、浴凳、助行器、拐杖等辅助器具1057件；完成省市下达武江区贫困残疾人居家无障碍改造任务95户；定期组织人员对主管的4家民办定点儿童康复机构进行考核、评估。加强监督管理，提高机构的服务能力和服务水平，全年接受康复训练儿童168名；完成社区康园中心爱心车间签约及星级评定工作，增强8家社区康园中心的残疾人基本托养服务能力，全年为186名残疾人提供日间照料、职业康复、技能培训、庇护性就业和康乐文体活动等多种服务。

【残疾人文体宣传】 2022年，区残联积极组织残疾人参加“省残会”，通过推荐和选拔，武江区有7名运动员代表参加广东省第九届残疾人运动会并参与集训；12月12—14日，以“国际助残日”为契机，区残联组织全区110位残疾人及亲友开展3场残疾协会文体系列宣传活动，丰富残疾人的精神生活，调动残疾人参与社会活动的积极性。

【助残帮困】 2022年，区残联积极拓展各项助残服务项目，发动社会力量，走访慰问帮扶困难残疾人135人次，了解残疾人家庭状况的同时宣传相关惠残政策，并送去慰问品；9月，与广东狮子会天道服务队与韶关市武江区小海龟学前儿童特殊教育培训中心合作共建“小海龟南粤扶残·狮爱行动工作站”项目，服务时间3年；同月，联合广东狮子会和西河镇等在西河镇社区康园中心共同开展“南粤扶残·狮爱行动工作站”项目示范点工作，服务时间3年，服务队根据康园中心工作实际需求，每年投入服务经费和物资价值2万元或以上。

【残联换届选举】 2022年10月27日，区残联成功召开武江区残疾人联合会第七次代表大会，大会回顾总结过去五年的工作，明确今后五年的工作任务和奋斗目标，选举产生新一届领导机构，陈靖、李毅、邝永华当选韶关市武江区残疾人联合会第七届主席团副主席；李毅为韶关市武江区残疾人联合会第七届执行理事会理事长；刘芷伊为韶关市武江区残疾人联合会第七届执行理事会副理事长；邝永华为武江区肢残人协会主席；吴羽庭为武江区盲人协会主席；温建文为武江区聋人协会主席；温雪梅为武江区智力残疾人及亲友协会主席；蓝松娣为武江区精神残疾人及亲友协会主席。

（谢芳英）

2022年9月20日，区残联联合广东狮子会天道服务队与韶关市武江区小海龟学前儿童特殊教育培训中心合作共建“小海龟南粤扶残·狮爱行动工作站”项目。图为挂牌仪式 （谢芳英 摄）

武江区红十字会

【概况】 韶关市武江区红十字会（简称区红十字会）是区政府领导下负责人道主义工作的社会救助团体。其主要任务是：贯彻党和国家有关红十字会工作的方针政策和省委、市委的决策部署，按照区委工作要求，组织开展相关工作。开展备灾救灾工作，在自然灾害和突发事件中，组织协调救灾和救助工作。依法开展募捐筹资。开展应急救护和防病知识的宣传、普及、培训，组织志愿者参加现场救护。参与和推动无偿献血、造血干细胞和器官（组织）捐献工作。组织开展红十字志愿服务活动和红十字青少年活动。宣传国际红十字与红新月运动的基本原则和日内瓦公约及其附加议定书，并依照其有关规定开展工作。完成区委、区政府和市红十字会交办的其他任务。

【红十字宣传】 2022年5月12日，区红十字会在群立社区开展防灾减灾宣传活动，发放宣传资料200份，向居民普及洪涝、台风、地震等灾害以及公共卫生事件、生产生活安全事件防范应对知识技能。区红十字会在惠民街道群立社区党群服务中心开展“生命教育课堂活动”。

【人道救助】 2022年1月24日，区红十字会在西河镇镇政府举行“武江区红十字会2022年博爱送温暖活动”物资发放启动仪式，开展走访慰问送温暖活动，为西河镇困难群众送去一批价值2万元的慰问物资，让困难群众过上一个欢乐祥和的新春佳节，受益困难家庭50户。5月12日，副区长马文娟陪同市红十字会常务副会长赵

2022年1月24日，武江区“红十字会2022年博爱送温暖”活动在西河镇政府启动 （区委宣传部 供图）

远芳走访慰问困难家庭，为辖区内5户患大病困难家庭送去共计5000元的人道救助金。11月，副区长马文娟陪同副市长李再丰走访慰问困难家庭，为辖区内5户患大病困难家庭送去共计1万元的人道救助金。

【“5·8”人道公益日活动】 2022年5月7—9日，中国红十字会总会联合腾讯公益发起“5·8”人道公益日众筹活动。为积极响应该众筹活动，区红十字会在腾讯公益平台发动“一起捐”，通过在微信公众号、朋友圈转发等形式，号召广大热心市民、红十字志愿者奉献爱心，募集款项890元。

【“99公益日”活动】 “99公益日”是腾讯公益于2015年9月9日联合数百家公益组织共同发起的全民公益活动。2022年，省红十字会在腾讯公益平台上线“红十字‘救’在身边”项目，倡议社会各界和爱心人士积极参与，一起做好事，传播公益理念，促进社会和谐。区红十字会积极响应号召，充分利用腾讯公益募捐平台，开展“立捐献一元传承爱心”“让爱的世界不孤单”“乡村振兴一元捐”三项活动，得到社会各界爱心人士的广泛参与和大力支持，共发动1047人次参与捐款，筹得善款58173.8元。区红十字会被评为韶关市2022年“红十字救在身边”公益捐赠先进单位，邹佳奇被评为2022年韶关市“红十字救在身边”公益捐赠先进个人。

【物资募捐和接受捐赠】 2022年，区红十字会积极响应区委、区政府的号召，并与区工信局、区发改局沟通对接，了解防洪一线需求，及时开展防洪物资募捐工作。区红十字会直接接受17批次捐赠物资价值27万余元，接受省、市级红会转拨捐赠物资价值11万余元，为做好区抗洪工作提供物资保障。

（曾富梅）

法 治

政法委及综治

【概况】 2022年，武江区政法系统认真贯彻落实党中央、省委、市委和区委决策部署，凝心聚力、攻坚克难，在平安武江建设、维护社会稳定等方面取得一定成效，圆满完成党的二十大召开期间维稳安保任务。

【政法队伍建设】 2022年，区委政法委坚持以党建为统领，努力打造一支党和人民信得过、靠得住、能放心的新时代政法干部队伍。通过委务会学、理论学习中心组学、支部学等多层级学习结构，落实“第一议题”“三会一课”要求，推进“两学一做”常态化、制度化，认真贯彻学习党的二十大精神，召开线上线下各类会议，共培训32场次；持续推进党史学习教育常态化、长效化，有序组织召开委机关党史学习教育总结大会、党史学习教育专题民主生活会和组织生活会。严格对照市委巡察办《关于对中共武江区委政法委员会巡察整改交叉检查情况的报告》深入自查自纠，逐条逐项举一反三，建立整改工作台账，健全完善有关制度机制，扎实做好“二次整改”。做好“社区吹哨、党员报到”工作，区委机关全体党员干部积极下沉一线，开展平安建设宣传，切实发挥党支部战斗堡垒作用和党员先锋模范带头作用。

【维护社会稳定】 2022年，武江区高度重视党的二十大安保维稳工作，成立以区委书记任组长的党的二十大安保维稳工作领导小组，制订党的二十大安保维稳工作方案，切实加强维稳安保工作的组织领导，明确责任分工，确保工作统筹推进，圆满完成全年各重要节点安保维稳任务。依法打击处置邪教组织，有效防范处理涉邪教人员，开展回访帮教工作，确保及时发现和处置各类风险隐患，强化社会面防控。在市委政法委指导下，共同打造创建韶关市首家反邪教警示教育基地。基地内设六大展厅，汇聚音视频、动漫、图解、互动等多种新媒体技术，将警示教育从原先的“单向传播”变为“双向互动”，进一步提高群众识邪辨邪能力，有效营造良好的反邪教宣传舆论氛围。

【平安武江建设】 2022年，武江区成立以区委书记任组长的突出风险隐患处置工作领导小组，多次召开专题会议研究解决突出风险隐患和历史遗留问题。对于排查出的突出风险隐患，坚持“一案一策一专班”，压实工作责任。常态化开展扫黑除恶斗争，设立扫黑除恶常态化机构，增设区委政法委扫黑除恶工作室，健全多项常态化机制，强力破案攻坚，组织警力全力侦办“2·26”涉黑专案。认真落实《中华人民共和国反有组织犯罪法》宣传贯彻工作，通过干部带动群众、城区辐射乡村的形式，探索并实施“六式”宣传法。持续深化重点行业整治，依法严惩“沙霸”违法犯罪，开展教育、医疗、金融放贷、市场流通等新的四大行业领域整治，严厉打击涉黑恶违法犯罪。以“输送法治温暖”开展司法救助工作，武江区牢固树立办案、息诉和为民三者并重的工作思路，多措并举开展国家司法救助工作，共受理司法救助案件10件，成功救助12人，发放司法救助金27.6万元，做到案结事了、息诉罢访、群众满意，取得良好的法律效果和社会效果。扎实开展预防和治理未成年人违法犯罪专项工作，区委平安办印发专项方案，切实推动专项工作走深走实。2022年，共办理侵害未成年人审查批捕案件3件3人，批准逮捕1件1人，审查起诉5件6人。拨付未成年人司法救助金和临时救助金共9.32万元，发放散居孤儿、实施无人抚养孤儿基本生活保障金57.64万元，发放孤儿助学金2.5万元。

【养老诈骗整治】 2022年，武江区围绕“宣传发动、深挖排查、打防结合”的工作思路，多措并举开展打击整治养老诈骗专项行动，成立由区委常委、政法委书记任主任的专项行动办公室，印发《专项行动工作方案》等指导性文件。召开6次推进会，研究推进宣传发动和打击整治具体工作，制定三项行业标准规范，以长效工作机制进一步巩固打击整治养老诈骗专项行动成果。经省专项办核准，确认武江区打击整治养老诈骗战果2个，提起公诉1人，涉案金额共22.91万元，并全额完成追赃挽损工作。通过创新“二一式宣传”，开展各类线下宣传活动158场次，推送防范养老诈骗推文80篇，发放纸质宣传品6.1万份，制作宣传栏200个，悬挂横幅和粘贴宣传海报等共9855份，发布电子宣传片17个，以点带面织密防范养老诈骗宣传网。

【市域社会治理现代化】 2022年，武江区制订《武江区市域社会治理现代化“一十百”工程实施方案》，建立健全党建引领多元共治的小区管理机制，通过“红色业委会”“红色理事会”等自管组织加强社会治理能力，统筹推进区市域社会治理现代化“一十百”工程。广泛宣传“1+4+N”等特色品牌亮点经验，全区共打造市域社会治理项目11个。创建联防平安和谐小区，加强立体治安管理，不断巩固改造提升成效。深化矛盾纠纷多元化解，积极探索新常态下预防排查化解矛盾纠纷的方法途径，通过强化与政法单位、镇（街）综治部门、人民调解组织、行业调解组织等的对接，对适宜调解的案件进行合理分流，形成“法庭+人民调解员+综治办+村居干部”的调解模式。搭建部门、群团组织、行业协会横向网络，拓展“法院+仲裁”等“1+N”解纷模式，持续扩大解纷力量，形成解纷合力。开展交通安全隐患排查专项行动，制定并印发《武江区交通安全隐患排查整治专项行动工作方案》。2022年，全区共发生一般程序处理的道路交通事故75起，死亡17人、受伤74人，直接财产损失38080元，同比分别下降41.4%，15%，35.65%，65.19%，专项行动成效彰显。强化严重精神障碍患者管理服务工作，印发《韶关市武江区肇事肇祸等严重精神障碍患者摸排管控工作实施方案》等方案，最大限度地预防肇事肇祸案事件，全年未发生

2022年6月17日，打击整治养老诈骗进社区宣传活动现场
（区委宣传部　供图）

严重精神障碍患者肇事肇祸案事件。

【深化改革】2022年，区委政法委加强社会心理服务体系建设，聘请两名国家二级心理咨询师，配备情绪监测、正念训练等心理服务设备，全力打造武江心理服务工作新亮点。开展免费心理服务个案咨询共70余人次。区法院推进矛盾“云”化解，在未设人民法庭的江湾镇、重阳镇设置网上巡回法庭，积极打造好集在线诉讼、调解、巡回审判、法治宣传等功能于一体的“家门口”“一站式”司法服务平台，运用大数据信息化手段，促进矛盾纠纷线上“一站式”预防化解。区检察院前移侦查监督关口，联合区公安分局成立全市首家侦查监督与协作配合办公室，采用“公安监督民警+检察官”模式强化业务指导，延伸个案提前介入机制，系统构建以证据为核心的刑事指控体系，全面提升刑事案件办理质效。区公安分局借助“平安厅”厅局长信箱、“12345”等平台认真接受群众网络监督，深入研究群众来信反映问题，及时查清负面涉警舆情事实真相，分局“平安厅”厅局长信箱回复率100%，办结率100%。区司法局全面推进行政复议体制改革，设置统一办理行政复议案件的机构，推行村（社区）法律顾问律师微信“二维码”公示制度，让法律知识与群众“零距离”接触。

（沈　赟）

法治政府建设

【概况】2022年，武江区始终坚持以习近平新时代中国特色社会主义思想为指导，全面贯彻党的二十大精神，深入学习贯彻习近平法治思想和习近平总书记在广东省考察时的重要讲话和重要指示批示精神，认真落实《法治政府建设实施纲要（2021—2025年）》《广东省法治政府建设实施纲要》，以解决法治领域突出问题为着力点，紧密结合武江实际，一体推进法治武江、法治政府和法治社会建设，努力在法治政府建设上取得率先突破。压实党政主要负责人履行推进法治建设第一责任人职责。将党政主要负责人履行推进法治建设第一责任人情况以“述法”形式纳入年终述职报告内容，紧紧抓住领导干部这个“关键少数”，切实发挥党委、政府在推进法治建设中的领导核心作用。依法履行政府职能，严格规范行政执法。深入推进严格规范公正文明执法，严格执行行政执法人员持证上岗和资格考核管理制度，加强行政执法人员教育和培训。贯彻执行行政执法“三项制度”，对执法信息平台公示情况、行政执法案件办案质量进行监督。持续深化镇（街）行政执法体制改革，制定镇（街）综合行政执法人员跟班学习制度，提升执法能力和水平。全面普及行政审批服务“马上办、网上办、就近办、一次办、自助办”。2022年，全区行政许可事项实现100%网上可办，全流程网办率达99.8%。持续开展法治政府示范创建。2022年8月4日，区税务局获得第一批广东省法治政府建设示范项目命名——法治税务示范单位，是韶关唯一获得命名的示范单位。

【依法治区】2022年，区委依法治区办坚持以习近平新时代中国特色社会主义思想为指导，全面贯彻落实党的二十大精神

2022年1月28日，区司法局组织召开全区行政执法信息平台功能和办案流程培训会

（区委宣传部　供图）

和中央全面依法治国委员会会议、省委全面依法治省委员会会议、市委全面依法治市委员会会议精神，按照武江区法治建设“一规划两实施方案”和《韶关市武江区2022年全面依法治区工作要点》要求，着力加强党对法治建设的领导，扎实推进严格执法、公正司法、全民守法，法治武江建设水平进一步提升，为武江区新时代经济发展提供良好的法治环境。

【依法行政】2022年，武江区健全依法决策机制，推进行政决策科学化、民主化、法治化。严格落实重大行政决策规定，坚持重大行政决策目录管理，制定武江区2022年度重大行政决策事项目录和听证事项目录，修订《韶关市武江区人民政府“三重一大”事项清单（试行）》，进一步明确重大行政决策事项范围和程序要求。全面落实行政决策合法性审查制度，充分发挥专业法律人员与法律顾问的咨询论证作用，对涉法的重要文件、重大合同（协议）等事项进行全面法律审核把关，审查规范性文件3件、重大行政决策事项11件、各类重要合同及文件328件，为政府依法科学民主决策提供法律支撑。深化行政执法体制改革。加强镇街综合执法规范化建设，压实区直部门“传帮带”责任，创新实行镇街综合行政执法人员到区直执法部门全脱产跟班学习机制，印发《武江区2022年执法部门指导镇（街）综合行政执法业务培训工作方案》，提升基层执法人员法律素质和业务能力，巩固综合行政执法改革成果。全区累计录入行政检查115宗、行政处罚53宗，各行政执法单位公示行政执法案件2385宗。切实加强和规范行政应诉工作，积极履行行政机关负责人出庭应诉制度，全区行政机关负责人出庭率100%。

【行政复议】2022年，武江区出台《韶关市武江区行政复议决定履行与监督规定（试行）》《韶关市武江区行政复议案件档案管理制度》。制发行政复议意见书、建议书5份、关于不履行行政复议的督办通知6份，切实发挥行政复议倒逼行政机关依法行政的监督作用。收到行政复议案件59宗，其中立案前调解撤回申请3宗，不予受理4宗，立案受理52宗。立案受理案件中申请人撤回复议申请后终止审查8宗，维持原具体行政行为29宗，驳回复议请求1宗，撤销原具体行政行为8宗，确认违法5宗，转送1宗。办理区政府作为被申请人的行政复议案件8宗。

【行政应诉】2022年，区司法局积极落实行政机关负责人出庭应诉制度，全区行政应诉案件共118宗，同比下降26.7%。区政府为应诉机关的行政诉讼案件52宗，其中一审25宗，二审24宗，再审3宗。审结37宗，胜诉34宗，胜诉率91.9%。全区行政负责人出庭率100%，获市委依法治市办书面通报表扬。

【行政执法监督】2022年，区司法局严格执行行政执法人员持证上岗和资格考试管理制度。共组织3次行政执法人员综合法律知识考试，全区参加考试181人次，其中148人通过考试，申领执法证118人。加强对镇（街）综合行政执法的统一培训。组织开展5场全区行政执法培训，375人次参加培训，制定印发《韶关市武江区镇（街）综合行政执法驻班指导工作方案》和《武江区2022年执法部门指导镇（街）综合行政执法业务培训工作方案》，组织镇（街）到区市场监管局参加以“理论培训为辅＋现场教学为主”模式的全脱产跟班学习。针对下放执法事项组织开展执法业务培训工作，丰富执法人员实践经验，强化镇（街）综合行政执法队伍能力建设。全面落实“三项制度”，开展行政执法“三项制度”专项督查。9月与12月，对全区执法单位落实“三项制度”及执法信息平台和行政执法公示平台的情况开展督查并通报，切实规范行政执法行为。

【政府法律顾问】2022年，武江区政府法律顾问8名，其中5名为外聘律师，3名为内部法律顾问。共办理业务342件，其中规范性文件3件，重大行政决策11件，合同及非规范性文件328件。

2022 年武江区规范性文件一览表

表5

序号	规范性文件名称	发文号	备案号
1	武江区区级政府投资项目管理办法	韶武府规〔2018〕1号	韶武府法规备字〔2018〕1号
2	韶关市武江区专利资助管理办法	韶武府规〔2019〕1号	韶武府法规备字〔2019〕1号
3	韶关市武江区专利资助管理办法实施细则	韶武府规〔2019〕2号	韶武府法规备字〔2019〕2号
4	韶关市武江区“房地一体”农村不动产登记发证工作实施细则	韶武府规〔2020〕1号	韶武府法规备字〔2020〕2号
5	韶关市武江区人民政府关于废止《韶关市武江区关于重点楼宇和特色楼宇培育与扶持办法》（韶武府规〔2019〕3号）的公告	韶武府〔2020〕9号	韶武府法规备字〔2020〕3号

2022 年武江区法律顾问一览表

表6

姓　名	单　位	职务/职位	内部法律顾问/外聘律师
张锦怀	韶关市武江区司法局	四级调研员	内部法律顾问
张翠英	韶关市武江区司法局	副局长	内部法律顾问
陈楠楠	韶关市武江区司法局	一级科员	内部法律顾问
王少敬	广东天行健律师事务所	主任	外聘律师
付敬省	广东天行健律师事务所	副主任	外聘律师
江志平	广东天行健律师事务所	律师	外聘律师
彭火平	广东天行健律师事务所	律师	外聘律师
刘羽洲	广东天行健律师事务所	律师	外聘律师

（赖槐泉）

公　安

【概况】 韶关市公安局武江分局（简称武江分局）承担维护国家安全稳定，预防、制止和打击违法犯罪活动，维护社会治安秩序，管理交通、危险物品、特种行业等职能。2022年，韶关市公安局武江分局坚持以习近平新时代中国特色社会主义思想为指导，在区委、区政府和市公安局的正确领导下，紧紧围绕党的二十大维稳安保主线，全力以赴防风险、保安全、护稳定，努力打造忠诚干净担当的公安队伍，全力维护武江社会安全稳定，为党的二十大胜利召开营造安全稳定的社会治安环境。

【党委（支部）建设】 2022年，武江分局把政治建设放在首位，始终坚持和加强党对公安工作的绝对领导，严格落实管党治党主体责任，严格落实“第一议题”制度，以党委会议、党委理论学习中心组集体学习、各基层党支部“三会一课”等形式，深入学习贯彻党的二十大精神、习近平新时代中国特色社会主义思想和中央、省、市、区重要会议、文件精神。开展党支部书记抓党建述职评议、党支部改选、党务知识培训等党建基础工作，进一步规范组织生活。

【党风廉政建设】 2022年，武江分局落实主体责任，围绕公安中心工作和重点领域环节，强化监督检查及重大事项审核监督，及时排查队伍廉政风险，构建日常监督、重点检查、专项督察相互交织的监督检查网。强化廉政教育，严格“人车枪弹酒密网”管理，严格贯彻公安部关于严禁违规宴请饮酒规定、省公安厅“六项纪律”规定、新时代政法干警“十个严禁”等纪律规定。加强辅警队伍管理，组织开展辅警队伍“大检视大整改大培训”、辅警岗位规范清理等工作，为公安工作提供坚实力量支撑。认真落实领导干部保密工作责任制，扎实开展保密安全排查整改，常态化开展保密安全教育，切实强化保密安全管理。

【指挥调度】 2022年，武江分局持续推进社会治安巡防管控“四个一”体系建设，严格落实重点要害部位定点武装执勤、人员密集场所高峰勤务、巡特警屯警街面动中备勤、公安武警联勤武装巡逻“四项机制”和“1、3、5分钟”快速响应等机制，构筑全方位巡逻防控、应急快反街面阵地，确保第一时间高效处置各类突发案事件，切实提升见警率、管事率、盘查率。快速反应，有效处置“6·16”涉汛、涉灾等警情，最大限度保障辖区群众生命财产安全。

【社会维稳】 2022年，武江分局以党的二十大安保维稳为主线，全力防范政治安全、暴恐袭击、公共安全、金融领域风险，在重要节点，启动等级勤务，加大重点部位防控力度，严格落实人防、物防、技防安全防范措施和管理工作责任，持续推进不稳定因素排查化解，完成重要时间节点安保维稳任务。2022年未发生重大群体性事件、暴恐及个人极端事件，武江社会大局持续平稳。

【治安打击整治】 2022年6月25日至9月，全国范围内组织开展夏季治安打击整治“百日行动”。武江分局严格贯彻落实公安部、省厅、市局各项安排部署，紧紧围绕“五项突出违法犯罪”和“十项打击防范”要求，精准把握夏季社会治安规律特点，重拳打击突出违法犯罪，大力整治社会治安问题，攻坚化解各类安全隐患，成功破获公安部扫黑办“百日行动”涉黑涉恶重点攻坚目标案、全市唯一在地下钱庄领域发起的全国集群战役等大要案件，以及“盗窃汽车三元催化器”等系列民生小案，实现更快破大案、更多破小案工作目标，群众的安全感和对公安工作的满意度不断提高。

【打击电信诈骗】 2022年，武江分局扎实推进“全警反诈”专项行动，快打严打电信网络诈骗，不断深化“断卡”“断源”行动，认真落实线索落地快打机制，始终保持对涉电诈犯罪的严打高压震慑。精准落实预警劝阻，持续推进源头治理。通过张贴海报、悬挂横幅、发放宣传单、沿街LED屏全体滚动播放标语与宣传片等多种方式营造浓厚的全民反诈氛围。

【打击生态违法犯罪】 2022年，武江分局组织开展集中清查非法贩卖野生动物统一行动，全面强化辖区集贸市场、餐饮场所及涉野生动物交易场所清查整治，加大对偷猎野生动物违法犯罪打击力度。落实烟花爆竹禁燃管控，做好《韶关市烟花爆竹燃放安全管理条例》及市区烟花爆竹禁燃区域的宣传和贯彻执行工作。加强野外火源管理，加大巡查和宣传力度，依法严厉打击野外用火行为。强化扬尘整治，严查货运车辆扬尘撒漏等违法行为，确保市区空气质量良好。重拳打击辖区非法占用林地案件、“两伐”案件、森林火灾案件和非法收购、违法运输木材等违法犯罪行为。

【全民禁毒】2022年，武江分局全力推进“应打尽打”，深入开展“围歼制毒”“净边2022”等专项行动，严打涉毒违法犯罪。联合成员单位开展春季禁种铲毒、污水毒情检测工作，做到底数清、情况明。严格落实易制毒化学品管控，切实防范化解非法流失和滥用蔓延风险。开展“销证禁驾”工作，对武江户籍涉毒人员申请报考驾驶证落实“三个一”工作措施。全面加强辖区易制毒化学品企业管理。常态化开展吸毒人员“平安关爱”行动，落实“应帮尽帮”九项措施。经过一年整治，西联镇禁毒工作实现整治预期目标，韶关市于2022年12月对西联镇取消重点关注。

【交通管理】2022年，武江分局在巩固2021年“六大攻坚行动”基础上，坚持日常管理与专项整治相结合，坚决打好“五大硬仗”，严查酒驾醉驾、超限超载、不佩戴安全带及头盔等交通违法行为，严格落实“逢十”“逢周末”“逢节日”设卡检查工作制度，有效遏制各类交通违法行为，缓解交通拥堵，辖区道路交通安全形势稳中有降。2022年全区未发生较大以上交通事故，辖区交通安全形势持续平稳向好。

【扫黑除恶斗争】2022年，武江分局贯彻落实常态化开展扫黑除恶斗争工作要求，继续保留常态化扫黑除恶专业队伍，成功破获公安部扫黑办“百日行动”涉黑涉恶重点攻坚目标案。积极推动“以案促建”“以案促治”，聚焦重点行业领域整治。深入开展全方位、多渠道、立体式的宣传活动，切实提升人民群众参与度、知晓率。

【重点行业场所安全防范】2022年，武江分局结合“五大要素”风险隐患摸排管控行动，全面开展风险隐患排查，处置完成率100%。强化旅馆业、娱乐场所、再生资源回收业管理以及民爆、易制爆、剧毒安全监管，全面排查，及时消除隐患。常态化开展重点运输企业监督管理，全面排查治理重点车辆及驾驶人交通安全源头隐患，督促企业严格落实交通安全管理主体责任。深入推进打击整治枪爆违法犯罪专项行动，实现持枪、爆炸物品犯罪案件零发案。

【消除治安盲点】2022年，武江分局全力开展校园高峰护学勤务，每日安排54组护学警力，对全区150间中小学、幼儿园开展高峰护学勤务，并联合区教育、市场监管等职能单位常态化开展校园安全排查整治行动。定期研判警情特点、规律，通过最大限度投放警力，牵头建设社会治安视频监控和电子交通警察系统，科学设置隔离栏、防撞墩等安全设施。通过加大联合执法力度等形式，主动快速规范整治孟州坝夜市交通、治安风险隐患，切实消除治安防范“盲点”，挤压各类违法犯罪空间。

【基层基础建设】2022年，武江分局全面加强公安基础设施建设稳步推进芙蓉山派出所业务用房异地新建项目。推动西联片区社会治安和交通管理视频监控设备接入韶关公安视频图像信息应用平台，切实加强

2022年6月25日，武江分局组织开展夏季治安打击整治“百日行动”。图为执法人员严查毒驾、酒驾违法犯罪行为

（区委宣传部　供图）

视频资源共享。对分局开展智能化建设施工改造，推动武江公安各项基础建设项目提档升级。完成新华、西河、芙蓉山、西联派出所“两队一室”改革，严格落实社区民警、辅警占派出所40%以上要求，实现“一社区一警两辅”和“一村一辅警”全覆盖，建设社区（驻村）警务室11个。

【执法规范化】 2022年，武江分局不断完善执法制度，加强执法培训、监督考评等工作，不断提升民警法律素养和执法能力。大力整治有案不立、压案不查、降格处理及违规取保候审等执法突出问题，对发现存在执法质量问题的案件实行全局通报并对办案部门责令整改。加大智能化执法办案场所建设升级改造，推进分局在芙蓉山派出所新址新建智能化执法办案场所。5月27日，分局荣获“全省执法质量考评优秀县级公安机关”称号。

【从优待警】 2022年，武江分局坚持从优待警举措，强化警力配备，积极推进民警职级晋升及警衔晋升，推动开展民警交流轮岗，加强年轻民警任用晋升。加强正向激励，6个集体获得集体奖励，74人获个人表彰奖励。积极开展民警辅警走访慰问工作，对先进民辅警、困难民辅警等进行慰问111人次，并发放慰问金。

【全警练兵】 2022年，武江分局深入开展全警实战大练兵，不断提升全警素质能力，严格落实每周一训练，积极组织民警参加新任培训、警衔晋升培训、“双培计划”、省厅战训轮训等集中培训，以学促训提高民警实战水平。开展接处警、枪械实弹射击、路面查缉、最小作战单元现场处置、涉水急救等专项培训，有效提高基层民警、辅警及社会治安防范力量的实践处置能力。分局“地雷探测器——打击地下钱庄模型”荣获韶关市武江区第四届机关创新大赛二等奖。

【公安宣传】 2022年，武江分局充分发挥新闻媒体、网络平台宣传作用，及时报道打击各类违法犯罪战果情况及民警先进事迹，起到良好宣传效果。相继开展“不一样的武江公安”“平安乡村行”“警彩六一、平安童行”及“百日行动”武装巡逻等主题宣传活动，打造独具特色的武江公安宣传品牌，切实提升群众安全防范意识。

【群众监督】 2022年，武江分局借助“平安厅”厅局长信箱、“12345”等平台认真接受群众监督，深入研究群众来信反映的问题，2022年累计接收“平安厅”信箱群众来信81封，其中厅长信箱51封、局长信箱30封，回复、办结率100%。

【“放管服”改革】 2022年，武江分局全面加强常住人口及流动人口管理，开展无户口人员排查清零专项行动，继续做好“出生一件事”工作，扎实做好农业人口城镇化工作。推行“一窗通办”改革，积极开展“粤居码”系统、驾驶证电子化推广应用等工作。

（王晓姣）

检　察

【概况】 2022年，韶关市武江区人民检察院（简称区检察院）共办理案件892件。区检察院批准逮捕各类犯罪嫌疑人177人，提起公诉354人。常态化开展扫黑除恶斗争，对涉黑恶案件批准逮捕13人，提起公诉8人。坚持打早打小，促进常治长效。对故意杀人罪、故意伤害罪致人重伤及以上、抢劫罪、强奸罪等严重暴力犯罪提起公诉14人，对寻衅滋事罪、聚众斗殴罪等妨害社会管理秩序犯罪提起公诉30人，对黄赌毒类犯罪提起公诉18人。成立韶关市首家侦查监督与协作配合办公室，与韶关市公安局武江分局联签《执法司法监督数据和信息共享机制》。

【刑事检察】 2022年，监督公安机关立案10件，监督撤案2件；纠正漏捕22人，纠正漏诉8人，同比分别上升69%和60%；发出侦查活动监督通知书49份，纠正违法通知书 16 份，其中纠违数同比上升 220%，全部整改到位。对认为确有错误的刑事裁判提出抗诉 1 件，获韶关市中级人民法院改判，采纳率 100%。办理社区矫正监督、指定居所监视居住监督等各类刑事执行监督案件 149 件，针对违法交付执行、脱管漏管等问题制发监督意见书 144 份、纠正违法通知书 1 份。

【民事检察】 2022 年，区检察院共受理民事检察案件 18 件，同比上升 28.6%，以检察建议监督纠正民事审判和执行活动中的违法情形 10 件。开展公民违法代理行为专项监督，办理案件 4 件，进一步规范法律服务市场秩序；系统治理虚假诉讼，向法院发出再审检察建议 1 份，助力维护司法权威。

【行政检察】 2022 年，韶关市行政诉讼及行政检察案件由武江区集中管辖，受理行政检察案件 70 件，同比上升 62.8%，以检察建议监督行政审判和执行活动中的违法情形 45 件，同比大幅上升。聚焦土地领域非诉执行，专项监督法院立案审查不规范及行政机关怠于申请强制执行等案件 53 件，涉土地面积 9398.8 平方米。为解决部分行政诉讼案件程序已结但讼争未解问题，依托“行政复议 + 行政诉讼 + 行政监督”衔接机制，综合运用走访座谈、协作函、实地察看等措施，有效化解行政争议 23 件。

【公益诉讼检察】 2022 年，区检察院受理公益诉讼线索 53 条，立案办理 38 件，同比分别上升 96.3% 和 65.22%。以诉前实现维护公益目的为最佳司法状态，梯次以磋商、诉前检察建议促进源头治理，25 件案件在诉前解决公益损害问题。对诉前不能落实的，提起刑事附带民事公益诉讼 2 件。加大传统领域公益诉讼案件办理力度，强化国财国土领域监督，立案 4 件，助力追回国有财产 19 万余元。常态化开展案件“回头看”，针对文物和文化遗产保护公益诉讼专项，在推动财政拨付 260 余万元专项资金用于文物修复后，持续主动跟进资金投入情况和修复进度，李子园炮楼、青水塘等 8 处文物修复完毕。2022 年，区检察院从严打击破坏生态环境资源犯罪 6 人，促进源头治理，办理该领域公益诉讼 15 件。成立“益·善美”生态检察工作室，实现生态环境资源领域案件“四大检察”业务“一站式”履职，全面提升办理质效。深化单位协同履职，与武江区人民法院签订《关于建立环境资源民事公益诉讼联动机制的意见》，与韶关市公安局武江分局等 5 家单位联签《关于协同推进生态环境损害赔偿制度与检察公益诉讼制度衔接工作机制》，携手保护武江绿水青山与净土。

【优化营商环境】 2022 年，区检察院持续落实对企业负责人涉经营类犯罪依法能不捕的不捕、能不诉的不诉、能不判实刑的提出适用缓刑建议等检察政策，共对 5 名民营企业家作出相对不起诉处理。加快推进涉案企业合规改革工作，依法可不捕、不诉的，责成涉案企业作出合规承诺、切实整改。完善组织与机制保障，联合武江区司法局、武江区工商联等 8 家单位共同成立武江区涉案

2022年1月12日，武江区人民检察院首次发还公益诉讼赔偿金，获韶关市科艺创意公司赠送“公益诉讼　真心为民”锦旗一面
（凌江青　摄）

企业合规第三方机制管理委员会，联签《关于印发〈韶关市武江区涉案企业合规第三方监督评估机制工作办法（试行）〉》等5份文件，司法、执法、行业监管联手，以严管体现厚爱。对涉企案件长期“挂案”，该结不结、该撤不撤的，联合公安机关开展持续专项清理工作，释放企业活力。

【网络犯罪治理】 2022年，区检察院起诉利用电信网络实施诈骗、赌博等犯罪13人，集中力量在7日内对29人跨境电信网络诈骗案快审快办，批准逮捕25人。协同推进“断卡”行动，起诉非法买卖电话卡和银行卡、帮助提款转账等犯罪12人；针对犯罪嫌疑人及被害人低龄化趋势，通过送法进校园开展反诈宣讲20场次。筑牢公民个人信息安全防火墙，批准逮捕该领域犯罪2人，注重源头防范，办理个人信息保护领域公益诉讼4件。

【办好群众身边案】 2022年，区检察院起诉盗窃罪、诈骗罪、抢劫罪等侵犯财产类犯罪71人，追赃挽损24件278.22万元；办理食品药品安全领域等民生民利公益诉讼10件。

【群众信访回复】 2022年，区检察院接收群众信访142件，均在七日内告知“已收到、谁在办”，3个月内办理情况答复率为100%。狠抓领导干部带头办理疑难复杂信访案件，落实首次信访全部由院领导包案办理制度，共办理信访案件5件。全面推开检察公开听证，创新远程听证模式。对争议大、影响性大的案件，邀请人大代表、政协委员、专家学者等参与评议，2022年共召开听证会6场次，信访案件听证化解率达100%。

【未成年人检察】 2022年，区检察院落实未成年人保护法，提前介入性侵害未成年人案件10件，从严打击侵害未成年人犯罪9人。最大限度教育感化挽救涉罪未成年人，依法决定不起诉及附条件不起诉11人。以家庭教育促进法施行为契机，联合韶关市恒福社会工作服务社成立武江区人民检察院家庭教育指导中心，向失职监护人发出家庭教育令、督促监护令6份，促进“甩手家长”依法带娃。21名检察干警在辖区内33所中小学校担任法治副校长，共开展法治进校园活动48场次，录制6个法治云课堂，由武江区教育局转发至辖区内各中小学校，以班级为单位组织学习。11月，武江区人民检察院被评为2021—2022年度韶关市青少年维权岗。

【司法救助与支持起诉】 2022年，区检察院结合司法办案，救助生活陷入困境的当事人及其家属16人，共计21.6万元，同比分别上升220%和10%。对诉讼能力偏弱的农民工讨薪等案件，办理民事支持起诉案件2件，其中为5名农民工追回工资3.4万余元。

【普法宣传】 2022年，区检察院结合反有组织犯罪法、防范养老诈骗、国家宪法日等主题开展法治“六进”活动68场次，通过知识问答、法律答疑、法治讲堂等形式打造“行走的法律微课堂”，累计参与逾8000人次。以“风度武检”新媒体工作室为主阵地，综合运用文字、漫画、视频等形式，通过“两微一端”发布普法稿件440余篇，各类普法视频10余个，总浏览量逾3万人次。防范养老诈骗宣传微电影《陪伴》被最高人民检察院微信公众号转发，各类新闻稿件被《检察日报》《南方日报》等各级媒体转载80余篇次。

【检察建议】 2022年，区检察院汇总分析司法数据、个案类案，围绕散装食品安全、自建房隐患、裁判文书公开等向有关部门发出各类检察建议59件，其中社会治理类检察建议2件，助力完善司法执法体制机制，提高社会治理能力和水平。通过邀请有关部门与企业多次召开座谈会，深入走访顺丰快递、林静液化气加气站等企业的方式，把“请进来”“走出去”相结合，确保最高人民检察院“七号检察建议”“八号检察建议”落实落地，凝聚构筑寄递安全、安全生产防火墙的共识。

【落实少捕慎诉慎押刑事司法政策】2022年，区检察院适应刑事犯罪结构变化，在严惩严重刑事犯罪同时，对大多数较轻犯罪、初犯偶犯等依法从宽处理、少捕慎诉慎押。不批捕152人、不起诉74人，不捕率为46.34%，不诉率为16.33%，同比分别上升9.32%和4.33%。为做好不起诉案件的“后半篇文章”，与韶关市公安局武江分局联签《刑事不起诉案件“刑事—行政”处罚衔接机制》，对决定不起诉的犯罪嫌疑人提出检察意见，转请行政处罚，推进从严综合整治。开展羁押必要性审查专项活动，对捕后可不继续羁押的，依法建议变更强制措施8人，诉前羁押率从2021年的54.1%降至2022年的32.48%。

【落实认罪认罚从宽制度】2022年，区检察院听取当事人、律师意见同步录音录像，确保认罪认罚自愿、合法。适用认罪认罚从宽制度审结368人，适用率为84.59%，量刑建议采纳率超过95%，一审服判率94.16%，高出其他刑事案件37个百分点，从源头减少大量上诉、申诉案件。

【党建带队建促业务】2022年，区检察院持续推进党史学习教育常态化长效化，聚焦党的二十大、省第十三次党代会等重大活动，结合建党节、国庆节等重要节日，通过“三会一课”、邀请宣讲团成员授课、开展革命传统教育主题党日活动等多种形式掀起学习热潮。充分发挥党员先锋模范作用，在“6·19”防汛救灾工作中，派出干警下沉村（社区），协助开展灾后清理重建等各项工作。结合检察业务特点，开展“我为群众办实事”实践活动50余件次，其中武江区人民检察院聚焦留守儿童心理健康发展，在重阳镇建立韶关市首个驻镇未成年人心理咨询室“重阳心声”。持续强化“党建+”品牌建设和系统引领工程，着眼于辖区内丰富的红色资源亟待保护之际，以公益诉讼专项监督为牵引，坚持寻访、办案和体悟三措并举，创建“以公益利剑，护红色基因”融合品牌，实现培根铸魂与检察履职有机统一。该品牌获评2022年度广东省基层检察院“一院两品”融合品牌。

【党风廉政建设】2022年，区检察院召开党风廉政建设联席会议4场次，党风廉政建设形势分析会议2场次，开展廉政谈心活动4轮。全面压实“两个责任”，坚持党组统一领导，党组书记总负责，班子其他成员分工负责，纪检专干组织协调，内设机构各负其责，形成齐抓共管的合力。持续抓实防止干预司法“三个规定”，引导全体干警树立“逢问必录”理念，主动记录报告有关事项29件。巩固深化政法队伍教育整顿成果，引导干警筑牢公正廉洁司法“防火墙”。

【队伍建设】2022年，区检察院组织干警参加会议194场733人次，培训90场1468人次。充分发挥“传帮带”作用，由院领导、检察官和优秀青年干警进行授课，开展“领导上讲台”暨“双周讲坛”活动11场。做好“赋能助跑”工作，打造“风度武检”青年干警训练营，开展法律知识解读、主题演讲等课程18节，推出岗位

2022年6月22日，武江区人民检察院到西联镇下胡村与村委工作人员一同协助村民开展“6·19”洪水过后重建工作　（唐杰　摄）

大练兵活动，与新丰县人民检察院联合开展辩论赛。加强对“案”的管理，牵住案件质量主要评价指标，定期开展案件质量评查工作，倒逼每个案件每个环节求极致；加强对“人”的管理，推进全员、全面、全时检察人员考核，把考核结果与奖优罚劣挂钩，激发检察人员的内生动力，促进依法履职、高质量监督办案。

【接受监督】 2022年，区检察院主动接受人大监督、政协民主监督和社会各界监督。定期向区人大常委会专题报告检察工作情况，接受专项评议，抓好审议意见落实；主动邀请人大代表、政协委员、人民监督员及社会各界人士参加公开听证会、检察开放日等活动；自觉接受纪检监察机关监督，主动邀请区纪委监委派驻纪检监察组列席党组会2次；通过“两微一端”等平台发布检察信息，自觉接受当事人、人民群众、新闻媒体等社会监督，及时回应社会关切。

（唐　杰）

法　院

【概况】 韶关市武江区人民法院（简称区法院）位于沙洲一路6号，内设立案庭（诉讼服务中心）、刑事审判庭、民事审判庭、行政审判庭、执行局、政治部（督察室）、综合办公室（司法警察大队）以及审判管理办公室（研究室）等8个机构，派出机构龙归人民法庭。2022年，武江法院共受理各类案件10705件，办结9888件，解决诉讼标的金额23.42亿元，员额法官年人均结案353件。

【刑事审判】 2022年，区法院受理各类刑事案件316件，审结290件，判处犯罪分子385人。常态化推进扫黑除恶，对莫某某等7人恶势力团伙依法判处有期徒刑，并处赔偿损害3.88公顷耕地的原位恢复工程等费用1097万元。针对打击整治养老诈骗、侵害妇女儿童权益犯罪“春雷2022”、电信网络诈骗、跨境赌博等专项行动成立工作专班，并向社会开通养老诈骗举报热线。受理侵害妇女儿童权益犯罪案件9件9人，对猥亵儿童的教职人员依法宣告从业禁令。纵深推进“反诈打跨”攻坚战，审结包括全市首例诈骗外国人在内的电信网络诈骗案件6件20人，并对帮助信息网络犯罪活动、组织他人偷越国（边）境等上下游关联犯罪予以严惩。2022年，适用速裁程序审结案件99件103人，平均审理天数5天，服判率100%。贯彻宽严相济刑事政策，审结适用认罪认罚从宽制度案件219件253人。深化院庭长带头办案示范机制，法检“两长”同庭办结案件8件。

【民商事审判】 2022年，区法院受理民商事案件4934件，审结4489件。加强对问题楼盘、劳动保障、网络侵权等重点领域涉诉案件风险排查，提请市、区两级政法委多次牵头组织多部门召开协调会，聚力推进惠州富烨公司拖欠工人工资80余万元问题的解决。先后成立涉恒大、奥园案件工作专班，受理此类案件106件，审结97件，标的金额2.5亿余元。依法保障民生合法权益，依法撤销6名不履行法定职责的监护人权利，对殴打辱骂子女的监护人发出首份《家庭教育令》。着力解决医疗、养老、住房等与百姓生活息息相关的案件，审结多件老旧小区业主与电梯公司电梯加装纠纷案。根据市中院、市住建局、人民银行韶关中心支行联合印发的操作指引，先后依法完成商品房预售资金划扣2921万元，确保奥园、金科集美等项目建设顺利进行。紧盯助力中小微企业发展20条实招硬招，全年灵活为企业依法置换保全财产价值3884万元。

【行政审判】 2022年，区法院受理行政案件885件，审结821件。落实四级法院审级职能定位改革要求，妥善处理武江区和乳源瑶族自治县交界村民小组之间长达20年的林木林地权属争议，依法支持税务机关对违法利用“阴阳合同”偷税、漏税企业作出罚款117万余元的行政处罚，维护国家税收管理秩序。实质性化解行政争议，在区委政法委的领导下，联合相关部门出台武江区行政争议实质性化解实施方案、工作规程。严格规范诉前调解程序，其中经报请市委政法委协调处理，成功化解13件涉曲江区某村村民集体经济组织成员资格确认案件。对调解不成进入立案程序的，深挖矛盾关键点，联动多方力量有效化解98件行政争议。全年发出司法建议9份，全市共有574名行政机关负责人出庭应诉，出庭应诉率达93.8%。

【执行案件】 2022年，区法院受理执行案件4570件，执结4288件，执行到位标的金额3.57亿元。突出财产变现处置力量，在全市基层法院中首次与税务机关签订涉税执行备忘录，先后与广发银行韶关分行、工商银行韶关分行签署个人法拍房贷款合作协议。共发起司法拍卖607次，其中，交付不动产104件，强制清场12次，成交金额8749.27万元。通过与公安机关建立“查人扣车”联动机制，全年精准锁定扣押隐匿转移车辆3辆，拘留被执行人6名。累计发布失信被执行人信息1534条，发出限制消费令2114份；通过信用修复，屏蔽121人失信信息，解除623人“限高”措施，营造诚实守信社会氛围。努力破解中民老年公寓项目执行难题，推动依法查封、委托评估、公开拍卖。“放水养鱼”式执行促成一家日化企业2000万元债务和解，防止因机械执法、就案办案引发或加剧经营风险。

【司法公开】 2022年，区法院坚决执行人大及其常委会决议、决定，强化与人大代表的联络工作；自觉接受政协民主监督，邀请人大代表、政协委员视察法院、观摩庭审、见证执行。依法接受检察机关法律监督，邀请区检察院检察长列席审委会，认真听取检察机关对案件事实认定、量刑标准衡定的意见。支持配合监察机关监督工作，邀请区纪委监委派驻组列席我院党组会议。广泛接受社会监督，选聘8名社会各界人士作为特约监督员，通报法院工作并及时收集、办理、反馈特约监督员的建言献策，推动“请进来、走出去”落实落地。开展庭审直播2207次，文书上网3905份，案件有效公开率99.66%，组织市妇联、全区国家工作人员旁听庭审，观看人数超3000人，以司法公开倒逼司法能力提升。

【司法救助与便民】 2022年，区法院在孟洲坝夜市、保利广场等开展“我为群众办实事”实践活动近30场次，发放普法宣传资料9500余份，参与群众3000余人次。做好“社区吹哨、党员报到”，组建由15名中青年党员干警组成的党员志愿服务队，组织全院干警近千人次积极下沉社区一线，参与防汛抗洪等工作，志愿服务时长达3844小时。在武江区委政法委大力支持下，搭建全区矛盾纠纷多元化解工作平台。区委政法委牵头组织法院及区司法局到乡镇街道开展专题调研，推动人民法院调解平台进乡村、进社区、进网格。2022年，诉前调解案件1240件，“构建多元解纷大格局　打造武江诉源治理新品牌”课题入选广东省高级人民法院“百项深调研”培育项目。新租用场地完成装修布置，增加诉讼服务场所面积1200平方米，不断优化当事人的诉讼服务环境。

【信息化建设】 2022年，区法院线上线下融合服务让“正义提速”，深化广东诉讼服务网、移动微法院及“云上法庭”等在线平台应用，完成民商事案件网上立案4381件，网上立案率88.8%；云端庭审651次，线上调解1109件；采用电子送达12268次，集约送达6250次。加快与“粤平安”、人民法院调解平台的集成融合，积极运用大数据等信息化手段，把江湾镇、重阳镇网上巡回法庭积极打造成集在线诉讼、调解、巡回审判、法治宣传等功能于一体的“家门口”“一站式”司法服务平台，促进矛盾纠纷线上“一站式”预防化解。2022年，网上巡回法庭共接待群众362人，诉前调解案件31件，便捷高效解决人民群众“急难愁盼”问题。

【保护未成年人权益】 2022年，区法院刑事审判庭始终以习近平新时代中国特色社会主

2022年5月27日，武江法院组织干警到红星小学开展“送法进校园”活动
（区法院　供图）

义思想为指导，把预防青少年违法犯罪和维护青少年合法权益贯穿审判工作始终。专门组建家事少年审判团队，坚持“教育为主、惩罚为辅”原则，积极落实社会调查、合适成年人、法庭教育、判后帮教、犯罪记录封存等未成年人刑事案件审理特别程序，充分保障未成年人合法诉讼权益。始终坚持未成年被告人、被害人“双向保护”原则，挽救“迷路”青少年的同时注重维护未成年被害人的权益。积极延伸审判职能，组织法官担任辖区学校“法治副校长”，开展送法进校园、进社区、进企业、进商场等多场法治宣讲及模拟法庭活动，结合典型案例以案释法，引导广大青少年系好人生的第一颗“法治纽扣”。2022年，刑事审判庭被中国共产主义青年团韶关市委员会评为2021—2022年度韶关市“青少年维权岗”。

（朱　琴　李欣悦）

司法行政

【概况】 韶关市武江区司法局（简称区司法局）是武江区人民政府工作部门，为正科级。区委全面依法治区委员会办公室设在区司法局。2022年7月4日，武江区司法局获韶关市司法局授予集体三等功荣誉。2022年，区司法局2名副局长到任，并新招录7名公务员，办理干部退休1人。截至年底，区司法局机关在编17人，司法所在编13人，区法律援助处在编5人，康正公证处在编1人。

【普法与依法治理】 2022年，区司法局开展“送法进企业”“送法进社区”“送法进乡村”“送法进单位”等法治宣传活动18场次，为群众解答法律法规咨询296人次，派发宣传资料12240份。结合“3·5”中国青年志愿者服务日、“4·15”国家安全教育日、“6·26”国际禁毒日、敬老月、宪法宣传周等时间节点，联合职能部门开展法治宣传主题活动，营造尊法学法守法用法社会氛围。组织开展2022年领导干部和国家工作人员线上旁听庭审活动，3000人通过庭审公开网集中在线观看庭审直播。组织召开武江区2022年国家机关“谁执法谁普法”履职报告现场评议会。对区发改局、区财政局、区审计局、区统计局4个单位进行评议，均获得优秀等次。继续开展民主法治示范村（社区）创建活动，龙归镇社主村和西河镇下坑村被评为2022年广东省“民主法治示范村”。

【人民调解】 2022年，区司法局加强行业性、专业性调委会建设，提高矛盾纠纷化解专业化法治化水平。12月，韶关市协和医疗纠纷人民调解委员会在武江区备案成立，为武江区备案成立的第二家医调委。持续扩大创建人民调解“百米服务圈”工作。选取江湾镇、重阳镇所有村（社区）全面开展创建工作，100%完成创建工作。完成全区人民调解员等级评定工作，共评定三级人民调解员5名和四级人民调解员19名。全区共调处各类纠纷906件，成功调解894件，调解成功率98.68%，涉案金额8043.37万元。

【安置帮教】 2022年，武江区衔接安置帮教对象225人，其中刑满释放人员143人（含重点帮教对象47人），解矫对象82人。安置总人数225人，安置率达100%；帮教总人数225人，帮教率达100%。

【社区矫正】 2022年，武江区全面贯彻《中华人民共和国社区矫正法》，严格规范开展社区矫正日常监管执法，切实落实教育帮扶措施和心理矫治工作，提升整体矫治质量。加强安全隐患排查整治，加大信息化核查力度，夯实安全基础。重点检查暂予监外执行专项工作，严格管控社区矫正对象，确保安全稳定。积极做好省一体化平台工作的衔接转化和录入工作，对标司法部“智慧矫正中心”创建工作要求，完成矫正中心基础建设。全区接收社区矫正对象141人，解除（终止）社区矫正对象132人，年底在管社区矫正对象113人，全年无重新犯罪对象。

【公共法律服务】 2022年，武江区共安排32名律师担任辖区88个村（社区）的法律顾问，全区法律顾问进村（社区）提供法律服务共2663件。全区公共法律服务实体平台共接受法律咨询3027人次、受理业务1152件，在广东司法行政服务与督办系统签收并办结“12348”广东法网工单5宗。康正公证处办理公证业务74件。区法律援助处受理法律援助案件476宗，受理法律帮助案件266件，接受来电来访法律咨询1023人次，为受援人挽回损失或讨回薪资228.68万元。

【司法行政执法管理】 2022年，区司法局对武江区内的20家律师事务所（12家合伙所、6家个人所、1家分所、1家公职所）及205名律师进行年度检查考核初审，20个律师事务所建议评定为合格等次；200名律师称职等次，2名律师不评定等次，3名律师暂缓考核。开展基层法律服务所年度考核，辖区内的2家基层法律服务所考核结果为合格，8名基层法律服务工作者称职，1名暂缓考核。9—10月，武江区开展“双随机、一公开”检查，结合律师事务所收费执法检查，在辖区内抽查广东奏凯律师事务所、广东韶乐律师事务所、广东知泓（韶关）律师事务所、广东周和律师事务所和广东韶扬律师事务所，共抽查案件481宗。全年完成10件律师转所、申请执业、注销律师执业证等业务的初审工作。共处理5宗律师执业活动投诉案件和1宗基层法律服务工作者投诉案件。2022年，武江区律师共229名，比2021年增长9.7%。

【人民陪审员选任】 2022年，区司法局对全区114名人民陪审员履行审判职责的情况进行考核，其中优秀等次11人，称职等次103人。配合韶关市司法局完成人民监督员换届工作。对7名候选人通过实地走访、谈话等方式进行政治考察，经韶关市司法局核定择优选取5名综合素质高、行业内优秀人才进入人民监督员队伍。

（赖槐泉）

军 事

人民武装

【概况】 中国人民解放军韶关市武江区人民武装部（简称区人武部）是中共武江区委的军事工作部，是武江区人民政府的兵役机关。主要职责：负责本级国防动员、民兵整组、兵员征集、国防设施保护、国防教育、双拥等工作。接受韶关军分区和武江区委、区政府双重领导。按照党管武装的原则，由区委书记兼人武部党委第一书记，区人武部一名主官兼任区委常委，另一名主官参加区政府党组。

【思想政治建设】 2022 年，区人武部党委坚持以学习习近平主席最新重要讲话精神为牵引，以学习宣传贯彻党的二十大为主线，把思想政治建设摆在首位，深刻领悟“两个确立”的决定性意义，增强“四个意识”、坚定“四个自信”、做到“两个维护”，进一步强化贯彻军委主席负责制的政治自觉。组织观看《追光》《长津湖》《狙击手》等优秀影片，收听收看党的二十大报告，为每名党员购买二十大书籍，组织开展“二十大精神我来讲”活动。

【依法从严治军】 2022 年，区人武部深入贯彻军委党的建设会议精神，突出严字当头、担当作为，推动治军方式根本性转变。根据军委国防动员部、省军区、军分区动员部署会要求，区人武部党委严格按照要求开展巡视巡察问题整改工作，认真学习各级领导讲话精神，学习各类文件法规政策，坚持把巡视巡察问题整改作为一项重要而紧迫的政治任务，逐条逐项认真开展全面自查，仔细深入分析研判，持续深化问题整改。落实党员领导干部述学述责述廉、过双重组织生活制度，扎实推进“两学一做”学习教育常态化制度化，组织党员对照“四个合格”党员标准，围绕“铸牢政治忠诚、模范遵规守纪、提纯道德品行、强化担当任事”4 个方面进行承诺践诺。集中组织传达党纪文件，开展随机党纪教育，集中组织观看《铁纪强军》纪律教育系列专题片和基层法纪教育片，不断强化党员干部敬畏法纪、收敛知止的思想和行动自觉。

【征兵工作会议】 1 月 28 日，武江区召开 2022 年度征兵工作会议。区委副书记、区长黄艺坤，区人武部领导出席会议。各镇镇长、街道办事处主任，区征兵工作领导小组及成员单位负责人参加会议，会议由区委常委、区人武部上校部长李庆主持。会议传达学习全国、省、市征兵工作会议精神，总结武江区 2021 年征兵工作，通报表彰先进单位和个人，安排部署 2022 年征兵任务，组织签订征兵工作目标责任书。会议指出，征兵工作是军队的大事，是国家的大事，是军地双方的共同责任。会议强调，各级各部门要严格落实“阳光征兵”、廉洁征兵各项制度要求，确保全区征兵工作风清气正。要结合单位和业务工作实际创造性开展工作，积极开展“送温暖、解难题、办实事”活动，努力在全社会营造“一人参军，全家光荣”的浓厚氛围，让军人成为全社会最尊崇的职业。

【征兵工作】2022 年，区人武部坚持早谋划早发动，灵活采取线上线下相结合模式宣传，请区长录制征兵宣传视频，鼓励优秀青年从军报国，印刷宣传小册子，组织工作人员深入辖区高校宣讲当兵优惠政策；制作展架在沃尔玛广场、西河健身广场等地进行摆放。征兵期间，坚持每周通报制度，推动基层征兵工作落实，严守廉洁征兵底线，连续 3 年无退兵情况，较好地完成年度征兵任务。

【民兵训练】2022 年，区人武部深入贯彻落实民兵整组工作“建、训、用、管、保”的编建要求，不断提升民兵军事训练水平。6 月，组织民兵骨干参加韶关军分区比武竞赛，在军分区比武竞赛中 1 人取得轻武器射击与操作第三名、1 人取得通信专业第二名，并获得野战热食制作团体第二名。

【协行应急任务】2022 年，区人武部党委积极响应地方党委政府号召，组织民兵队伍配合地方相关部门执行宣传引导、卡点执勤、重点人员检测、应急值守等任务；6 月 19 日和 6 月 21 日韶关市遭遇超 50 年一遇的洪水，部队领导带领干部民兵奔赴抢险一线，疏散解救被困群众，灾后积极请示上级军事机关，协调驻韶关部队支援灾后恢复工作，清理塌方路段土方和城区过洪区域垃圾，积极协助社区开展消杀工作；10—11 月，先后组织出动民兵参加张九龄纪念公园、始兴县山火扑救工作，有效发挥民兵队伍应急作用，圆满完成任务。

【基干民兵点验暨任务分队授旗仪式】2022 年 5 月 24 日，武江区基干民兵点验暨任务分队授旗仪式在区体育馆举行。点验活动由区人武部上校政治委员张军主持。现场宣布民兵干部骨干任职命令和民兵分队预建党组织的决定，通报表彰 2021 年度先进单位和个人，明确出入队人员名单，并组织对民兵分队进行呼点。黄艺坤向民兵任务分队授旗。全体民兵高举右手庄严宣誓，新入队民兵代表进行表态发言。

【“军事日”活动】2022 年 7 月 30 日，武江区组织领导干部走进韶关市国防教育训练基地和武警广东总队韶关支队营区开展“军事日”活动。区委书记张广晖，区委副书记、区长黄艺坤，区人大常委会主任孙理鸣，区政协主席彭波等区四套班子领导，法检“两长”，各镇（街）党（工）委主要负责人和区国动委成员单位主要负责人参加。

【全民国防教育】2022 年，区人武部利用“特三级”女兵回乡时机，邀请其到龙归小学交流分享入伍经历。7 月，邀请军分区大校政治委员黄星会为区党政领导干部作国防教育专题讲座。建军节之际，党政领导干部到驻区部队开展“军事日”活动，体验军队生活，进一步提升领导干部的国防意识。9 月，与区委宣传部、区教育局共同筹划国防教育“开学第一课”活动，组织现役军官到东岗小学、韶关市第十五中学等单位授课，讲解国防知识，激发学生爱党爱国爱军情怀。

【双拥共建】2022 年，区人武部积极为军人家庭送温暖、办实事、解难题。在春节、中秋节等传统节日，部领导带队慰问辖区困难群众和现役、退役军人家属，为其送上棉被等生活用品；到金福园小学、东岗小学、惠民幼儿园和北江中学看望慰问辛勤耕耘在教学一线的教师，就学校德育和国防教育有机结合进行探讨，进一步加强军校联系；会同区委、区政府等相关部门举办军地联欢晚会，营造浓厚的“双拥”氛围，在社会面上受到广泛好评。

（王丽银）

退役军人事务

【概况】2022 年，在区委、区政府的正确领导下，在市退役军人事务局的精心指导下，区退役军人事务局坚持以习近平新时代中国特色社会主义思想为指导，深入学习贯彻习近平总书记关于退役军人工作的重要指示批示精神，深入贯彻落实中央决策部署和省委省政府、市委市政府、区委区政府工作要求，大力推进政策法规落实，全面加强基层基础建设，着力破解突出矛盾问题，坚决守牢风险防控底线，不断提高服务保障质量，以优异的成绩喜迎党的二十大胜利召开。

【接收安置】 2022年9月28日，区退役军人事务局组织“阳光选岗”，并于10月9日安置到位，高质量完成省、市下达区2022年安排工作退役士兵和退出消防员移交安置任务，其中，安置在区级事业单位占总人数的88.9%；安置在企业占总人数的11.1%。按时足额发放待安排工作期间生活补助金并落实待安置期社会保险接续待遇。2022年度安置工作获得区政府表扬，同时获退役士兵赠送锦旗一面。

【就业创业】 2022年，区退役军人事务局开展自主就业退役士兵全员适应性培训及短期技能培训。健全完善武江区退役军人承训机构目录，建立创业、就业、失业困难等实名台账。举办退役军人专场招聘会1场，有20家企业提供409个岗位。举办线上招聘会1次，有50家企业554个岗位，帮助退役军人就业、创业。

【优抚优待】 2022年，区退役军人事务局按时足额发放各类优抚对象优待抚恤补助款项。组织优抚对象参加短期疗养，为优抚对象核报医疗补助经费85467.35元，为困难退役军人家庭成功申请应急救助资金41万余元。为退役军人家庭申请韶关市退役军人特困救助金8.6万元。8月举办优待证首发仪式，年末为退役军人申请优待证。

2022年4月12日，区委书记张广晖（左二）到武江区退役军人事务局调研（区退役军人事务局 供图）

【烈士褒扬】 2022年，区退役军人事务局在清明节、“9·30”烈士纪念日等重点节日期间，宣传发动全区人民参加网上祭扫活动，组织武江区20名机关干部在韶关烈士陵园参加向烈士纪念碑敬献花篮仪式，镇（街）组织200余人在当地烈士纪念碑和烈士墓举行祭奠活动。

【思想政治】 2022年，武江区开展传承红色基因系列活动，组织英雄报告会3场，组织抗美援朝老战士到企业开展红色故事宣讲1场。开展退役军人党员结对帮扶，推动“老兵做老兵思想工作”常态化，全区退役军人党员结对帮扶退役军人非党员，解决实事30项。武江区退役军人事务局制作的武江城市形象短视频，在武江发布及南都N视频平台发布，受到社会广泛赞誉。武江区组建退役军人志愿服务队全年累计服务时长17829小时，在抢险救灾、社会治理等领导发挥了积极作用，抗洪抢险中涌现出一批优秀退役军人先进典型。武江退役军人林永前先进事迹被广东省退役军人事务厅拍成微电影《小村大事》，成为乡村振兴“领头雁”，为全区的兵支书树立起先进典型模范。刘芬秀荣获2022年度“韶关最美退役军人”称号。

【双拥工作】 2022年，区退役军人事务局落实军地互提要求、互办实事“双清单”任务，优先安排军人子女入学入托，安置随军家属，为立功受奖人员送喜报并发放慰问金。春节、八一期间，区四套领导班子对驻韶驻区部队及消防救援单位开展走访慰问活动，发放慰问金（含慰问品）35.2万元。7月30日，在区科创园举办2022年八一军地联欢双拥晚会。区人武部、区退役军人事务局联合组织军地共建活动2次。在防火及抗洪间，韶关军分区、区人武部、部队官兵、武江民兵积极支援武江区抗洪抢险救灾及灾后恢复工作。

2022年8月5日，韶关市退役军人优待证首发仪式在武江区科创园举行（区退役军人事务局　供图）

【权益维护】 2022年，区退役军人事务局落实区改革攻坚规范治理年要求，落实来访日报送月分析制度及回访制度。区退役军人事务局作为信访联席单位圆满完成党的二十大期间信访保障任务，获得区委区政府通报表扬，武江区退役军人服务中心胡永刚作为专班成员受韶关市委通报表扬。

（李　磊）

经济管理

发展与改革

【概况】 2022年，韶关市武江区发展和改革局（简称区发改局）牢固树立“项目为王”工作理念，按照“抓项目、促投资、稳增长”的工作思路，坚持规划引领，做好宏观经济分析；扎实推进重点项目建设，促进固定资产投资增长；大力开展项目申报，争取上级项目资金；大力推动新能源项目发展；持续做好立项服务、价费服务、粮食安全、物资储备等工作，各项工作迈上新的台阶。

【规划计划编制】 2022年，开展武江区国民经济和社会发展情况调研，组织研究经济社会发展重大问题并提出对策建议，完成《韶关市武江区2021年国民经济和社会发展计划执行情况及2022年计划草案的报告》，对全区2021年国民经济和社会发展情况全面总结，明确2022年主要经济指标增长目标。研究提出全区拟组织实施的重点项目，经区人大常委会审议通过后印发实施；完成《韶关市武江区2022年上半年国民经济和社会发展计划执行情况的报告》，对2022年上半年主要任务完成情况进行总结，监测分析宏观经济运行情况并提出完成全年目标的对策。

【试点改革任务】 2022年，武江区屋顶分布式光伏开发试点工作先行先试，加快推进党政机关及公共机构、工商业厂房、民居等一批屋顶分布式光伏项目建设，备案非自然人产权屋顶伏项目12个，备案容量6.33万千瓦，总投资额2.9亿元，完成投资1.47亿元；备案自然人产权屋顶光伏项目7批，装机总规模840.85千瓦。制订《武江区2022年新型城镇化暨城乡融合省级发展试点建设年度工作计划》，开展建立健全城乡融合发展体制机制和政策体系实施情况评估，“村改居”工作取得重大突破，完成两个试点村“村改居”任务。稳步推进“厂区变园区、产区变城区”改革，武江科创园引入企业135家，全年税收近2亿元。青创中心年内正式投入运营，武江区医药健康科技产业园建设项目（人才周转公寓）改造完成。对试点范围土地利用和整体开发作优化调整，完善片区产业发展规划。

【优化营商环境】 成立韶关市武江区优化营商环境工作领导小组；出台《关于印发〈韶关市武江区2022年优化提升营商环境专项行动的方案〉的通知》，学习借鉴“双区”优化营商环境的成功经验，抓重点、补短板、建机制，加快形成接轨“双区”的市场化、法治化、国际化营商环境。武江区在第三季度韶关市县（区）营商环境“红黑榜”制度考核中获得红榜（第一名）。

【投资管理和重点项目建设】 2022年，武江区获批地方政府专项债券额度7.2亿元，保障重大项目、民生、补短板、强弱项等项目资金来源。新增政府投资项目立项审批126宗，概算审批27宗，企业投资项目备案81宗。印发《韶关市武江区政府投资非经营性项目代建管理办法》，深化投资体制改革；起草《武江区区本级政府投资项目管理办法》《武江区区本级政府投资项目管理办法实施细则》，进一步规范政府投资管理活动。2022年，制定《武江区建设项目“全生命周期”管理机制实施方案》《武江区重点项目建设“流动红黄旗”考评工作方案》，建立激励机制，促进形成全区上下抓项目、促投资比学赶超工作氛围。组建韶关市武江区重大项目并联审批工作专班，由区发改、区自然资源、区财政等部门集中办公，统筹解决重大投资项目审批建设“难点”“堵点”问题，推动项目开工，保障项目建设全过程服务。围绕固定资产投资增长5%的目标任务，制定《武江区2022年区领导联系督导固定资产投资项目工作方案》，分解项目投资计划，由责任区领导挂点督导，项目主管单位对标工作任务，合力推动项目建设，拉动投资增长。2022年固定资产投资（不含韶关新区）同比下降29.4%。77个区级重点建设项目完成投资31.64亿元，其中16个市级重点建设项目完成投资10.4亿元。

【新能源项目管理】 2022年，武江区大力构建以新能源为主体的新型电力系统，不断提高能源项目建设管理水平，以政企主导、协同发展、多方共赢的分布式光伏规模化开发模式，有序引入投资主体，以良性竞争加快推动项目建设。对全区可建光伏区域土地统计形成台账，梳理出可建光伏碎片化地块，多次实地勘察谋划，逐步推进重阳镇青暖村、西河镇田心村、龙归镇马渡村等一批地面光伏项目实施。

【节能减排】 2022年，武江区能源消费总量66.99万吨标煤，同期下降5.82%，单位GDP能耗同期下降5.54%，完成市下达区2022年能耗强度下降目标任务。严格落实节能审查制度，切实发挥节能审查源头把控作用，强化新建项目对能耗影响评估和用能指标来源审查。持续做好重点用能企业能源消费情况监测工作，每月要求韶关市龙韶实业有限公司、韶关市明昊新建材有限公司、韶关市世邦新型建材有限公司、韶关旭日国际有限公司上报用能数据，实时监测4家重点企业用能情况。对韶关市明昊新建材有限公司等14家企业开展节能监察，促进重点用能单位高效、合理利用能源，推进全区能源利用效率提升。

【粮食和物资储备】 2022年，武江区建立健全粮食和物资储备制度，印发实施《韶关市武江区发展和改革局（粮食和物资储备局）物资保障管理制度》《武江区粮食和物资储备局强化粮食和物资储备执法督查工作方案》《韶关市武江区粮食应急方案》《韶关市武江区粮食质量安全突发事故应急预案》等系列文件。区发改局对辖区内粮食企业开展安全生产检查。完成辖区内2021年城镇居民粮油供需平衡调查。对涉粮企业使用超期粮食进行粮食安全监督管理，防止超期粮食流入口粮市场。配合完成市委第四专项巡察组反馈的粮食购销领域问题整改。优化完善粮食应急供应体系，与信美佳商贸有限公司、中发贸易有限公司、宏昌众晟商贸有限责任公司、嘉荣超市有限公司、伯雄农副产品有限公司等8家新认定粮食应急供应企业签订《区级粮食应急保障协议》，并授予“粮食应急供应网点”牌匾。落实区级救灾物资收储工作，“6·19”洪灾期间高效完成3个受灾群众安置点的生活物资保障任务。

【价费服务及信用管理】 2022年，武江区开展“菜篮子”商品价格监测以及节假日重要商品和服务价格监测。区发改局协助开展有关商品价格调研及收费检查。依法实施政府定价目录内商品和服务价格制定，启动武江区江湾镇自来水价格制定的前期工作，开展供水价格调研、价格成本监审、公众意见征集以及召开价格听证会。关注社会民生，处理“12345”政府热线涉价格领域投诉咨询合计17宗。依法开展行政涉案物品价格鉴证、评估，全年受理涉案、涉税、涉纪案件合计155宗。牵头开展武江区信用管理工作，2022年度武江信用信息平台归集35个部门各类信用信息49.88万条，其中，行政许可信息11.48万条，行政处罚信息1592条，其他信用信息38.24万条。

（潘韦玲）

国有资产监督管理

【概况】 2022年，武江区实现营业收入5461.49万元，同比增长2.42%，营业毛利929.8万元，同比增长1.40%。累计完成上缴区财政代管资产收入563万元，实缴税费362.04万元。

【服务运营】 2022年，区国投公司按照省市区关于疫情期间租金减免的政策文件要求，为符合条件的承租企业、个体工商户减免租金337.15万元。承接各类教育培训共54场，实现培训收入275.46万元，同比上升62.8%（2021年同期培训费收入169.2万元）。代管33个停车场和6个自营停车场实现收入278.9万元，同比下降6.32%（2021年同期停车场收入297.73万元）。承接企事业单位劳务派遣业务，实现劳务派遣收入3633.49万元，同比上升1.93%（2021年同期劳务派遣收入3564.75万元）。

【资产盘活】 2022年，武江区制定出台《武江科创园足球场运营管理办法》《武江科创园安保管理办法》等资产管理制度，不断规范国有资产运营管理。区国投公司与中核韶关锦原铀业有限公司、韶关市锦日酒店管理有限公司进行中核锦原大厦租赁事项的三方协商，促成三方在11月底前签订补充协议，加快中核锦原大厦资产的整体盘活，实现国有资产的保值增值。2022年，实现资产租赁收入1097.71万元，同比增长12.71%。其中，代管资产及房屋实现收入约252.54万元，自主投资资产实现收入约631.42万元，流转资产收入约213.75万元。

【代建项目】 2022年，区国投公司推进的代建项目有6项：韶关市武江区医药健康科技产业园建设项目（青创中心），该项目于6月17日竣工投入使用；韶关高新区莞韶城三期基础设施项目（一桥一路工程）二期项目，该项目于10月完工，按园区基础设施建设需求实行分段验收、分段投入使用；韶关高新区莞韶城三期基础设施项目二期工程污水处理厂项目，该项目于9月开始施工，完成工程进度50%；韶关市武江区医药健康科技产业园建设项目（人才周转公寓），该项目完成工程进度90%；韶关市武江区西河幼儿园建设项目，该项目于2022年9月开始施工，完成工程进度40%；韶关市武江区现代农业产业园基础设施建设项目二期，该项目于9月初开始施工，截至12月底，完成工程进度45%。

【自营项目】 2022年，区国投公司推进的自营项目有4项：韶关市武江龙归粮仓培训基地项目（粮仓二期），该项目于10月完工，已投入使用；“三供一业”物业维修改造（清算）工作，9月30日，完成16个改造点的清算资料提交；韶关市武江区健康驿站（二期）改造工程，该项目于2022年11月开工，当月完成改造工作；武江区医药健康科技产业园建设项目（围墙改造工程），该项目已于10月开始施工，12月完工。

（邝宏尚）

财　政

【概况】 2022年，武江区一般公共预算收入完成37339万元，可比口径同比下降32.07%。其中，税收收入完成25224万元，同比下降42.52%，剔除增值税留抵退税因素后，税收收入完成30225万元，同比下降32.38%；非税收入完成12115万元，同比下降31.30%，占区财政收入比重为32.45%，收入结构较好。一般公共预算支出完成166993万元，完成年初预算的105.87%，下降15.05%。

【部门预算编制】 2022年，武江区有105个预算单位独立编制部门预算，与2021年相比增加52个预算单位，主要是按省级要求，教育系统、卫健系统下属单位由往年主管部门汇总编制预算调整为独立编制预算。集中财力保障重点支出，优先保障民生和债务付息等刚性支出，保障“六稳”“六保”所需支出。不折不扣落实过“紧日子”要求，严格控制本级“三公”经费及一般性支出，压缩非急需、非刚性项目预算。

【国库集中支付】 2022 年，区财政局建立健全财政国库库款预测预警监控管理长效机制，合理预测收支情况。加强预算支出动态监控，发挥财政“三保”专户作用，严格预算执行，加强资金调度，重点保障区“三保”支出及重点项目支出。落实预算支出通报制度，把支出进度作为重要考核指标，按时通报，确保支出达到序时进度要求。

【优化支出结构】 2022 年，区财政局兜牢兜实“三保”支出底线。其中，全区 13 类民生支出完成 133972 万元，占一般公共预算支出比重达 80.23%；省十件民生实事区级投入资金 2133 万元，完成全年预算的 129.51%。建立完善项目资金保障与核算运行机制，支持配合芙蓉新城等重点项目建设，加强与市对接，积极筹措、及时拨付征拆资金，确保经费及时到位、征拆顺利推进。

【财政体制改革】 2022 年，区财政局深入推进预算绩效管理。构建覆盖所有区级部门和项目的绩效指标模板，建立重大项目事前绩效评估机制。拓展绩效重点评价覆盖面，将专项债券纳入评价范围。2022 年 5 月 16 日起，全区实现政府采购项目“招、投、开、评、定”等各环节全流程电子化，进一步畅通供应商质疑投诉渠道，有效提高政府采购工作质量。进一步深化涉农资金改革，提升涉农资金统筹、项目谋划能力。推进公务卡改革，覆盖 61 个单位及 5 个镇，开卡量达 1379 张，公务卡消费报销金额逐年增长，使用单位公务消费更阳光、更规范。

【行政许可管理】 2022 年，区财政局认真做好行政审批事项办理工作，行政许可事项只有 1 项，为“中介机构从事代理记账业务审批”，该事项进驻广东政务服务网。2022 年，共办理行政许可 23 项，受理 23 项，办结 23 项。6 月，开展《2021 年度地区（部门）行政事业单位内部控制报告》编报工作，武江区 112 个行政事业单位均开展内部控制报告编报工作，实际上报单位 112 个，上报率 100%。4 月，为武江区代理记账机构进行年度备案。9—12 月，开展代理记账行业违法违规行为专项整治工作。

【压减预算支出】 2022 年，区财政局坚持党政机关“过紧日子”，大力压减一般性支出，对公用经费、非急需非刚性项目进行压减，全区共压减支出 693 万元，安排用于落实“三保”等民生保障领域。

【申报新增债券】 2022 年，区财政局根据省市财政部门部署，积极对接区发改局及各项目主管单位，申报新增债券，申请到位新增债券资金 7.96 亿元，安排用于 6 个项目，涉及老城区基础设施、医疗、乡村振兴、城乡融合发展产业园区等方面，有力地保障区重点项目建设资金需求。

【政府采购管理】 2022 年，区财政局推进招投标全流程电子化。根据省、市财政局部门关于开展政府采购货物和服务项目违规收取质量保证金清理工作的要求，在全区范围内开展自查清理工作，转发《关于优化政府采购质疑和投诉流程的通知》，对政府采购质疑和投诉流程作进一步的优化和明确，并依法处理一宗政府采购投诉；根据《韶关市财政局　韶关市金融工作局中国人民银行韶关市中心支行关于开展市级政府采购合同融资工作的通知》要求，积极配合市财政局做好政府采购合同融资的政策宣传，引导和鼓励金融机构和供应商参与政府采购合同融资。开展工程建设项目政府采购领域突出问题排查整治工作，要求单位对照清单开展自查自纠，并加强监督指导，全面纠治全区各单位在工程建设政府采购等重点领域的突出问题。强化预算单位采购人的主体责任，要求区各单位建立健全本部门政府采购制度。

【财政投资评审】 2022年，武江区基建工程送审项目253项，送审项目金额共计17.89亿元，其中，预算评审共计项目145项，经评审后节约财政资金6586.96万元；结算评审共计项目108项，经评审后节约财政资金2687.18万元，工程项目预、结算审核平均核减率为7.51%。

【一般公共预算收入】 2022年，区财政局支持税务局加强税收收入收缴、重点税源收入入库，跟踪服务重点税源企业，落实减税降费政策，加强协税护税成员单位沟通与数据共享，共同全力做好收入组织，全年完成税收收入25224万元，同比下降42.52%，剔除增值税留抵退税因素后，税收收入完成30225万元，同比下降32.28%。规范非税收入单位的征收管理，实行“收支两条线”，及时足额入库，定期检查。根据《广东省行政执法没收物品处理暂行办法》，及时复函、监督、销毁，规范处理管理罚没物品。每月做好非税专户账务处理，全年完成非税收入12115万元，占区财政收入比重为28.61%，收入结构较为合理。全年一般公共预算收入完成37339万元，同比下降32.07%。

【财政监督】 2022年，为进一步深化中央八项规定在武江区的贯彻落实，严肃财经纪律，规范“三公”等行政经费以及财政专项资金的管理，区财政局严格按照上级财政部门要求，依法开展各项财政监督检查工作。根据市财政局《关于开展2022年财政专项资金核查的通知》的文件精神，组织各有关单位按照文件规定的核查范围进行自查，全区各项财政专项资金在申报、分配、审批、审核、拨付、使用方面不存在违规问题，各项财政专项资金能够按有关规定实行报账，使用真实规范。开展预决算公开检查，检查内容包括预、决算公开的及时性、完整性、细化程度等，武江区预算公开单位116个、决算公开单位115个，全部按照要求保质保量地进行公开。结合武江区财政监督检查工作实际情况，下发《关于开展2022年代理记账机构检查工作的通知》（韶武财法会〔2022〕21号）、《韶关市武江区财政局关于开展2022年“三公”经费和会计信息质量专项检查的通知》（韶武财办〔2022〕14号），选取韶关市武江区诚优财务咨询有限责任公司、韶关市武江区卫生健康局两家单位开展会计监督检查并下发《2022年代理记账机构执业质量检查报告》和《关于韶关市武江区卫生健康局2022年会计信息质量财政检查报告》，两个单位均整改完毕。按照《关于印发武江区全面实施预算绩效管理工作方案（2020—2022年）的通知》有关要求，开展2022年度绩效监控工作，抽取省级、区级共6个项目资金监督资金执行进度和绩效目标实现情况，并将绩效目标执行监控结果作为以后年度预算编制和政策制定的重要参考依据。

【国资和国企】 2022年，武江区完成资产评估处置129次，处置资产原值2949.34万元（含资产调拨、机构改革资产划转）。其中，报废公务用车11台，资产原值228.1万元。为贯彻落实区委、区政府厉行节约的精神，对到期的固定资产经现场核查仍能继续使用的，不予做报废处置。区国资办（区财政局）制定《规范区属国资国企经营管理专项行动方案》，行动方案中包含规范区属国资国企经营管理、深化国有企业改革、建立健全区属国企参与地方经济发展建设制度、优化国有资产监管四大方面工作任务。制定《韶关市武江区区属国有企业公司章程制定管理暂行办法》（韶武国资办〔2022〕12号），规范公司章程主要内容，明确党组织研究讨论是经理层决策重大问题前置程序，规范公司章程制定程序，充分发挥公司章程在公司治理中的基础作用。修订《韶关市武江区区属企业投资监督管理暂行办法》（韶武国资办〔2022〕13号），规范区属国企投资项目事前、事中、事后管理流程，明确投资项目负面清单，加强风险管控，明确责任追究方法。建立联合审计机制，加强国有企业监管。与区审计局联合制定《加强区属国有企业审计协同监督工作办法》（韶武审联〔2022〕1号），通过构建审计监督与国资监管协同工作机制，加强区属国有企业内部审计。推进资源资产价值化，引导国有资本优化经济布局，与区自然资源局联合制定《区属国企参与矿产资源开发利用工作指引》（韶武自然资联〔2022〕8号），规范国有企业矿业项目管理，指导区属国企参与矿业资源开发利用。加强国有资产管理，提高资产利用效率，修订《韶关市武江区经营性国有资产租赁管理办法（修订）》，规范经营性国有资产租赁行为，提高国有资产运营效益，防止国有资产流失，确保国有资产保值增值。

【国有资产清查和处置】 2022年，武江区分别印发《关于开展全区闲置、低效运转国有资产存量清查核实工作的通知》《关于开展全区行政事业单位及区属国有企业房屋、土地等国有资产清查工作的通知》，对全区国有资产进行摸底排查，并按照“一处资产，一份卷宗”的模式建立资产档案。根据《韶关市武江区区属行政事业单位非经营性国有资产管理暂行办法》文件精神，将韶州公园北广场等14处资产经过评估论证后报区政府常务会议同意由非经营性转为经营性资产，并移交区国投集团代为经营管理，有效盘活闲置低效资产，实现资产价值化目标。

（邹惠芳）

税　务

【概况】 国家税务总局韶关市武江区税务局（简称区税务局）是武江区主管税收、社会保险费和有关非税收入工作的职能部门，为正科级全职能局。

【党的建设】 2022年，区税务局党委牢牢把握税务机关的政治属性，坚持党对税收工作的全面领导，扛牢党建引领大旗。开展学习党的二十大精神系列主题活动，开展“税收现代化服务中国式现代化”主题研讨；联合市税务局、团市委以“沉浸式”学习和“咖啡馆”交流方式开展青年理论联学；召开青年干部先进个人风采展座谈会，举办主题书画摄影展，拍摄《征途》《无价税花》宣传片，深入龙归粮仓、后坪村、市博物馆等地开展主题党日活动，不断筑牢信仰之基。创新“青研穗”青年理论学习品牌，通过导师指导、骨干领学、集体研讨、个人自学等方式，以“分享＋碰撞”“融合＋共创”的模式形成30项讨论学习成果，有效解决“我为退税减税献一策”等工作过程中的痛点难点；创新出台党建工作台账“互阅、互助”实施方案，梳理14个互阅项目27条互阅清单，不断推进支部工作建设；制定全面从严治党工作要点和责任清单，明确7个方面24项具体内容，党委会专题研究全面从严治党工作3次，研究意识形态工作2次，召开党委会议并落实“第一议题”制度37次，组织党委理论学习中心组学习7次，领导班子成员到基层联系点讲党课12次，全方位筑牢党建根基。积极争先创优，不断深化党建与业务互促互长，2022年，区税务局获得“广东法治税务示范单位”“韶关市忠诚立家风实践示范基地”“韶关市巾帼文明岗”“韶关市第六届机关工作创新创优竞赛二等奖”“韶关市职工（劳模）创新工作室”等6项荣誉表彰。

【退税减税】 2022年，区税务局归集整理最新的组合式税费支持政策，汇编成册组织全体干部职工开展集中学习，并通过问答、全员考试等形式，力求学深吃透。对纳税人进行全面摸查，建立工作台账，组建“非接触式”后台工作团队和“青年助企辅导团”，快速响应企业涉税诉求；通过金税三期系统随时关注企业申报情况，防止错报、少报和漏报，加速政策落地。加大内部检查和监督力度，坚决做到失责必问，通过文件监督、会议监督、案头监督、走访调研等多种形式，全力护航退税减税工作。区税务局共为497户纳税人办理增值税留抵退税3.4亿元，2000户小微企业“六税两费”减免退库500万元，373户制造业中小微企业缓缴税费8285万元，为21户出口企业办理出口退（免）税2.4亿元。

【组织税费收入】 2022年，区税务局共组织税费收入1078370万元，同比增收71598万元，增长7.1%。其中，税收收入741562万元，同比增收3251万元，增长0.4%；非税收入336808万元，同比增收68347万元，增长25.5%（社保费收入264745万元，同比增收26038万元，增长10.9%），是全市唯一全口径增长的单位。强化以税咨政，用好税收分析“晴雨表”。举办“韶关新区招商引资企业涉税分析”专题讲座，撰写《大规模增值税留抵退税政策效应分析》《聚合力汇众智助推新增债券重点项目提质增效》等8篇调研报告，领导班子多次参与招商引资研讨会议，发挥税收专业优势，“用数据说话”提供翔实、准确和有价值的信息，为经济社会发展贡献税务力量。

【税费管理】 2022年，区税务局严厉打击涉税违法犯罪行为，以税收大数据为抓手，完善风险模型，强化风险企业多税种联动的应对排查，不断规范企业税收征管秩序；做好风险应对及税费疑点核查，全年共完成风险应对任务93条，有效保护国家税收不流失；加大信息共享力度，对财政资金投资的重大项目、重点工程、支柱产业等数据进行交换，实现对税源的全方位控管。开展土地增值税清算专项工作，按时限、按要求保质保量完成年度6个清算项目，涉及税款5835万元；成立9个促收小组，对有风险提示的企业进行评估分析，辅导企业自查补缴税款2000万元，组建3个“房土”两税工作专班，对辖区商业性房产出租税源、镇街村出租房产及土地进行排查，夯实“房土”两税税源管理，涉及税款近1800万元；应用税收大数据，对购销合同、承包合同、营业账簿等是否足额缴纳印花税进行有针对性排查，涉及税款约300万元。做好国有土地使用权出让收入等4项非税收入划转征收，平稳、高效推进金三社保费征管系统（标准版）上线，做好城乡居民基本医疗保险征缴，征缴率达98.5%，排名全市第一。

【协税护税】 2022年，区税务局牵头成立以区长为组长的全区协税护税工作领导小组，常态化召开联席会议，建立《武江区协税护税信息交换工作管理办法》《武江区规范税收征管专项行动方案》等“一揽子”管理机制，将协税护税列入地方绩效考核，全年收集25个成员单位数据信息3.8万多条，增加税收3280万元，有效构建起“政府领导、财税主管、部门配合、司法保障、社会参与”的协同共治新格局。

【征管改革】 2022年，区税务局完善“团队管户分类管事”税源管理模式，并根据高新区产业发展特点及税源结构，着力探索打造“三化一型”税源管理新模式，分事设岗、以岗定责，实现“集约式”管理与专业化服务。全面推行“全面数字化的电子发票”，落实“首票服务”制度，2022年共有1.06万户纳税人被纳入全面数字化电子发票试点，占增值税

2022年8月，区税务局被评为“广东法治税务示范单位”，成为韶关市首个省级法治政府建设示范点　　（区税务局　供图）

用票总户数的 73.4%。

【依法治税】2022 年，区税务局开展法治税务合议讨论，落实税收执法“三项制度”，推进“说理式”执法，落实执法责任制与现金税费征缴风险防控长效机制，配合做好审计署驻南京特派办进驻审计工作。2022 年，荣获“广东法治税务示范单位”称号，是韶关市首个省级法治政府建设示范点，也是全省唯一获此荣誉的县（市、区）级税务局。

【智慧办税】2022 年，区税务局建设市辖“三区”集约运营中心，率先在全市试行“零窗”服务模式，变“有窗叫号”为“无感服务”，提供不受区域、空间局限的办税渠道；在专业市场、车管所、村（居）委会等多地铺设 86 个便民办税“税 e 站”，打造“就近办、智能办、轻松办”纳税服务新生态；将办税服务厅升级为“智税云厅”，发布 244 个税费事项“非接触式”办理清单，集成“网上办税为主、自助办税为辅、V—Tax 远程办税兜底”的“非接触式”税费服务新模式，极大提升办税费效率，税费业务线上分流率达到 91.25%，窗口服务人次同比下降 90%。

【优化营商环境】2022 年，区税务局联合工商银行韶关分行创新打造“税银·惠企优”服务项目，制定《“专精特新”税收专属服务手册》，并通过税银双方的数据互换，更好地发挥纳税信用在普惠金融体系建设中的重要作用；联合区财政局推出“双优工程”服务项目，打好政策、资金、服务“组合拳”，以“财政优势”加“税优服务”推动企业创新升级，经验做法获韶关市创新创优大赛二等奖，并被《中国税务报》、光明网等广泛宣传。精准分析纳税人满意度调查结果，查找突出问题和薄弱环节。制定精细服务问需纾困工作方案，建立税企直联机制，组建 27 个网格服务群，充分发挥工商联、行业协会等社会组织作用，深入企业问计问需，探讨发展良策。与区人民法院签订《司法拍卖不动产涉税问题协作机制备忘录》，打破业务壁垒，优化司法拍卖不动产涉税缴费流程，提高税收征管质效。提速出口退税审批，将一类、二类出口企业的出口退（免）税平均办理时长，由全省规定的 5 个工作日，提速到不超过 3 个工作日，有效稳外贸、稳外资。开设“云端”纳税人学堂，精准送达春风政策，2022 年共在央视新闻、人民日报客户端等全国、省、市主流媒体刊载新闻 96 篇，省、市税务局微信公众号发布推文 70 篇，新闻媒体、新媒体、政务信息宣传成绩均位列全市税务系统第一。

【廉政税务】2022 年，区税务局深化党风廉政建设，紧跟纪检监察体制改革“1+7”工作部署，推动构建一体化综合监督体系“1+6”制度体系落地落实。配合市税务局创建“青廉树”廉政品牌，开展“韶税正春季、共植青廉林”活动，举办“青风正气、青廉护航”青年干部廉政座谈会，组织年轻干部开展“我眼中的监督”大讨论，全年开展典型案例、中央八项规定精神“正负面清

2022年3月1日，区税务局在新区办税服务厅创新开启“零窗”模式，率先在全市试行100%“非接触式”税费服务模式

（区税务局　供图）

单”学习、党廉知识专题考试等13场次警示教育活动，做到警示教育全面覆盖、全年贯通。坚持监督常在，发挥内部监督作用，2022年开展日常联合监督检查51次，召开“一案双查”联席会4次。拓展外部监督渠道，聘任来自检察院、企业等10名社会各界人士作为特约监督员；强化纪税协作，全年向地方纪委监委沟通汇报9次；深入推进廉洁家风建设，成功创建韶关市2022年“忠诚立家风”实践示范基地。廉政微视频《拼爹》在中国纪检杂志社等主办的“清风廉韵”摄影展暨微电影展中获评“最佳短视频”。

【队伍建设】 2022年，区税务局制定绩效文化理念建设工作方案，创新提炼“干就干最好 拼就拼一流”武江税务绩效文化核心价值理念。打造“微心愿驿站”志愿服务新平台，推动对残疾儿童家庭的全方位、立体化帮扶。用好职务与职级晋升机制，2022年共晋升三级主办5人，四级主办5人。发挥好“全员联学、岗位互学、骨干领学”“武税菁英、聚力成长”等人才培养工作机制，积极培养复合型人才。组织2022年春季大培训，每季度组织“以考促学，以学促为”知识考试，在“学”与“练”中不断提升队伍综合素质。2022年，共有3人入选省税务局业务大比武，1人入选省局集训队，8人次获“韶关市最美税务人”“韶关市优秀书香家庭”等荣誉表彰。

（陈敏琳）

统　计

【概况】 2022年，韶关市武江区统计局（简称区统计局）深入学习贯彻党的二十大精神，贯彻落实习近平总书记关于统计工作的重要讲话、指示批示精神，紧紧围绕贯彻落实新发展理念，推动统计改革和规范治理，加强法治建设，优化统计服务，夯实统计基层基础，较好发挥统计监督职能作用，统计工作取得新成效。

【企业数据统计】 2022年，区统计局组织工业、建筑业、房地产开发、商贸、服务业等412家“四上”企业完成月度和年度统计报表报送任务。扎实开展工业、建筑业、商贸、服务业等“四下”单位抽样调查。做好固定资产投资、人口就业、劳动工资、社会科技、能源、农业等专业统计工作。加强名录库动态维护和更新工作，不断提高基本单位数据质量。

【经济参谋】 2022年，区统计局跟进数据收集、加强报表审核，提高研判预警和数据解读速度，强化经济运行监测，定期发布全区经济和社会发展统计数据。组织开展主要指标月度调研预计，超前为党政领导和部门提供预警服务。全年编印《武江统计分析》22期和印制《统计月报》11期，2篇分析获区政府主要领导批示，多篇分析获区政府分管领导批示，为党政领导和部门加强经济运行调度和管理提供可靠参考。区统计局定期发布武江区“四上”企业名单，编印国民经济和社会发展统计公报；制定企业走访安排表，全力配合行业主管部门推进纳统工作，点对点做好企业跟踪指导，在各行业部门的共同努力下，全年新增和下转上“四上”企业40家。及时梳理重点企业、行业情况，提醒需要重点关注的指标，为党政领导和各部门提供决策参谋。强化统计专业知识宣讲，与发改、农业农村等部门联合举办投资和项目入库、农业统计等业务培训。由区政府办印发《关于加强部门统计工作的通知》，提高部门统计数据质量。全年完成市委、市政府下达的经济增长内控目标，全区地区生产总值完成306.87亿元，总量全市第一。

【高质量发展评价和监测】 2022年，区统计局印发《武江区促进镇域经济高质量发展激励方案（试行）》，定期监测、通报、评比，明确对镇域经济发展较快、质量较高的镇（街）给予奖励，进一步推动武江区镇域经济高质量发展。每季度组织开展镇域经济发展监测指标填报工作，及时汇总分析编印简报通报相关情况，关注招商引资、产业投资、镇村主导产业项目、新增“四上”企业等重点指标，通过监测机制引导各镇（街）充分利用自身区位和优势，促进区域协调发展。举办全区镇（街）高质量发展综合绩效评价业务培训，深入解读指标评价方法，提高镇街领导运用统计抓经济、抓发展、抓谋划的能力。

【工业电子台账建设】 2022年，区统计局建立工业企业台账，及时实地核查数据，定期收集纳税申报表开展部门数据比对，提高部门数据匹配度，进一步提高工业统计数据质量。区统计局被市统计局评为全市规模以上工业企业统计规范建设先进单位。

【统计能力和基层基础建设】 2022年，区统计局以“7个一”规范化建设为抓手，对标建设标准，开展全区性统计调查业务培训，定期督促检查、加强现场查补，督促基层完善台账并规范存档；更新完善各镇街统计人员信息台账；印制《2022年武江区统计调查工作手册》，为扎实全面推进镇、村统计调查基层基础工作提供操作规范和工作指引。区统计局、龙归镇和有关镇街的6个村（社区）被市政府授予统计能力建设先进单位称号；惠民街道和西河镇被市统计局评为2022年基层统计“7个一”规范化建设市级验收先进单位。

【统计重要文件学习】 2022年，区统计局推动区委常委会会议、区政府常务会议深入学习《关于更加有效发挥统计监督职能作用的意见》《国家统计局关于河北省、河南省、贵州省有关地区统计违法案件的通报》《防范和惩治统计造假弄虚作假重要文件汇编》及研究武江区贯彻落实意见，推进统计法进党校。

【统计造假专项纠治】 2022年，区统计局高位推动，成立以区政府主要领导为组长的专项纠治工作领导小组，印发实施方案、召开工作推进会，及时部署落实专项纠治工作。经查，全区暂未发现有“权力干预”“数据寻租”等统计违法行为，暂未发现统计违法行为和弄虚作假问题。

【统计执法】 2022年，区统计局配合市统计局、市市场监管局开展部门联合“双随机、一公开”检查工作，完成全区15个企业（项目）统计执法检查，164个入库退库企业（项目）完成自查。

【统计监督】 2022年，区统计局在开展十届区委第一轮巡察工作中，首次将统计监督纳入巡察内容，通过建立巡前通报机制和工作协同机制为巡察工作精准发力提供参考，提高巡察监督的针对性，实现信息高效沟通，为武江区积极构建统计监督协同配合机制开创新局面。

【统计法治宣传】 2022年，区统计局承办韶关市第十三届“中国统计开放日”活动，国家统计局广东省调查总队相关人员及市领导活动现场，通过走进田间地头、到村委会和镇政府统计调查室查看基层统计资料等方式，让参加活动的各级领导全方位了解统计调查制度方法、认同统计调查工作流程。

【住户调查工作】 2022年，区统计局严格按照大样本轮换相关要求落实工作职责，完成14个村（居）开户工作，分批深入各镇（街）、村（居）开展记账户培训，提升住户调查样本的代表性和稳定性、提升记账质量。

【畜禽监测调查工作】 2022年，区统计局深入分析畜牧业生产发展情况，积极与农业部门联动，通过开展业务培训、规范调查程序、坚持入户访问、实地摸底，加强对原始数据、资料存档等管理，从而提高源头数据质量。武江区大型养殖场15家，比2021年（14家）净增1家。

【推进各类专项调查】 2022年，区统计局承担国家、省、市布置的14项专项调查任务，分别是：城乡一体化住户调查；主要畜禽调查；规模以下服务业企业抽样调查；规模以下工业抽样调查；限下批零、住宿餐饮企业、个体户抽样调查；小微企业和个体经营户跟踪调查；劳动力调查；应用“扫码读数”微信小程序更新基本单位名录库调查；人口变动情况抽样调查；建筑业中小微企业抽样调查；妇女儿童发展规划统计监测；创建国家森林城市工作的支持率、知晓率、满意度调查，韶关市创建全国文明城市评估调查，生态文明建设满意度和参与度调查等工作。

（李　婷）

审　计

【概况】2022年，韶关市武江区审计局（简称区审计局）完成审计项目11个，查出主要问题总数118个（非金额计量问题82个），发现管理不规范资金5251.82万元，审计提出并被采纳审计建议32条，促进被审计单位制定整改措施172条，完善工作流程28项，规范核算15项，督促建章立制7项，督促加快工程进度4项。区委审计办、区审计局向区委、区委审计委员会呈报重要事项、重要文稿并得到批示15篇。

【财政审计】2022年，区审计局有效运用大数据筛查方式深入推进武江区2021年度一级预算单位预算执行和其他财政收支情况审计，拓展审计监督的广度和深度，实现对区本级49个一级预算单位进行“横向到边”全覆盖，严格检查全区一级预算单位的预算管理和执行情况，提出规范一级预算单位预算编制、预算执行和内部管理的审计意见和建议，充分发挥审计职能作用，推动提高部门预算管理水平和预算绩效。

【经济责任审计】2022年，区审计局完成经济责任审计对象数据库更新，聚集领导干部权力运行和责任落实情况，有序开展武江区市场监督管理局局长任期经济责任审计，并于12月2日召开2022年度经济责任审计工作联席会议第四次全体会议。针对审计发现的普遍性和突出性问题，从完善体制制度的层面提出意见和建议，促进领导干部履职用权依法依规。

【民生审计】2022年，区审计局开展武江区2020年老旧小区改造专项审计调查项目。以决策执行、项目建设程序执行、项目资金使用、工程造价、项目合同等方面为重要突破口对32个老旧小区改造项目进行专项审计。审计发现问题，并提出针对性的审计意见和建议，推动各相关单位更合理使用民生资金，更好地贯彻落实民生政策，促进项目规范建设，切实推动老旧小区改造政策真正落到实处，将实事办在人民群众的“心坎上”。

【资源环境审计】2022年，区审计局在市局组织下统一开展韶关市及市辖三区2021年广东粤北南岭山区山水林田湖草生态保护修复试点工程。紧扣生态文明发展理念，按照“摸清情况、解释问题、分析原因、推动落实、提高效益”的工作思路，坚持客观求实，坚持问题导向，充分发挥审计监督和保障作用。

【重大政策落实情况跟踪审计】2022年，区审计局多措并举开展武江区2022年第一季度、第二季度国家和省重大政策措施落实情况跟踪审计。聚焦防范化解拖欠中小企业账款，以摸清武江区2021年度中央财政直达资金管理使用情况为抓手，以资金分配、拨付下达、管理使用等实际情况为出发点，以部门排查建档、履职尽责、被投诉问题线索办理等方面为切入点，深入开展贯彻落实省重大政策情况审计，发现问题6个。通过揭示突出问题、分析产生原因、提出审计建议，推动完善本地区直达资金监管制度，助力推动优化营商环境，促进政策措施落地见效。

【大数据审计】2022年，区审计局积极探索大数据审计方法在审计中的应用。在2021年度市县预算执行和其他财政收支情况异地交叉审计中以“四本预算”全口径审计为基础，利用大数据拓宽审计范围，聚集预算法贯彻执行、中央和省重大政策情况、经济社会发展工作相关部署、政府债务债券资金使用的实际情况，全面把握财政整体运行，揭示财政预算执行和绩效管理中存在的突出问题和风险隐患，提出针对性的建议，促进加强预算绩效管理，推动积极财政政策加力提效，促进公共资金安全高效实用。

【试点内部审计】2022年，区审计局持续强化对内部审计工作的监督指导，通过“以审代训”强化内审工作，注重培训与实战相结合，全面提升试点单位内审水平。在开展武江区2018—2021年党费使用管理情况专项审计调查期间，由区审计局与抽调人员共同协调开展该项工作带领区委组织部内审人员全程参与审计工作，开启武江内审试点新篇章。

【审计整改】2022年，区审计局印发《武江区审计局审计整改督促检查管理制度》通知，健全审计整改检查跟踪机制，确保整改工作落到实处。强化整改情况回访，督促完善审计整改台账，认真听取被审计单位整改情况汇报，提升审计监督质效。强化整改“回头看”，压实被审计单位审计查出问题整改的主体责任，引导聚焦问题，有效改进工作，建立健全长效机制。强化沟通联系，有效推动审计监督与巡审结合的贯通衔接，形成监督合力，提升监督效能。

【落实审计委员会各项任务】2022年，区委审计委员会召开1次全体会议（区委审计委员会第九次会议），出台贯彻落实审计重大事项请示报告制度的实施方案。区委审计办、区审计局向区委、区委审计委员会呈报重要事项、重要文稿并得到批示15篇次，区委审计委员会向市委审计委员会、市委审计办报送重大事项9篇次。

【第一届特约审计员聘任会】10月21日，区审计局召开第一届特约审计员聘任会，聘任6名民主党派人士和1名无党派人士，同日颁发聘任证书。聘请特约审计员，是审计机关落实党中央坚持和完善中国共产党领导的多党合作和政治协商制度的一项重要举措，是发挥民主党派和无党派人士参政议政、民主监督作用，健全和发展中国特色社会主义监督体系的一个重要领域。

【队伍建设】2022年，区审计局坚持以战略眼光加强干部队伍建设，健全完善全链条素质培养体系，下属事业单位武江区审计服务中心招录金融学、计算机、财政学、人力资源管理等5名专业人员，提升审计干部队伍专业多元化。提拔1名副局长、3名股长（主任），4名人员职务职级晋升，充分体现党委对审计工作的高度重视，激发审计干部干事创业热情，进一步提升队伍整体情况，强化队伍业务能力，有力促进区审计事业的发展。

（刘志娟）

市场监督管理

【概况】2022年，韶关市武江区市场监督管理局（简称区市场监管局）紧紧围绕区委、区政府中心工作和市局重点目标任务，坚持推动重点领域改革不放松，提升监管执法效能不懈怠，促进作风持续好转不停步，各项工作目标任务有序推进落实，为武江建设韶关“双化双融”现行示范区和高质量发展率先突破区做出新的贡献。

【行政许可审批】2022年，区市场监管局推行新设企业首套4枚印章免费刻制服务，实现营业执照与首套印章“一站式”免费办理，企业开办全流程“马上办、零成本”。推行“一网通办、一窗通取”服务模式将开办企业涉及的商事登记、印章刻制、发票申领和税控设备、员工参保登记、住房公积金缴存登记、银行开户等多个事项整合，办事环节压至1个，实现开办企业全流程“一网通办、一窗通取”服务模式。全面落实“证照分离”改革，破解企业面临的“办照容易办证难”“准入不准营”等问题，最大限度地减少涉企行政审批事项，简化行政审批流程，让更多市场主体“照后能营、持照即营”。认真贯彻落实《促进个体工商户发展条例》，从简化流程、优化审批等方面入手，促进个体工商户持续健康发展。截至2022年12月31日，全区登记在册市场主体 28215 户，注册资本（金）5019440.63 万元，从业人员 96355 人，与上年同期相比分别增长 16.87%、6.52%、9.38%。2022 年，新登记市场主体 4417 户，其中，企业 900 户，个体工商户 3516 户，农民专业合作社 1 户。2022 年办理食品经营许可业务 2516 宗，药品经营许可业务 141 宗，食品小作坊登记业务 16 宗，第二类医疗器械备案 109 宗，第三类医疗器械经营许可业务 58 宗，特种设备施工告知 478 台，特种设备使用登记 1337 台，作业人员复审 95 人。

【食品安全监管】 2022 年，区市场监管局继续以“四个最严”标准，严管食品安全，辖区全年食品安全工作总体态势良好，未发生较大以上食品安全事故。依照计划按时按质按量完成年度食品抽检 699 批次：其中，普通食品 567 批次，农产品 132 批次。普通食品问题发现率 2.82%，农产品问题发现率 6.82%，国抽系统抽检录入公示率 100%，处置率 100%。组织辖区 17 家农贸市场开展食用农产品快检 51227 批次，不合格 159 批次，合格率 99.69%，处置不合格食用农产品 104.51 千克。开展“我为群众办实事”“你送我检”食用农产品免费快速检测活动，共计接受咨询 60 人次，发放宣传资料 100 份，检测样品 327 批次，检测结果均为合格。组织开展超市散装食品专项整治，共检查超市 26 家，发出责令改正通知书 21 份，发出当场处罚决定书 15 份。

【校园食品安全监管】 2022 年，区市场监管局积极组织学校食堂及校园周边食品经营单位食品安全专项检查，共检查学校食堂 231 家次，校外托管机构 253 家次，集体用餐配送单位 10 家次，学校周边餐饮单位 137 家次、学校周边食品销售单位 132 家次，校园及校园周边春秋季专项检查覆盖率达 100%，检查发现存在问题 56 家单位，均督促整改落实。

【食品安全防控】 2022 年，区市场监管局以开展“守底线、查隐患、保安全”专项行动为契机，强化辖区食品安全监管，防范化解食品安全风险隐患，构建食品安全风险防控机制。强化食品生产领域监管，加大对米面制品、酒类、食用植物油等重点食品生产加工单位的排查整治力度，督促企业和食品小作坊对检查中发现的问题进行整改，确保处置率 100%；强化食品流通领域监管，针对校园及周边、农村及城乡接合部、农贸市场等重点区域，商场超市、酒类销售单位、食杂店等重点对象，食用油、肉类、酒类、婴幼儿配方食品等重点品种，做到边打击、边规范、边提升，着力整治食品安全突出问题；强化餐饮经营单位监管，以辖区大中型餐饮单位为重点，核查餐饮单位是否存在经营活体河豚和野生河豚、自泡酒、超范围超限量使用食品添加剂及非法添加非食用物质、餐饮单位购进进口冷链食品原料来源是否有不清晰和未录入“冷库通”情况。共检查食品生产企业 22 家次，食品加工小作坊 32 家次，食品经营单位 351 家次，餐饮服务单位 812 家次。其中，检查经营使用进口冷链食品的餐饮单位 102 家次，入网餐饮服务单位 252 家次，通过“互联网 + 明厨亮灶”平台巡查学校幼儿园食堂215家次，下发线上整改通知书 24 份，均督促整改落实。

【餐饮质量安全提升】 2022 年，区市场监管局聚焦“2022 年餐饮服务规范年”，督促武江区 1400 家持证在营餐饮服务提供者全部完成 2022 年“食安快线通用版”线上培训考核；全区 115 家学校（幼儿园）食堂、1 家集体用餐配送单位，9 家 A 级校外托管机均开通“互联网 + 明厨亮灶”智慧监管平台，学校幼儿园食堂上线率达 100%；武江区无网络订餐第三方平台，现有入网餐饮服务经营者 950 家，检查入网餐饮服务经营者 652 家，下线暂停美团外卖平台餐饮店 31 家，全区网络订餐餐饮服务经营者持证率、公示许可证率均达 100%；开展“阳光查餐厅”活动 1 期。

【药、械、化安全监管】 2022 年，区市场监管局将药品安全专项整治行动贯穿全年始终，与药品安全日常监管相结合，排查两品一械经营使用薄弱环节风险隐患。共检查药品零售企业128家次、医疗器械经营企业238家次、化妆品经营企业200家次、医疗机构127家次、发现药品安全隐患33条、医疗器械风险隐患11条、化妆品风险隐患19条。开展打击儿童类、染发类等化妆品非法添加及擅自变更配方等违法行为专项行动，检查化妆品经营使用单位38家次，未发现有非法添加及擅自变更配方的违法行为。

【特种设备监管】 2022年，武江区登记注册的特种设备数量共6184台（套），其中，电梯4522台，起重机械622台，场（厂）内机动车辆268台，锅炉41台，压力容器731台。另有气瓶58236只，压力管道22.54千米。辖区内2家液化石油气、1家工业气体充装单位、1家气瓶检测机构、1家液化石油气瓶生产单位均取得气体充装许可证、特种设备生产许可证。辖区内特种设备保持平稳安全运行，全年未发生特种设备安全事故、事件。组织开展叉车、燃气、超期未检特种设备等多项专项检查，全年共检查各特种设备使用单位、生产单位共125家次，排查发现超期未检或经检验不合格等存在严重安全隐患的特种设备417台；其中对4家使用特种设备违法行为的使用单位进行立案查处。

2022年9月16日，区市场监管局开展2022年药品安全事故应急处置演练及培训（区市场监督管理局 供图）

【产品质量监管】 2022年，区市场监管局开展危险化学品及其包装物质量安全排查、道路交通安全整治、城镇燃气安全整治、乡村地区火灾治理等专项检查，检查危险化学品生产企业、危险化学品包装物生产企业、烟花爆竹销售单位、电动自行车销售单位、燃气具销售单位等共计160家次，开展产品质量监测11家次，发出责令整改通知29份书，有效防范和减少产品质量安全隐患。

【价格监管】 2022年，区市场监管局针对重点时段、重点行业开展农副产品价格、药店物资价格、客运票价价格、教育收费等专项检查，检查农贸市场、商超、药店、客运企业、停车场、医疗服务机构、学校及校外培训机构等与民生相关的经营单位共计2378家次，发放《价格行为提醒告诫书》1023份，责令20家明码标价不规范的经营者限期改正。

【广告监管】 2022年，区市场监管局开展移动端互联网广告治理规范工作，重点监管互联网媒介主体数量43个，自行监测互联网广告728条。开展户外广告监管监测检查各类广告772条次，发出责令改正通知书3份、行政提醒函14份；受理涉及知识产权广告投诉举报226宗，对14家医疗机构开展广告监管检查，发出14份行政提醒函，约谈2家医疗机构。

【“双随机、一公开”工作】 2022年，区市场监管局深入推进完善市场监管领域各部门的“一单两库一细则”，建立完善市场监管领域各部门的“双随机”联合抽查机制。统筹推进全区“双随机、一公开”监管工作，建立韶关市武江区“双随机、一公开”监管工作联席会议制度，推动20个成员单位制定本部门及跨部门联合抽查计划，印发《韶关市武江区2022年度部门联合双随机抽查工作计划》，全区各执法部门共开展双随机抽查任务45次，抽查企业101户次，抽查任务完成率100%，实现“进一次门、查多项事”，切实减轻企业负担。

【企业年报】 截至2022年6月30日，2021年度企业年应报5417家，实报5285家，年报率97.56%，将132家未依照期限公示2021年年度报告的市场主体列入经营异常名录。

【知识产权服务】 2022年，区市场监管局持续加强知识产权保护，成立韶关市武江区知识产权维权援助服务站。武江区全年专利授权总数795件，其中，发明专利授权88件、实用新型专利授权667件、外观设计专利授权39件、PCT授权1件。2022年新增商标1278件，武江辖区有效商标4962件。

【消费维权】 2022年，武江区“12315”投诉举报中心、区消费者服务中心共受理咨询68次，投诉786宗，举报423宗，为消费者挽回经济损失50.99万元，投诉按时初查率100%，投诉按时办结率100%，举报按时核查率100%，全部办结答复率达到100%。

【企业信用体系建设】 2022年，区市场监管局强化消费维权体系建设，营造诚信放心的消费环境。在韶关保利广场面向全体商户大力推进武江区第四个“放心消费承诺”示范街区创建，共发动引导场内经营者“放心消费承诺单位”73户，“线下无理由退货承诺店”43户。

（曾丽明）

旅　游

【概况】 2022年，韶关市武江区文化旅游体育局（简称区文旅体局）着眼于全域旅游建设，统筹推进基础设施建设、旅游经济回暖、文旅产业升级、旅游资源推广等各项工作。

【旅游基础设施建设】 2022年，区文旅体局围绕招商引资“一号工程”，不断提升“店小二”服务意识，扎实做好便企惠企部门服务，扶持新增限上住宿2家。开展“暖企走访”活动，深入企业走访调研，并提供政策讲解服务。探索搭建全域旅游体系，围绕乡村振兴与旅游工作结合点，大力推动“旅游+生态”产业融合发展模式，组织旅游宣传推介和旅游志愿服务活动，积极参加旅游博览会，制作武江旅游地图资讯手册一批，进一步完善旅游基础服务设施。

【扶持旅游经济】 2022年1—12月，武江区接待游客107.4万人次，旅游收入10.32亿元。扶持新增限上住宿企业2家，限上住宿企业收入达到2.02亿元。

（钟明东）

2022年驻武江区旅行社一览表

表7

序号	驻武江区旅行社名称	详细地址
1	韶关市骄阳假期旅行社有限公司	武江区工业西路20–3号
2	韶关市全域旅游卡经营有限公司	武江区工业东路1号汽运站内第6幢首层自编号1–1–01商铺
3	韶关市风采假日旅行社有限公司	武江区武江北路393号城市花园–金城小区D幢1层13号商铺
4	韶关红程旅行社有限公司	韶关市武江区工业西路第65幢芙蓉新苑A幢首层5号商铺
5	海外国际旅游集团（韶关）有限公司	韶关市武江区惠民北路493号奥园文化旅游城F栋502房
6	韶关市和程国际旅行社有限公司	韶关市武江区宝盖路10号
7	广东省成洺文旅发展有限公司	韶关市武江区惠民北路493号奥园韶关印象地块–7A座1903房

农业·水利

综　述

【概况】 2022年，武江区粮食播种面积3926公顷、产量2.47万吨，油料种植面积1266公顷、产量0.4万吨，蔬菜播种面积2794.2公顷、产量9.02万吨，水果种植面积1017.8公顷、产量1.29万吨。

【撂荒地复耕复种】 2022年，为激发各类实施主体自发进行复耕的积极性和主动性，武江区制订《韶关市武江区撂荒地复耕复种奖补方案（试行）》，对撂荒地台账内存量撂荒地复耕累计15亩以上的农业实施主体进行补贴，其中第一年补贴400元/亩，第二年补贴200元/亩。实施主体在撂荒地种植水稻，则可以在参与复耕补贴的基础上，享受200元/亩的种粮补贴。全年完成撂荒耕地复耕复种面积432.93公顷。

【高标准农田建设】 2022年，武江区高度重视高标准农田建设工作，倒排工期，挂图作战，责任到人，确保按照时间节点完成建设任务。2021年度韶关市武江区江湾镇等3个镇高标准农田建设项目（293.33公顷）通过市级验收，2022年度韶关市武江区龙归镇高标准农田建设项目（示范）（313.33公顷）完成主体工程建设。

【蔬菜省级现代农业产业园建设】 2022年，武江区积极响应广东省委、省政府“百园强县、千亿兴农”现代农业产业园创建行动，结合武江区发展定位，高质量编制完成蔬菜产业园规划方案和资金使用方案，并顺利通过省厅专家组资料评审，6月被列入2022年省级现代农业产业园建设名单，并收到第一批省级财政资金3000万元。制订《武江区蔬菜省级现代农业产业园资金使用方案（修订版）》《武江蔬菜产业园省级财政补助资金使用管理细则》《武江区蔬菜产业园省级财政资金折股量化联农带农项目实施方案》等规章制度；借助产业园申报契机，遴选出“1+5”实施主体，各企业按照申报的总体布局，加快土地流转，落实

武江区蔬菜省级现代农业产业园（曾静　摄于2022年2月3日）

建设用地、项目用房等。产业园共流转土地268.07公顷，落实建设用地3.85公顷；重点建设农业设施、土地流转、产业融合、科技研发、信息支撑农业品牌、贷款贴息六大板块30个子项目，动工23个，未动工7个，开工率76.67%。

【培育新型农业经营主体】 2022年，武江区共有166家家庭农场、农民专业合作社等新型农业经营主体，其中区级以上农业龙头企业23家（国家级2家、省级4家、市级11家）；区级以上家庭农场25家（省级6家、市级15家）；区级以上农民专业合作社示范社7家（省级3家、市级4家）。

农　机

【概况】 2022年，武江区水稻种植面积3500.73公顷，农机化机耕面积3454.2公顷，机播面积702公顷，机收面积3451.33公顷；水稻耕种收综合机械化水平75.06%，其中，机耕率98.67%、机播率20.05%、机收率98.59%，水稻耕种收综合机械化率比2021年提高1.01%。登记在册的手扶拖拉机80台，手扶拖拉机运输机组9台，大中型拖拉机共35台，履带联合收割机12台，粮食烘干机8台，插秧机22台，植保无人机13台。

【强农惠农政策】 截至2022年底，全区中央补贴资金共录入23.83万元，报废补贴录入0.55万元。共受理确认耕整地、动力、收获、水产养殖、田间管理等5类40台农业机械的补贴指标，4个镇28户农民受益。

【农机安全专项整治】 2022年，区农机总站联合公安交警部门做好上道拖拉机的检查工作，以拖拉机道路交通安全专项整治和系统防范化解道路交通安全风险工作为抓手，继续深入开展拖拉机“不安全、不出门”专项整治行动，落实五个100%（100%办理登记和检验、100%持证驾驶、100%实施安全检查、100%执行安全规程、100%清理“变拖”和老旧残拖拉机），大力宣传和整治“六个严禁”行为，对拖拉机所有人发放告知书，对逾期脱检和非法改装的拖拉机发放整改通知书，从源头上减少上道拖拉机事故发生。严查无牌行驶、无证驾驶、违法载人、拼装改装、逾期未检验、逾期未报废、超速超载、酒后驾驶、闯红灯、三灯不齐、反光贴缺失等违法违规行为，加大农村公路、机耕道路等事故易发、多发路段的隐患排查力度，结合区实际情况，利用农机宣传、乡镇墟日、下乡检查为契机，大力开展形式多样、内容丰富的安全生产宣传活动。

【农机安全生产检查】 2022年，武江区共组织开展农机安全生产检查70次，出动检查人员167人。与交警部门联合执法4次，共出动车辆11台次、公安民警17人次、农机人员10人次，对上道路行驶的拖拉机存在的无牌、无证、违法载人、脱检、牵引超长超宽拖车等违法违规行为进行严格检查，并对驾驶员进行安全宣传教育，切实做到发现一起、查处一起、教育一起，形成严管的高压态势。4次联合执法共排查拖拉机7辆，其中查获涉嫌假牌假证变形拖拉机3台，非法改装1台，交由公安交警扣押处罚。

（赵奉君）

畜牧业

【概况】 2022年，武江区生猪饲养量和出栏量为35万头和16.52万头，分别比上年增长17.6%和2%；家禽饲养量和出栏量为116.8万羽和87.54万羽；母猪存栏量3.89万头；山羊年末存栏为2276头，牛年末存栏为1757头。

【动物疫病防控】 2022年，武江区禽流感、口蹄疫、非洲猪瘟等重大动物疫病防控工作有序推进，全年未发生重大动物疫病流行。共向各乡镇及养殖场（户）派发禽流感疫苗51万毫升、新城疫疫苗80.2万羽份、小反刍兽疫疫苗1.1万头份、猪口蹄疫疫苗8.4万毫升、牛羊口蹄疫疫苗1.17万毫升。组织各乡镇及屠宰场开展“大清洗、大消毒”活动，向各乡镇、养殖场（户）、屠宰场派发消毒药物324箱（合计3.24吨），消毒面积18.69万平方米。监督指导各乡镇做好动物强制免疫工作，全区动物强制免疫达到覆盖率90%、抗体合格率75%以上的目标。

【养殖污染整治】 2022年，武江区制定印发《关于印发韶关市武江区畜禽养殖废弃物高值化利用工作方案的通知》（韶武府办函〔2022〕16号）。推行粪污全量收集还田利用、异位发酵床、污水达标处理回用等经济实用技术模式。武江区41家养殖场建立粪污资源化利用台账，签订畜禽养殖场废弃物资源化利用承诺书49份。切实加强监督巡查，开展畜禽养殖粪污资源化利用工作专项检查，督促养殖场完善环保治污设施，粪污综合利用率达到有关要求，防止养殖场污染事故的发生。全年出动438人次，巡查养殖场208个次，发出《整改通知书》3份，完成3个规模养殖场环保设施配套验收工作；处理涉畜禽舆情投诉纠纷6件。武江区养殖场环保设施全面提升，规模养殖场设施配套率100%，畜禽粪污资源化利用率91.78%，超额完成省市下达的任务。

【兽药畜禽农产品安全监管】 2022年，武江区共出动执法人员1320多人次，全区共购买"瘦肉精"快速检测试纸卡3000板，抽查存栏50头以上的适度规模养殖户230多户（次）、使用快速检测试纸卡现场采集尿样230余批次；抽查生猪屠宰场1家、使用快速检测试纸卡现场采集检测尿样3368批次。积极参与省、市、区各级单位的畜禽农产品安全监测工作，抽取猪肝、禽肉、蛋等各类产品逾160批次，全年未发现检测不合格的情况。全区未发生屠宰环节生猪有违禁药物残留以及养殖环节违法添加违禁药物情况，生猪生产经营秩序稳定。

（赵奉君）

水产业

【概况】 2022年，武江区水产品总产量为3266吨（其中，养殖产量3225吨，捕捞产量41吨），水产品总产量同比略增0.1%；全年渔业总产值5022万元。

【水产品质量安全】 2022年，区农业农村局积极配合参与市开展水产品质量安全监管专项行动和省市部署开展的农产品质量安全整治工作，发放《水产养殖用药明白纸（1号、2号）》、水产品质量安全告知书和生产档案及《水产养殖渔用药物使用相关规定及说明》小册子等宣传资料380份，出动执法人员225人次，检查生产经营主体111家次。印发《韶关市武江区2022年水产绿色健康养殖技术推广"五大行动"实施方案》，不断提升辖区的绿色健康养殖水平，促进水产养殖业绿色高质量发展。

【养殖管理】 2022年，区农业农村局认真开展与乳源、浈江等县区间水产养殖业执法交叉检查工作，重点检查养殖证件、"三项记录"、规章制度等是否完备，苗种采购、投入品、药品的管理是否规范。制订2022年全区水产品质量安全监管计划，在省、市对武江区水产品养殖风险监测和例行监测的监督检查，以及武江区自主开展的水产品监督检查中，抽查样品合格率均为100%。根据《韶关市蛙类养殖违法违规用药专项整治行动方案》有关要求，先后出动执法人员23人次，不断加大对辖区的蛙类养殖场中违规使用禁（停）用药、不遵守休药期规定等行为的整治力度，确保蛙类养殖产品质量安全。

（赵奉君）

渔　政

【概况】 2022年，武江区持有渔业船舶登记证书并纳入广东省渔船管理系统的捕捞渔船有41艘，总功率351.1千瓦，总船长324米，登记在册渔民80人，全部上岸定居。户籍分布主要为重阳镇9艘、西联镇16艘、新华街4艘、惠民街4艘和西河镇8艘。主要停泊点为西联镇甘棠渔民村、白芒大村、浈江区沙头新村和重阳镇沙园渡口。

【政策宣传】2022年3—6月，休禁渔期间，武江区与各镇（街）建立渔政工作网络化管理体系，并加大信息宣传工作力度，开展形式多样、生动有效的宣传活动。休禁渔期间，区出动宣传车辆3次，发放宣传资料260份，张贴宣传画和标语22幅，发送给渔民禁渔期短信80条，悬挂横幅12条，在龙归镇墟日期间开展宣传活动共计2场次，确保区渔民知晓珠江禁渔期工作的具体时间和内容。

【巡查执法】2022年，武江区以交叉检查制度为契机，全面开展日常巡查，联合市农业农村局执法二科、浈江区渔政部门进行4次联合执法专项行动。日常巡查共进行52次，参加检查车次共52次，出动巡查检查人员共170人次。

【安全生产】2022年，武江区按照安全生产有关要求，安排资金用于定制安装渔船船牌80个；开展武江区渔业船舶安全生产专项整治行动工作，保证渔业船舶具备安全作业的条件；全面落实安全生产原则，船东船长依法履职尽责，与41位船东签订安全生产责任书，落实安全责任主体。对涉渔"三无"船舶开展摸排，经镇、街全面排查，未发现存在涉渔"三无"船舶的现象；定期组织检查船员证书证件，包括船员证书人证对应情况，检查船员证书是否齐全和有效，保障出航船员100%持有有效船员证书；每条船设立1名船长、1名船员，在出航时检查船员持证情况，对未持有有效船员证书的，拒绝上船；开展渔业无线电管理专项治理，强化设备备案登记和规范使用，推广新型渔业无线电设备运用，实现"一船一码一设备"监管目标；定期组织工作人员检查安全生产设备、船员配备以及渔业船舶适航等情况，排查生产安全隐患，落实整改措施；全面实行镇（街）干部分片包干、包船，明确每艘渔船的安全监管责任人员，将属地管理责任落实到具体单位、具体人员。

（赵奉君）

水　利

【概况】武江区境内河流众多，水资源丰富。省管河道北江，市管河道有武江、南水河，全区纳入区河长制管理的河流有北江（武江区段）、武江（武江区段）、南水河（武江区段）、龙归水、重阳水等。辖区内集雨面积50平方千米以上的河流总长约190千米。有公益性中小型水库共22座，山塘46座。水力发电站91座，总装机10.2万千瓦。各种小型农业引水陂头50多宗。

【河长制工作】2022年，区、镇、村三级河长全年共巡河7308次，其中区级河长巡河107次，镇级河长巡河2316次；巡河发现问题55个，有效处理55个，处理率达100%。河长牵头抓总，狠抓水质改善提升，辖区4个地表水水质考核断面达标率100%，全年辖区综合污染指数为3.2009，排名全市第三；规模养殖场环保设施配套率100%，畜禽粪污资源化利用率91.7%，清理或转产沿河养殖场12个；农村生活污水收集率达到96.3%。修订《韶关市武江区河道保洁工作实施方案》，加大日常管护力度，开展集中清漂专项行动，累计清理水面漂浮物6000余吨。高质量、高标准推进碧道建设16.2千米。严厉打击河湖"四乱"问题，完成水利部督办"四乱"销号1处，省重要河湖"四乱"销号12处。组织开展妨碍河道行洪突出问题排查整治工作，完成省水利厅督办妨碍河道行洪问题销号1处。累计投入290万元用于管护全区128千米的重点河段。压实镇、村级河长监管责任，严管村民自用砂行为。推动水事联动执法，共组织执法巡查115次，接到投诉举报7宗（属实2宗、不属实5宗），立案查处无证采砂案1宗、侵占河湖案1宗。注重水源涵养林建设，推动完成22.13公顷高质量水源林建设和100公顷抚育任务。完成江湾镇饮用水水源地保护区划立治项目。辖区水质、水环境、水生态呈持续向好趋势发展。

【中小河流治理】2022年，武江区实施中小河流治理项目共计2宗，整治河道里程16.7千米，总投资约4602万元。通过实施武江区重阳镇新街水水环境整治项目、武江区重阳镇重阳水水环境整治项目，进一步改善河道行洪能力。

【自然村集中供水】2022年，武江区7宗（江湾镇2宗、龙归镇2宗、西河镇3宗）全域自然村集中供水工程全部完成合同工程完工验收工作，验收合格率100%。启动武江区农村集中供水“三同五化”提升改造工作，成立农村供水“三同五化”改造提升工作领导小组，编制完成《韶关市武江区农村供水“三同五化”改造提升工作实施方案》，计划总投资约1.1亿元。

【万里碧道建设】2022年，武江区通过实施武江区龙归水碧道（二期）、武江区北江碧道（韶关市区段）的建设，全年完成碧道建设16.2千米，市里下达任务16.2千米，完成占比100%。全年共投资1030万元实施武江区流域水生态环境综合治理建设项目（龙归镇粮仓—南岸瀑布段与龙归污水处理厂—产业园段一期）（水整治提升部分），结合“龙归粮仓”和“龙归城乡融合产业园”等重要节点，统筹推进滨水复合型乡村旅游线路建设，力争构建一条能展现武江乡村振兴成果的生态廊道。

【水土保持与水资源管理】2022年，武江区共审批生产建设项目水土保持方案15件；对116个生产建设项目进行监督检查，有效督促项目业主落实水土保护防治措施，履行义务；完成节水社会的建设，完成政府部门、学校、企业和商住小区等54宗节水载体的建设；广泛深入开展水法律法规宣传，累计悬挂横幅、张贴宣传画、发放宣传资料等4000份，线上线下举办水资源宣传活动2次。

【水库移民】2022年，按照《武江区开展水库移民本地化、城镇化、市民化专项行动方案》，武江区开展水库移民技能培训30人次。全区水库移民市民化比例为14.8%。进一步加强和推动移民村基础设施和美丽家园建设，建成1宗城郊融合类移民村建设项目——武江区重阳镇重华村提质改造工程。

【水电站管理】2022年，全区91家水电站完成生态流量设施整改和监测设备安装，生态流量保障工作初见成效；武江辖区创建孟洲坝发电厂绿色小水电示范站，推动小水电转型升级绿色发展；37家水电站完成安全标准化建设，进一步落实安全生产责任制，规范安全生产行为，推动小水电站现代化提升改造，构建完善的小水电安全管理保障体系。

【水旱防治规划、预案】2022年，区住建局通过提早谋划、及早防范，扎实推进水旱灾害防御工作，不断筑牢汛期安全防线。通过不断强化“人防+技防”水平，组织水旱灾害防御相关人员开展安全防汛知识集中培训，提升监测预警能力；发挥水旱灾害防御预警预报系统能力，提高准确科学预警预报水平。全年，武江区共修编水利工程防御预案22宗，山洪灾害防御预案34宗，农村水电站防洪预案91宗。

（余　晴）

工业·科技

宏观管理工作

【概况】 2022年，武江区（含新区）规上工业总产值173.3亿元，现价增速-6.9%。全区（含新区）工业增加值104.82亿元，增长1.4%。

【技术改造】 2022年，区工信局切实贯彻落实好各级惠企政策，主动对接市工信局技改创新科，协助辖区企业丽珠集团利民制药厂获取省、市级专项企业技术改造资金152.98万元，为企业高质量发展提供有力支撑。

【暖企助企走访行动】 2022年，区工信局牵头组织落实《中共韶关市武江区委办公室关于集中开展暖企助企走访行动的通知》，由党政领导带队、区直部门结合各自职责，对工商贸、建筑业、住宿业、餐饮业、服务业等多个领域重点企业进行定期挂点走访服务。深入调研生产经营情况，宣贯惠企政策，解决企业诉求，以问题为导向建立重点企业"一企一策"，从政府领导层面为企业排忧解难，助力企业做大做强。

8月25日，区政协领导到三创混凝土企业开展暖企走访服务
（区工信局　供图）

【工业经济运行监测】 2022年，区工信局强化工业经济运行情况月度监测，建立烟草、玩具、电力、医药、建材等工业行业月度经济运行台账，做好分析研判，高度关注出现较大降幅的行业，及时走访调研，了解经济运行中存在的问题。充分发挥部门协同作用，加强与统计、税务等部门沟通，从企业经营波动幅度、主营业务收入等方面多维度分析企业经营现状。积极联络新区经促局，共享信息，全面掌握全区70家规上工业企业经济运行情况。

【新增规上企业培育】 2022年，区工信局在年初、季度末等多个时间节点，联合区税务局对辖区内小微企业上一年度（或季度）累计主营业务收入进行摸排，建立潜力上规企业库，并对库内企业进行重点监测追踪。联合新区产业促进局，在上规申报期前对潜力上规企业进行集中走访，了解企业产值情况，合理预估企业上规时间，指导企业准备上规材料在规定时间内申报入库，做到应上尽上。

【龙头企业跟踪服务】2022年，区工信局重点对辖区内亿元以上重点工业企业进行追踪监测。卷烟厂方面，每月跟进本月产值预计情况及下月生产指标下达情况，及时了解生产指标明显上涨（或下降）的原因，争取更多生产指标；利民制药厂方面，高度关注黄体酮、丁苯酞、特医生产线等新产品研发情况，尽可能通过招商引资帮助企业搭建合作平台，铺开企业销路；旭日玩具厂方面，加强企业联络走访，了解企业各阶段生产计划和存在困难，帮助企业解决诸如限电之类困境，竭力缩窄企业降幅。

【工业信息化建设】2022年，区工信局加快推进“互联网+制造业”创新融合发展，积极向辖区企业宣传上云上平台、“互联网+先进制造”等扶持政策，多次协同市工信局深入丽珠集团利民制药厂、广东中烟工业有限责任公司、韶关市三创混凝土有限公司、广东省韶关市烟草机械配件厂有限公司等企业等重点企业开展信息化升级调研，为下一步制造业数字化转型奠定基础。

【提升工业互联网安全】2022年，区工信局联合市工信、市电信专家深入丽珠、卷烟厂、三创、烟机厂，通过现场访谈、文档查阅等方式检查工控安全，以查促改，以点带面，督促落实企业主体责任，健全工业互联网安全和工控安全管理体系，提升应急保障管理水平。协同举办以“网络安全人民，网络安全靠人民”为主题的互联网安全论坛，邀请辖区卷烟厂等工业企业代表，进一步增强企业网络安全意识，为韶关市工业经济、数字经济高质量发展提供更加有力的网络安全保障。

【5G基站建设】2022年，区工信局积极落实属地化管理责任，加强与韶关铁塔公司沟通，掌握基站建设中存在的困难，并及时予以协调解决，加快推进5G建设工作，2022年全区累计完成400个5G基站建设。

【“三线”整治】2022年，区工信局积极组织各运营商与区委宣传部、区农业农村局、城管、住建、各镇（街）等部门对接，结合创文、老旧小区改造、火灾高风险区域整治、乡村振兴等任务，共同推进“三线”弱电线路整治工作。

各类工业

【概况】2022年，武江区有规上工业企业15家。以烟草、电力、医药行业为支柱，其中烟草行业所占比重最大，2022年烟草行业增加值占全区规上工业增加值的70%，对工业经济影响巨大。

【烟草工业】2022年，烟草产业完成规上工业增加值63.7亿元，同比增长5.9%。

【电力与热力生产和供应工业】2022年，武江区电力产业共完成规上工业增加值2.86亿元，同比增长8.7%。武江区电力产业主要由韶关供电局及2家水电企业（韶能、方夏）组成，其中韶关供电局相对稳定，而水电企业则受当年气候变化影响较大。广东电网公司韶关供电局是中国南方电网公司广东电网公司下属的大二型企业，为韶关市7个县（市）3个区供应电力，供电客户88.5万户，供电面积1.84万平方千米。韶关供电局成立于1959年，拥有110千伏及以上变电站56座，110千伏及以上输电线路2641.69千米。广东韶能集团股份有限公司是以可再生能源和清洁能源的投资开发与经营为主营业务的上市公司，是韶关地区优势企业集团之一。公司成立于1993年6月，注册地为广东省韶关市。1996年8月30日在深圳证券交易所挂牌上市，股票简称“韶能股份”。

【医药制造业】2022年，武江区制药产业完成规上工业增加值2.1亿元，同比下降0.1%。丽珠集团利民制药厂是珠海丽珠医药集团股份有限公司下属的集医药生产、科研、开发于一体的中外合资企业，是国家中药现代化工程技术研究中心的中试基地和国家中药现代化工程技术研究中心的注射剂研究所。利民制药厂主要生产大容量注射剂、小容量注射剂、片剂、胶囊剂、颗粒剂、原料药等品种，是丽珠集团重要的大容量注射剂、小容量注射剂、中药提取、原料药生产基地。制药厂有大容量注射剂车间、小容量注射剂、中药提取、原料药生产基地。该厂的大容量注射剂车间、小容量注射剂车间、固体制剂车间、原料药车间、中药提取车间均通过国家药品生产质量管理规范论证。

【规模以上工业企业选介】 **广东韶能集团股份有限公司** 广东韶能集团股份有限公司，是以清洁能源和可再生能源的投资开发与经营为主业，形成清洁能源、生态环保植物纤维制品、精密（智能）制造三大核心业务板块的上市公司。截止2022年12月31日，韶能集团总股本10.81亿元，总资产131.72亿元，净资产48.98亿元；电力总装机116万千瓦，其中，水电装机68万千瓦、生物质能发电装机36万千瓦、综合利用发电装机12万千瓦；植物纤维制品业务形成年制浆6.5万吨、造纸37万吨、可降解环保纸餐具10万吨的生产能力；精密（智能）制造年产值8亿元左右。2022年实现营业收入38.49亿元，工业总产值38.21亿元，应缴税费2.47亿元，全年完成投资4.96亿元。

丽珠集团利民制药厂 丽珠集团利民制药厂成立于1966年，1997年转制加入丽珠集团，是丽珠集团下属的集医药生产、研发为一体的制药企业。同时也是中国中药工业百强企业、国家高新技术企业、广东省创新型企业、广东省知识产权优势企业、广东省战略性新兴产业培育企业。企业位于韶关市武江区工业西路，占地面积19.43万平方米，员工533人。利民厂拥有大容量注射剂、小容量注射剂、片剂、胶囊剂、颗粒剂等10余条生产线，151个品种规格。其中，核心产品“参芪扶正注射液”为国家二类中药新药，国家中药保护品种，国家食品药品监督管理总局批准的首个纯中药澄明大输液品种。拥有国内首个无菌中药大输液生产线及全球首个袋装中药注射剂品种，为国内第一条中药大输液袋装生产线。2022年公司生产总值约4.06亿元，营业收入约4.13亿元，纳税总额5226万元。

广东中烟工业有限责任公司 广东中烟工业公司韶关卷烟厂始建于1950年，前身为成立于1950年6月1日的民生卷烟厂，有职工900余人，占地面积9.36万平方米，建筑面积15万平方米，固定资产原值7.54亿元，净值5.18亿元。主要产品为“红玫”牌香烟。拥有国际先进水平的卷接包设备和国内先进水平的制丝生产线，拥有4800千克/时的制丝线一条，额定功率570千克/时的二氧化碳膨胀烟丝制丝线一条，GD卷接包机组13套，其中软包机组7套，硬包机组6套，年产量超过40万大箱，年产值达60亿元以上。

广东电网公司韶关供电局 广东电网公司韶关供电局是中国南方电网公司广东电网公司属下的大Ⅱ型企业，成立于

韶关卷烟厂办公楼　　（区史志办　供图）

1959年，拥有110千伏及以上变电站56座，110千伏及以上输电线路2641.69千米。为韶关市7个县3个区供应电力，供电客户88.5万户，供电面积1.84万平方千米。广东电网公司韶关供电局先后荣获“全国文明单位”“全国五一劳动奖状”“中央企业先进集体”等称号。

韶关市龙韶实业有限公司 韶关市龙韶实业有限公司创办于2002年11月26日。2021年工业生产总值完成1.7亿元，主要经营项目：冶金用熔剂灰岩、建筑用碎石、脱硫用粉体。公司现有员工200人，其中工程技术人员30人，拥有挖掘机、装载机等大型机械一批，重型自卸货车70辆，各类规格石料加工能力达600万吨/年。是宝武韶钢战略合作伙伴及其炼钢用石灰石生产基地，现为韶关市大规模熔剂矿以及采石加工的环保绿色矿山企业。公司固定资产达人民币1亿元以上。公司自成立以来，累计投入2400多万元用于贡献企业力量。

韶关广发光伏发电有限公司 韶关广发光伏发电有限公司成立于2017年8月17日，主要经营光伏发电项目的投资、建设、运营、维护，林业育苗，林业种植，林业科技研究，农业项目投资，农业综合开发等。公司建成了韶关武江光伏电站、武江区科创园充电桩等项目。韶关武江光伏电站项目位于韶关市武江区龙归镇后坪村前山，占地约2000亩，装机容量80MW，于2019年3月30日开工建设，2019年12月并网投产。电站采用林光互补模式建设运营，是新能源公司在新型光伏应用模式上的创新探索。电站运营期为25年，年均发电量约为8069.09万kWh，年均产值约为3234万元，每年可节约标煤2.5万吨，减少二氧化碳（CO_2）约8.05万吨，二氧化硫（SO_2）约2421吨，烟尘约2.2万吨，将显现出较为良好的环境效益、经济效益和社会效益。

韶关市明昊新建材有限公司 韶关市明昊新建材有限公司成立于2016年6月3日，注册资金200万元，员工30人，厂房占地面积达16650平方米。主要产品有建筑石灰、工业石灰、生石灰粉、高纯度氢氧化钙，以及污水处理剂用、电厂脱硫专用石灰，石灰石粉、水厂净水处理用灰粉、建筑用石灰粉，纸厂用碱及各类化工用灰等等。建设2座全新环保机立窑，月产量可生石灰块2万吨，是全市最大的石灰生产基地，配套石灰深加工磨机设备。2022年实现产量86931吨，工业生产总值为4414万元，营业收入4354万元。

（彭沁春）

高新技术

【概况】 2022年，武江区积极推动高新技术企业、工程技术研发中心申报，帮助企业争取上级科技经费支持，鼓励企业开展产学研合作，激发企业科技创新发展动力，深入贯彻落实国家人才引进计划和上级人才政策，全面推进企业自主创新、科技成果转化，推动农村科技进步等各项工作。

【科技计划项目申报】 2022年，武江区积极发动组织辖区企事业单位申报市级相关科技计划项目。全年共计向市推荐科技计划项目131项，获得立项63项，累计争取市级科技资金208.5万元。

【工程技术研发中心】 2022年，武江区大力推动企业自主创新，积极引导企业建立自主研发机构，粤北人民医院组建的“韶关市感染与肿瘤分子与细胞快速检测技术研发工程技术研究中心”通过市工程技术研发中心认定。全年共有省级工程技术研究中心1家，市级工程技术研究中心6家，省新型研发机构1家，省重点实验室2个。

【高新技术产业】 2022年，武江区积极发动辖区内企业申报高新技术企业，共推荐14家企业申报高新技术企业，14家企业均成功认定为高企。高企存量31家，新增高企10家，净增高企5家，超额完成市下达高企认定任务。

【人才引进】 2022年，武江区通过开展政策宣讲和申报指导、

2022年5月17日，韶关市武江区生产力促进中心联合韶关市科学技术局举办韶关市2022年高新技术企业申报政策培训会

（区工信局　供图）

举办人才工程政策培训会等方式贯彻落实人才引进计划和人才政策，新认定青年人才2人。通过招商引资引入武江区有高端人才研发团队和管理团队的企业福瑞莱、农信科技、张九龄文化等。

科技企业

【广东数字生态科技有限责任公司】 广东数字生态科技有限责任公司前身是电网无人机应用团队，为适应发展需要，于2021年6月由电网企业、地方国企和能源企业等多方合资组建的新兴技术企业。公司及其前身团队长期从事无人机应用相关的技术研发和飞行作业，现有技术研发人员19人，研发人才占比为37%。大部分来自武汉大学及其他一流高校，其中拥有高级职称者4人，10年以上开发经验资深工程师4人。公司无人机作业和遥感地理信息处理部门现有专业无人机飞手8人，专业数据处理人员40人，拥有各型无人机100台，数据处理工作站60台。2022年，营业收入为20471477.15元。除无人机领域外，广东数字生态科技有限责任公司在地理信息、行业数字化解决方案等方面也有诸多成果，有发明专利7项，软件著作权32项。2022年，该公司“基于空天地一体化智能监测的新能源资源禀赋勘察和智能运维技术研究”项目被认定为“南岭团队计划”项目。

【韶关农信科技有限责任公司】 韶关农信科技有限责任公司由国家农业信息化工程技术研究中心赵青江院士团队成立，专业从事数字农业农村领域研发以及产业化应用。围绕韶关农业产业对全市数字农业农村发展现状、瓶颈和需求进行实地调研，服务面覆盖到韶关市下辖10个区县，与全市近50家企业进行修改技术交流，累计达成合作意向的项目经费达1500万元。经营范围包括农业技术服务、技术开发、技术咨询、技术交流、技术转让、技术推广，农业机械服务，地理遥感信息服务，软件开发，软件销售，机械设备租赁，机械设备销售，机械设备研发，计算机软硬件及辅助设备批发，计算机软硬件及辅助设备零售，电子产品销售，会议、展览服务。参与多项省市级科研项目，承接信息化建设项目数项。申报5项软件著作权和3项实用新型专利。搭建韶关市茶农技交流平台。

（彭沁春）

商　业

商贸管理

【概况】2022年，武江区消费需求继续保持平稳运行态势，城乡市场繁荣。全区共完成社会消费品零售总额78.08亿元，同比增长3.7%，增速全市排名第一。限额以上批发业销售额完成118.30亿元，同比增长33.5%，增速全市排名第二；限额以上零售业销售额完成15.75亿元，同比增长14.2%。

【批发零售业】2022年，武江区限额以上批发零售企业共有77家，其中批发企业46家，零售企业31家。限额以上批发企业主要销售钢材、煤炭、医药、金属、矿产品、石油、建材等，重点批发企业包括广东韶威供应链有限公司、广东烟草韶关市有限公司、国药控股韶关有限公司、韶关市拓海贸易有限公司、广东雪印集团有限公司、韶关市可力金贸易有限公司、广东兴顺佳集团有限公司7家企业。限额以上零售企业主要以超市、百货、医药连锁经营店、汽车4S销售店、加油站为主，重点上亿元零售企业有广东爱心大药房连锁有限公司、韶关安正丰田汽车销售服务有限公司、韶关市利本行汽车销售服务有限公司、韶关市金沅汽车销售服务有限公司4家企业。新增限上批发零售企业8家，超额完成市下达全年新增5家批发零售的目标任务。

【商贸物流业】2022年，武江区商贸物流业发展处于起步阶段，较有规模的限额以上冷链物流企业有广东雪印集团有限公司、广东兴顺佳集团有限公司，是集农产品种养、冷链加工、冷链储存、冷链配送、冷链销售、农产品研发、农产品市场化运营服务于一体的冷链物流企业。

【连锁经营行业】2022年，武江区连锁经营的限上企业有广东爱心大药房连锁有限公司、沃尔玛深国投百货有限公司韶关新华南路分店、韶关市宏昌众晟商贸有限责任公司、韶关市嘉荣超市有限公司4家公司，其中具有代表性的本土连锁经营企业是广东爱心大药房连锁有限公司。

【批发零售企业选介】广东烟草韶关市有限公司　广东省韶关市烟草专卖局成立于1984年1月，广东烟草韶关市有限公司成立于2001年7月，实行两块牌子、一套人马的管理体制，是韶关市卷烟经营和烟叶生产经营及对全市烟草市场实行专卖专营集中统一管理的机构。内设16个职能部门（含南雄烟科所），下辖曲江、仁化、南雄、始兴、乐昌、乳源、翁源、新丰8个县（市、区）烟草专卖局（分公司），其中南雄、始兴、乐昌、乳源为烟叶产区。共有员工约1200人。2022年广东烟草韶关市有限公司销售额为28.49亿元，同比增长4.0%。

广东韶威供应链有限公司　广东韶威供应链有限公司成立于2021年7月，隶属于正威国际集团，是一家主要经营：供应链管理服务；普通货物仓储服务（不含危险化学品等需许可审批的项目）；高性能有色金属及合金材料销售；有色金属合金销售；稀土功能材料销售；新材料技术研发；农产品的生产、销售、加工、运输、贮藏及其他相关服务的公司。2022年广东韶威供应链有限公司销售额为45.95亿元，同比增长1050.2%。

韶关市可力金贸易有限公司 韶关市可力金贸易有限公司成立于2017年4月，是一家民营性质的外贸流通企业。现有资产总额2800万元，2021年12月注册资本和实收资本均为300万元，公司现有员工16人。取得专业岗位证书的有：报关员2人、报检员2人、外销员6人、会计员4人（其中2人为会计师）、报税员2人，完善外贸企业从进出口业务洽谈签约、进出口商品报检报关、外汇付汇核销、经营成果核算及财务分析等各个业务环节的人员配置。公司主营有色金属ADC12的进口内销，兼营矿产品、建筑材料、机械机电设备、日用百货、纺织品、工艺品、五金家电、、化工产品等大类商品的进出口。2022年韶关市可力金贸易有限公司销售额为3.0亿元，同比增长397.8%。

国药控股韶关有限公司

国药控股韶关有限公司成立于2002年9月，是国药集团下属单位国药控股广州有限公司在粤北地区的战略布局子公司，是韶关市医药行业唯一的国有企业，以药品、器械分销为核心业务，积极探索基层零售、电子商务等新型商业模式。公司拥有麻醉药品和精神药品、体外诊断试剂、医疗器械等经营资质，拥有独立的采购、销售和物流配送体系，专注韶关地区药械市场，全面覆盖医疗行业、企事业单位，致力为客户提供快速、优质、高效的医药分销服务。2022年国药控股韶关有限公司销售额为6.32亿元，同比增长10.9%。

广东雪印集团有限公司

广东雪印集团有限公司成立于1998年，是农业产业化国家重点龙头企业和国家高新技术企业。公司核心业务涵盖农业种养殖、食品生产研发、食材供应链、团餐供应链、冷链仓储物流、以及线上线下销售。雪印集团拥有员工近200人，其中研发人员占员工总数约10%。围绕农产品初深加工在韶关、珠三角等地建设了“功夫雪印”中央厨房和农产品加工中心。在粤北、粤东、粤西、大湾区等地区设立农产品配送中心，建立了覆盖全省的农产品食材冷链配送网络。2022年广东雪印集团有限公司销售额为4.07亿元，同比增长20.7%。

广东兴顺佳集团有限公司

广东兴顺佳集团有限公司，成立于2015年11月，是一家集农业种植、冷链加工、冷链仓储、冷链物流配送于一体的全品类食材流通配送的省级重点农业龙头企业。公司建有粤港澳大湾区菜篮子基地，是以“公司+农户+基地”的方式，有订单合作蔬菜种植基地有上万亩。在建武江区省级蔬菜产业园兴顺佳集团冷链物流配送中心项目位于韶关市武江区西联路莞韶产业转移工业园，项目占地面积57.75亩，总投资约1.3亿元，项目建设内容包括农业示范种植项目、农产品冷链加工和预制菜加工产业、冷链仓储物流及农业品牌建设等。2022年广东兴顺佳集团有限公司销售额为2.13亿元，同比增长63.9%。

海王（韶关）医药有限公司 海王（韶关）医药有限公司（原韶关市美丹药业有限公司）成立于2004年3月，是一家为医疗机构提供药品、医疗器械和耗材配送服务为主的流通企业，公司经营药品品种达3000余种，能满足各科临床用药需求。公司经营面积达6000平方米。业务从市区及县城二甲医院覆盖韶关地区各乡镇卫生院。2022年海王（韶关）医药有限公司销售额为1.22亿元，同比下降26.3%。

广东爱心大药房连锁有限公司 广东爱心大药房连锁有限公司成立于2006年，是一家主要经营：中西成药、中药饮片、参茸补品、进口药品、医疗器械及保健食品等近1万种医药产品的省级药品零售连锁企业。旗下直营药店约300家，分布在韶关市辖属三区七县及清远等地区，拥有1.5万多平方米办公和药品配送的综合大楼。企业以集团化发展和管理为目标，实施“多元化”的发展战略，打造以爱心大药房连锁为主导产业，集药品批发、农业开发、实业投资、商业物业、酒店、中药饮片生产为一体的综合性集团企业。2022年广东爱心大药房连锁有限公司销售额为4.83亿元，同比增长18.7%。

（彭沁春）

对外经贸合作

【概况】 2022年，武江区外贸进出口总额65827.9万元，其中，出口8745.5万元，进口57082.4万元。新增外资企业6个，合同吸收外资104万美元，实际利用外资176万美元。

【企业参加大型线上展会】 2022年，区工信局根据市商务局发动企业参加第4期RCEP专题培训、第5届进博会的工作要求，积极对接企业，发动企业人员报名参展，第4期RCEP专题培训有5家企业报名，第5届进博会10家企业报名观展，拓宽企业销售市场。收集外资外贸企业信息，掌握企业经营情况和诉求，及时将省、市的相关扶持政策推送给企业。

招商引资

【概况】 2022年，武江区完成招商引资新签约项目34个，签约项目合同投资额37.45亿元，其中超亿元项目8个。新开工建设项目24个，新竣工投产项目6个，完成年度投资额3.01亿元。

【招商引资工作】 2022年，武江区制定《武江区科创园入驻管理办法》，明确入园企业的定位及入驻门槛，为实现园区的规范化流程提供政策指导和依据。出台《武江区招商引资全生命周期管理工作方案》，建立武江区招商引资跟踪管理项目库，做好信息收集、项目签约、动工启动、竣工投产、入库纳统到增资扩产的项目全生命周期跟踪服务保障工作，打造一流营商环境，提高招商引资工作实效。

【招商引资宣传】 2022年，武江区完成《武江区招商引资政策汇编》《武江区招商引资推介》《武江区城乡融合产业园招商引资推介》手册编撰印刷，聘请第三方着手开发“武江招商”小程序，助力精准招商。

【科创园基础配套设施完善】 2022年6月，武江区完成青创中心建设，引入广州发展新能源股份有限公司、韶关市金舜新能源科技有限公司、数字广东网络建设有限公司等45家优质企业入驻。建成餐厅、咖啡吧、便利店、图书角等休闲生活区，打造高标准足球场、篮球场，并完成40家人才周转公寓的建设。截至12月31日，科创园引入企业137家，全年为武江区创造税收2.5亿元。

【产业园招商工作】 2022年，武江区城乡融合产业园新签约年产值过亿元工业项目2个：锦胜绿色装配式建筑钢生产项目和富增泡棉年产万吨泡棉生产基地项目。两个制造业项目涉及用地约5.33公顷，总投资1.6亿元，两个项目的土地正在清表平整。

（彭沁春）

金 融

综 述

【概况】 2022年，区金融办积极对接上级金融部门，及时解决企业上市挂牌过程中遇到的困难和问题。为推动企业转型升级，武江区金融办定期跟踪传达企业的融资需求，按照“培育一批、申报一批、上市一批、做强一批”，对上市公司和上市后备企业进行全周期、全链条培育、扶持，更好地为武江区的上市后备企业发展提供上市服务。

【落实贷款贴息政策】 2022年，区金融办认真贯彻落实《韶关市人民政府办公室关于印发韶关市制造业小微企业财政贴息管理办法的通知》（韶府办发函〔2019〕99号），缓解当前制造业小微企业生产经营中的融资难问题，促进制造业小微企业转型升级，对符合条件的武江区制造业小微企业申报财政贴息。

【推广使用“韶融码”】 2022年，区金融办认真贯彻落实《关于推广使用韶关市“韶融码”的通知》（韶金函〔2023〕2号），用好用足“韶融码”融资平台，及时对接用户融资需求，按时反馈工作情况；加强创新特色信贷产品和金融服务，继续扩大平台影响力和覆盖面，有效推进平台运用。

【金融扶贫】 2022年，区金融办认真贯彻落实《关于做好2023年普惠金融发展专项资金申报工作的通知》文件精神，优化完善财政支持普惠金融发展方式，更好发挥财政资金引导撬动作用，切实提高普惠金融服务水平，积极探索新型农村合作金融发展的有效途径。

【金融合作】 2022年，区金融办开展政银企合作对接与建设银行韶关市分行联合举办“政银企携手、制造业当家”专精特新“专优工程”综合服务对接会，宣讲惠企政策，为“专精特新”企业打造专属交流平台、政策对接平台和融资服务平台，促进“专精特新”企业素质整体提升，促进中小企业平稳健康发展。

金融管理

【金融机构监管】 2022年，区金融办通过广东省地方金融信息统计系统审核机构财务报表等资料，加大对小额贷款公司等机构监管力度。积极协助配合市金融局组织第三方会计师事务所对辖区内团亿小额贷款有限公司、海威典当行等7家贷款、典当公司开展现场检查，核实贷款业务、当票等经营数据报表，指导规范经营业务，对现场风险排查检查中发现的问题，要求企业限时整改，并提交整改情况说明。

【风险企业和风险线索排查】 2022年，区金融办结合《韶关市涉嫌非法集资风险常态化排查处置工作方案》，开展非法集资风险及非法金融广告信息排查专项行动。结合处置和防范非法集资、扫黑除恶、打击电信网络诈骗等工作，联合辖内各职能部门开展专项排查行动，重点排查含有“财富管理”“理财”“投资咨询”等字样的企业，对其加强政策解读和宣传，引导其进行信息变更，持续跟进落实整改。

【开展防范非法集资宣传】
2022年，区金融办结合《韶关市2023年防范非法集资常态化宣传教育工作方案》，建立政府引导，群众广泛参与的宣传模式。借助网络平台等载体，全方位、多角度开展防范非法集资宣传，提升群众的法律意识和金融风险防范意识。合理利用“武江发布”“学习强国”“南方+”等平台，通过短视频、微动漫、公益广告等方式，强化宣传效果。

（何 莹）

银行业

【中国银行韶关分行】 中国银行韶关分行位于武江区惠民南路50号中环广场，在武江区设有网点8个。2022年，该行本外币各项存、贷款日均余额分别达172亿元、174亿元。

该行紧跟国家导向，以金融支持重点项目建设、民生消费服务、能源电力保供以及房地产市场平稳发展，全年累计投放贷款135.18亿元。民营企业贷款、涉农贷款、绿色信贷、战略性新兴产业贷款较上年增长分别为16.68%、29.37%、142.94%、1105.94%。全年共举办银企对接会13场，吸引150家企业参会，累计达成授信意向超3.8亿元，已发放贷款逾3.65亿元，其中，“‘中银科创+’科技金融专场韶关站”平台活动吸引了40余家小微企业与韶关中行人员进行“一对一”融资洽谈，达成授信合作意向2.4亿元。国际结算和跨境人民币业务市场份额分别为37.05%、38.42%。全年为韶关33家外贸外资企业提供近40亿元授信额度，为中南钢铁等核心客户近15家上游供应商提供供应链金融服务支侍，是年供应链融资余额近3.5亿元。加大对涉农领域的支持力度，全年涉农贷款余额36.34亿元，当年新增8.52亿元。积极落实助企纾困政策，累计为11家小微企业办理无还本续贷，涉及贷款金额3875万元；审批通过33笔个人贷款延期还款申请，涉及贷款余额3203万元；合理用好减费让利政策，支付抵押登记费、评估费、质押登记费等合计让利37.2万元。

【中国农业银行韶关分行】 中国农业银行韶关分行位于武江区惠民北路2号，在武江区设有网点有9个。2022年，该行本外币各项存款余额414.2亿元，比年初增31.9亿元；本外币存款日均余额403.9亿元，比年初增46亿元。本外币各项贷款余额324.2亿元，比年初增30.6亿元。

该行积极服务乡村振兴，围绕乡村产业、农村基础设施建设，持续加大金融支持力度。支持节能环保产业，向辖内废物处置、水电发电、生物质发电等节能环保行业企业投放贷款。做好金融服务民生，与财政、社保、文广旅体、公安、医疗等系统和行业展开全方位合作，为市、县、乡镇三级50余个医院（卫生院）、百余家教育机构以及一批国家级旅游景区量身打造“智慧医疗”“智慧校园”“智慧旅游”服务场景，精准上线驾培平台、农村产权交易平台等“数字政务”“数字乡村”服务平台。

【中国建设银行韶关市分行】
中国建设银行韶关市分行位于韶关市武江区惠民街道光孝路6号，在武江区有8个网点。2022年，该行一般性存款余额334亿元，较年初增长23.42亿元，其中对公存款余额85亿元，个人存款余额248亿元。各项贷款余额232亿元，较年初新增5.63亿元，其中对公贷款余额98亿元，个人贷款余额134亿元。普惠贷款余额21.60亿元，比年初新增5.02亿元，计划完成率112%。普惠贷款客户4515户，比年初新增1344户，计划完成率184%。

该行通过推广总行新一代五大社会化平台，实现C端穿透，促进金融科技赋能养老、学校、医院等民生领域。成立乡村金融办公室并组建乡村振兴贝塔银行团队，以“创新+智慧平台”“信贷+裕农通”为支持动力的“2+2”业务推动模式，推出“现农贷”“生猪贷”等创新普惠信贷产品。推出“裕农通点点惠农”乡村百科一体机等服务渠道。推动“粤兴贷”“农担贷”等新型涉农信贷业务推广，累计投放“粤兴贷”102笔，投放金额3272万元。支持清洁能源、低碳环保等新兴产业，推动绿色金融持续发展。2022年，绿色信贷余额21.86亿元，比年初新增11.30亿元，增速106.97%。

【中国工商银行韶关西河支行】中国工商银行股份有限公司韶关西河支行位于韶关西河惠民路10号，在武江区设有网点10个。2022年，中国工商银行韶关西河支行本外币各项存款余额84.06亿元，比年初增12.23亿元，各项存款日均余额79.8亿元，比年初增长8.66亿元，增幅12.2%；本外币各项贷款余额31.21万元，比年初净增1.7亿元，各项贷款日均余额30.4亿元，日均比年初净增0.88亿元。

年内，该行利用公司+商户+个人经营贷款等产品组合拳，引信贷活水支持辖区内实体经济特别是小微企业发展，实现全年普惠信贷单边投放金额8200万元，较年初净增4300万元，较年初增速23.24%。通过为辖区内企业办理无还本续贷0.52亿元，进一步降低小微企业融资利率，切实解决中小企业融资贵、融资难等问题。2022年，绿色信贷余额5.54亿元。落实绿色信贷“一票否决”制，优先支持清洁能源产业、节能环保等新兴产业，落实绿色信贷全流程管理。涉农贷款余额9.04亿元，持续支持农业产业发展。加大对区域特色农业的信贷支持，充分利用粤农e贷等特色产品，为涉农经营主体办理“粤农e贷”100万元。

【韶关农村商业银行】韶关农村商业银行是2020年6月由原韶关市区农村信用合作联社和韶关市曲江区农村信用合作联社合并组建，位于武江区福星楼37号。2022年，韶关农商银行设立部室20个，在武江区设有网点14个，在职员工476人。韶关农商银行各项存款余额130.57亿元，各项贷款余额91.05亿元，不良贷款率0.82%，资产质量稳居优良区间；实现财务总收入3.56亿元，增幅7.23%；净利润11503.66万元，同比增加1828.73万元，增幅18.9%: 年度纳税总额实缴5669.84万元，同比增长117.54万元，增幅2.12%。

该行依托结对共建基础，提供“送政策、送服务、送资金”服务模式，推动实现“银行+镇村”“银行+三农”共兴共赢目的，助力金融服务乡村振兴事业发展。2022年，韶关农商银行1000万元(含)以下贷款余额43.69亿元，占比66.66%；涉农贷款18.61亿元，较年初增长4.16亿元，占比20.44%；中小微企业贷款存量440户，余额33.48亿元，较年初增长4.05亿元。坚守支农支小发展定位，坚持服务实体经济。

【交通银行韶关分行】交通银行股份有限公司韶关分行位于韶关市武江区工业中路27号，在武江区设有1个网点。2022年，该行本外币各项存款余额40.82亿元，较年初增加4.28亿元，增幅11.71%；本外币各项贷款余额56.58亿元，较年初增加8.99亿元，增幅18.89%；不良贷款余额452.41万元，不良率为0.08%。

年内，该行积极融入韶关经济发展建设，在航运交通、电力能源、绿色产业、制造业领域，累计审批授信金额19亿元。助力小微企业发展，推出免抵押的“税融通”“线上烟户贷”“科技贷”“普惠e贷”等贷款产品，解决小微企业“融资难、担保难”问题，为16户首贷企业办理贷款1.5亿元。针对专精特新企业资金需求，优化信贷流程，扩大专项融资授权，发放“专精特新”企业贷款7户，放款金额0.31亿元。持续提升小微企业中长期占比，中长期贷款余额12.53亿元，较年初净增3.79亿元；为小微企业和个体工商户发放贷款的平均利率为3.85%，较2021年下降45个基点。

积极落实人民银行专项再贷款政策，使用碳减排再贷款、支煤再贷款、科技创新再贷款、交通物流再贷款等货币政策工具，发放贷款合计2.48

亿元，为8户高新技术企业发放0.27亿元贷款。成功落地碳减排再贷款2户合计1.4亿元。助力居民消费，为58家优质餐饮商户近100家门店优惠券补贴，带动消费超近1000万元。依托“惠民贷”，发放新市民个人贷款105笔，贷款金额0.28亿元。积极开展信用卡10元洗车、加油返5%及超市随机立减等线下活动，为消费者让利助力消费回暖。

【东莞银行韶关分行】 东莞银行股份韶关分行位于武江区怡华路1号，在武江区设有网点2个。2022年，东莞银行韶关分行资产总额56.57亿元，增幅17.55%；负债总额54.24亿元，增幅18.36%；各项存款余额33.91亿，增幅6.30%；各项贷款余额57.33亿元，增幅17.90%。

年内，该行通过主动纾困的方式，对还款困难的普惠客户提供无还本续贷、展期等方式做好存量贷款接续，授信企业客户共7家，其中申请延期还本企业6家，累计涉及金额2021.56万元；申请延期付息企业2家，累计涉及金额共124.77万元。为3户企业办理借新还旧、无还本续贷，金额合计800万元。为未能按时还款的个人房贷客户提供延迟还款、征信逾期修改等服务，累计办理个人房贷延迟还款共计金额1675.70万元。积极服务乡村振兴，投放涉农贷款11.13亿元，较年初增加1.14亿元，涉农贷款余额11.12亿元，较年初增加0.47亿元。6月，该行向武江区重阳镇万侯村捐赠50万元，支持该村灾后重建，推进乡村振兴。开拓一批科技金融普惠客群，满足小微企业信贷供给需求。为6户企业投放普惠信用贷款2300万元，普惠型小微企业信用贷款余额5163.52万元，同比增速993.32%。绿色金融贷款余额9.94亿元，不良余额为0。严格执行房地产金融调控新政策，为房地产开发商办理贷款展期业务，展期金额7100万元。合理投放房地产行业贷款，房地产贷款余额24.61亿元，占各项贷款42.93%。

（何 莹）

保险业

【中国太平洋人寿保险股份有限公司韶关中心支公司】 中国太平洋人寿保险股份有限公司韶关中心支公司位于韶关市武江区怡华路1号，在武江区设有武江营销服务部。2022年，该公司实现保险保费收入1.08亿元，个险期缴业务814万元，总赔付支出799.34万元，赔付件数1169件。

【中国平安人寿保险股份有限公司韶关中心支公司】 中国平安人寿保险股份有限公司韶关中心支公司位于沙洲尾枫合汇，在武江区设有网点7个。2022年，该公司累计实现保险保费收入5.57亿元，新单保费1.31亿元；其中健康险和年金保险保费分别占总保费的25.6%和29.4%，总占比超五成。累计有效承保61.2万人次、承保有效保险金额887.4亿元。年内，理赔结案5645件、赔付金额4921万元，其中闪赔件数2552件，件数占比45.2%，最快结案的案件仅用时1.93分钟。首创智慧客服、空中门店模式，保单服务件均时长从传统模式的3天缩短为10分钟，最快可1分钟通过平安金管家APP完成业务自助办理。

（何 莹）

城乡建设

住房和城乡建设

【概况】 2022年，韶关市武江区住房和城乡建设局（简称区住建局）加强与市有关部门的联系，完善武江区房地产企业和建筑企业的资料。全区共有97家资质建筑企业和59家房地产企业。全区全年建筑企业完成产值总产值59.65亿元，比上一年增长0.2%；全区完成商品房销售面积90.01万平方米，比上年下降26.2%。

【建筑监管】 2022年，区住建局开展各类建筑工地安全生产专项行动，重点检查安全管理、消防安全、危险性较大工程、文明施工等，检查在建工地120家次，发出整改通知书120份，发现安全隐患644处，整改率100%。全年查处燃气黑点5处，收缴14.5千克燃气瓶138个、充气设备3批，现场收缴物资由市燃气协会暂扣。全年累计完成3358家次餐饮企业排查，完成189家次瓶装燃气泄漏报警装置整改。武江区存在安全隐患的直排式燃气热水器共计344户，完成更换41户，剩余303户承诺通过更换电热水器、空气能、太阳能等各种方式消除直排式热水器安全隐患。2022年，武江区办理涉及工程建设项目施工许可17个，涉及项目15个。

【人防建设】 2022年，区住建局参加人防机动指挥所野外拉练7次，配合市人防办新安装两个电声警报设施，开展人防宣传教育“五进”工作，对辖区韶关市第九中学、风烈中学等5所学校2367名初中二年级学生、2个社区、3个企业开展人民防空知识教育，并在武江区全民健身广场开展“我与人民防空”宣传周宣传活动，提升人防的社会影响力。

【物业管理】 2022年，区住建局有效开展辖区内物业管理的指导和监督工作，全区物业服务企业88家、物业管理小区179个。处理“12345”网络问政投诉2330件、信访23件。办理业委会备案8件、前期物业服务合同备案8件、物业管理区域备案5件、物业服务合同备案6件。4月，会同辖区新华街道办和惠民街道办举办培训讲座，79家物业服务企业到场参加培训。11月，会同辖区新华街道办和惠民街道办开展武江区物业服务企业创建全国文明城市工作会议。

【老旧小区改造】 2022年，武江区高度重视老旧小区改造工作，将老旧小区改造作为重点民生实事列为政府重点工作。为加快推进老旧小区改造工作，武江区提前谋划改造计划，根据《武江区城镇老旧小区改造2021—2025年规划》以及群众意愿，本着“应改尽改、共同缔造”的原则实地摸排、建立老旧小区改造台账，并结合棚改工作进一步筛查。全年计划实施55个老旧小区改造涉及居民户数3212户，楼栋423栋，建筑面积超31.23万平方米［涉及5个镇（街）：新华街道7个，完成4个；惠民街道24个，完成20个；龙归镇7个，完成7个；重阳镇14个，完成6个；江湾镇3个，完成0个〕，完成投资额超3000万元。截至12月底，完工37个小区，剩余18个计划于2023年11月前结算验收。

【削坡建房风险整治】 2022年，区住建局委托第三方专业机构完成对武江区农村削坡建房点的边坡风险等级的排查认定工作，形成基础台账上报市住管局，最终核定武江区22处农村削坡建房风险点。全年共完成10处农村削坡建房风险点整治任务。

【棚户区改造】 2022年，区住建局定期会同市棚改办、市住房保障中心实地勘察棚户区危旧房，做好拆除实施计划，优先拆除危险等级高的房屋；加强对棚户区安全监管，共同做好棚户区危旧房安全巡查、拆除和监管工作。完成韶亮汽修厂、景发针织厂等零散地块共计133户自建面积测量和一次性安置补偿款支付；申请惠民街道南方公司、力士通机床厂宿舍等地块共68户自建面积和一次性安置补偿款。申请新华街电线厂、惠民街道2022年第二批共25户自建面积和一次性安置补偿款。

【自建房排查整治】 2022年，根据省、市、区文件要求，区住建局组织各镇街和有关单位开展自建房安全专项整治工作。共排查22534栋自建房，其中录入自建房信息19406栋，排查录入3128栋。

【镇村生活垃圾和污水处置】 2022年，武江区通过政府购买服务，引入社会化、专业化机构负责镇村生活垃圾收运工作，实现镇村生活垃圾收运体系100%全覆盖。建立健全农村卫生保洁长效运营机制，制订农村长效保洁奖补实施方案，分配保洁资金258.5万元，村庄保洁覆盖面达到100%。2022年，区住建局共完成5个民生实事自然村的农村生活污水处理设施建设，完成省市考核要求。积极配合各乡镇，推动实施“重阳镇139+美丽圩镇”项目、武江区龙归镇镇村污水设施建设项目等项目，龙归镇、江湾镇、重阳镇镇区公共基础设施得到进一步完善，公共服务能力显著提高。

（余　晴）

【农村供水工程】 2022年，武江区龙归镇后坪村和续源村供水项目、江湾镇全域自然村集中供水工程（含一期）、西河镇大村入户管网供水工程和龙归镇全域自然村集中供水工程（市区自来扩网供水工程）等5宗项目已完成合同工程完工验收工作。农业水价综合改革工作和农田灌溉水有效利用系数测算分析工作已完成，工程形象进度为100%。

【安全生产检查】 2022年，区住建局组织6次水电站安全生产检查，全覆盖全区91宗电站，针对存在的问题，已要求各电站及属地镇政府限期整改完成，消除隐患。开展渡口渡船安全检查15次，发现整改安全隐患2处，完成整改2处。

【节水型社会建设】 2022年，武江区县域节水型社会建设项目成功创建节水型企业4家，节水型居民小区3家以及东岗小学节水教育基地。

公　路

【概况】 2022年，武江区境内的高速公路有京港澳高速公路、乐广高速公路、韶关北环高速公路；国道有G240线、G323线；省道有S246线、S520线；县道有X313线、X314线，形成较为完善的城乡交通骨干网络。2022年，全区公路总里程606.65千米，其中，高速公路34千米，国道28千米，省道46千米，县道61.97千米，乡道184.88千米，村道116.09千米，乡村小道135.71千米。全区公路密度为80千米/百平方千米。农村公路桥梁共计58座1963.33延米。

【“四好农村路”建设】 2022年，武江区持续推进“四好农村路”建设，投入资金2712.5万元，实施农村公路路网改善工程13.1千米。其中，龙归镇龙归村至双头厂单改双改建工程，投入资金95.5万元，建设规模0.681千米；龙归至续源段农村公路改建工程，投入资金1745

万元，建设规模 10.49 千米；武江区通重阳镇水口康体基地旅游公路（Y395 线小水洞至水口段）改建工程，投入资金 872 万元，建设规模 1.98 千米。"四好农村路"高质量发展建设攻坚年度任务完成率达 174%，位列全市第一。

【美丽农村公路建设】 2022 年，武江区大力推进美丽农村公路建设，共完成美丽农村公路建设 39.3 千米。其中，武江区西河至重阳乡村精品线路（S246 线沙园至重阳段）5.365 千米；武江区江湾镇 Y270 线江湾至黄狗坳美丽乡村公路建设 8.09 千米；武江区"十里亭桥头至重阳镇万侯村"美丽乡村路建设 21.112 千米；武江区 X326 线重阳至老东坪美丽乡村路建设工程 4.739 千米，农村公路通行环境大幅度改善。

【农村公路养护】 2022 年，区公路站认真贯彻部署《武江区农村公路养护体制改革实施方案》，积极与各镇对接，做好乡、村道养护管理工作。开展"龙归至江湾""西河至重阳"2 条精品路线路域整治工作，完成沿线平交路口路面硬化工作。积极开展养护示范镇、示范路工作。2022 年，武江辖区内县道、地养省道由山蕉、重阳、江湾 3 个道班负责养护，乡村道由各镇负责管养。各道班根据管养范围，按照要求进行日常道路养护，及时清扫路面、清疏涵洞，维护公路附属设施，确保路产路权完好。组织各养护道班加大路面清扫保洁力度，对路面枯枝落叶及边坡、边沟等杂物进行清理，对公路沿线桥梁、边沟进行清淤疏通，清除农村公路脏乱差现象，保证路容路貌始终处于良好状态。

【应急抢修】 2022 年 6 月，受强降雨影响，武江辖区内农村公路交通线路中断共 31 处。其中，S520 线 K2+600 米至 K2+730 米段下边坡塌方、路基挡土墙、防护栏多处损毁。龙归镇南岸村南岸桥冲毁。为彻底消除道路安全隐患，区公路站主动作为，争取上级补助资金 573 万元，做好地质勘测、施工图纸设计等工作，完成 Y270 线等 18 处水毁修复工作。

【路政安全管理】 2022 年，区公路站认真吸取湾头电站车辆坠水事故，会同区道安办、各镇全面深入排查农村公路临水临涯、急弯陡坡、视距不良等安全隐患路段。新增波形护栏 8537 米，标志标牌 385 块，凸镜 39 块，爆闪灯 15 个。按期完成县乡道与国省道平交路口"一清一灯一带"建设任务；完成村道安防建设任务 3.321 千米；完成三类桥改造任务 7 座，有效防范和化解农村道路交通安全隐患。

（翁一成）

2022年4月，经过养护后的西河镇下坑村公路面貌焕然一新
（区委宣传部　供图）

【道路交通】 2022 年，武江区全面推行普通公路路长制"136"行动，在全区普通公路每个路段采取定岗、定人、定责的日常管理模式，压实路长制工作。截至年底，三级工作队伍人数 51 人，累计完成 11581 人次的巡路工作，发现并处理存在问题 21 个。对交通安全设施建设的投资约 13 万元，完成标志牌 64 个，标线 407 平方米，示警桩 16 根共计 487 处道路安全设施建设，并对水毁路段第一时间进行抢修，共计抢修路段 18 处。

【水上交通】2022年，区住建局为全面加强渡口渡船安全管理，消除安全隐患。根据10月市安委办发布的《中秋国庆节期间第三轮安全生产督查发现隐患问题汇总清单》中，通报关于黄田坝渡口的救生衣穿着示范图因使用时间过长而出现破损的情况进行积极整改，及时将新的示范图张贴上墙，替换旧图。根据《韶关市武江区交通运输局关于渡口渡船安全生产的检查方案》要求，每月至少一次对辖区内渡口渡船进行安全生产大检查，全年累计对辖区内所有渡口渡船全覆盖检查12次。

（余　晴）

城市综合管理

【概况】2022年，韶关市武江区城市综合管理局（简称区城管局）召开党组会议25次，研究“三重一大”议题512项。召开党组理论学习中心组研讨学习会9次。开展谈话提醒16人次。2022年，区城管局在做好日常维护、管理等各项工作的基础上，做好每月的明检工作。通过全局上下一致努力，武江区在市辖三区城市管理综合检查考评工作中，3次排名第一，4次排名第二，4次排名第三；2022年四个季度考评得分均在88分以上，1次排名第一，2次排名第二。

【城管执法】2022年，区城管局采取普遍巡查与定点蹲守相结合、日常巡查与专项整治相结合，以及错时上班、夜间值班整治的方式，强化对全区的市容整治。针对沿街店铺乱堆放、越门摆卖的乱象，采取“逐家宣传—批评教育—严肃查处”循序渐进的整治方式。全年教育和纠正占道经营、乱摆卖乱堆放38300起，规范共享单车辆停放1290辆，清理乱拉挂4190宗，拆除违章设置地锁134个。

【打违控违】2022年，区城管局始终保持高压态势，切实落实网格化管理机制，责任到人，不松劲头，不减力度，强力打击违建行为，坚持打早打小，将违法建设遏制在萌芽状态，做到“零新增”。2022年，联合属地镇人民政府、街道办事处共拆除在建及存量违法建筑172宗，拆除面积137343.46平方米。

【落实“门前三包”】2022年，区城管局发布《关于城市管理严管道路（街区）的通告》，大力宣传城区管理的有关法律法规，要求商铺做好门前三包工作；联合新华街道、市场监管局等相关部门重点对侨新小区开展联合整治行动。加大薄弱环节及重点路段的巡查力度，对辖区内夜间无证流动小吃摊、露天烧烤档、夜间大排档占道经营、噪声扰民等违规行为进行专项治理，共清理夜间占道经营、流动摊贩2200宗。

【数字城管建设】2022年，区城管局承接“12345”、粤省心等工单4487宗，回复率100%，整改率100%。利用监控查处共享单车违停工单5436单；利用监控查处占道经营、乱摆乱卖、环卫垃圾、市政设施等工单212单；利用指挥中心LED屏幕完成户外投屏宣传184次；利用平台（8月29日起）处理“12319”工单1589单。

【环卫保洁】2022年，区城管局大力提升环卫管理水平，建

2022年9月5日，武江区城管工作人员正在对小摊巡查

（区委宣传部　供图）

立辖区环卫保洁长效管理制度，完善网格化管理及App平台。进一步提高环卫作业管理水平和质量，规范环卫作业质量管理。完成高新区环卫保洁市场化工作。对韶关高新区环卫保洁实施市场化运营，包括高新区范围内的城市道路和公共场所清扫保洁服务、垃圾收集清运、公厕运营管理、中转站运营管理、河道及河沟明渠（含硬化斜坡）漂浮物打捞清理及保洁、“牛皮癣”清除、环卫专用车辆和设施设备配置与更新及维护保养管理、特殊情况下的环卫保障等服务，进一步提升韶关高新区城市管理水平。全年派出压缩收运一体车21860车次，常态化保洁、机动保洁作业人员109650人次；开展大清洗行动139次，冲洗主次干道人行道323处、垃圾桶120500个。对辖区内39间公厕和3间垃圾中转站进行常态化保洁，垃圾中转站日处理垃圾量平均230吨，全年累计处理约8.55万吨。全年获市考评第一名。

【市政园林管护】2022年，区城管局完成春节、国庆节假日18.2万盆时花种植生产、摆花、收花工作。组织开展植树活动，在韶州公园老虎岩片区共种植300株山杜英、枫香、木荷。对辖区公园、游园、街道绿地内缺株断带、枯死苗木等进行全面补植，补植面积约3500平方米。持续全面对公共绿地、公园绿地进行系统养护，养护面积约472万平方米。出动430人次对盆景山公园农用地清杂，播种玉米和油葵各一季，播种面积共约4公顷。应对暴雨、洪峰过境情况，紧急处理公共绿地及公园护坡滑坡、塌方36处，紧急排险处理树木46株。洪灾过后对各公园园区进行消杀、消毒工作，日消杀面积达18000平方米。完成新华北路、新华南路、新津路、芙蓉东路、工业路行道树控冠排险修剪916株。辖区市政树木冬季涂白，合计103000株。修剪主次干道行道树约2300株。完成应急抢险任务165宗，处理倒伏树木约180株，累计处理城管热线“12345”工单362宗。推进应用枝条粉碎机，科学处理园林绿化垃圾约600吨。全年获市考评5次第一名。

【垃圾分类推广】2022年，武江区成功打造金泽园、碧桂园天麓山垃圾分类示范小区，完成建设百旺路餐厨垃圾资源化处理站，打造群康路厨余垃圾单独收集、转运、处理示范路段。推进新华街、惠民街创建生活垃圾分类示范街道工作，区城管局组织单位职工开展6场大、中型生活垃圾分类宣传活动，与新华、惠民街道共同开展生活垃圾分类宣传活动65场。在生活垃圾减量化、无害化、资源化方面，全年累计转移可回收物约8.4吨，有效做到武江城区生活垃圾资源化利用。转移有害垃圾约115.7千克，有效推进有害垃圾无害化处理。武江区（含新区）总计转移厨余垃圾、其他垃圾约96763吨至粤丰公司进行焚烧无害化处理，达到生活垃圾无害化、减量化处理效果。

【安全生产】2022年，区城管局严格落实安全生产工作部署，在日常设施管理等方面下功夫，抓好本行业领域风险隐患整治工作，坚决遏制重特大事故发生，切实解决安全生产突出问题，推进综治创平防控体系建设，切实维护社会治安和社会稳定。结合重大节日加强公园森林防火及消防、防汛、道路交通安全、市政工程建设安全、市政设施养护安全、市容市貌整治及查处违法建设工作。组织开展大检查9次，排查、检查相关建设项目工地、公园、泵站、垃圾中转站等工作地点、重要场所，对发现的问题隐患进行整改，且整改率100%。做好城市内涝点摸排和防涝演练工作、消防及安全生产培训工作。8月，中共韶关市委在《韶关市人民政府关于对全市抗洪救灾突出贡献集体和个人予以表扬的通报》中通报表扬韶关市武江区城市管理和综合执法局为韶关市市抗洪救灾突出贡献集体。

【文明创建】2022年，区城管局开展“牛皮癣”专项整治工作，对辖区内主次干道、背街小巷、居民小区、候车亭、电线杆、交通标志等“牛皮癣”重灾区展开清理，增加人员和配置，落实责任制及长效监管，建立健全对“牛皮癣”的日常巡查。制定“牛皮癣”清理台账，每周及时、准确地上报“牛皮癣”清理工作情况，2022年累计派出清理小广告工人5160人次，清理小广告29.6万件，使用手喷漆240瓶，油漆45桶，收集小广告信息605条，有效净化城市环境。针对城中村和城乡接合部卫生死角进行清理，清理卫生死角约1800处，清理垃圾约3000吨。对管辖的公园及广场的公厕、垃圾桶、亭台楼阁、休闲椅，市政设施等辖区内的垃圾桶点、清运车辆、公共厕所、垃圾中转站、卫生死角等环卫设施，进行定时喷药消杀灭蚊。出动病媒防制专业人员960人次，出动病媒防制专业器械800台次，使用灭蚊药物3000千克，开展灭蚊消杀143多万平方米。新增设置灭鼠屋200个，定时对管辖范围内老鼠屋投放灭鼠药，投放老鼠药102千克。加强管辖范围防汛地下管道日常养护，落实清疏工作计划，做好通渠，更换及放置“四防”装置，以及清疏闸口和清疏格栅及表面积淤等工作。

【城市基础设施建设】 2022年，区城管局根据区委区政府工作任务分解责任清单的分工要求，较好地完成各项工作任务，推进城市基础设施建设，完成市政道路及背街小巷的改造提升。开展27个重点项目工作，其中，新华北路、新津路、芙蓉东路、武江小学旁周边道路等11个重点项目完工；韶关高新区莞韶城三期基础设施项目二期厂房片区基础工程（一、二、三期）、韶关高新区莞韶城三期基础设施项目二期工程道路工程、武江区营商服务和大数据运营管理中心建设项目（基础建设部分）项目等16个重点项目正在施工中。完成2022年韶关市武江区林桥公园管养服务项目、2022年韶关市武江区韶州公园管养服务项目、韶关市武江区盆景山管养服务项目采购等15个项目的政府采购公开招标工作。

【行政审批许可】 2022年，区城管局通过推行新模式、开拓新路径等方式，实现审批“加速度”。减少企业和群众跑腿次数，让企业和群众高效办成“一件事”。户外广告规范方面，就企业设置户外招牌许可事项上门服务，现场为企业在办理户外招牌中的办理流程、设置规范等问题逐个予以解决。行政事项审批方面，对企业提出的紧急抢修工程需要办理占用、挖掘城市道路审批、占用城市绿地和砍伐迁移城市树木审批，采取靠前服务，靠前勘查，急事急办的办法快捷审批。推行并联审批机制。根据《韶关市水气接入外线工程建设项目并联审批实施细则（试行）》的要求，针对负责的“占用、挖掘城市道路审批”“占用城市绿地审批”和“砍伐、迁移城市树木审批”等3个事项，加强与住建、公安、交通等部门协作，优化内部流程，整合用水、用气报装“一件事一次办”所需申请材料，推行“多表合一、一表申报”，强化信息共享，共享数据自行复用、个性信息自主填报、申请表单自动生成，实现一次提交，多次复用。同步获取受理信息和相关前置部门的办理信息，实施行政协助、容缺审查、联合踏勘、同步审批。推行行政审批事项容缺受理。根据《韶关市自然资源局关于公布建设工程设计方案审查和建设工程规划许可证豁免项目清单的通知》（韶自然资字〔2020〕239号）文件要求，符合豁免条件的企业、单位及个人，可实行部分材料豁免。在办理市政设施建设类许可时，基本具备审批条件，申请事项主要材料齐全、符合法定形式，缺少非主要材料或材料存在缺陷、瑕疵的，窗口一次性告知需补正的材料、时限和超期处理办法，申请人承诺在承诺时限内将材料补齐的，可予以核准，并核发许可证。全年接受和受理行政许可1917件，准予1347件。

【依法行政】 2022年，区城管局推行行政执法公示制度。建立行政执法事前、事中、事后公开机制，通过全国信用信息共享平台（韶关武江）和广东省行政执法信息公示平台数据采集系统等载体，依法及时向社会公开有关行政执法信息。完成150宗行政处罚案件信息的公示，发出《处罚决定书》

2022年6月19日，武江区城管局干部职工参与洪灾强排工作
（区城管局　供图）

150份，全年缴入武江区财政局账户罚款9102.8万元。为进一步提高执法能力、规范行政执法行为，推进依法公正文明执法，打造一支高素质综合行政执法队伍，分别于4月28日、5月12日、6月8日、6月24日、11月1日，组织执法人员培训，围绕综合法律知识、城管执法行为规范，聚集执法模式变化、执法内容变化和法律适用的变化以及城管执法实务指导，使执法人员更好地贯彻落实各级城市管理和行政执法的法律法规，程序正当、权责清晰地开展执法工作。

【临时摆卖点管理】 2022年，武江区多措并举推动孟州坝夜市从“后备箱经济”发展成“网红打卡街”，区城管局全年累计派出约2400名环卫人员，共投放垃圾桶120个，每日派出水车、养护车各1台进行冲洗，清运车辆2台进行清运，共计清运垃圾390吨。为杜绝车辆乱停放在路边，行人横穿马路，在韶州大道（城投至韶州体育公园）路段安装中间护栏及人行道、停车场隔离护栏3030米，安装隔离绿网5168平方米，平整出3个临时停车场，约700个停车位，为逛夜市的市民提供便利，优化该路段交通出行安全。增设一队执法人员（含执法劝导人员）共30人，引导规范流动商贩在指定区域摆卖经营，指引市民到指定停车场规范停车等。

【抗洪救灾】 2022年5月21日，武江河流域普降大到暴雨，武江河河面上涨，辖区发生内涝、山体滑坡等次生灾害。武江城管全体干部、职工闻“汛”而动，做到全员返岗守岗，冲到一线，在全区各内涝点、灾情区域开展应急抢险工作。6月19日，区城管局每日出动执法及抢险人员250名、抢险车辆30台次对以处理险情。执法队员配合好社区做好沿河周边居民的撤离及劝导工作。市政工作人员加强对主要内涝点20处进行清疏排涝。完成处置塌方等地质灾害共48处。完成紧急排险处理树木21处46棵。在洪水退去后，全局干部职工全员出动，从21日晚开始针对武江辖区老城区和新区水浸道路开展冲洗消杀工作，其中，新区出动水车、洗扫车、养护车等各类设施车辆共55台，出动人员200人次，清理约100吨的垃圾、淤泥，完成丹霞大道、沐溪大道、百旺大道、韶关大道、沐阳大道的冲洗消杀工作；老城区出动水车、龙马车等各类设施车辆共62台，出动人员500人次，清理约300吨的垃圾、淤泥，完成工业中转盘、吉祥路、芙蓉北二路、如意路等道路的冲洗消杀工作。

（刘　莹）

生态建设

生态环境

【概况】2022年，韶关市生态环境局武江分局坚持以习近平新时代中国特色社会主义思想为指导，深入贯彻落实习近平生态文明思想，在市局党组的正确领导下，在武江区委、区政府的大力支持下，积极开展污染防治和生态环境执法工作。2022年，武江区制订印发《武江区2022年大气污染防治工作方案》《武江区2022年深入开展碧水攻坚专项行动工作方案》《武江区2022年固体废物污染环境防治工作方案》，全力推进区环境质量改善，巩固污染防治工作成果。

【水环境质量】2022年，武江区4个地表水断面（孟洲坝电站、武江桥、十里亭、龙归）水质达标率100%，优良比率100%，十里亭市级饮用水水源水质达标率100%；武江区综合污染指数为3.2009，排名全市第三，改善率为4.45%。

【大气环境质量】2022年，武江区空气质量AQI优良达标率为94.2%，完成省下达94%指标任务。环境空气中6项指标平均浓度均达到国家二级标准要求；2022年空气综合指数为2.75，改善率为3.8%，区域空气质量为市辖“三区”最优。

【土壤环境质量】2022年，武江区受污染耕地安全利用率95.79%，全面完成受污染耕地安全利用率稳定在90%以上的考核任务目标；重点建设用地安全利用率保持100%。

【污染天气管控】2022年，韶关市共发布24次应对污染天气管控的通知，武江区均认真贯彻落实管控要求，加强对涉VOCs工业企业检查，快速处理露天焚烧、道路扬尘、工地扬尘、秸秆焚烧等大气污染事件。

【饮用水源保护】2022年，结合网格化管理要求，加大对武江十里亭饮用水水源保护区的巡查力度；制作饮用水源保护区宣传横幅6条，加强水源保护宣传。

【入河排污口排查整治】2022年，区生态环境分局建立健全部门联合执法机制。强化小流域水环境治理，市级移交东冲河、沐溪河排口48个，完成整治39个，整治率81.25%；加强对北江流域6个入河排污口的巡查，督促责任单位整改，完成5个排污口整治。

【耕地污染源头控制】2022年，区生态环境分局强化对涉重企业的监督管理，加强对涉重金属企业的执法检查，督促企业严格落实环保“三同时”制度，各项污染物指标达标排放；开展矿区历史遗留固体废物排查，未发现矿区存在历史遗留固体废物。

【固体废物规范化管理】2022年，区生态环境分局落实广东固体废物云申报系统管理工作，共审核580余条固体废物、危险废物有关信息，落实转移联单、产生年报、管理计划等制度，实现危废产生、贮存、转移、处置全生命周期监管。

【农村黑臭水体排查】 2022年6—7月，区环境分局组织开展武江区农村黑臭水体排查，结合河湖长日常巡查等情况，对河流分布密集、水质要求较高的重点区域及群众投诉、信访举报、环保督察、农村环境整治核查等线索进行重点核实，未发现辖区存在农村黑臭水体。

（叶恩乐）

【生态环境保护修复工程】 2022年，武江区实施的北江流域生态环境系统保护修复工程（武江区流域水生态环境综合治理）、北江流域生态环境系统保护修复工程（武江区江湾镇、西河镇水生态环境综合治理）、武江区农村污水治理工程均已完成区级验收，资金支付率达到92%。武江区流域水生态环境综合治理建设项目（龙归镇粮仓、南岸瀑布段与龙归污水处理厂、产业园段一期）（水生态环境提升、水安全提升部分）和韶关市武江区农村环境生态治理工程建设项目（重阳镇）已完成结算工作。

（余　晴）

【环保督察】 2022年，武江区切实抓好中央生态环境保护督察整改工作，落实"生态立市"战略要求。韶关市第二轮中央生态环境保护督察整改工作涉及武江区的13项整改任务中，完成1项，达到时序进度12项，未达时序进度0项。6月8日，区制订《韶关市武江区第二轮中央生态环境保护督察发现问题整改工作方案》，明确整改目标、整改任务、整改措施、整改期限及责任分工，为下一步扎实做好督察整改工作打下坚实基础。

【生态环境执法】 2022年，武江区深入开展生态环境"双随机"检查、环境信访投诉处理处置，确保企业污染设施正常运行，污染物达标排放，守住武江绿水青山。全年共出动生态环境执法人员1689人次，检查企业及其他主体785家次，对3家企业实施行政处罚，共计罚没金额60万元。处理舆情、交办件15宗，处理武江辖区群众反映各类环保问题信访件405宗，其中噪声污染249件，大气污染107件，其他39件，分别占比为61.5%、26.4%、12.1%，各信访件及时处理率100.0%，按期办结率100.0%。

【减排工作】 2022年，武江区深入贯彻落实党和国家"碳中和、碳达峰"有关部署，根据市级下达任务，组织开展减排工作。持续开展企事业单位突发环境事件应急预案备案，提高企事业单位应对环境风险挑战能力，共23家企业登记备案。

【清洁生产】 2022年，区生态环境分局认真落实《中华人民共和国清洁生产促进法》，组织和荣化工、明昊新建材开展清洁生产工作，按时完成年度清洁生产审核验收。

【环境服务业统计】 2022年，区生态环境分局根据生态环境部办公厅《关于开展环境服务业财务统计调查工作的通知》（环办科财函〔2019〕448号），持续开展辖区2021年度环境服务业财务统计及环保产业重点企业基本情况调查工作，完成对辖区内19家环境服务业统计及16家环保产业重点企业基本情况的填报工作。

（叶恩乐）

自然资源管理

【概况】 2022年，武江区耕地面积4996.88公顷（水田3601.53公顷，旱地765.59公顷，水浇地629.76公顷），园地1374.63公顷，林地5.08万公顷，草地1183.6公顷，湿地56.03公顷，城镇村及工矿用地5512.59公顷，交通运输用地810.82公顷，水工建筑用地91.29公顷，水域及水利设施用地2462.91公顷，其他土地470.13公顷（农村道路120.44公顷，设施农用地207.09公顷，田坎106.94公顷，裸土地31.15公顷、裸岩石砾地4.51公顷），森林蓄积量382.54万立方米，森林覆盖率70.42%。辖区矿产资源较为丰富，但储量较少，共生、伴生矿较多。主要有煤矿、铁矿、铅锌矿、锡矿、钨矿、金矿、银矿、石灰石、高岭土、萤石矿等。铅锌矿（小型）主要分布在重阳镇；石灰石储量丰富，品质好，主要分布在西联镇、龙归镇、西河镇。萤石矿主要分布在龙归镇续源、江湾镇架锦坑。陶瓷矿（高岭土）主要分布在重阳镇、龙归镇。煤炭矿区有芙蓉山、田心、车角岭煤区（已停采）。

【用地报批】 2022年，武江区完成土地利用计划指标使用，土地指标分配使用量及完成率排名在全市前列。共完成用地报批106.37公顷，有效保障武江新老城区重点项目用地需求。

【“三旧”改造】 2022年，韶关市下达区自然资源局“三旧”改造任务为：新增实施任务面积16.67公顷、完成改造任务面积13.33公顷；武江区实际新增实施任务面积23.34公顷，完成任务比例140%，完成改造面积13.45公顷，完成任务比例101%，超额完成“三旧”改造任务。

【耕地进出平衡】 2022年，武江区耕地净流入16.67公顷以上，实现年度耕地进出平衡。

【矿产资源管理】 2022年，武江区推进重阳镇三墩寨建筑石料用灰岩矿、龙归镇红尾坑熔剂矿、龙归镇三棵松建筑石料用灰岩矿采矿权出让项目；对辖区矿山开展专项排查，并对辖区内所有矿山进行测量，测量发现龙归镇石背山石场在采矿红线周边进行滑坡治理、边坡整治过程中，存在越界开采表土、碎石、石块的违法行为，区自然资源局现依法对该越界开采行为进行查处，并处罚到位。

【地质灾害防治】 2022年，武江区在册的地质灾害隐患点共15处（灾害类型包括崩塌5处、滑坡9处、地面不均匀沉降1处），威胁总人数829人，潜在经济损失约6506.4万元。2022年，入汛后，区自然资源局严格遵守24小时值班值守制度，严格落实极端天气和节假日期间的隐患点巡查工作，累计出动巡察人员1325人次。开展辖区地质灾害隐患综合治理，共完成辖区地质灾害小型隐患点的治理工程1处、大型以上隐患点治理工程2处，正在开展治理的工程有5处，总体工程量达80%。

【矿山修复】 2022年，区自然资源局通过开展山水林田湖草生态修复试点工程，推进2个历史遗留矿山生态修复治理，改善当地生态环境。其中，北江干流武江段生态环境系统保护修复工程（韶关市武江区重阳镇一六矿区环境风险管控二期），项目修复面积16公顷；北江干流武江段生态环境系统保护修复工程（广东省韶关市武江区西河镇马屋村废弃采石场复绿工程），项目修复面积18公顷。

【卫片执法】 2022年，武江区土地卫片遥感监测图斑514宗，面积359.51公顷，其中，新增违法用地图斑122宗，违法用地面积44.4公顷（耕地2.1公顷），经整改后，消除违法用地面积20.53公顷（耕地1.88公顷）。

【不动产确权登记发证】 2022年，武江区房地一体农村不动产确权登记发证工作合计完成调查宗地30564宗（其中，西河镇8335宗、龙归镇14022宗、西联镇1989宗、江湾镇2409宗、重阳镇3809宗），完成“房地一体”电子证照发证13255宗。成果数据库通过省级验收检查，完成省级汇交。

（许　靖）

林　业

【概况】 2022年，武江区林地面积5.02万公顷，草地1581.99公顷，森林蓄积量382.54万立方米，森林覆盖率70.42%。

【林业执法】 2022年，区自然资源局受理各类案件49起，其中：滥伐林木7起、林地案件41起、不予立案1起；林业行政处罚48人次；林业行政罚款169.575578万元。

【造林绿化】 2022年，武江区完成高质量水源林造林面积22.13公顷，完成高质量水源林封山育林面积60.53公顷，完成新造林抚育73.33公顷，任务完成率100%。完成武江区回龙山森林质量改造优化面积29.67公顷，任务完成率为100%。完成武江生物防火林带抚育面积200公顷，任务完成率为100%。开展2022年绿美古树乡村建设项目，建设地点位于武江区江湾镇湾仔村，工期2年。

【森林防火】 2022年，区自然资源局围绕“严防森林火险，守护绿水青山”主题，结合节假日等重要时间节点组织开展“五进”宣传，积极营造森林防火的良好氛围；指导并联合各镇对敏感区域、重点部位以及历年火情多发点开展森林火灾隐患“五清”排查整治，并积极开展第一次全国森林火灾风险普查；强化护林员管理，全区护林员北斗巡护终端发放到位，要求各护林员落实终端上线巡护。全年武江区森林火灾受害率控制在0.9‰内。

【林业产业发展】 2022年，武江区油茶种植主要分布在西河镇、龙归镇、重阳镇，以农户自主经营为主，以外卖原材料为主，面积约133.33公顷；中草药种植主要有重阳镇水口村种植的牛大力，面积约26.67公顷，龙归镇续源村种植的吴茱萸，面积约100公顷，江湾镇湖洋村种植的铁皮石斛，面积约0.67公顷；菌类种植主要是在龙归镇后坪村种植的茶树菇，面积约4公顷，年产茶树菇约1000吨。林下养殖主要以黑山羊、牛为主，主要分布在西河镇、重阳镇、龙归镇，数量在3000头左右，年出栏量约1000头。

【国有林场】 2022年，武江区共有2个国有林场，分别为武江区国营樟源林场和武江区国营江湾林场，为区自然资源局下属事业单位。区国营樟源林场林地面积6266.67公顷，其中生态公益林3066.67公顷；区国营江湾林场林地面积4533.33公顷，其中生态公益林2066.67公顷。

【义务植树】 2022年，武江区四套班子领导、区法检两长、区直各部门领导以及西河镇、惠民街道、新华街道领导与四一九医院领导班子成员在科创园义务植树点，开展义务植树活动。全区应参加义务植树适龄人员21.14万人，实际参加义务植树适龄人员20.81万人，义务植树尽责率98%，义务植树总株数91.51万株。

【重点林业生态工程】 2022年，武江区高质量水源林造林面积22.13公顷，任务完成率为100%。区绿美古树乡村任务共1个，建设地点位于江湾镇湾仔村，建设面积28.35公顷，工期2年，为乡村绿化美化3个示范点提供红锥、木荷、枫香等苗木18000余株，任务完成率为100%。新造林抚育面积73.33公顷，任务完成率为100%。完成省下达的2666.67公顷的除治任务（其中，飞机防治2000公顷，地面综合防治666.67公顷）；对区松林进行松材线虫病春秋季普查，普查面积20040公顷；对全区林地进行红火蚁普查，任务完成率为100%。对全区的古树名木补充调查、挂牌及保护复壮等工作。

【自然保护地】 2022年，武江区共有4个自然保护地，分别为韶关市武江区芙蓉山地方级森林公园、韶关北江特有珍稀鱼类省级自然保护区、韶关市武江区张九龄地方级森林公园、韶关市国家森林公园。其中，韶关市武江区芙蓉山地方级森林公园在原芙蓉山国家级矿山公园基础上，经过整合优化后面积为825.09公顷；韶关北江特有珍稀鱼类省级自然保护区批复成立于2008年，保护区面积为2820公顷；韶关市武江区张九龄地方级森林公园批复成立于2015年，面积为18.21公顷；韶关市国家森林公园成立于1993年，在武江区的范围位于西河镇田心行政村，属韶关林场田心工区，由韶关市国家森林公园管理处管理。

（许　靖）

教　育

教育管理

【概况】 2022 年，武江区共有中小学 33 所、特殊教育学校 1 所，其中，完全小学 25 所（另有教学点 9 个），初级中学 6 所，九年一贯制学校 2 所，公办幼儿园 12 所（含企业办园 1 所）。全区学校有在职教职工 2561 人（正式编制：1902 人、临聘 659 人），义务教育阶段中小学生 41636 人（包含特殊学校学生 70 人）。

【学校建设】 2022 年，区教育系统共投入工程项目资金 2 亿元，实际支付 1.3 亿元，开展 138 个项目的建设，其中，民生实事工程 5 项，支付资金 9255 万元；新建西河幼儿园，支付资金 2190 万元；新建龙归中学宿舍楼，支付资金 402 万元；完成武江第一小学建设，支付资金 2917 万元；完成新区第二幼儿园改造提升工程，支付资金 1234 万元；完成武江第一小学、东岗保利小学、阳山小学、沐溪小学、第九中学天子岭校区，5 所学校设施设备采购以及区教育系统信息化建设，支付资金 2512 万元；完成零星工程及维修项目 133 项，支付资金约 3335 万元。

【教师招聘】 2022 年，区教育局开展教师公开招聘，共招聘教师 283 名，其中，小学教师 239 人，初中教师 44 人。为更好地管理交流教师的人事关系，做到“人岗合一”，编随人走，岗随人转，使教师由“学校人”向“系统人”转变，推进县管校聘工作的纵深发展，对 72 名的教师进行人事关系理顺。

【教师交流轮岗】 2022—2023 学年度，武江区交流轮岗教师 135 人，比例达 7.32%。33 名正副校长进行交流轮岗；城镇学校、优质学校教师交流轮岗的教师人数 85 人；骨干教师交流轮岗人数 60 人。

【教师岗位晋升】 开展 2022 年教师专业技术等级岗位聘用工作，20 位教师岗位等级晋升到五级岗位，15 位教师岗位等级晋升到六级岗位，83 位教师岗

武江区阳山小学全景　　（区教育局　供图）

位等级晋升到八级岗位，46位教师岗位等级晋升到九级岗位，61位教师岗位等级晋升到十一级岗位。

【教师资格注册和培训】 2022年，武江区开展中小学教师资格定期注册工作，共计注册合格2719人。实施中小学教师资格定期注册工作，完善教师准入后管理制度。开展“新强师工程”培训工作，2022年5月遴选19位骨干教师参加省级培训；通过加强教研员专业能力培养和团队建设，深化教研员管理制度改革等，打造区级高水平教研队伍。有序开展新入职教师岗前培训，8月区教师发展中心对183名新招聘教师开展为期5天的新入职教师岗前培训。分批推进教师全员轮训工作，制订《韶关市武江区中小学教师全员轮训实施方案工作方案》，开设小学语文两个班、小学数学两个班、中小学英语班、中小学体育班、中小学艺术班、幼儿园班、新教师两个班共10个项目培训，共计686人完成培训；其中503人完成12天集中培训和60学时网络研修任务。

【课程评比和教学竞赛】 开展中小学信息技术应用能力提升2.0典型案例遴选和精品课例评比活动、小学道德法治教师优秀课例评比活动等。师生参加省级各类教学竞赛获奖109人次，市级1625人次，区级652人次。上半年，全市义务教育质量监测中武江区小学成绩居首位；在2022年公布的2020年全国义务教育质量监测成绩中，小学四年级科学、德育学业成绩和初中八年级物理、生物、地理、德育学业成绩均远超全市平均分。参加各类师生信息化类竞赛，获得各种奖项600人次。其中，在2022年韶关市中小学科技劳动教育活动中，参加数字创作与程序设计项目的学生作品获一等奖34件、二等奖68件、三等奖77件；武江区教育局、红星小学、金福园小学、田家炳沙湖绿洲小学、市九中获优秀组织奖；4位教师获优秀指导教师奖。在2022年韶关市联合佛山等地市开展的优秀微课征集活动中，武江区教师微课作品获一等奖14件、二等奖22件、三等奖32件。

【教育信息化建设】 2022年，武江区共投入2100万元实施教育信息化建设，其中，投入668万元实施武江第一小学、东岗保利小学2间新建学校的教育信息化采购项目，投入658万元为沐溪小学、阳山小学新建教学楼采购信息化设施设备；投入170万元实施九中天子岭校信息化采购项目。通过落实这些项目，武江区中小学新增700台计算机，280套交互式电教平台，建成4间报告厅、4间高清录播室，完善武江区教育信息化硬件基础，进一步提升师生信息素养能力，达到提高教学效果的目标。

【教育惠民】 2022年，武江区发放义务教育家庭经济困难寄宿和非寄宿学生生活费补助资助金1156625元，受助学生3604人次；发放学前教育阶段家庭经济困难学生补助资助金959000元，受助学生1918人次。接受爱心企业、热心人士、社会团体为全区教育系统捐款捐物，合计价值近600万元。成功为家庭困难学生申请生源地信用助学贷款资金4414110元，受助学394人。以上教育惠民资金总计12529735元。

基础教育

【学前教育】 2022年，武江区共有幼儿园94所，在园幼儿16158人，全区学前三年幼儿毛入园率100%。全区公办幼儿园在园幼儿占比（含购买学位）达50%，普惠性民办幼儿园和公办幼儿园在园幼儿占比达83.48%。全区幼儿园教职工2034人。全区幼儿园有省一级1所、市一级13所、区一级12所，基本形成以民办教育办园为主体，公办、民办相结合的学前教育新格局。

【义务教育】 2022年，武江区有义务教育学校34所（含特殊教育学校1所），其中，31所为广东省义务教育标准化学校。全区小学有796个班，初中有169个班；全区义务教育阶段学生共有41635人（包含特教学生70人），其中，小学

33778 人，初中 7857 人。

【特殊教育】 2022 年，武江区开设特教学校 1 所，有学生 24 人。至和汤邓淑芳纪念学校设随班就读特教班 1 个，有学生 1 人。在福利院设朝阳特教班 3 个，有学生 45 人。至和汤邓淑芳纪念学校、重阳学校、田家炳沙湖绿洲小学、金福园小学、东岗太阳城小学、红星小学、龙归镇中心小学、第十四中学、东岗小学设有随班就读资源教室，各相关学校依照方案开展“送教上门”工作，武江区 15 所学校分别为 100 名重度残疾儿童少年开展“送教上门”服务。

【民办教育】 2022 年，武江区民办教育机构共有 120 所（4 所暂停招生），核减 3 所。民办教育审批事项均进驻区政务服务大厅，在区政务服务大厅进行全流程网办，开通在线申报办理，减少群众办事跑动的次数，方便群众办理审批登记，提高办事效率。加强监管，严格落实“双减”，进一步促进民办教育规范发展。

教育建设

【名师工作室建设】 2022 年，武江区继续大力推进名师工作室建设，发挥名师工作室示范引领作用。武江区有 17 个名师工作室，每个工作室招收入室学员 10 人左右，每个学期定期开展培训活动；每个工作室由区教育局安排教研员挂点督导，加强管理。

2022年4月13日，武江区教育局举办教育系统校园新闻和公文写作专题培训班，图为沐溪小学教师参加培训

（区委宣传部 供图）

【德体卫艺】 2022 年，区教育局广泛开展校园体育艺术活动，包括市“新时代好少年·强国有我”演讲比赛；市中小学心理健康教育优质课比赛、韶关市中小学校中华经典诗文诵读、韶关市中小学垃圾分类教学设计比赛、武江区第八届中小学校园足球赛、第三届中小学生游泳竞赛、小学生篮球赛、中小学乒乓球选拔赛、全区中小学生“英东杯”文艺竞赛以及“乒乓球、跳绳、创意绘画、竖笛”活动进校园活动，学生参与率不断提高、效果明显。体育工作特色彰显，成绩优秀。参加各级体育比赛取得优异成绩，其中韶关市风烈中学获得 2022 年韶关市中小学武术锦标赛初中组团体总分第二名；朝阳小学获得团体总分第五名；东岗太阳城小学获得 2022 年韶关市中小学生乒乓球锦标赛小学组团体总分第一名。金福园小学男子篮球获得 2022 年韶关市第二十七届中小学生“英东杯”篮球赛第三名，华泰小学女子篮球获得第四名。在 2022 年韶关市第二十七届中小学生“英东杯”足球比赛中，镇泰小学女子足球获得第四名，田家炳沙湖绿洲小学获得小学男子组冠军。龙归中学在 2022 年韶关市第二十七届中小学生“英东杯”排球比赛中获得初中女子组第二名。东岗小学、华泰小学、第九中学、第十五中学参加韶关市“学宪法 讲宪法”演讲比赛与知识竞赛，均荣获一等奖。

【主要荣誉】 2022 年，东岗小学被评为广东省劳动教育特色学校，风烈中学、东岗小学、第十四中学、田家炳沙湖绿洲小学、江湾小学被评为韶关市劳动教育特色学校。武江区西河学校、武江区向阳小学、武江区甘棠小学、武江区白芒小学、韶关市风烈小学、韶关市风度小学、武江区凤田小学、武江区至和汤邓淑芳纪念学校被评为第五批“广东省绿色学校”。韶关市第九中学被评为“全国国防教育示范校”。黄田坝小学被评为广东省少先队工作先进单位，金福园小学、至和邓淑芳纪念学校、东岗小学被评为韶关市先进红旗大队，田家炳小学、黄田坝小学、东岗小学被评为“红领巾奖章”四星章大队（省级）。

（张春华）

2022 年武江区九年一贯制学校基本情况一览表

表8

学校名称	地　址	开办时间	小学学生数（人）	中学学生数（人）	小学教学班数（个）	中学教学班数（个）	小学教职工数（人）	中学教职工数（人）
韶关市武江区西河学校	武江区西河镇下坑村委	2012年	465	224	16	6	25	17
韶关市武江区重阳学校	武江区重阳镇镇政府南路3号	2011年2月	608	272	21	7	32	21

2022 年武江区幼儿园、学前班情况表

表9

独立幼儿园（所）						小学附设混龄班（个）	在园在班幼儿（人）	教职工（人）			
合计	教育局办	单位办	镇办	村办	私立			合计	其中		
									园长	教师	保育员
94	11	1	0	0	82	0	16196	2034	127	997	501

2022 年武江区九年义务教育情况表

表10

小学						初中				
完全小学、一贯制（所）	分教点（个）	特教学校（所）	班（个）	学生（人）	入学率（%）	完全中学（所）	普通中学（所）	班（个）	学生（人）	入学率（%）
27	9	1	794	33779	100	0	6	155	7857	100

2022 年武江区新增幼儿园一览表

表11

幼儿园名称	地址	开办时间	幼儿数（人）	教学班数（个）	教职工数（人）	占地面积（平方米）	建筑面积（平方米）	级别（区级、市级、省级）
韶关市武江区新华幼儿园	韶关市武江区惠民南路51号	1998年	425	15	26	1205	3550	市一级
江湾镇中心幼儿园	韶关市武江区江湾镇政府旁	1998年	46	2	3	3412	4053	市一级
韶关市武江区龙归中心幼儿园	韶关市武江区龙归镇社主村龙归中学对面	2018年	47	3	3	4890	3908	—

2022 年武江区小学基本情况一览表

表12

学校名称	地址	开办时间	学生数（人）	教学班数（个）	教职工数（人）	占地面积（平方米）	建筑面积（平方米）	体制（公办或民办）
韶关市武江区东岗小学	韶关市武江区新建路1号	1965年	2823	62	118	14234	19417	公办
韶关市武江区金福园小学	韶关市武江区沙洲路3路	1987年	3565	81	146	21494	17745	公办
韶关市武江区红星小学	韶关市武江区五祖路55号	1953年	1163	26	50	6740	7521	公办
韶关市武江区田家炳小学	韶关市武江区幸福路8号	1994年	1951	46	89	11765	8766	公办
韶关市武江区华泰小学	韶关市武江区新津路9号	1998年	2238	48	76	12807	9488	公办
韶关市武江区特殊教育学校	韶关市武江区建设路11号（韶关市残疾人康复中心一楼）	2021年	24	3	1	2480	1300	公办
韶关市武江区至和汤邓淑芳纪念学校	韶关市武江区芙蓉北路34号	2002年	1957	42	76	22000	11000	公办
韶关市武江区黄田坝小学	韶关市武江区武江北路147号	1986年	882	20	41	5500	3030	公办
韶关市武江区镇泰小学	韶关市武江区芙蓉北路91号	1971年	1627	35	60	16500	6886.36	公办
韶关市武江区田家炳沙湖绿洲小学	韶关市武江区工业西路邹屋村9号	1970年	1829	39	71	20000	11313	公办
韶关市武江区芙蓉第一小学	韶关市武江区韶关大道12号	2018年	948	21	31	9601.9	6688.19	公办
韶关市武江区东岗太阳城小学	韶关市武江区丹霞大道中	2015年	3351	73	116	66450	34409	公办

续表 12

学校名称	地址	开办时间	学生数（人）	教学班数（个）	教职工数（人）	占地面积（平方米）	建筑面积（平方米）	体制（公办或民办）
东岗保利小学	韶关市武江区韶关大道南11号	2022年	456	13	21	14980	12289	公办
韶关市武江区御龙湾小学	韶关市武江区福林路60号	2019年	727	17	27	12000	6546	公办
韶关市武江区沐溪小学	韶关市武江区沐溪工业园沐溪七路	1970年	942	23	52	20462	10136	公办
韶关市武江第一小学	韶关市武江区惠民北路495号	2022年	266	8	19	22182	22037	公办
韶关市武江区向阳小学	韶关市武江区惠民南路15号	1958年	777	17	30	2736	3500	公办
韶关市武江区白芒小学	韶关市武江区西河镇大村村	1951年	158	6	9	4962	2134	公办
韶关市武江区朝阳小学	韶关市武江区惠民北路413号	1951年	733	19	28	12690	3474	公办
韶关市武江区西河学校	韶关市武江区西河镇下坑	1958年	275	9	20	25200	12669.8	公办
韶关市武江区西河镇田心教学点	韶关市武江区西河镇田心村	1958年	11	2	1	3850	1882	公办
韶关市武江区西河镇茗苑教学点	韶关市武江区西河镇黄塱村	1958年	179	5	4	8090	2335.3	公办
韶关市风度小学	韶关市武江区西联镇九龄东路	1954年	920	24	38	29685	17500.10	公办
韶关市风烈小学	韶关市武江区西联镇西联村	1954年	550	14	25	17000	4617	公办
韶关市武江区甘棠小学	韶关市武江区西联镇甘棠村	1975年	191	6	13	12000	2020	公办
韶关市武江区阳山小学	韶关市武江区西联镇阳山村	1958年	1575	32	69	25151	12967.56	公办
韶关市武江区龙归镇中心小学	韶关市武江区龙归镇龙续路18号	1926年	2352	52	92	25972	11118	公办
安村教学点	韶关市武江区龙归镇安村	—	41	3	3	6600	880	公办
续源教学点	韶关市武江区龙归镇续源村	—	38	3	3	6600	880	公办
奇石教学点	韶关市武江区龙归镇奇石村	—	51	3	3	15000	480	公办
马渡教学点	韶关市武江区龙归镇马渡村	—	50	3	2	6000	477	公办
方田教学点	韶关市武江区龙归镇方田村	—	53	3	5	7176	1030	公办

续表 12

学校名称	地址	开办时间	学生数（人）	教学班数（个）	教职工数（人）	占地面积（平方米）	建筑面积（平方米）	体制（公办或民办）
韶关市武江区凤田小学	韶关市武江区龙归镇凤田村	1972年	276	8	12	6600	2507	公办
韶关市武江区江湾镇中心小学	韶关市武江区江湾镇江湾街1号	1967年	192	7	22	6678	2045	公办
韶关市武江区重阳学校	韶关市武江区重阳镇镇政府南路3号	1921年	525	15	20	13000	6000	公办
韶关市武江区重阳镇九群教学点	韶关市武江区重阳镇九联村委	1940年	39	3	6	3600	1000	公办
韶关市武江区重阳镇万侯教学点	韶关市武江区重阳镇万侯村委	1907年	44	3	6	5600	1000	公办

2022 年武江区中学基本情况一览表

表13

学校名称	地址	开办时间	学生数（人）	教学班数（个）	教职工数（人）	占地面积（平方米）	建筑面积（平方米）	体制（公办或民办）
韶关市第九中学本部	韶关市芙蓉北路60号	1970年	1697	34	83	24485	9130.17	公办
韶关市第九中学天子岭分部	武江区沐阳路7号	2022年	540	12	34	22000	12085	公办
韶关市风烈中学	韶关市武江区西联镇	1972年	866	20	58	15645	4609	公办
韶关市第十四中学	韶关市武江区工业西如意路11号	1996年	1385	29	86	21293	11543.46	公办
韶关市第十五中学	西河群立街后山96号	2002年	1160	25	79	10847	11195	公办
韶关市武江区龙归中学	龙归镇社主村	1943年	1578	32	88	39746	19132	公办
韶关市武江区江湾中学	江湾镇江湾街9号	1968年	135	3	14	7880	5142	公办

文 化

文化管理

【概况】 韶关市武江区文化旅游体育局深入学习贯彻习近平总书记关于文化和旅游工作的重要论述和重要指示批示精神，坚持“党领导一切”的根本原则，围绕“一手抓发展、一手抓管理”的工作思路，不断推进文化旅游体育事业产业健康、优质、快速发展。

【公共文化服务提质升级】 2022年，武江区深入推进文化馆建设，进一步完善公共文化服务基础设施，持续做好文化场馆公共服务。督促指导各镇（街）完成基层综合性文化站建设，完成50个基层综合性文化服务中心提质增效工作，完成率达57.74%。

【文化阵地建设】 2022年，武江区文化馆对外开放功能室10个，开放时长2800小时，接待入馆游客纳5.3万人，设置主题布展16期。区图书馆对外开放功能室11个，开放时长2640小时，接待读者54411人，满意度测评优秀率达到99%。区博物馆以武江人文为主题，设置六大板块，从深圳海关处接收文物213件（套），开放时长194天，接待入馆游客13106人。通过公众号、融媒体等信息平台，同步加强社会宣传，不断提升区文化“三馆”（文化馆、博物馆、图书馆）社会知晓度、公众参与度、群众满意度和文化影响力。

【优化营商环境】 2022年，武江区深化“放管服”和商事制度改革，不断优化审批流程，遵循“线上线下融合统一”的原则，实现“综合受理，集成服务”工作模式，83项政务服务事项全部进驻区政务服务大厅办理，进驻率达100%。全年办理行业场所新设立、变更、延续、注销许可共17项，批准营业性演出12项，文物保护工程许可2项，全部获得好评。

【平安文化市场创建】 2022年，武江区文化馆在文化旅游体育市场深入开展安全生产、扫黑除恶、“扫黄打非”、创文巩卫、禁止黄赌毒、反邪教等综合治理工作，出动市场巡查人员815人次，组织动员培训3期，开展专项治理行动10余项，向市文广旅体局移交行业治理线索1起，妥善处置民生舆情13件，签订《系统防范化解道路交通安全风险责任书和承诺书》。制作普法宣传手册，加强普法宣传教育，推动法治市场、平安市场、诚信市场建设。

【群众文化活动】 2022年，武江区不断推动公共文化事业繁荣发展，发挥区文化馆文化窗口作用，着力打造“魅力武江·艺荟芙蓉”文化品牌，举办文化艺术公益培训5期、“芙蓉山下”芙蓉讲坛2课、“艺荟芙蓉”系列群众文化活动61场，开展文化体育系列活动周活动，探索“文化+体育”融合发展新模式。持续办好文化惠民活动，举办“我们的节日”系列活动7场、传统戏曲进农村3场、传统戏曲进校园3场，不断丰富群众文化生活，大力弘扬中华优秀传统文化。2022年，组织创作文化艺术精品2件。

【“书香武江”品牌建设】 2022年，武江区持续打造“悦读武江”“芙蓉山下”文化阅读IP，举办“悦读武江”“芙蓉山下”全民阅读系列活动共105场，探索全民阅读体系拓展途径，2021年试点的“图书进企业、进校园”活动取得圆满成功，2022年持续推广“图书进企业、进校园”活动送书进企业、进校9500本册，受到广泛欢迎，吸引阅读3800人次。不断推进全民阅读体系和“书香武江”品牌建设。

【非遗保护和传播】 2022年，区文旅体局完成区文物局挂牌，与各镇街、公安部门等有关单位建立信息联络机制，形成文物保护合力，启动实施不可移动文物点复查工作，在西河、龙归划定第一批地下文物埋藏区，持续推进不可移动文物“四有”工作，对22处一般不可移动文物进行竖牌，完成辖区12处市级以上文物保护单位的“两线图”划定工作。加强重点文物保护单位的保护利用，组织实施省级文物保护单位余靖墓的编制规划工作，形成编制成果并对余靖墓周边进行维护提升。成功申报武江区市级文物保护单位西水暴动旧址升为省级文物保护单位。深化文物保护工程，先后实施武江区文物保护建设项目修缮一期、二期工程，完成第一期对青水塘炮楼等7处不可移动文物本体的保护性修缮，加快推进第二期对文武阁塔等7处不可移动文物的修缮提升工程进度。引入数字化保护手段，推进对辖区12处不可移动文物的3D建模工作。构建红色资源保护体系，制订《武江区红色资源保护利用议案实施方案（2022—2027年）》，组建武江区红色资源保护利用工作领导小组，建立对红色资源的联合保护机制。会同宣传、党史研究等有关部门，开展《韶关市武江区红色革命遗址通览》编制工作。启动实施武江区文物保护活化利用及旅游设施建设项目，对红星综合厂等一批红色旅游资源进行保护性建设和活化利用。发挥非遗工作站功能，举办“文化和自然遗产日”“非遗过大年”“非遗进校园”等非遗展示传播活动，挖掘包装8个文化资源正在申报非遗项目。

（钟明东）

2022年6月28日，武江“艺荟芙蓉”大讲坛启动仪式暨罗宏教授长篇小说《骡子和金子》创作分享会在武江区文化馆举行

（区委宣传部　供图）

武江区非物质文化遗产一览表

表14

序号	名称	类别	级别	传承人	地址
1	涂氏水车制作技艺	传统技艺	市级	涂祖奕	龙归镇
2	向阳纸马舞	传统体育、游艺与杂技	区级	龚带娣	西河镇向阳村
3	重阳舞春牛	传统舞蹈	区级	—	重阳镇大夫前村

档　案

【概况】 2022年，韶关市武江区档案馆（简称区档案馆）深入学习贯彻习近平新时代中国特色社会主义思想，履行“为党管档、为国守史、为民服务”职责使命，以贯彻落实《中华人民共和国档案法》为抓手，以围绕中心、服务大局为宗旨，创新工作方法，积极应对档案工作的新形势，不断提高档案管理和服务水平，档案事业各项工作有序推进。

【档案接收与征集】 2022年，区档案馆细化档案移交接收流程，明确档案移交接收要求，加强档案资源质量管控，进一步规范档案移交进馆和接收工作。制订年度档案接收工作计划，丰富馆藏档案资源总量，优化馆藏档案资源结构。全年，接收文书档案32卷1724件，专门档案7270卷6404件，其中公证档案1364卷，土地确权农户类（一户一件）6404件，破产企业档案5852卷，已故人员档案54卷。共有馆藏档案58012卷23169件（张），其中文书档案6773卷17369件，婚姻档案45577卷，公证档案5662卷，照片档案4658张和实物档案1142件。

【档案服务与利用】 2022年，区档案馆通过电话预约、传真受理、来馆查阅等方式为群众做好档案查阅利用服务。搭建城乡云档案平台，将馆藏婚姻档案数字化成果挂接到城乡云档案平台系统，群众可通过服务大厅自助查询一体机查阅利用婚姻档案，大大提高查档效率。8月，武江区档案馆成功接入全国档案查询利用服务平台，为群众提供线上民生档案查询利用服务。安排专人负责对接，及时回馈信息，采取邮件发送、快递邮寄、到档案馆自取等方式，实现全国档案查阅“一网通办”，让档案资源“活起来”，让群众“少跑腿”，让数据“多跑路”。全年，共接待来电来访查阅档案资料149人次，查阅档案197卷（件）次，出具有效证明131份，复印档案888页。

【档案信息化建设】 2022年，区档案馆为提高档案馆和全区各立档单位档案信息化水平，投入170万元专项债券资金建设城乡云档案平台。该平台可与政务OA系统对接，立档单位通过该平台完成电子文件和电子档案的在线归档和移交，满足档案资源增量电子化管理要求，实现对电子文件和电子档案的数字化、规范化接收。按照国家、省、市“十四五”规划档案事业发展要求，2025年馆藏档案数字化率达到80%以上，为加快实现档案数字化任务目标，区档案馆加大数字化扫描工作力度，委托第三方公司进行数字化扫描工作。全年，完成馆藏档案数字化扫描44万页，累计完成馆藏档案数字化近117万页，数字化比例达50%。

【档案宣传】 2022年6月9日，区档案馆联合区档案局在挂点西河镇塘湾村开展以“喜迎二十大·档案颂辉煌”为主题的“6·9”国际档案日宣传活动。通过设置宣传展台、悬挂横幅、张贴档案宣传挂图、发放新修订《中华人民共和国档案法》单行本以及印有档案主题的环保袋等形式，向群众耐心细致地宣传档案法律法规，普及档案知识和档案工作价值，并就群众关心的个人档案、民生档案如何利用等问题进行解答。活动现场发放宣传资料近百份，接受群众咨询20人次，拉近群众与档案的距离，增强群众的法治意识和档案意识，获得良好的社会宣传效果。

【档案培训】 2022年6月10日，为推动城乡云档案平台顺利上线使用，区档案馆在馆办公大楼四楼会议室举办城乡云档案平台业务培训班，全区各立档单位50名档案管理员参加培训。主要培训各立档单位管理员通过城乡云档案平台实现OA系统文件的在线归档、电子档案在线移交、电子文件利用等功能，为系统推广使用奠定良好的基础。为保证培训效果，档案馆工作人员与东软集团工程师还到区委统战部、区财政局等部门进行现场指导，对城乡云档案平台使用过程中存在的问题及相关意见和建议等做归纳和总结，并制定解决措施。

【档案编研】2022 年，区档案馆深入挖掘馆藏档案资源，收集、整理、编辑《武江区历届党代会简介（第 8 次至第 10 次）》和《武江区干部任免文件汇编（1988.12—2012.12）》，为党委政府咨政决策提供参考。

【展厅布展】2022 年，为充分展示和记录武江区建区以来经济、政治、文化、社会和生态文明方面的奋斗历史和发展成就，区档案馆工作人员通过各种途径征集历史珍贵照片和资料，组织人员到市档案馆、市城建档案馆、区委办、区委宣传部等单位和部门征集查阅档案资料，征集一批有价值的珍贵资料以及各类照片 700 多件（张）。

【档案安全管理】2022 年，区档案馆加强档案库房和实体档案的安全管理，做好库房温湿度的测量、登记、调节与控制工作，完善库房温湿度记录等统计台账；注重计算机及信息载体的管理，确保档案信息安全，建立健全《信息安全管理制度》《档案保密制度》等，指定专人负责计算机系统的管理工作，加强信息安全等级保护，坚守档案信息安全保密底线；落实档案安全巡查制度，制定工作日下班前档案馆安全排班轮值制度，做好馆库日常安全巡查工作，严格执行重大节假日前夕、““"三防"”" 期间领导实地巡查制度，注重库房安全检查，及时排除档案安全隐患，发现问题及时解决，确保档案库房和档案实体安全。

（蔡利欢）

党史·地方志

【概况】2022 年，韶关市武江区史志办公室（简称区史志办）负责组织、指导、检查、督促党史和地方志工作；拟定党史和地方志工作规划和编纂方案；组织编纂志书、年鉴、地方史和其他相关地方志文献；征集、整理、保存志书、年鉴、地方史及其他相关地方志文献和资料，组织开展资料年报工作；组织开展地情调查研究和资源开发利用，开展地方志信息化建设，为社会提供服务；组织开展党史和地方志业务培训、理论研究、宣传教育和对外交流。

【红色革命遗址通览编写】2022 年，区史志办对普查成果进行审核修改，对《韶关市武江区红色革命遗址通览》的内容进行补充完善，修订部分错误史料，增加缺失内容，增加革命遗址村庄、武江区历史革命人物两块内容。2022 年，根据市史志办的反馈，区史志办及时查找相关资料，核实《韶关市武江区红色革命遗址通览》相关内容，对部分错误内容进行修改，对《广东省红色革命遗址大博览北部生态区卷（中册）》武江部分进行核实，并提供修改意见。

【党史宣传】2022 年，根据《中共韶关市委党史研究室关于开展“学党史　讲党史　喜迎七一和二十大”宣讲活动的通知》要求，区史志办积极备战宣讲活动，以“于无声处听惊雷”为主题进行演讲，并在此次演讲活动中荣获三等奖。区史志办联合区委宣传部在武江发布开展“百年风华·红色印记”系列红色革命遗址宣传。“百年风华·红色印记”追寻武江区红色足迹，重温共产党人开展革命斗争的光辉历史，缅怀革命先烈，传承红色精神，不断加强学党史、感党恩、跟党走的坚定信念。9 月，西水暴动指挥部旧址正式揭牌，为党史宣讲提供红色阵地。西水暴动指挥部旧址，面积约 116.4 平方米，展陈面积约 116.4 平方米，通过图文、实物模型等形式展示西水暴动的全景图。

【年鉴工作】2022 年，区史志办严格执行《地方综合年鉴编纂出版规定》，全面落实年鉴编纂一年一卷、公开出版。4 月，印发《武江年鉴（2022）》编撰方案，做到抓早、抓细、抓实。9 月完成统稿工作，10 月 17 日印发《关于调整〈武江年鉴〉审稿组及分工的通知》，组织审稿组对初稿进行审稿，11 月，对审稿组的意见进行统稿并将《武江年鉴（2022）》寄给方志出版社，12 月，根据方志出版社的要求进行修改完善，落实出版工作。《武江年鉴（2022）》全书共28个类目，70.4万字，34个彩版，收录表格20个、插图46张。完成《关于如何提升年鉴质量的思考——以精品年鉴为例》的论文写作。是年，区史志办继续做好年鉴数字化工作，签订购买数字化服务合同。

【革命遗址开发利用】 2022年，武江区启动龙归镇革命老区和红色遗址开发利用项目，以龙归镇相关红色革命遗址为点，串珠成链打造冲下村革命烈士纪念碑、龙归镇革命史展览馆、带头古道—带头自卫队抗日旧址、鹞婆岩—朱德、欧日章宿营隐蔽藏身旧址、耙齿山—欧日章牺牲地旧址、带头村旧屋—朱德发动农会藏身旧址、龙安村党建公园、山前村党建阵地、冲下村党建示范点、菩提树、邓屋楼肖扬工作旧址、奇石村谭屋—龙归农会旧址、奇石村革命烈士纪念碑，进行沿线人居环境改造，整体提升龙归镇革命遗址保护开发利用水平，带动周边经济发展，推动乡村振兴。区史志办牵头发掘保护龙归带头古道遗址，多次实地调研，联合区文旅体局对带头古道路碑进行拓印等工作。通过政协提案、龙归镇人大代表议案等形式加强保护利用。6月27日，区史志办参与《武江区龙归镇革命老区和红色遗址开发利用项目可行性研究报告》专家评审会。9月，带头古道的保护与利用第一期工程开工。

【资政服务】 2022年，区史志办主动作为，实地走访余靖纪念馆等地收集相关资料，整理涉及八大板块内容共1.5万字资料供区委主要领导参阅。主动沟通惠民街道、江湾镇、重阳镇、龙归镇等单位，提供并建议对相关红色革命遗址采取有关保护措施，并对相关镇街遗址史实进行核实。为做好广东电视台采访拍摄南岸村交通工作站，区史志办与重阳镇沟通了解南岸村交通站的历史现状，积极提供涉及南岸村交通站的革命历史资料。协助区文旅体局对文武阁塔的历史进行核实，并提供相关资料。协助区委宣传部对西水暴动、紫薇炮楼等革命遗址进行核实，并提供相关的资料。

【地方志资料收集整理】 2022年10月17日，区委办印发《关于报送2021年度地方志资料的通知》，要求各单位于2022年11月30日前报送2021年度地方志资料（含纸质版与电子文档）到区史志办，并要求各单位统筹安排2005—2020年度的年报资料。40个单位按要求完成地方志报送任务，部分单位未完成。

【党史方志驿站】 2022年10月27日，武江区首个党史方志驿站在区图书馆正式揭牌。区史志办向党史方志驿站赠送《武江区志》《韶关市武江区革命老区发展史》《韶关革命人物》及部分卷次《韶关年鉴》《武江年鉴》等地情和党史书籍100余册。武江区党史方志驿站揭牌得到韶关史志、武江发布的大力宣传，推动史志工作走深走实。

【地情资料编写】 2022年，区史志办根据省地方志办的部署安排，完成一篇《经典菜肴》报送工作。根据《关于做好“粤故事”组稿工作通知》要求，完成一篇“粤故事”编写工作。根据《关于开展〈韶关市脱贫攻坚口述史〉征编工作的通知》有关工作要求，武江区入选人员有龙归镇党委书记郁扬、区农业农村局党组成员曾彩娣，为做好此项工作，区史志办通过现场采访、收集资料等方式，完成2篇脱贫攻坚口述史的撰写工作。完成核查补充重阳舞春牛、向阳纸马舞、传统水车制作技艺等非物质文化遗产的任务，完成“多彩乡村”武江区部分报送任务，完成重阳镇、龙归镇、江湾镇各一个古村落的撰写工作。

（邱小庭）

体　育

全民健身

【概况】 2022 年，韶关市武江区文化旅游体育局(简称区文旅体局严抓体育管理，不断规范体育行业、协会运行。加大对《中华人民共和国体育法》《广东省全民健身条例》等体育领域的法律法规宣传推广力度，不断加大全民健身服务基础设施建设和维护保养力度，启动实施武江区体育设施建设项目，全区人均体育场地面积达到 2.75 平方米。进一步加强公共体育场馆设施建设维护维修、提升，新建一批文体小广场，对教育路全民健身广场、西河全民健身广场进行场地及健身路径智能化提升。

【全民健身活动】 2022 年，武江区在重阳水上运动中心举办“相约水口・激情龙舟”龙舟文化体验活动、“团结拼搏　奋勇向前”2022 年韶关市武江区端午龙舟文化旅游节动。举办“端午龙舟文化旅游节”系列活动，展现传统文化和体育赛事相结合的独特魅力，持续擦亮重阳水上无动力运动基地户外运动天堂品牌。活动盛况被 CCTV-1 综合频道和 CCTV-13 新闻频道分别报道，全国“云”赏武江端午文化。通过系列活动，引领和推动全区全民健身赛事活动广泛开展，参与全民健身活动达 8 万人次。

【体育赛事活动】 2022 年，举办武江区第一届职工趣味运动会、“魅力武江过大年”、“爱武江・爱运动”庆五一武江区三人篮球挑战赛、“爱武江・爱运动”庆五一武江区青少年足球邀请赛、全国 2022 年“全民健身日”主题示范活动、2022 年韶关市武江区“全民健身日”活动暨社区运动会、2022 年韶关市武江区“庆国庆”体育活动、2022 年韶关市武江区第六届职工篮球赛等体育赛事和活动。共计参与 1 万人次。

【开展国民体质测定】 2022年，为全面了解掌握武江区国民体质现状和变化规律，提升群众科学健身意识，引导居民有针对性地参加体育健身活动，进一步提高国民的身体素质和健康水平，5 月 17 日，武江区在区体育馆举行 2022 年国民体质测定。测定内容为：身高、体重、台阶测试、握力、坐位体前屈、闭眼单脚站立、选择反应时、纵跳、俯卧撑（男）或一分钟仰卧起坐（女）、血压、脉搏、体脂等 12 个项目的测试。体测人员来自区企事业单位的干部职工和辖区居民共 1500 人，年龄覆盖 20 至 59 岁人群。

竞技体育

【概况】 根据韶关市文化广电旅游体育局《关于命名 2021 年韶关市业余训练重点班的通知》韶文广旅体〔2022〕106 号文件精神，为武江区竞技体育可持续发展夯实基础，并以鼓励青少年体育训练为省、市专业优秀运动队输送高水平体育后备人才为原则，实行多输送多投入，经上级部门审核评定，我区申报的射击项目和武术项目已被评定命名为“韶关市业余训练重点班”。

【竞技比赛】2022年，武江区业余体育运动学校认真贯彻上级的指示精神和各项工作，积极组织优秀运动健儿代表参加省、市级各类体育比赛。参加2022年韶关市“全民健身日”活动启动仪式暨韶关市第六届健身气功比赛，获得团体总分第二名；在韶关市第二十七届中小学“英东杯”跳绳竞赛中，武江区代表队红星小学、西河学校分别获得小学组团体总分第一名、初中组团体总分第一名。

【青少年体育】2022年，区文旅体局与区教育局联合举办“2022年韶关市武江区中小学生乒乓球竞赛”活动，鼓励和引导青少年积极参与全民健身活动。举办“2022年武江区青少年体育公益培训班”，选拔优秀运动人才向省、市级输送，进一步推动武江区体育事业。

【社区运动会“最佳运动员”】2022年，武江区举行社区运动会。共设5个活动大项目，分别是网球比赛、羽毛球比赛、游泳比赛、拔河比赛和趣味体育活动，其中趣味体育活动分为体育法知识有奖问答、运动健身指导、国民体质测定、跳绳、转呼啦圈、套圈、车轮滚滚等7个小项目。通过传统运动竞技+趣味体育活动让“全民健身日”示范活动“动起来”。经过投票评选，新华街道陈高云以1223票入选为2022年韶关市武江区社区运动会“最佳运动员”。

【韶关市风烈中学武术队获省青少年武术套路锦标赛乙组团体冠军】2022年5月20—23日，由广东省教育厅、广东省体育局主办的2022年广东省青少年武术套路锦标赛在韶关市仁化县举行，全省共有53支队伍，227名运动员参加甲乙组别共53个项目的比赛。武江区的韶关市风烈中学武术队勇夺乙组团体总分第一名。韶关市风烈中学共派出8名运动员，参加拳术、短器械、长器械等21个项目的比赛，均获得优异的成绩。韶关市风烈中学武术队成立于2016年，通过打造“以武健身、以武养德、以武育心、以武益智”的校园文化，提升师生精气神，提高学生体质健康水平。

体育产业

【概况】2022年，武江区贯彻落实中央、省、市关于加快发展体育产业促进体育消费的工作部署，以推进体育设施建设为重点，积极推动体育各项活动赛事落地武江，统筹推进体育产业与文化、旅游产业融合发展。2022，武江区体彩年销量10282.17万元，总计67家在售网点，销量居全市第一。

【新增体育设施与管理】2022年，武江区共新增335套健身路径，有乒乓球台38台，篮球场12个，羽毛球场3个，健身步道30千米。有效提升公共体育场地设施供给水平。开展陈旧破损体育器材专项维护8批次。现有体育场地面积达到1063523平方米，全区人均体育场地面积达到2.75平方米。

【文旅惠民活动】2022年，“五一”期间，武江区推出20余项丰富多彩的“线上+线下”文旅体惠民活动，给广大市民群众欢度假日提供多样化选择，打造丰盛的“五一”文旅大餐。区文化馆推出“我最OK”广东全民才艺大比拼、“新使命、新担当、新作为”抗疫专题摄影展暨“四季之歌”东方花道艺术展以及文艺汇演。区图书馆推出“悦读武江”、“芙蓉山下”品牌系列活动，既有亲子活动又有沙龙活动，还有线上的英语口语大赛和主题征文活动。区博物馆推出“馆藏清代民国”瓷器展以及“古韵蓉山”品牌系列活动，让市民在馆内就能体验到丰富多彩的中华优秀传统文化。

【武江区田家炳沙湖绿洲小学入选全国青少年校园足球特色学校】2022年，经有关单位自主申报、省级教育行政部门审核推荐、专家复核评审与社会公示，教育部认定并命名全国青少年校园足球特色学校2038所。武江区田家炳沙湖绿洲小学人选全国青少年校园足球特色学校。学校园占地面积为20000平方米，建筑面积11313平方米，可供校园足球训练和比赛的场地约9870平方米学校配备8人标准人造草足球场，足球场地面积为3010平方米。配备7名专职体育教师，4名教师拥有足球教练执教资格。

【青少年体育公益培训】 2022年7月30日，武江区在区体育馆举办青少年体育公益培训班。青少年体育公益培训班参训100余人，采取线下集中授课形式，包括乒乓球、羽毛球、跆拳道、射击、体适能、赛艇、皮划艇等7个项目。

【重阳水上运动中心合作基地揭牌】 2022年7月3日，武江区在重阳镇水上运动中心举行重阳水上运动中心合作基地揭牌仪式。此次挂牌项目有“广东省冬泳协会桨板运动基地”“广东省冬泳协会防溺教育基地”“韶关市武江区水上项目运动基地”“韶关市武江区龙舟训练基地”“韶关市游泳协会运动基地”等。通过打造重阳水上运动中心，完善重阳水上运动中心的功能设施，助推水上运动产业高质量发展。重阳水上运动中心紧邻武江河，保持着民族特色的传统龙舟队，是韶关市知名的体育品牌项目。

（钟明东）

2022年武江区新增体育设施场地一览表

表15

序号	体育设施场地详细地址
1	韶关市武江区西联镇百旺中社区宝能公馆一期
2	韶关市武江区西联镇百旺中社区宝能公馆二期
3	韶关市武江区西联镇百旺中社区保利中韵花园
4	韶关市武江区西联镇百旺中社区保利中宸花园
5	韶关市武江区西联镇百旺中社区保利中悦花园
6	韶关市武江区西联镇百旺中社区保利中兴花园
7	韶关市武江区西联镇百旺中社区保利中诚花园
8	韶关市武江区西联镇百旺中社区保利中滨花园
9	韶关市武江区西联镇百旺中社区保利中景花园
10	韶关市武江区惠民街道侨新社区一棉体育公园
11	韶关市武江区惠民街道惠民北社区二棉小区篮球场
12	韶关市武江区新华街道吉祥公园
13	韶关市武江区重阳镇黄岸行政村南岸村
14	韶关市武江区重阳镇大夫前行政村村委会
15	韶关市武江区重阳镇大夫前行政村老村
16	韶关市武江区重阳镇大夫前行政村前村

续表 15

序号	体育设施场地详细地址
17	韶关市武江区重阳镇大夫前行政村新村1队
18	韶关市武江区重阳镇大夫前行政村新村2队
19	韶关市武江区重阳镇九联行政村陀村
20	韶关市武江区重阳镇青暖行政村暖水村
21	韶关市武江区重阳镇青暖行政村欧屋村
22	韶关市武江区重阳镇万侯行政村侯屋村
23	韶关市武江区重阳镇万侯行政村徐屋村
24	韶关市武江区重阳镇万侯行政村大塘村
25	韶关市武江区重阳镇万侯行政村侯屋村村口坪
26	韶关市武江区重阳镇万侯行政村水心村
27	韶关市武江区重阳镇万侯行政村芹村
28	韶关市武江区重阳镇万侯行政村芹村老村
29	韶关市武江区重阳镇万侯行政村三角园村
30	韶关市武江区重阳镇万侯行政村中方村
31	韶关市武江区重阳镇重阳行政村麻地梗村
32	韶关市武江区西河镇黄塱村行政村村委会
33	韶关市武江区西河镇马屋行政村丘屋村广场
34	韶关市武江区西河镇前进行政村新村
35	韶关市武江区西河镇下坑行政村林屋村
36	韶关市武江区龙归镇龙归社区
37	韶关市武江区韶州体育中心体育馆
38	韶关市武江区韶州体育中心体育场
39	韶州体育中心

卫生健康

卫生工作

【概况】2022年，武江区区属8间基层医疗卫生机构实有在岗职工428人，其中，卫生技术人员368人（含医生126人、注册护士163人、其他医技人员79人）。乡镇卫生院下辖51间村卫生站，共有51名乡村医生驻点执业。

区属8间基层医疗卫生机构现有编制床位255张，2022年底实际开放病床108张，其中，惠民街道社区卫生服务中心30张、龙归镇中心卫生院40张、重阳镇卫生院18张、江湾镇卫生院18张、西河卫生院2张。新华街道社区卫生服务中心根据机构当前的业务发展和人员编制的情况暂未开放住院业务，沙洲尾和芙蓉新区两个社区卫生服务中心因场地限制，暂未设置病床。

【行政管理】2022年，武江区重点抓好社区卫生服务中心、卫生院及村卫生站的管理，做好基层医疗机构建设、卫生及妇幼卫生保健等工作。2022年，武江区医师执业注册（首次注册）5人，医师执业注册（变更注册）42人；医师多点备案8人；医师执业（注销）1人；护士执业证书核发（首次注册）5人，护士执业证书核发（延续注册）10人，护士执业证书核发（变更注册）24人；护士执业证书注销2人；护士执业证书重新注册2人；医疗机构执业许可（变更登记）33份，中医院执业登记1份；中医诊所备案4份，医疗机构执业许可（校验）59份，医疗机构执业许可（注销）3份；到期换证1份。

【计生服务】2022年，武江区兑现各类扶助金2043.165万元，为1306户计生家庭购买意外伤害保险，合计金额为39180元。

【医药卫生】2022年，武江区区属基层医疗卫生机构门急诊总计488127人次，其中，新华街道社区卫生服务中心75718人次，惠民街道社区卫生服务中心107420人次，沙洲尾社区卫生服务中心87245人次，芙蓉新区社区卫生服务中心39235人次，龙归镇中心卫生院61680人次，重阳卫生院34011人次，江湾卫生院11098人次，西河卫生院7233人次，村卫生站合计64487人次。出院1819人次，向上级医院转诊728人次，转诊率0.16%。全年区属基层医疗卫生机构总收入10911.4万元，其中医疗收入5439.6万元；总支出11279.8万元，其中医疗业务成本8038.5万元。联合区市场监管局印发《关于开展2022年药械化安全监测工作的通知》（韶武市监联字〔2022〕5号）文件，积极联合开展药械安全监测工作。

健康管理

【老年人健康】2022年，武江区累计为20496名辖区内65岁及以上老年人提供建立健康档案、评估生活方式和健康状况、免费体检和健康指导等服务。

开展高血压、糖尿病患者管理，高血压管理人数13462人，规范管理13462人，规范管理率100%；糖尿病管理人数5419人，规范管理4335人，规范管理率80%。

【精神障碍患者】 2022年，武江区在册严重精神障碍患者1394人。严重精神障碍报告患病率为3.73‰，年面访率86.01%、管理率为96.63%、规范管理率为95.77%、在册患者服药率为90.46%、规律服药率为73.6%、服药率（精分）为91.51%、规律服药率（精分）74.71%、体检率为64.42%。2022年，共为1328名严重精神障碍患者购买责任监护补偿保险合计265600元；发放2318人次的监护补助费合计1135748元；报销患者住院费用共21673.33元；为5090人次减免药费合计690305.49元；接受长效针剂患者共40人。

【结核病患者】 2022年，武江区经上级定点医疗机构确认并转诊到基层管理的肺结核患者有130人，管理人数130人，管理率为100%；同期内完成治疗肺结核患者人数165人，经基层医务人员督促按要求规律服药患者153人，规律服药率为92.73%。

【妇幼管理】 2022年，武江区城乡妇女免费“两癌”筛查任务数2000人，完成宫颈癌筛查2021人，完成率101.05%；乳腺癌筛查2015人，完成率100.75%；宫颈癌结案率101.05%，乳腺癌结案率100.75%。地中海贫血筛查1852对，完成率110.77%；唐氏综合征筛查2034例，完成率121.65%；严重致死致残结构畸形筛查1756例，完成率105.02%；新生儿代谢性疾病（4种）筛查2439例，完成率116.70%。新生儿听力筛查2477例，完成率118.52%；全年新生儿活产数3132，新生儿访视率94.66%。为适龄女生免费接种HPV疫苗是武江区2022年十件民生实事之一，前期组织制订《武江区适龄女生人乳头瘤病毒（HPV）疫苗免费接种工作实施方案（2022—2024年）》。会同区教育局做好人数统计，确定采购需求量。9月14日开始为适龄女生免费接种第一针HPV疫苗。全区共计1328名女生，完成接种1271人，完成接种率95.71%，达到目标要求。婚前医学健康检查人数1055人，检查率69.32%；孕前优生健康检查人数1912人，孕前优生健康检查率81.09%；均完成目标任务要求。

【中医药事业】 2022年，武江区8个基层医疗机构均设置中医馆，为群众提供10种以上中医药技术方法。全区8个基层医疗机构和51个村卫生站均能提供国家基本公共卫生中医健康服务。配备中医执业（助理）医师24人，其中中医全科医生10人。大力推广国家基本公共卫生中医药服务，全年，武江区老年人中医药健康管理率为49.15%、儿童中医药健康管理为为67.24%，为20424名老年人提供中医体质辨识和健康管理服务；为7537名0—3岁儿童提供中医健康管理和健康指导服务。

爱国卫生

【爱国卫生宣传】 2022年，武江区认真贯彻《广东省爱国卫生工作条例》，把爱国卫生工作纳入国民经济和社会发展规划，爱国卫生工作实行以人民健康为中心，坚持政府主导、部门协作、全民参与、社会监督、科学治理的原则。通过线上、线下广泛宣传卫生防病和健康知识，全年发放各类爱国卫生运动宣传资料4.8万份，并利用宣传栏和电子显示屏进行宣传，营造浓厚的爱卫宣传氛围。

【健康教育】 2022年，武江区落实《学校卫生工作条例》，辖区学校和托幼机构全部开设健康教育课程，学生健康知识知晓率和健康教育行为形成率在92%以上；开展控烟禁烟活动，截至年底，武江区成功创建广东省无烟单位204个，创建韶关市无烟单位82个。武江区党政机关单位和医疗机构无烟单位创建达100%。

【病媒生物防治】 2022年，武江区严防病媒传播疾病的发生和流行。全年新装和更换毒鼠屋562个，发放灭鼠药5800千克，灭蚊药310千克，出动专业防制人员350人次、消杀器械182台次，对87个重点单位和场所消毒消杀。

【城乡环境卫生整治】 2022年，武江区落实“三个一”环境卫生整治制度，持续推进城乡环境卫生整治，强化预防优先，打造健康环境，营造干净整洁的人居环境。全年出动2.98万人次，开展环境综合整治278次，清除各类积水520处，清理滋生地460处，卫生死角682处，清理垃圾杂物淤泥约1550吨。

【卫生镇村创建】 2022年，武江区成功创建广东省卫生镇5个、广东省卫生村44个（行政村）、韶关市卫生镇5个，韶关市卫生村51个（行政村）。武江区省、市卫生镇覆盖率达到100%，省卫生村（行政村为单位）覆盖率达到86%，市卫生村（行政村为单位）覆盖率达到100%。

医疗机构

【惠民街道社区卫生服务中心】 惠民街道社区卫生服务中心于2011年托管给市第二人民医院，中心承担辖区惠民街道沙湖、沐阳东、冷水坑、侨新、幸福、群康、长城、新华北、新村、群立、武江北、黄田坝、惠民北、东岗岭社区居委会约8.07万名居民的基本公共卫生服务和家庭医生签约服务工作。

【新华街道社区卫生服务中心】 新华街道社区卫生服务中心是一所非营利性基层医疗卫生机构，属于公益一类事业单位。该中心承担着辖区新华街道惠民东、工业东、工业西、工业中、芙蓉北、乳韶、武江南、惠民西、五祖路、利民社区居委会约7.45万人的基本医疗、基本公共卫生服务、公共卫生突发事件的应急处理和健康教育、康复、计划生育技术服务等综合医疗卫生服务。中心占地面积约1638平方米，现有业务用房3843.02平方米，在岗职工68人。开设的科室有全科门诊、中医馆、检验科、放射科、影像科、预约接种、公共卫生科等。床位编制50张，2022年未开设住院部，门诊量75718人次，业务总收入929.1万元。

【沙洲尾社区卫生服务中心】 沙洲尾社区卫生服务中心于2019年9月28日建成正式投入使用。是一所非营利性基层医疗卫生机构，属于公益一类事业单位。承担辖区新华街道花城、金洲、沙洲、新华南、芙蓉东、御龙湾6个居委会和西河镇红星、向阳、大村、村头4个村委会约6.33万名村（居）民的基本医疗、基本公共卫生服务、公共卫生突发事件的应急处理和健康教育、康复、计划生育技术服务等综合医疗卫生服务。中心业务用房面积约1700平方米，在岗职工50人。开设的科室有全科门诊、中医馆、检验科、放射科、影像科、药剂科、预约接种、妇科、儿科、公共卫生科等，暂未开设住院部。年门诊量28076人次，业务总收入945.9万元。

【芙蓉新区社区卫生服务中心】 芙蓉新区社区卫生服务中心于2019年9月28日建成正式投入使用。是一所非营利性基层医疗卫生机构，属于公益一类事业单位。承担碧桂园太阳城、恒大、保利大都会社区居委会、宝能公馆和西联镇芙蓉村、西联村、车头村、下胡村、阳山村、沐溪村、甘棠村、赤水村村委会约5.57万人的基本医疗、基本公共卫生服务、公共卫生突发事件的应急处理和健康教育、康复、计划生育技术服务等综合医疗卫生服务。中心业务用房面积约1600平方米，在岗职工56人。开设的科室有全科门诊、公共卫生科、中医馆、检验科、影像科、预防接种、药房等，暂未开设住院部。全年门诊量39235人次，业务总收入731.6万元。

【西河镇卫生院】 西河镇卫生院是一所非营利性基层医疗卫生机构，属于公益一类事业单位，于2020年9月28日正式建成投入使用。该院承担着西河镇塘湾村、下坑村、马屋村、田心村、朝阳村、什石元村、黄塱村、前进村、山蕉村、糖寮村委会约2.32万人的基本医疗、基本公共卫生服务、公共卫生突发事件的应急处理和健康教育、康复、计划生育技术服务等综合医疗卫生服务，负责对辖区村级卫生机构的技术指导和乡村医生的培训。卫生院占地面积约3000平方米，现有业务用房约1800平方米，辅助用房约300平方米，在岗职工35人。卫生院开设的科室有全科门诊、中医馆、检验科、放射科、影像科、药剂科、预防接种、公共卫生等，开放床位2张。卫生院年诊疗人次7233人次，住院32人次，业务总收入约114.2万元。

【龙归镇中心卫生院】 龙归镇中心卫生院为非营利性基层医疗卫生机构，属于公益一类事业单位，是武江区唯一的一家中心卫生院。该院承担着龙归镇红尾坑、龙归社区居委会和龙归镇盘村、后坪村、留村村、龙安村、龙归村、马渡村、奇石村、山前村、社主村、寺前村、续源村、坳头村、方田村、凤田村、冲下村委会约4.98万人的基本医疗、基本公共卫生服务、公共卫生突发事件的应急处理和健康教育、康复、计划生育技术服务等综合医疗卫生服务，负责对村级卫生机构的技术指导和乡村医生的培训，并承担对区域范围内一般卫生院的业务技术指导、培训等工作。卫生院占地面积约4017平方米，现有业务用房4016.96平方米，在岗职工111人。卫生院开设的科室有全科门诊、住院部、手术室、中医馆、检验科、放射科、影像科、药剂科、公共卫生科、胃镜室、预防接种等，开放床位40张。卫生院年门诊量48723人次、住院1019人次、分娩85人次，业务总收入约894.4万元。

【江湾镇卫生院】 江湾镇卫生院是一所非营利性基层医疗卫生机构，属于公益一类事业单位，该院承担着江湾镇（江湾街社区居委会和江湾镇锅溪村、湖洋村、瑶族村、梁屋村、胡屋村、围坪村村委会）约6500人的基本医疗、基本公共卫生服务、公共卫生突发事件的应急处理和健康教育、康复、计划生育技术服务等综合医疗卫生服务，负责对村级卫生机构的技术指导和乡村医生的培训，业务技术指导等工作。卫生院占地面积约3200平方米，业务用房面积792平方米，在岗职工23人。开设的科室有全科门诊、住院部、中医馆、检验科、放射科、影像科、药剂科、公共卫生科、预防接种等，开放床位18张。卫生院年诊疗11098人次，住院78人次，业务总收入约59.9万元。

【重阳卫生院】 重阳卫生院是一所非营利性基层医疗卫生机构，属于公益一类事业单位。该院承担着重阳镇重阳社区居委会和重阳镇大夫前村、黄岸村、九联村、重阳村、青暖村、水口村、万侯村、妙联村村委会约2万人的基本医疗、基本公共卫生服务、公共卫生突发事件的应急处理和健康教育、康复、计划生育技术服务等综合医疗卫生服务，负责对村级卫生机构的技术指导和乡村医生的培训，并承担对区域范围内一般卫生院的业务技术指导、培训等工作。卫生院占地面积约8500平方米，现有业务用房3391平方米，在岗职工35人。卫生院开设的科室有全科门诊、住院部、中医馆、检验科、放射科、影像科、药剂科、公共卫生科、预防接种等，开放床位18张。2022年，门诊量16120人次、住院160人次，业务总收入约263.8万元。

（李素芬）

社会生活

民　政

【概况】 韶关市武江区民政局（简称区民政局）主要职责是研究制订全区民政事业的发展规划和年度计划，负责社会救助、基层政权建设、行政区划、殡葬及婚俗改革、社会组织管理、社会事务、社会福利、慈善事业等工作。2022年，区民政局围绕区委、区政府的中心工作，牢守安全管理底线，推动基本民生保障更加有力、基本社会服务提质升级、基层社会治理创新发展，各项工作取得新成效。

【社会组织管理】 2022年，武江区核准设立登记的社会组织147家，其中，社会团体33家，民办非企业单位114家。深化社会组织法人治理专项行动，推动社会组织规范使用章程示范文本，清理退出“僵尸型”社会组织3家。社会组织党建工作不断加强，共有18个社会组织设立党支部，有党员75人。

【社会救助】 2022年，武江区城乡低保对象最低生活保障每人每月标准分别提高到828元、603元，城乡特困供养金每人每月标准分别提高到1325元、965元；困难残疾人生活补贴、重度残疾人护理补贴每人每月标准分别提高到188元、252元。全年共为6865名困难群体发放各项资金3059.34万元。全面落实“先行救助”“分级审批”，取消户籍地限制，提升临时救助时效性，全年累计发放临时救助金29.68万元，开展临时救助177人次，其中因洪灾给予临时救助46人次。共救助2名流浪乞讨人员。武江区社会救助站顺利竣工。

【社会福利】 2022年，武江区完善老年人福利补贴制度，为全区80岁以上的6543名高龄老人，发放高龄津贴167.87万元。切实开展防范非法集资宣传工作，进一步提升老年人非法集资防范意识，覆盖工作人员150人次、老年人600人次。强化养老服务基础设施建设，新增1间医养结合养老机构，新增养老床位220个；完成27户老年人家庭开展居家适老化改造工作。

【慈善事业】 2022年，武江区推进慈善事业蓬勃发展，充分发挥慈善事业第三次分配作用，全年募集捐款共507.94万元，其中在“6·19”抗洪救灾期间募捐164.57万元、“6·30”广东扶贫济困日募捐201.90万元。

【基层政权】 2022年，武江区89个村（居）委会，共下设公共卫生委员会89个，环境和物业管理委员会38个。开展“社区万能章”治理专项行动，严格落实44项基层群众性自治组织不可出具证明清单和7项可出具证明清单，治理效果明显。

【社区建设】 2022年，武江区加强城乡社区治理和服务创新，完成新华街道花城社区居民委员会“一站式”城乡社区综合服务示范创建工作，西联镇增设社区居委会1个，完成2022

年离任村干部信息采集及联审工作，联合审核通过人员157人；芙蓉新村村规民约被省民政厅评为优秀示范案例。城乡融合发展取得新突破，圆满完成武江区“村改居”试点工作。深入实施“双百工程”，全面建成7个社工站，29个服务点，全部完成挂牌并启动使用，实现社工站（点）100%覆盖、困难群众和特殊群体社会工作服务100%覆盖。

【区划地名】 2022年，区民政局完成签订区级《行政区域界线管理维护委托协议书》和镇（街）级《界线管理维护委托协议书》；加强区划地名信息管理工作，完成全区2052条地名信息的审核工作，进一步提升区划地名信息化水平。深化平安边界创建活动，扎实做好界线争议隐患排查工作。

【社会事务】 2022年，武江区深化殡葬改革和服务创新，共有1629人享受火化优惠政策，减免244.3万元的基本丧葬费。持续推进殡葬领域移风易俗，发挥红白理事会作用，树立绿色殡葬理念，做好清明节等重要时间节点祭扫管理服务工作。深入开展跨区域婚姻登记，全面实现婚姻登记“全城通办”业务，完成办理婚姻登记3644宗。积极开展婚俗改革工作，举办“拥抱吧520”“七夕·鹊桥相会”主题活动，引导广大群众树立新型婚恋观，鼓励婚仪从简，抵制高价彩礼，杜绝铺张浪费。

【社会工作】 2022年，区民政局加强社会工作者队伍建设，做好全区全国社会工作者职业水平考试组织动员工作。配合做好社会工作者考前辅导培训和社工人才继续教育培训工作，做好现有社工人才职业水平证书登记工作。

【志愿服务】 2022年，区民政局推进全区9间长者饭堂、5个城市居家养老中心运营工作，开展志愿服务关爱、关爱长者等各类活动150场，全年共服务8813人次，就餐惠及14493人次。

（罗 伟）

人力资源和社会保障

【概况】 2022年，韶关市武江区人力资源和社会保障局（简称区人社局）在区委、区政府的正确领导下，区人社局围绕“民生为本、人才优先”的工作主线，聚焦重点工作，履职尽责，担当作为，扎实推动人社事业全面高质量发展。

【就业与培训】 2022年，区人社局关注重点群体，扎实民生保障，筑牢更加充分更高质量就业基本盘。全年共认定就业困难人员607人，帮助就业困难人员政策咨询近700人次。全区城镇新增就业人数3650人，完成率101.4%；城镇失业人员再就业2245人，完成率102%；就业困难人员再就业365人，完成率104.3%；促进创业人数202人，完成率106.3%。举办线上、线下招聘会11场次，组织399家次重点用工企业为求职者累计提供5315个就业岗位，点击量99169次，投递简历1427份，初步达成就业意向328人，为企业用工和重点群体就业搭建精准对接平台。持续推进“粤菜师傅”“广东技工”“南粤家政”三项工程，采用灵活多样的培训方式加快技能人才队伍建设。针对城乡劳动者不同层次技能提升意愿，开展粤菜师傅培训322人次，完成率247.69%；“南粤家政”培训1011人次，完成率148.68%；新增职业技能等级证书1793人次，完成率128.07%，新型学徒制培训143人次，完成率110%；农村电商培训50人次，完成率125%；补贴性培训2339人次，完成率150.90%。

【工伤认定】 2022年，武江区受理工伤认定案件233件，其中作出工伤认定结论220宗，不予受理1宗，不予认定1宗，有争议案件共有35宗，共发生行政诉讼案件7宗，行政复议5宗。作出职业伤害确认3宗，作出劳务派遣行政许可2宗。

【劳动保障监察】 2022年，区人社局加强劳动保障监察执法工作，认真贯彻落实劳动保障法律、法规，维护劳动者的合法权益。2022年，共受理劳资纠纷1511宗，涉及人数2341人，涉及金额2336万元，化解各类劳资纠纷1511宗，结案人数2341人，结案金额2366万元。全年开展3项专项执法行动，即2021年根治欠薪冬季专项行动、2022年根治欠薪夏季专项行动、2022年人力资源市场秩序清理整顿联合专项执法行动，累计出动执法人员150人次，检查用人单位48家，检查发现欠薪行为3起，总计处理欠薪举报投诉案件476宗，为769名劳动者追回工资1020.8843万元。联合属地派出所、区文旅体局、区市场监管局开展4次用人单位遵守劳动用工执法行动，严厉打击招用童工以及娱乐场所招用未成年工等违法行为，共出动执法人员15人次，检查用人单位8家，发现存在违法行为用人单位2家，作出行政处罚2起。

【人才管理与引进】 2022年，完成武江区2022年事业单位公开招聘268名工作人员的入职工作；累计征集岗位67个，成功招募14名高校毕业生到基层工作，服务乡村振兴。

【人才服务工作】 实行日常考核与年度考核相结合。2022年，事业单位工作人员（含机关工勤）共有2360人参与考评，评为优秀的事业单位工作人员354人，评为合格1936人，因受处分影响不合格0人，因受处分影响不定等次3人，因受处分影响基本合格0人，首次就业试用期不定等次67人，因病事假累计超过半年不参加考核1人，因2022年11月和12月入编不参加考核13人。其中，区预留优秀等次指标用于激励专项工作和绩效奖励情况：专项工作中被评为优秀的人员有巡察工作1人。新增就业见习基地25家，新增就业见习岗位1275个，吸纳见习人员110人。人才驿站全年累计开展各类调研和培训活动24场，参加934人次。

【高校毕业生就业】 2022年，武江区接收应届毕业生报到登记628人，其中，单位就业42人，企业就业389人，自主创业68人，暂缓就业93人，升学、出国及其他36人。

【工资与福利】 2022年，武江区正常工资晋升事业单位人员2305人，晋升后工资于2022年1月执行；区人社局督促各单位落实和发放2021年应休未休年休假报酬；完成办理61名退休人员审核工作；完成办理32名病故人员一次性抚恤金和遗属生活补助审核工作；事业单位工作人员住房改革补贴标准按照2020年个人实际职务职级予以固化；调整武江区事业单位工作人员和机关工勤人员的基本工资，新标准从2021年10月起执行；落实县以下事业单位管理岗位职员等级工资福利待遇；保障事业单位工作人员每月工资按时上报。

【职称工作】 2022年，根据省、市有关要求，完成武江区2021年度职称评审与初次职称考核认定工作，通过评审并取得高级职称126人，其中2人取得正高级职称；通过初次职称考核认定并取得中、初级职称16人，通过评审并取得中、初级职称41人；完成对2021年度武江区中小学一、初级教师评审结果的审核确认，并对审核确认的244名教师签发电子证书。开展2022年度乡村工匠专业人才职称评审工作，第一次评审通过31人，其中2人通过高级职称评审。

【劳动人事争议仲裁】 2022年，区人社局共处理各类劳动人事争议案件1029宗，涉及劳动者1052人，结案1016宗，涉案金额2280.9万元。其中，通过立案受理454宗（含上年结转8宗），结案433宗，累计结案率95.37%，调解成功率75%。面对劳动关系领域趋于紧张的劳动关系，经过多次的沟通和酝酿，9月2日，由武江区人力资源和社会保障局劳动人事争议仲裁院和武江区总工会共同打造的武江区劳动争议裁前联调工作室正式揭牌运作。该联调工作室提供业务咨询、法律援助、案件调解“三合一”的“一站式”服务，减少当事人维权成本，避免劳动者维权要“多头跑路”。全年联调工作室参与案件11宗，成功调解案件9宗，调解率为82%。

【社会保险】 2022年，区人社局执行企业制度职工参保人员（不含离退休）96897人，年度目标任务完成率104.8%；执行机关事业制度职工参保人员（不含离退休）3941人，年度目标任务完成率108.87%；城乡居民基本养老保险参保人员36430人，年度目标任务完成率101.19%；工伤保险参保人员108442人，年度目标任务完成率107.18%；失业保险参保人员91419人，年度目标任务完成率104.56%。

新增基本养老金领取人员1762人，其中新增企业职工退休人员1140人，新增机关事业单位退休人员99人，新增城乡基本养老金领取人数1199人。共有企业职工退休人员20143人，机关事业单位退休人员1583人，城乡养老养老金领取人员15666人。新增失业金领取人员559人。

发放失业保险稳岗补贴233.93万元，惠及企业2404家。发放一次性留工培训补助922.83万元，惠及企业3532家，有效落实纾困稳岗政策。

医疗保险两定机构结算业务结算定点医药机构共40家，其中医院15家（含华康元药房）、独立门诊18家、卫生站7家，全年基金支付两定机构医保医疗费用共计17121.89万元。

生育保险医疗报销636人次，基金支付366.4万元；生育津贴支付429人次，基金支付644.2万元。

工伤保险待遇核发240人次，基金支付1622万元。2022年开始实行工伤联网结算，共结算194人次，基金支付157万元。

新增定点零售药店15家，新增定点门诊3家，新增定点医院1家，现有定点零售药店136家，定点门诊20家，定点医院14家。现场检查定点医药机构95家次，处理违规医疗机构30家，追回违规费用38.31万元。

（邱丽颖）

医疗保障

【概况】 2022年，韶关市武江区医疗保障局（简称区医保局）坚持以确保基金安全为前提，以保障参保人员切身利益为重点，以加强定点医药机构监管为核心，积极履行服务、管理、监管、宣传职能，不断创新管理机制和提升服务能力，全力破解影响医保制度运行过程中存在的突出问题和困难，着力推动各项医保工作的全面、协调、快速发展，取得较好的成效。

【城乡居民医保参保缴费】 2022年，启动2023年度城乡居民基本医疗保险征缴工作以来，区医保局在工作动员、政策宣传、工作督导等方面持续发力，确保全面完成任务。加强医保政策惠民宣传，普及工作人员及群众的医保知识，引导群众积极主动参保续保，提高参保覆盖面。根据参保缴费进度情况，督促各镇（街）经办加大工作力度。收集各镇（街）经办、居民等各个层面反馈的问题，积极与社保、税务和市医保局沟通协调，力促问题的解决。截至12月31日，2023年度城乡居民成功参保142530人，完成市下达的参保任务率98.19%，全市排名第一。

【医保领域便民服务】 全面推广医保电子凭证激活服务。通过加强培训、广泛宣传、上门服务等举措，积极引导参保人激活使用医保电子凭证，截至12月31日，完成医保电子凭证激活152010人，激活率52.21%，全区160余家定点医药机构全部实现医保电子凭证支付全覆盖，市民就医购药直接扫码结算，立享“码”上服务。规范政务服务事项。局37项政服务事项进驻区政务服务大厅，围绕群众和企业办事“最多跑一次”的需求，实现“综合受理、集成服务”工作模式，实现政务服务标准化、精准化、便捷化、平台化、协同化。

【基本医疗保险待遇结算】 2022年，区医保局积极协调区社保中心和市医保局项目组，做好定点医疗机构职工医保和居民医保结算工作。完成40家定点医药机构共925批次，资金合计17122万元医保医疗费用的结算工作。开展参保人员基本医疗保险零星报销、生育医疗报销、生育津贴拨付、居民医保退费业务2087人次，拨付资金 1246.99 万元。受理医疗生育类业务、异地就医备案审核等业务 8000 人次。

【医疗保障基金管理】 2022年，区医保局不断健全完善基金监管体制机制，建立武江区医疗保障基金综合监管部门间联席会议，制订《韶关市武江区 2022 年医疗保障基金监管工作方案》，印发《韶关市武江区开展医保基金监管集中宣传月活动实施方案》，加强综合检查，开展打击欺诈骗保宣传和专项治理，对辖区医药机构进行飞行检查，实施联合惩戒，形成基金监管高压态势，起到震慑作用，及时有效防控和化解基金运行风险，不让医保基金成为新的“唐僧肉”。全年区医保局通过日常检查、联合检查、交叉检查、专项检查等方式共检查辖区内定点医药机构 194 家次，其中，检查定点药店 128 次，门诊 15 次，医院 51 次；共发出整改通知书 30 份，约谈定点医药机构 6 次，追回医保违规费用 37.4 万元，处以罚款 3.54 万元，合计 40.94 万元。

【医药机构监管】 2022 年，区医保局对全区 18 家定点医院、14 家定点门诊、128 家定点零售药店、7 家定点村卫生站按照定点协议要求进行管理，通过信息系统数据对住院患者诊疗信息进行实时监控，发现问题及时电话或书面问询，对整改不力的进行约谈，限期整改。对患者进行电话回访，对医疗机构报销材料进行事后全面复核，并下达审核意见书。通过不定期检查和年终考核，进一步强化“两定机构”的管理，进一步规范医疗服务行为、强化服务意识、提高服务质量，更好地为参保人员提供优质服务。实行动态管理，全年新增医保定点医疗机构 4 家，新增定点零售药店 17 家，暂停 1 家定点零售药店医保协议 1 个月，解除定点医疗机构（门诊）医保协议 1 家。

【城乡医疗救助】 2022 年，区医保局发挥医疗救助托底作用，加强与乡村振兴、民政等部门的数据交换，确保特困人员、低保对象、防止返贫监测对象等人群全部参加基本医疗保险，并落实分类资助参保政策。武江区共全额资助 5609 人参加 2023 年城乡居民基本医疗保险，涉及资助资金 196.32 万元。对经基本医疗保险、大病保险和其他补充医疗保险报销后，个人及其家庭难以承担的合规医疗费用，按不低于 85% 的比例给予救助，重点救助对象的救助比例为 100%，对经救助后自负医疗总费用仍负担过重、影响基本生活的，按规定给予“二次救助”，有效防止因病致贫、因病返贫。2022 年，共开展困难群众手工救助（不含一站式救助）27 人次，发放医疗救助资金 63.28 万元，切实防止因病致贫、因病返贫，助力乡村振兴。

【药品和医用耗材采购管理】 2022 年，区医保局督促辖区内公立医疗机构按时完成国家集中采购任务，做好对辖区内采购主体执行中选药品使用情况的监测，随时掌握使用进度，对约定采购任务量完成率较低的医疗机构加强指导并了解情况，对医疗机构提出的问题及时进行解决。通过推进辖区内定点医疗机构药品集中采购，有效降低医疗机构采购成本，减轻相关患者费用负担，提升医保基金使用效率。全年，武江区 13 家公立医疗机构药品采购总金额 3761.68 万元，其中，线下采购金额 7.75 万元，线下采购占比 0.21%；医用耗材采购总金额 3266.89 万元，线下采购金额 70.46 万元，线下采购占比 2.16%。现势态良好，药品、医用耗材线下采购占比均未超出文件规定的 5%。

（曾伟虾）

应急管理

【概况】 2022 年，韶关市武江区应急管理局（简称区应急管理局）认真贯彻落实习近平总书记关于应急管理和安全生产重要指示批示精神和党的二十大精神，紧紧围绕完善体系、预防为主、专项整治、提升能力，创造性开展工作，全力以赴守牢安全发展底线。武江区全年发生生产安全事故 9 起（其中，生产性道路交通事故 6 起，工贸类事故 3 起），死亡 7 人，受伤2人。与上年同期相比，生产事故起数持平，死亡人数下降22%，没有发生较大及以上生产安全事故。

【安全检查】 2022年，区应急管理局强化重大节假日和全国两会、冬残奥会等重点时段安全生产执法检查，要求各镇（街）、各部门提高政治站位、压实责任，按照“党政同责、一岗双责”和“三个必须”要求，开展各类安全风险防控和隐患排查治理，做到研判在早、分析在早、防范在早，精准研判、精准施策、精准防范，确保重点时期全区安全形势稳定。

【开展专项行动】 2022年，区应急管理局成立“百日清零”专项行动领导小组，制订工作方案，明确整治对象、整治任务和任务分工。对照“粉六条”“有限空间七不准”等重点整治事项，按照“自查一家、检查一家、整改一家、复查一家”的模式持续推进专项整治工作，推动安全风险隐患整改落实。

【危险化学品安全防范工作会议】 2022年3月3日，武江区召开危险化学品安全风险集中治理推进会暨全国两会和冬残奥会安全防范、森林防灭火工作会议，认真贯彻落实习近平总书记重要指示精神和省市有关工作部署，以高度的政治责任感，统筹好发展和安全，狠抓各项安全防范责任措施落实，有效防范化解重大风险，为全国两会和冬残奥会营造良好的社会环境。

【基层应急管理综合行政执法示范点创建】 2022年，自武江区被韶关市定为基层应急管理综合行政执法示范点以来，区应急管理局制订实施方案、成立示范点创建工作领导小组，按照《广东省应急管理执法工作标准化示范点建设规范》所列一级指标6项、二级指标17项、三级指标52项，评价标准94项等内容，持续推进应急管理综合执法标准化示范点创建工作，通过近一年努力，于12月通过市级初步验收。

2022年9月7日，武江区开展中秋节前安全生产和消防安全检查行动
（区委宣传部 供图）

【应急响应机制】 2022年，武江区先后组织开展非煤矿山安全风险研判和隐患排查治理、危险化学品安全风险集中治理、燃气安全防范、危化企业高危细分领域专项整治、山洪地质灾害隐患排查和高铁沿线地质灾害隐患排查治理、农村自建房等多个行业领域安全风险集中治理专项行动，标本兼治及时消除安全隐患，坚决防范和遏制重特大事故。

【安全生产专项整治】 2022年，根据《韶关市安全生产专项整治三年行动》工作部署，武江区各级各部门紧紧围绕安全生产总体工作目标，深入开展安全生产专项整治三年行动，创新工作思路，狠抓工作落实，成效显著、亮点突出，进一步夯实全区安全基础，本质安全水平稳步提升，全区安全生产事故起数、死亡人数持续下降，全区安全生产专项整治三年行动圆满收官。

【“安全生产月”活动】 2022年，区应急管理局组织开展“安全生产月”和“安全生产南粤行”活动，制作武江主题宣传片，通过“武江发布”开展新《中华人民共和国安全生产法》

有奖知识问答，吸引超过6000人参加竞答；制作3000份新安法宣传卡片和2万张消防安全温馨提醒，结合日常检查推动安全生产宣传“五进”工作，营造人人关心、人人参与安全发展的浓厚氛围。

【汛前安全联合检查】 2022年3月21—25日，区““三防””办组织区住建局、区自然资源局对辖区水库、小水电站、削坡建房、地质灾害隐患点开展汛前安全联合检查。共检查小水电站3座、水库6座、地质灾害隐患点4处、削坡建房2个。查出地质灾害隐患点安全隐患1项、水库方面安全隐患问题7项、小水电站安全隐患问题5项。

【防汛工作业务知识培训】 2022年4月29日，区““三防””办举办2022年防汛工作业务知识培训班，各镇（街）分管领导和工作人员、各村（居）主任以及重点““三防””成员单位100人参加。培训班以《武江““三防””“十四问”》和《2022年汛期防汛安全工作大检查指引》为题，围绕武江区“三防”工作重点、汛情处置措施、防汛应急预案、“三防”责任人职责、强降雨天气人员转移、“三防”物资储备、强降雨期间“三个联系”机制、“三防”救援队伍建设、特殊群体临灾转移四个机制、镇级“三防”能力建设、村级“三防”能力建设、地质灾害隐患整治、山塘水库电站和中小河流监管等13个方面，结合河南郑州“7·20”特大暴雨灾害典型事例深入浅出作全面系统的讲解，整场授课通俗易懂，达到预期效果。

【防汛指挥调度】 2022年5月21日至6月20日，武江区平均降水量超800毫米。面对有气象记录以来的最强“龙舟水”，区应急管理局密切关注雨情水情形势，监测预警，组织开展防汛视频调度9次，通过镇街应急值守系统发送防御信息36次，运用应急“一键通”、应急广播大喇叭、政务微信群、微信公众号、手机短信等方式发布防汛预警信息2000条，在5月10日、6月13日两次启动防汛Ⅳ级应急响应，并在6月17日至21日持续调整响应级别至防汛Ⅰ级应急响应级别；增加应急值守人员，定岗定责定人定时全天24小时做好全区汛情、险情、灾情信息的收集报送工作，全力确保重大险情、灾情第一时间发布、第一时间上报、第一时间处置。

【交流学习】 2022年8月6日，乐昌市应急管理局、翁源县应急管理局到武江区交流应急管理信息化建设以及执法工作标准化示范点创建工作。观看视频监控覆盖、应急一张图、汛情监测、气象预警、水文监测等综合应急指挥平台的操作演示，还就应急管理执法工作标准化示范点进行探讨。

【启动应急响应】 2022年10月，持续干旱少雨，气温偏高，森林火险等级居高不下。武江区于10月17日启动全区森林火灾Ⅳ级应急响应（首次），严格落实24小时值班和领导带班制度，进一步守好守牢森林防火墙，齐抓共管做好野外用火管控工作。

2022年11月22日，区应急管理局举办行政执法人员业务培训班
（区应急管理局　供图）

【专题业务培训】 2022年11月22日，区应急管理局举办行政执法人员专题业务培训班，各镇（街）、局机关有关行政执法人员共20人参加。培训邀请韶关市第五届安全生产专家库专家就安全生产执法检查实务、常见的违法违规行为的辨识、典型执法案例剖析等内容进行授课。

【应急演练】 9月24日，区应急管理局联合区自然资源局在龙归镇开展武江区专职护林员森林防火业务技能培训及早期火情处置实战训练。市林业局森林火灾预防科负责人，区自然资源局、区应急管理局主要负责人，各镇分管领导和护林队队长，区属国有林场、芙蓉山森林公园负责人，韶关市丰产林公司、中国人民财产保险股份有限公司韶关市分公司相关负责人及全区护林员150人参加。

【救助工作】 2022年，面对多次寒潮来袭，区应急管理局启动冬春救助工作，救助群众413人，发放棉被325床，防寒服280件等救助物资，并将部分防寒物资前置至各镇（街）；对受灾群众211人发放冬春救助资金5万元。

（邹丽萍）

消　防

【概况】 2022年，韶关市武江区消防救援大队（简称区消防救援大队）全体指战员认真贯彻落实习近平新时代中国特色社会主义思想和重要训词精神，在上级党委和区委、区政府的坚强领导下，积极对标主力军、国家队职能定位，主动适应全灾种、大应急的任务需要，紧紧围绕“双一流”工作目标，实现各项工作有突破、有创新、有成果。10月，大队被武江区委、区政府授予集体三等功荣誉。

2022年3月5日，武江区消防救援大队在重阳镇开展消防知识普及志愿服务活动 （区委宣传部　供图）

【综合性消防救援】 2022年，区消防救援大队共接警出动848起（其中火灾事故233起、抢险救援291起、社会救助306起、其它18起），总计出动车辆1479次，出动人员8624人次，全区未发生伤亡或有影响的火灾事故。火灾四项指数（接报火灾数量、火灾死亡人数、火灾受伤人数、直接财产损失）同比分别上升44.59%、持平、持平、下降76.15%。6月19—22日，武江区遭遇连续强降雨，大队全面落实洪涝灾害事故Ⅰ级应急响应要求，编排五个抗洪突击处置小组分片区抗洪救援，昼夜连续作战，维护群众生命财产安全。期间共接警出动120次，出动车辆205次、舟艇185次，紧急救出被困人员339人，转移疏散受灾群众457人，圆满完成洪涝灾害抢险救援任务。大队被韶关市委、市政府评为全市“抗洪救灾先进集体”。

【火灾隐患整治】 2022年，区消防救援大队深入开展批发农贸市场、大型商业综合体、劳动密集型生产企业、高层建筑、经营性自建房等专项整治，完成3家重大火灾隐患单位整改以及武江光华五金商贸城、龙归镇高风险区域整治工作，对“三合一”场所和电动自行车停放充电开展消防安全“扫雷”行动，累计指导涉疫隔离场所消防工作200次，多次与应急、民政、卫计、教育等部门对相关行业开展跨部门联合检查，有力维护社会面火灾形势安全稳定，为党的二十大胜利召开保驾护航。全年，武江区消防救援大队共检查单位801家，下发责令改正通知书177份，下发行政处罚决定书117份，罚款38.035万元，下发临时查封决定书11份，责令4家单位“三停”。

【消防宣传教育】 2022年，区消防救援大队采用“线上+线下”消防模式，推出特色优质消防宣教活动，扩大消防科普宣传覆盖面，积极开放消防救援站组织全区“消防安全大培训”。深入居民住宅、“三小”场所、出租屋、小微企业，开展以老年人为重点服务对象的“敲门行动”，向重点人群下发电气火灾告知函，对重点行业部门下发火灾风险提示函。全区“敲门入户”提醒8430户，共计发放家庭防火知识宣传资料1万余份，上门培训单位32家，培训人数2630人；发动群众注册使用“消防安全学习云平台”，线上开展消防安全知识学习，上线使用达到2万人次，居全市第一。

（王子曦）

农村居民收入与消费水平

【概况】 2022年，武江区农业经济稳中有进，全年农林牧渔业总产值153376万元，同比增长2.7%，农村居民收入平稳增长。

【农民收入】 2022年，武江区农村居民人均可支配收入25175元，比上年（下同）增加945元，增长3.9%。农村居民家庭收入主要由工资性收入、家庭经营收入、转移性收入和财产性收入四部分组成。其中，工资性收入和家庭经营收入占人均可支配收入的94.43%，为总收入的主要来源。其中，人均工资性收入18902元，同比增加1444元，增长8.27%；人均家庭经营收入4873元，同比减少425元，下降8.02%。从家庭经营收入的组成来看，家庭经营现金收入还是以农业收入为主。人均财产性收入1238元，同比增加156元，增长14.41%。人均转移性收入162元，同比减少230元，下降58.67%。

【农民消费水平】 2022年，武江区农村居民人均家庭消费支出为19757元，比上年减少809元，下降3.9%；从消费性支出的八大构成看：人均食品支出7601元，农村居民食品支出占总消费支出的比重（恩格尔系数）为38.47%；人均衣着支出514元，占总支出的2.60%；人均教育文化娱乐支出（公共文化服务水平）1247元，占总支出的6.31%；人均居住支出6779元，占总支出的34.31%；人均生活用品及服务支出467元，占总支出的2.37%；人均交通通信支出2674元，占总支出的13.53%；人均医疗保健支出349元，占总支出的1.77%；人均其他用品及服务支出127元，占总支出的0.64%。

城镇居民收入与消费水平

【概况】 2022年，武江区城镇居民收入水平继续提高，但居民消费性支出略微下降。

【城镇居民收入】 2022年，武江区城镇居民人均可支配收入由2021年的45127元增加到46454元，比上年增加1327元，增长2.9%。从城镇居民人均可支配收入的四大构成（工资性收入、经营性收入、转移性收入和财产性收入）看，工资性收入、经营性收入两项均呈现稳步增长。城镇居民人均工资性收入38557元，占居民家庭总收入比重为83.00%，同比上年增加1883元，增长5.13%；城镇居民人均经营性收入3112元，占居民家庭总收入比重为6.69%，同比上年增加310元，增长11.06%。

【城镇居民消费水平】 2022年，受疫情影响，武江区城镇居民人均消费性支出为31639元。与上年相比，减少32元，下降0.1%。从消费性支出的八大构成看：城镇居民人均食品和烟酒支出10100元，占总支出的31.92%；人均衣着支出1421元，占总支出的4.49%；人均居住支出8548元，占总支出的 27.02%；人均生活用品及服务支出是 1672 元，占总支出的 5.28%；人均教育文化娱乐支出 3731 元，占总支出的 11.79%；人均交通通信支出 3717 元，占总支出的 11.75%；人均医疗保健支出是 1828 元，占总支出的 5.78%；人均其他用品和服务 622 元，占总支出的 1.97%。

（谢珍环）

关心下一代工作

【概况】 2022 年，韶关市武江区关心下一代工作委员会（简称区关工委）进行换届，设区级关工委 1 个，领导成员调整如下：区关工委主任王友华，第二主任段世甲，副主任覃婷，执行主任陈坤明（区政协原主席），副主任秦留柱（区委农办原主任）、张文清（区委组织部原副部长）和陈雪延（区财政局原局长）；镇（街）级关工委 7 个，村级关工组织 51 个，社区级关工组织 38 个；公安局武江分局设关工委 1 个；教育局设关工委 1 个，学校设关工组织 33 个。全区关工工作的机构设置实现全覆盖。

【关心下一代工作】 2022 年，区关工委深入学习宣传贯彻党的二十大精神，中办、国办《关于加强新时代关心下一代工作委员会工作的意见》和省、市《关于加强新时代关心下一代工作委员会工作的实施意见》精神，坚持以立德树人为根本任务，坚持为青少年服务的正确方向，深化主题教育，推动关心下一代工作及关工组织建设持续健康发展。

【关工工作领导加强】 2022 年，区委、区政府高度重视关工委工作，把关心下一代工作纳入重要议事日程，纳入美丽乡村建设、乡村振兴，做到工作统一安排部署，统一检查指导，统一考核评比，统一总结表彰。中办、国办《关于加强新时代关心下一代工作委员会工作的意见》颁布后，区委组织部部长段世甲在及时组织区关工委驻会“五老”人员进行学习。

2022年6月1日，“传承红色基因　强国复兴有我”活动现场，图为区委领导与抗美援朝老兵合影　（区委宣传部　供图）

【主题教育实践活动】 2022 年 7 月 2 日，广东省家庭教育金牌讲师、副教授罗曼红作题为《父母在孩子成长中的关键作用》专题授课，通过 3 个方面的问题，围绕家长如何更好地开展家庭教育进行宣讲，明确家庭教育的目标和内容。举办“传承红色基因　强国复兴有我”2022 年庆六一暨抗美援朝事迹宣讲和《丰碑·长津湖 1950》油画作品发布活动。活动以现场宣讲、诗歌朗诵、纪录片及艺术作品展示等形式开展，特别邀请 6 名抗美援朝英雄陈慧、温暖华、卫仁生、谢汉荣、黄合祥、李继成到现场交流分享抗美援朝、保家卫国的感人故事。

【线上教育活动】 2022 年 2 月，由区文明办、区关工委、市天朗青少年发展中心主办，多个相关单位共同协办的“匠人匠语”家校社共育公益直播活动成功开展。特邀家庭教育专家进行线上专题辅导，超过 7 万人收看线上直播，取得良好的社会效益。活动特邀广东省家庭教育金牌讲师、副教授罗曼红为武江区辖区小学的家长们作题为《落实家庭教育促进法　培养依法育儿能力》的辅导，让广大家长进一步学习了解《中华人民共和国家庭教育促进法》的具体内容，推动家长更积极主动、更讲究方式方法地落实家庭教育的主体责任。

【新时代文明实践活动】 2022年6月24日，武江区举办“2022年中小学中华经典诗文诵读比赛”。开展中华好家风系列活动，组织学生及家长观看视频《中华好家风》，通过主题班队课进行宣传教育，参与人员达4万人次。区教育局发放家庭教育宣传册共计43843份，发动4万余名学生以家庭为单位，以小手拉大手、小家带大家的形式开展“传承好家风”活动。

【关爱特殊群体活动】 2022年，区关工委发挥“五老”作用，动员学校、社会等方面力量，对病、残、孤、贫学生给予帮助，使其克服困难奔向理想的未来。组织献爱心活动，开展“一对一”“手拉手”活动，做好心理障碍学生的疏导工作，着力帮助学习困难学生、贫困学生等完成学业；开展帮扶工作，重点给予孤儿、盲、聋、智障儿童特殊关爱。市关工委下拨爱心扶贫助学金4万元。全区30名困难生得到爱心资助，其中大学困难生10人，每人获得2000元的爱心资助；高中、中职困难生20人，每人获得1000元的爱心资助，发放扶贫助学金共计4万元。

【孝老敬贤月暨双关爱活动】 2022年，武江区各学校通过广播、黑板报、手抄报、主题班队会开展孝老区贤活动，教育学生学会关爱他人。区关工委艺术团成立3个月内，参与社会爱心活动演出共7场。

【农村创业青年培训】 2022年12月20—23日，为推动武江区农村经济发展，提高武江区农村青年就业创业能力，更好地实现就业创业，由区关工委、区农业农村局、龙归镇人民政府特联合在武江区龙归镇冲下村村委会议室举办武江区创业青年培训班。41名农村青年报名参加此次培训。承办方针对武江区农业青年就业创业情况，邀请专业团队，安排“农村青年创业就业指导”和“农作物自然灾害防减”讲座；开设时下热门的抖音电商平台技巧实训课程。

（朱嘉瑶）

镇（街道）

西河镇

【概况】 位于武江区城区西北部，面积75.8平方千米，全镇辖向阳、前进、朝阳、塘湾、马屋、下坑、田心、黄塱、什石园、糖寮、山蕉、村头、大村13个村以及红星1个社区。2022年末，西河镇户籍人口1.38万人，常住人口3.86万人。耕地面积812公顷，粮食产量0.2万吨。著名的唐朝丞相张九龄家族墓地位于西河镇田心村。辖区有九年一贯制学校1所，为西河学校；小学6所、幼儿园4所，教学点2个，在校学生3295人；有1个文化站，14个文化服务中心，1个新时代文明实践所、14个新时代文明实践站，市成人文化技术学校1所。西河镇出生人口202人，出生率8.21‰，政策生育率96.04%，政策外多孩率1.98%，性别比110.42（女性为100）。

【基层党建】 2022年，西河镇扎实推进基层党建工作重点任务，增强基层党组织政治功能和组织力。结合西河镇城乡二元结构突出的特点，探索“2+1”村企党组织结对共建、以城带乡的发展模式，由一个城中村党支部和1个“两新”组织或国企党支部共同帮扶一个城郊村党支部，城、乡、企业党组织在各项重点工作中群策群力、资源共享、互帮互助，最终实现共建共赢。全年，西河镇各基层党组织共开展36次共建活动，结对党支部为灾后复工复产捐赠帮扶资金共23.5万元、捐助物资约5万元；为城郊人居环境整治捐赠整治资金4万元、捐助混凝土147立方米。鼓励结对支部积极牵线搭桥、引荐资源，在向阳村党总支部的引荐下，一家农业产业集团计划入驻田心村，打造西洋菜种植基地。

【乡村振兴】 2022年，西河镇做好巩固拓展脱贫攻坚成果同乡村振兴有效衔接工作。围绕“西河—重阳”乡村旅游精品线路以及武江区农村人居环境整治“打擂比武”工作，契合美丽乡村示范带规划要求，对田心和黄塱2个行政村村容村貌进行打造提升。黄塱村、田心村在2022年农村人居环境整治第一批“打擂比武”中分别以第五名与第八名的成绩获评“武江区农村人居环境整治示范村庄”，分别获得60万元奖金。做好乡村振兴五年规划，筹建强镇富村公司，统筹整合西河镇各项镇域资源，精选优质投资项目，加强撂荒地整治，统一经营盘活乡村闲置资源，不断壮大农村集体经济，助推乡村振兴。

【为民办事】 2022年，西河镇落实农村基层党组织书记承诺为民办好事实事“1+N”机制，全年指导各村党组织书记高质量完成为民办好事实事24件，事项范围涵盖村庄基础设施建设、农田设施维护、文娱休闲场所建设等各方面，受到辖区群众的一致好评。

【民政优抚】 2022年，西河镇共有低保户53户81人，共发放农村低保金586116元；五保户集中供养7人共发放金额81060元，五保户分散供养9人共发放金额104220元；80岁老人360人共发放津贴92880元；重度残疾人护理补贴发放共270人816480元；符合困难残疾人（在册低保户）生活津贴发放标准的共46人，共发放99912元。

【居家养老服务】 2022年，西河镇社区居家养老服务中心扩大服务覆盖面，搭建互助互爱平台，满足服务对象多样化、多层次的服务需求。中心到访累计约2177人次；为推动多样性文化活动开展，营造和谐友爱社会氛围，共开展25场活动，其中，文化娱乐服务活动7场，入户慰问志愿服务活动10场，医疗保健志愿服务活动6场，志愿者培训活动2场；关心关爱社区特殊困境长者，深入村居开展入户摸底调查，入户探访达139人次，电访达114户人次；从老人实际需求出发，持续开展上门服务，开展上门服务总计约92小时。

【计划生育】 2022年，发放地中海贫血相关宣传资料230份，农村独生子女户、二女结扎户扶助落实率100%。

【农业产业】 2022年，西河镇粮食播种面积148.93公顷，粮食产量862吨，其中水稻播种面积108.2公顷。全年完成水稻种植面积108.47公顷，产量686吨，其他粮食播种面积37.4公顷，产量426吨，大豆播种面积3.4公顷，产量7吨，合计粮食播种面积149.27公顷，产量1119吨，超额完成武江区下达的148.93公顷粮食生产任务。西河镇拥有家庭农场25家，农业公司5家，通过建立经营主体与农户利益联结机制，推动农业产业发展。

【安全生产】 2022年，西河镇夯实安全生产检查任务，全年累计对1117家“三小”场所、65家“三合一”场所开展安全生产检查，共发现问题隐患65处，督促整改65处，整改完成率达100%。组织各村开展燃气隐患排查“百日行动”，共排查餐饮场所268家、出租屋191户，发现安全隐患45处，完成整改45处，整改率100%。针对初判定为有安全隐患的19栋房屋采取派发安全告知书及日常巡查的方式，确保“人不进危房、危房不进人”，切实保障辖区人民群众生命健康和财产安全。

【拆违控违】 2022年，西河镇联合区城市管理和综合执法局等相关部门共组织拆除行动20次，共拆除在建及存量违法建筑30宗，拆除面积77500平方米。

【森林防火】 2022年，西河镇安排护林防火员巡查6580次，入户宣传1万次，发放禁火令1.5万份、宣传资料1.5万份，确保全年辖区内防火安全。

【创文巩卫】 2022年，西河镇在辖区范围内开展“牛皮癣”小广告专项整治行动，共出动人员1000人次、清理“牛皮癣”小广告5000余处。重点对主次干道、背街小巷等乱搭乱建、占道经营等行为进行整治，落实好“三个一”环境卫生整治制度和门前“三包”制度。抓好病媒生物防制工作，完善“四防”装置及灭鼠屋设施，共投放灭鼠屋30个、防“四害”装置20个。深入开展碧水攻坚专项行动。充分利用下乡走访、微信宣传、“村村通”广播等多种形式开展宣传活动，共入户宣传1000人次，有效推动形成生态环境保护“长治久清”良好氛围。

【民政优抚】 2022年，西河镇居家养老服务中心全年到访2177人次，共开展文化娱乐、入户慰问等活动25场，满足服务对象多样化、多层次的服务需求。对特殊困难长者开展入户摸底调查，为139名老人开展上门关爱服务。精准锁定吸纳就业困难人员等重点群体就业的用人单位，成功联系9家企业共吸纳就业困难人员32人和应届高校毕业生4人就业。通过张贴宣传海报、设立政策展板等方式开展就业政策宣传活动，有针对性地为辖区67名就业困难人员推荐就业岗位、做好个性化就业指导帮助，全年共开展技能培训1场、发放宣传资料200份。

【退役军人服务】 2022年，西河镇在春节、八一建军节等重要节日对辖区退役军人进行节日慰问，发放慰问金约25000元。积极为行动不便的退伍老兵上门办理优待证，通过入户摸排调查，成功为困难退役军人申请应急救助资金65470元，真正做到把服务送上门、温暖送到心。

【扫黑除恶】 2022年，西河镇召开扫黑除恶斗争工作专题会议2次、扫黑除恶斗争宣传19次；累计走访入户2000户，走访人数12000人，发放扫黑除恶的宣传资料共3400份，提高广大村民群众对扫黑除恶的知晓率。悬挂横幅16条，进一步增强群众的法治意识和防范能力。

【矛盾纠纷调解】 2022年，西河镇共接待群众37批46人次，依法依规办结各类信访件13件，镇一级调委共调解各类纠纷23宗，村一级调委调解矛盾纠纷52宗，纠纷调解成功率达99%以上。

【党风廉政建设】 2022年，西河镇积极推进作风建设，严格执行民主集中制和“三重一大”决策机制，认真落实党风廉政建设责任制和意识形态责任制，推动廉政建设向纵深发展。西河镇开展基层正风反腐行动，西河镇纪委共收到党风廉政线索9条，立案5宗，开除党籍1人，严重警告4人，警告1人，诫勉谈话1人。

【自建房整治】 2022年，西河镇高度重视自建房工作，成立专项领导小组，牵头开展自建房建筑安全专项整治。实行自建房安全隐患点网格化巡查，逐户登记造册建立工作台账，边排查边整改，确保做到不漏一户。截至2022年末，西河镇共排查7525栋自建房，其中经营性自建房2887栋，其他自建房4638栋。初步判定为存在安全隐患的经营性自建房有19栋，完成整治12栋。按省、市自建房安全专项整治工作要求需对排查后的自建房进行“回头看”工作，共计完成2260栋自建房的“回头看”，其中经营性自建房1405栋，其他自建房855栋。切实保障辖区人民群众生命健康和财产安全。

【先进表彰】 2022年，西河镇荣获“2022年韶关市乡镇（街道）统计能力建设先进单位”“韶关市2022年基层统计‘7个一’规范化建设市级先进单位”称号；下坑村荣获2022年广东省“民主法治示范村”称号；在2022年度农村人居环境整治“打擂比武”活动中，田心墩子头、黄塱上坝村、什石园新村、糖寮麦屋村等均获得喜人成绩。

（陈泠伶）

2022年武江区西河镇村委会、社区居委会一览表

表16

序列	名称	地址
1	向阳村村委会	韶关市武江区惠民南路2号向阳大厦F1层
2	前进村村委会	韶关市武江区如意路2号
3	朝阳村村委会	韶关市武江区惠民北路211号
4	塘湾村村委会	韶关市武江区西河镇塘湾村3号
5	大村村村委会	韶关市武江区西河镇大村上村128号
6	什石园村村委会	韶关市武江区十里亭镇Y120乡道
7	糖寮村村委会	韶关市武江区Y120乡道西南30米
8	马屋村村委会	韶关市武江区Y116乡道直走300米

续表 16

序列	名称	地址
9	下坑村村委会	韶关市武江区X313县道与Y116乡道交叉口西北280米
10	黄塱村村委会	韶关市武江区十里亭镇Y120乡道
11	田心村村委会	韶关市武江区Y118乡道直走100米
12	村头村村委会	韶关市武江区西河镇村头村104号
13	山蕉村村委会	韶关市武江区X313县道山蕉村段
14	红星社区居委会	韶关市武江区新华南路34号

西联镇

【概况】 西联镇位于武江区中部，东、北与西河镇交界，南邻曲江区白土镇，西与龙归镇相连，总面积70.3平方千米。辖西联、芙蓉、车头、下胡、阳山、沐溪、甘棠共7个行政村和赤水社区、碧桂园太阳城社区、碧桂园太阳城第二社区、恒大社区、百旺中社区共5个社区。有糖环、艾糍、油糍、叶子糍、灰水糍、米饼等土特产，有莞韶产业园、武江区科技工业园和甘棠工业园3个大型工业园区，主要旅游景点有芙蓉山公园、犁石湖、拾贝湖、沐溪水库、莞韶园黄沙坪创新园等，还有欧震纪念亭、宋代余靖墓等名胜古迹，京珠高速公路、高铁韶关站、国道323线、韶关大道穿镇而过，镇临北江航道，地理位置优越，水陆交通便利，是产业发展的热土。

2022年，全镇年末户籍人口43915人，常住人口76322人，耕地面积308.62公顷，粮食播种面积1.87公顷，粮食产量8吨，林地面积3017.2公顷（包括商品林和生态林）。全镇农村经济总收入1912万元，财政一般预算收入1611.74万元，增长23.32%。该镇主要经济来源有制造、机械、建材、运输、铸造等工业。全镇有中学3所（公办2所、民办1所），小学9所（公办8所，民办1所），幼儿园22所（公办4所，民办18所），在校学生23653人；芙蓉新区社区卫生服务中心1间，镇文化站1个，综合文化服务中心11个，广播站1个。全镇参加医疗保险人数18955人，覆盖面100%。2022年，西联镇获得2021年度武江区新闻宣传优秀通联单位、2021年度武江区“银龄安康行动”卓越奖、2021年度韶关市三八红旗集体、“武江区2022年度宣传工作先进单位”等荣誉称号。

【征拆交地】 2022年，西联镇根据韶关市政府下达的土地收储攻坚任务，列入重点督导任务的土地收储项目有5个，涉及面积35.33公顷。截至2022年12月，该镇签订房屋拆迁协议28户（不含祠堂），拆除房屋约1.3万平方米，完成收储项目交地5个，交地35.33公顷，完成率100%，顺利完成规划展示馆地块、芙蓉园地块、九龄西路南侧地块、韶州大道加油站地块、数据集群中心等重点项目的征拆交地任务。为进一步规范征地拆迁行为，西联镇将2022年定为“廉洁征拆年”，在甘棠村新建“廉洁征拆”主题小公园，开展“廉洁征拆”主题教育宣讲，编印发放《西联镇征地拆迁警示教育口袋书》，组织全体征拆工作组成员签订“廉洁征拆”承诺书，多举措筑牢“廉洁征拆”思想防线。

【招商引资】 2022年，西联镇坚持把招商引资作为提振镇域经济的“一号工程”，全年引进落地开发建设项目5个，其中，涉及商贸物流项目2个，新能源光伏发电项目3个。芙蓉广场项目、东南轴承厂光伏项目、韶关市科艺创意工业有限公司屋顶分布式光伏项目、广州发展韶关明德电器屋顶分布式光伏发电项目有序建设中；汇旺晟综合型超市项目建成投产；全年招商引资项目合计投资金额达2.3亿元。

【党组织建设】2022年，西联镇充分发挥基层党组织的凝聚力和战斗力，在防汛救灾等重点工作中发挥党员的先锋模范作用，建立临时党支部，打造能战斗、善战斗的党员干部队伍。西联镇各级党校共授课86期，培训党员2560人次，基层党员培训覆盖率100%；各村（社区）设立基层服务终点站共14个，覆盖下辖51个村（居）民小组，为民办实事40件，完善社区“大党委”工作机制，4个社区党组织完成共建项目15个。引导太阳城社区和碧桂园物业共建互助、共治齐管，打造社区“红色物业”。2022年，西联镇共有预备党员16人，其中，新发展党员15人，组织关系转入的预备党员1人；按期转正8人；确定入党积极分子26人和发展对象15人。

【党风廉政建设】2022年，西联镇不断推进作风建设，开展基层正风反腐行动，组织纪律教育月学习活动，落实“三重一大”事项审批，抓好防火防汛、重要节假日值班值守纪律监督，做好公务用车、公务接待等监督管理。西联镇不断规范和完善信访工作程序，不定期到各村调研解决村民反映的问题，加大违纪党员查处力度及加快案件查办效率，全年共计立案8宗、结案8宗，案件办结率达100%，查处违纪党员2名。

【精神文明建设】2022年，西联镇聚焦常态长效，着力提升文明城市创建水平。实行网格化管理“清癣”专项行动，定时巡查铲除“牛皮癣”，对市场周边、主次干道边商家进行门前“三包”宣传，联合交警部门进行交通秩序综合整治行动，共派发6000份宣传单、劝阻314台不规范停车车辆。创文线上宣传和线下宣传同步发力，有效提升辖内小区创文宣传入户宣传率。西联镇运用本地优势资源，共开展70场活动，其中，13场“我们的节日”活动、31场志愿服务活动、8场深化精神文明教育活动、18场关爱“四大”人群活动。

【“村改居”工作】2022年，西联镇严格把握政策，扎实稳妥推进“村改居”试点工作。9月22日，西联镇赤水村召开村民表决大会，投票表决“撤销赤水村民委员会，设立赤水社区居民委员会”事宜。广大村民积极参与投票，参与率超72%，最终投票表决同意票数342张，通过率100%，成为韶关市首个全面完成“村改居”的行政村。赤水“村改居”工作的成功经验将逐步在全镇推广，成熟一个“改”一个，不断助推城乡融合发展，持续提升城镇化建设水平。

【卫生健康】2022年，西联镇加大卫生计生政策宣传及健康知识普及力度，共开展卫生健康宣传活动23场，义诊75场，“两癌”免费筛查服务辖区内妇女约2000人次，银龄安康自费参保率51.52%，荣获武江区卫健达标单位。定期开展走访慰问送温暖活动，走访慰问困难人员203人次，发放慰问金和物资约2.6万元。全年共办理生育登记人数1214人，完成迁入6531条数据，完成迁出461条数据，出生871人，为流动人口办理居住证明489例，为户籍人口办理计生证明495例，心肺复苏培训活动开展参与2458人次，对辖区内托幼机构例行检查41次，对存在消防、卫生等问题的托幼机构，立即提出整改完成时限，督促辖区内托幼机构规范管理。

【禁毒工作】2022年，西联镇持续加大毒品犯罪打击力度，共破获毒品刑事案件2宗。西联镇建立重点行业重点部位巡检制度，对物流寄递业和公共服务场所从业人员开展禁毒知识培训，组织12个村（居）持续开展铲毒行动。扎实推进社区戒毒康复工作，投入约100万元修缮社区戒毒社区康复工作站，社区戒毒执行巩固率100%，成功帮助

2名戒毒人员解决就业问题，帮助1人申领经济援助。多措并举加大禁毒宣传教育力度，全镇3所中学、8所小学开展毒品预防教育率达100%，向广大群众发放各类禁毒宣传材料3万份，普及受益群众达7万余人，在车头新村新建约1800平方米的禁毒主题公园，将其打造成西联镇户外禁毒教育基地。经努力，西联镇禁毒工作达到整治预期目标，成功实现“摘牌脱帽”。

【应急管理】 2022年，西联镇加强防汛、防火、防寒期间的值班巡查工作，组建应急队伍，镇实行24小时值班，落实突发情况信息及时上报，及时处置突发事件，做好应急物资储备，完善应急管理制度，开展应急演练工作，切实做好各类风险隐患排查工作，严控野外用火，加强应急工作管理。共摸排发现40处森林火灾隐患，处置10宗野外火情，没有发生重大以上森林火灾，没有发生人员伤亡事故。面对历史罕见的“6·19”汛情，西联镇第一时间启动应急预案，共转移受灾群众311人（其中安置144人、避险人员167人），及时开展灾后环境卫生大扫除大消杀行动，加快恢复群众生产生活秩序。

【安全生产】 2022年，西联镇常态化开展安全生产督查检查。全面清理转移光华五金机电商贸城占用消防通道车辆堆物，共排查商铺270家、“三合一”场所79家，现完成整改的有32家，机电城环境得到显著提升。大力推进临建违建和自建房安全专项整治工作，全镇共累计完成排查自建房2315宗，其中经营性自建房1638栋，存在隐患问题的有38宗，其中，前期初判存在建筑安全隐患的6宗、需进一步研判的5宗、涉及涉嫌违法搭建等违章问题的共27宗，均制定相应的整治措施。

【“双拥”工作】 2022年，西联镇高度重视“双拥”工作，严格落实各项拥军优属政策。积极开展春节期间及庆祝建军95周年拥军优属活动，实现对辖区退役军人和现役军人家属走访慰问全覆盖。做好为现役军人立功受奖送喜报工作，积极推进退役军人优待证申领办理工作。

【乡村振兴】 2022年，西联镇加快推进乡村振兴战略，持续推进农村人居环境整治“三大革命”，全镇40个自然村全部达到“干净整洁村”标准，完成85.89千米村内道路硬化，全面铺开阳山、沐溪、甘棠3个村的人居环境整治提升工程，依托甘棠船民村依山傍水的区位条件和生态优势，投工投劳105天完成甘棠村委船民村村庄外立面提升、村道硬化、文体广场及文体设施配备、排污管道铺设、村内绿化种植等工程项目。积极参加2022年武江区农村人居环境整治“打擂比武”活动，芙蓉村、赤水村和甘棠村船民村小组荣获“生态美丽宜居村庄”称号。聚焦乡村人才振兴，联合乡村振兴人才驿站、科技特派员谋划开展两期“西联镇果树病虫害防治与嫁接知识培训”，提升参训果农的种植与防治技能水平。

2022年，西联镇强化惠农金融服务，大力开展金融宣传，依托农户信息建档和惠农贷款，进一步满足村民各类金融需求，全镇申请惠农贷款共362户，其中由金融助理直接辅导贷款248户，合计审批惠农贷款额度达9099万元，为助农企业办理乡村振兴建设贷共700万元，以实际行动助力农业产业高质量发展。

【普法宣传】 2022年，西联镇结合“法治乡镇”建设、“民主法治示范村创建”、“八五”普法活动等工作要求，深入开展法制宣传教育工作，免费为村（社区）居民提供法律咨询服务，通过举办形式多样的活动带动普法宣传，全年共计开展各类普法宣传活动5场，普法活动参与人数达850多人，共派发各类宣传资料1200多份，解答群众法律咨询91人次。

【农村集体产权制度改革】 2022年，西联镇坚持以明晰农村集体产权归属、维护农村集体经济组织成员权利为目的，以推进集体经营性资产改革为重点任务，建立符合市场经济要求的集体经济运行新机制，纵深推进集体产权制度改革，加快实现“资源变资产、资金变股金、农民变股东”。全镇经济联合社在2022年度完成选举工作；45个涉改村（组）全面完成集体经济组织成员身份认定工作，累计认定集体经济组织成员13297人，完成率100%；全镇2个应开展集体经营性资产折股量化的村均完成，量化资产179.99万元，完成率100%；累计对完成改革的45个村（组）农村集体组织进行登记赋码颁证，完成率100%。

【民生保障】 2022年，西联镇全面加大民生保障力度，发放城乡最低生活保障金39.1958万元，特困金1.9078万元，特困人员照料护理费1192.32元，高龄老人津贴发放376人共9.84万元，切实保障弱势群体的基本生活。加强孤儿保障工作，做好跟踪随访，发放孤儿生活补贴7.878万元。严格落实残疾人各项补贴政策，发放重度残疾人护理补贴79.1280万元，困难残疾人生活补贴7.8584万元。为29个企业申请困难补贴，为530人申请就业困难人员“4050”社保补贴。全力推进“银龄安康”行动，为3743名60周岁以上户籍人口购买意外伤害综合保险。

（叶佳孟）

2022年武江区西联镇村委会、社区居委会一览表

表17

序列	名称	地址
1	西联村村委会	韶关市武江区西联镇西联新村八街一座4号旁
2	芙蓉村村委会	韶关市武江区西联镇芙阳路3号
3	下胡村村委会	韶关市武江区西联镇X314县道旁
4	甘棠村村委会	韶关市武江区西联镇沐溪大道351号
5	车头村村委会	韶关市武江区西联镇车头岭头旧村（美海幼儿园对面）
6	阳山村村委会	韶关市武江区西联镇沐阳大道33号
7	沐溪村村委会	韶关市武江区西联镇沐溪大道279号
8	碧桂园·太阳城社区居委会	韶关市武江区西联镇碧桂园太阳城芙蓉湾一街2座架空层
9	碧桂园·太阳城第二社区居委会	韶关市武江区西联镇碧桂园太阳城芷兰湾三街一座1号商铺
10	恒大社区居委会	韶关市武江区西联镇芙蓉新城滨江路2号恒大城一期一栋内铺
11	赤水社区居委会	韶关市武江区西联镇35号公路旁（赤水新村内）
12	百旺社区居委会	韶关市武江区西联镇保利中景花园5栋楼下1号铺

龙归镇

【概况】 龙归镇位于武江区的中西部，东邻西联镇和曲江区白土镇，南与曲江区樟市镇、罗坑镇相接，西与江湾镇和乳源瑶族自治县毗邻，北与重阳镇、一六镇相连，总面积277.7平方千米。辖续源、山前、奇石、龙归、坳头、冲下、龙安、留村、社主、马渡、寺前、后坪、盘村、凤田、方田共15个村委会和龙归镇社区居委会共1个社区居委会。

龙归镇土特产有淮山、香蜜薯、马蹄、果蔗、生姜、慈姑、粉葛、莲藕、杨梅、食用桑、桑葚。该镇主要旅游景点有韶关武江乡村振兴培训实践中心（龙归粮仓）、龙归禅寺、龙归公园、文武阁塔、南岸瀑布、龙归巨型稻、小龙虾养殖基地、百合花海。自然资源有矿产、土地、山林等。有安民祠、“九子石”、文武阁塔、董村寺、三皇石、四点金围屋建筑等名胜古迹。

2022年，全镇年末户籍人口40580人。耕地面积2344.02公顷，粮食播种面积2490.07公顷。林地面积16199公顷，森林覆盖率70.42%，活立木蓄积量1456936立方米。全镇财政地方一般公共预算收入3952.54万元，同比增长8.69%，非税收入91.04万元，同比增长6.54%；全镇（街）有初中1所，小学2所，幼儿园9所，教学点5个，在校学生5732人；有文化站1个，广播站1个。全镇（街）参加医疗保险人数28981人，覆盖面94.5%。

该镇主要经济来源有：农业、小水电、矿产开采与加工。

【基层党建】 2022年，龙归镇镇委党校及其分教点先后开展三轮大规模集中轮训，举办各级各类培训班60期，累计培训2628人次。推进“我为群众办实事”实践活动，镇领导班子进村入户民情夜访700次，解决群众问题100个。党组织和党员队伍日益壮大，建立乡村振兴驻镇帮镇扶村工作队党支部，完成全年发展党员指标，吸收预备党员4人，培养入党积极分子27名。选优配强党组织干部，增补村“两委”干部4人，调整岗位6人，培养后备力量48名。开展村（社区）“两委”干部培训班2期，后备干部“青苗”课堂培训1期，组织书记后备干部参与学历提升工程累计20人；通过物理装修、服务创新打造以家文化、廉洁、产业振兴等为主题的党建示范点4个。全面夯实党建阵地基础，改造提升5个村（社区）党群服务中心，完成“下楼”任务，新建完成40个党群服务室、2个“两新”组织党支部阵地建设，建立党员先锋队16个，创设党员先锋岗32个。

【防洪防汛】 2022年，龙归镇历经“6·19”“6·21”“7·4”3次洪灾。全镇领导干部24小时坚守在救援一线；对山塘水库等灾害隐患点，开展全覆盖摸排，消除灾情隐患；镇应急队抢险救援30余次，累计转移群众726人，安置群众78人，未发生群众伤亡；采购救灾物资价值1万元，区民政局、高埗镇、凤岗武江对口帮扶指挥部及时调拨或捐赠一批救灾物资，受灾群众温饱和临时居住情况获得保障；积极对接保险公司，协助做好343户129.8公顷水稻理赔，理赔金额达66万元；发放稻谷1.4吨，辣椒苗、茄子苗各3万多株；免费提供排水松土、补种补救、病虫害防治、农业设施修复等技术指导，最大程度减少农民损失。

【乡村振兴】 2022年，龙归镇压实工作队帮扶责任，积极探索巩固拓展脱贫攻坚与乡村振兴有效衔接工作机制，健全完善动态监测和帮扶机制；加强产业帮扶，培育壮大农业龙头企业、专业合作社、家庭农场等农业经营主体，带动脱贫户、监测对象在家门口就业，逐步提高家庭收入；严格落实“四个不摘”要求，坚决防止规模性返贫。全年，全镇完成建设干路84.213千米、支路83.781千米、巷路115.562千米。全新打造“四小园”76个，自然村参与率76.6%，自然村干净整洁率达100%；“打擂比武”硕果累累，盘村多田老屋、冲下管屋、坳头企岭脚等10个自然村被评为“武江区农村人居环境整治示范村庄”，社主砖厂新村、方田乌石湾等3个自然村被评为“武江区农村人居环境整治优秀村庄”，富有成效地打造一批美丽村庄和美丽庭院。

【综合治理】 2022年，龙归镇接待群众来访113批526人次，调解矛盾纠纷153件，调解成功153件，调解成功率100%。完善党的二十大期间维稳工作方案，成立由10名骨干成员组成的应急处置专班，实行“镇班子＋村干部”的领导包案制度。进一步完善“综治中心＋网格化＋信息化”基层社会治理体系，基本实现监控防控全覆盖；法治建设、特殊人群管控、禁毒、反邪教、扫黑除恶等重点工作皆取得一定成效。

【重点项目工作】 2022年，龙归镇成立4个征拆工作组，统筹推进城乡融合产业园建设，签约项目达成2个，“一号工程”范围内540座坟墓完成迁移，拨付迁坟补偿费204.35万元，实现项目用地净地交付100.77公顷；奋力实施康乐养老中心项目，实现征拆安置3户，基本完成“农转用”土地报批0.13公顷。强化项目统筹建设，顺利实施农业灌溉（二期）、农业基础设施提升、镇村污水处理、“139+”美丽圩镇、路域安全提升（一期）、革命老区和红色遗址开发等11个项目，项目投资总额达到1.38亿元，基础设施短板进一步补齐。如期完成17.33公顷龙安村旱改水项目验收，先后开展凤田村、奇石村和龙安村垦造水田项目地表青苗登记造册，完成清表46公顷，新增水田面积40公顷；农村道路硬化52.6千米，高标准农田建设246.67公顷，路灯新增550盏，机耕路改造提升16.7千米，水渠建设14.9千米，危桥改造1座，农村道路、农田水利等农村基础设施持续提档升级。镇域生态环境日趋优美。

【民生实事】 2022年，龙归镇实施武江区农业种植片区灌溉工程（龙归）、武江区龙归镇农村村内道路提升改造工程、武江区龙归镇镇村污水处理设施建设项目、武江区龙归镇冲下至盘村路灯安装提升工程四大民生实事项目。武江区农业种植片区灌溉工程（龙归）项目总投资约999.57万元，主要建设内容为：新建灌溉渠9.7千米，改造渠道0.634千米，新建抽水泵站11个，改造提升机耕路3.227千米，以及进行渠道清淤等，项目灌溉面积313.33公顷。武江区龙归镇农村村内道路提升改造工程项目总投资892万元，项目施工范围为坳头、方田、凤田、留村、龙安、龙归、马渡、盘村、奇石、山前、社主、寺前、续源村等13个行政村，改造道路长度约24.6千米，包括对村内干路、支路及巷道进行道路硬化、路面结构采用水泥混凝土路面，完善给排水等配套设施。武江区龙归镇镇村污水处理设施建设项目项目总投资850万元，建设内容为韶关市武江区龙归镇、将武江区中医院至龙归污水厂段、龙归医院周边片区、武江区乡村振兴实践培训中心周边片区污水纳入龙归镇污水厂，新建提升泵站调节池等；增加龙归镇坳头、奇石、寺前等村污水处理终端及配套管网设施。新建提升泵站调节池2座，跨河压力管1千米，DN300管1.5千米。武江区龙归镇冲下至盘村路灯安装提升工程项目总投资550万元，建设内容为省道520线沿线粮仓至盘村段道路，长度13千米，安装电力8米杆路灯540盏。

【农业生产】 2022年，龙归镇种植水稻面积2260公顷，玉米100公顷，大豆80公顷；水稻产量达到1.48万吨。着力推进撂荒地整治，撂荒地核减后图斑面积280.67公顷，通过制定任务时间节点、每日进度通报、督导等方式，按照属地领取任务，全面推进撂荒地整治。完成撂荒地整治（图斑内）面积180.27公顷，超额完成上级交办任务；积极推进整治撂荒地流转，完成土地流转92.13公顷。

【民政工作】 2022年，龙归镇新增低保37户73人，特困供养人员9户9人；低收入家庭11户25人，有困难需要帮扶的人申请临时救助共55人，金额88704元；医疗救助3人，金额129331元。走访事实无人抚养儿童11户11人、孤儿4户4人、留守儿童5户5人，留守老人5户6人，特困人员68户68人，并为有需要的特殊群众送上防寒物资。完成74名离任村干部的信息采集。2022年残疾人新增办证33人，到期换证15人，享受“两项补贴”40人；完成残疾人无障碍设施改造，全国残疾人动态更新调查，共1236人。完成残疾人资格认定共626人；完成乡镇残联、村（社区）残协改革工作，共选出37名残疾人代表，进一步加强和改进乡镇残联、村（社区）残协组织建设。强化法律宣传教育，保障妇女、儿童合法权益，发现报告相关案件共3件；全年出生新生儿人数达75人；认定就业困难人员62人，为辖区内符合条件的灵活就业人员51人、三支一扶4人、高等院校毕业生1人办理灵活就业补贴；办理死亡注销和申领丧葬费120人；9月1日开始，征缴社会城乡居民医疗保障，共办理缴费28981人。

2022年，省统一招聘社工13人，龙归镇在岗社工16名，其中，事务岗2名，服务岗14名，社工站依托乡镇现有办公场所建设，社工站将所辖村（居）分成5个服务点，10月为这5个点举行揭牌仪式，分别为龙归村社工服务点、社主村社工服务点、冲下村社工服务点、山前村社工服务点、方田村社工服务点。

探索推行服务大厅集中监管新模式，对“12345”投诉、不满意评价、服务投诉、窗口考核发现问题等进行统计分析，解决投诉率100%；全镇共接入粤智助设备17台，镇村覆盖率100%；提供查询、打印等185项功能。2022年，“粤智助”平台累计业务量32964笔，让村民真正实现足不出村办实事，为基层群众“就近办、自助办、一次办”提供全新体验。

2022年，共办理一孩登记272人，二孩登记253人，三孩及以上登记107人。开展全镇计生协会换届选举工作，截至7月，完成镇级计生协会和16个村（居）计生协会换届选举工作。

【安全生产】 2022年，龙归镇累计检查各类单位400家、督促整改火灾隐患116处，排查“三小”场所282家、出租屋5家、工业建筑2家；区域自建房10415处，其中，重点区域自建房562栋，经营性自建房459栋，初判存疑房屋12栋，对12处隐患房屋“一栋一策”制订整治方案，完成隐患整治11处，包括5处无人居住泥砖房拆除完成整改，累计检查地质灾害隐患点150次，拆除疏散障碍物6处，设立安全警示牌4个，督促整改隐患点12处；先后检查、排查23家特种设备经营场所，检查叉车5户、电动车5户、电梯8户、非煤矿山3户、压力容器3户、锅炉2户、煤气站1户和其他特种设备28台套。发现问题隐患8处、问题设备8台，下发执法文书8份、限期整改通知书8份，以上隐患整改7处，整改完成率87.5%；组织企业培训1次，受训共计45人，组织消防安全培训2次，受训共计130人次，组织镇村干部及社区居民开展低洼人群应急疏散演练1次，共计200人次，组织消防安全演练3次，共计30人次，组织森林防火灭火应急演练2次，共计30人次；组织童氏电瓶厂、大宇管桩、龙韶石场、信亿液化气（煤气站）等重点监管企业应急演练5次、参演500人次。拆除违建8个，共3010平方米，食品药品安全检查165次，多次联合公安、交警开展专项行动，狠抓校车、一危一货、摩托车、电动车交通安全管理。

2022年，共排查整治各类场所407家，其中“三小”场所346家，出租屋5家，公共场所17家，“三合一”场所39家，发现隐患89处，整改隐患89处，隐患整治完成达100%，清理“三小”场所违规住人3人次，新增市政消防栓12个。

【环境保护】 2022年，龙归镇协助推进龙归水（二期）碧道建设12.6千米；加强巡河监管力度，完成巡河1941人次，其中，镇级河长巡河894人次，村级河长巡河1047人次；采取第三方公司管护河道，清理河道垃圾约150吨，清运河岸垃圾10车。全镇巡林覆盖率达100%，森林火灾受害率低于0.1‰，完成人工造林1400公顷，商品林承保覆盖率达35%以上，林下经济项目133.33公顷，全年发放生态公益林补助114.29万元。新增和改造污水管网10.89千米，村庄生活污水治理率提升至93%；深入开展土壤、固体废物污染防治，查处固体废物倾倒案件1宗，处置建筑垃圾1处；整改卫片违法图斑86宗4公顷，受污染耕地安全利用率逐步提升，镇域生态环境日趋优美。

【森林防火】 2022年，龙归镇发放《禁火令》16000份、《致群众的一封森林防火公开信》6000份、发放森林防火宣传手册3000份，悬挂森林防火宣传横幅200条，张贴森林防火宣传海报150张，树立森林防火宣传牌子30个。开展森林防火宣传教育“五个一”活动，使森林防火宣传“进学校、进乡村、进社区”，开展森林防火灭火演练4次。最大限度地减少森林火灾发生，降低森林火灾的损失，确保森林资源和人民生命财产安全，维护社会和谐稳定。

【先进表彰】 2022年8月，龙归镇何志辉被评为全市抗洪救灾突出贡献个人；9月，龙归镇社主村获评2022年广东省“民主法治示范村（社区）”创建单位；12月，龙归镇王清华、游惠敏被评为2022年度韶关市优秀辅助调查员；是月，龙归镇被评为全市统计能力建设先进单位。

（黎　颖）

2022年武江区龙归镇村委会、社区居委会一览表

表18

序列	名称	地址
1	凤田村村委会	韶关市武江区X318县道北侧
2	续源村村委会	韶关市武江区Y263乡道东侧
3	社主村村委会	韶关市武江区龙归镇社主沐溪大道南沙幼儿园
4	龙归村村委会	韶关市武江区G240国道与益龙路交叉口东南100米
5	奇石村村委会	韶关市武江区Y259乡道西北侧
6	冲下村村委会	韶关市武江区X318县道与Y265乡道交叉口东北380米
7	山前村村委会	韶关市武江区Y259乡道东南侧
8	方田村村委会	韶关市武江区X318县道南侧
9	坳头村村委会	韶关市武江区Y262乡道东侧
10	马渡村村委会	韶关市武江区马渡新村39号
11	寺前村村委会	韶关市武江区G240国道与Y258乡道交叉口西南60米
12	盘村村村委会	韶关市武江区龙归镇凤田村卫生站西北侧90米
13	留村村村委会	韶关市武江区Y265乡道北侧
14	龙安村村委会	韶关市武江区X318县道北侧
15	后坪村村委会	韶关市武江区Y256乡道南侧
16	龙归社区居委会	韶关市武江区益龙路与Y262乡道交叉口西80米

江湾镇

【概况】 江湾镇位于韶关市武江区西部，总面积233.8平方千米。辖区内有锅溪、围坪、梁屋、湖洋、胡屋、瑶族6个村和江湾1个社区。2022年，全镇年末户籍人口7350人，常住人口3621。耕地面积567.61公顷，粮食播种面积416.8公顷，粮食产量2551吨。林地面积20570公顷，森林覆盖率94.7%，活立木蓄积量150万立方米。2022年，全镇农村经济总收入18033万元，同比上年增长5.5%。

江湾镇主要经济来源有农业种植、畜牧养殖、小水电、农家乐、民宿、林业。2022年全镇有初中1所，小学1所，幼儿园1所，在校学生423人；有文化站1个，7个综合文化服务中心。全镇参加医疗保险人数5160人，覆盖面70.2%。江湾优质农产品有铁皮石斛、天冬等，江湾天冬示范种植基地亩产12500千克，被列入2021年全国名特优新农产品名录，土特产有香菇、木耳、云雾茶、山蜜、灵芝。江湾镇主要旅游景点有十里江湾驿站、寺前广场、梦里荷乡、榕树广场、江湾老街等。自然资源方面，山高林密、水力资源充足、竹木资源丰富；矿产资源丰富，有钨矿、硫铁矿、铜矿、铅锌矿、稀土矿、萤石矿等多种矿藏，且有多个天然氡温泉，水质优良，温度在60℃以上。有区级不可移动文物11处，有乳曲边人民联防办事处江湾老街旧址、围坪革命烈士纪念碑、胡屋革命烈士纪念碑等名胜古迹。

【党建工作】 2022年，江湾镇坚持“围绕经济抓党建，抓好党建促发展”的工作思路，将召开基层党建工作述职评议会、各党支部召开组织生活会、党史学习教育专题民主生活会等作为党内政治生活的重要内容，发扬党内民主、加强党内监督。开展庆祝中国共产党成立101周年主题系列活动，共慰问党员77名，发放党员互助金和颁发“光荣在党50年”纪念章，开展党员干部讲党课等活动。扎实做好发展党员工作，按期完成发展党员指标。建立村（社区）党组织书记、支委委员后备人才库。新建党群服务室4间，完成“5分钟温馨党群服务圈”建设。严格落实“三会一课”、主题党日，充分利用镇委党校和村级分教点开展党员干部培训，全年共举办培训班30期，其中村（社区）分教点授课18期，1306人次参训。江湾镇在2022年全面开展农村发展党员违规违纪问题排查整治工作，排查党的十八大以来发展的67名党员，排查认定存在违规违纪问题党员1人，系“带病入党”。在反复调查核实之后，按程序给予其党内严重警告处分。扎实推进胡屋村软弱涣散基层党组织整顿工作。制定详细的整顿方案，并根据存在的问题采取相应的整治措施。常态化推进“1+4+N”在职党员到社区报到服务，实现“社区吹哨、党员报到”“街社呼叫、部门销号”。2022年，江湾社区吹哨150次，报到党员635人次；深化“民情夜访”工作，班子成员坚持每周至少一次深入群众听民声、察民情、解民忧。强化驻村第一书记的管理，坚持严管与厚爱，严格落实考勤、请销假制度，加强平时考核，定期召开座谈会，及时掌握第一书记工作情况，积极解决第一书记在工作和生活中遇到的困难。加强“五小”场所和周转房保障，改善该镇干部工作和生活条件。

【农业生产】 2022年，江湾镇全镇水稻种植355.93公顷、花生223.2公顷、大豆28公顷、冬种油菜66.67公顷。江湾镇通过悬挂横幅、发放宣传单等形式宣传红火蚁防治、草地贪夜蛾防治等知识，提高农户农作物病虫害防治能力。

江湾镇组织落实各类畜禽强制免疫工作，为8122头猪、1.2万羽鸡和45头牛注射疫苗。全年共计为市场提供经过检疫后的牛16头、猪7355头、鸡1.1万羽。开展动物疫情常态化巡查，每天巡检1—2户养殖户；共进行猪肉市场现场检疫998头次，为生猪养殖5858头生猪开具产地检疫证；水产养殖方面，为20户水产养殖户提供规范的安全指示牌。

【“三防”工作】 2022年，江湾镇对“三防”工作台账、预案进行进一步完善，明确各部门分工、改善“三防”应急处置流程。全年镇政府举行防汛应急演练两次，在各村（居）委各开展防汛应急演练1次，增强部门协同意识、提高群众参与度。强化汛前、汛中、汛后安全隐患常态化巡查防治。对巡查中发现地质灾害、山洪易发点进行整治，对涉及的村民落实紧急避险措施。建立汛期镇内24小时值班制度和各村（居）委会干部轮流值班制度，确保汛期通信畅通，能及时应对突发情况。

全年，发生山洪灾害一例，人民群众生命安全受到严重威胁，财产遭受巨大损失，抗洪救灾形势复杂严峻，镇党委、政府坚持人民至上、生命至上，全体党员干部深入一线、靠前指挥，做到党政班子成员分片包抓，职工包村包社，与各村党支部一同协调指挥村民抢险救灾，结合村情实际，组织群众防汛避险、转移疏散，确保将灾害损失降到最低。“6·19”洪灾共转移低洼地段、危旧房屋、削坡建房、独居老人等群众339人次，实现人员零伤亡。

江湾镇不断加强水利设施行政执法，辖区内共有60余个小型水电站，在汛期进行蓄水发电会极大影响洪水行洪，给人民财产安全造成损失，对2家违规加高堤坝蓄水的电站进行责令整改和行政处罚。

【河长制工作】2022年，江湾镇按照市、区全面落实河长制工作的决策部署，扎实推进河长制工作。江湾镇河长办设在江湾镇农业农村办公室内，由李桂海担任负责人，组织力量对河道两侧的陈年垃圾、水中漂浮物进行集中清理。采取悬挂宣传横幅、河长公示牌等宣传方式，使河流保护意识更加深入人心。联合安监、国土部门严厉整治非法采砂行为。

【林业工作】2022年，江湾镇将森林防火视为林业工作的重点，在防火期内，共进行防火宣传巡查13587人次。严格落实防火值班制度，在全镇的共同努力下，森林防火工作取得较好的成绩。

不断加大宣传力度，严防火灾隐患，坚持把宣传教育作为森林防火工作的第一道防线，采取“点、线、面”相结合，因地制宜，因材施教，进一步加大宣传力度，确保森林防火家喻户晓，意识深入人心。发放防火宣传资料3500份、悬挂宣传横幅269条及组织宣传车辆进行防火宣传，向群众宣传森林防火政策法规、森林防火基本常识和应急避险等知识。利用政务短信、微信、QQ群等多渠道宣传森林防火工作，并制定森林防火警示标志标牌30个，设置在各村森林入口显眼处。节庆假日期间发放禁火令8600张，清明节期间，江湾镇各村应急领导小组抽调人员进行巡山，对发现在防火期间上坟、烧香、烧纸、燃放鞭炮、野炊、野外烧烤食物、非生产性用火、吸烟等行为及时做好解释和灭火工作。

持续加强防火期间值班值守。森林防火期内，江湾镇森林防火指挥部实行24小时值班制度，并组织镇干部、村干部和护林员三级人员在各防火点进行值班巡查，所有指挥部成员、各村应急领导小组成员电话一律24小时开通，确保发生火情能及时联络，组织人员进行扑救。根据值班安排，落实值班人员，积极做好节假日期间森林防火值班值守工作，并组织各村护林员坚持巡山，对发现的森林火灾隐患立即制止并教育整改，2022年遇到野外用火的村民及时制止教育共15宗。

【乡村振兴】2022年，东莞驻镇帮镇扶村工作队和江湾镇党委政府一同按照市、区相关的文件要求，定期开展防止返贫动态监测集中排查工作，坚决守住不发生规模性返贫底线。镇脱贫户共84户，所有脱贫户“三保障”和饮水安全稳定实现，家庭收入持续稳定、“三保障”及饮水安全持续巩固，不存在返贫致贫风险。镇脱贫户子女义务教育阶段入学率为100%；脱贫户基本医疗保险实现应保尽保，100%参加城乡基本医疗保险或企业职工医疗保险。工作队利用2021年区级“广东扶贫济困日”第二批定向捐赠资金对12户脱贫户房屋的漏水问题、房屋破烂、墙面破烂进行修缮，现全部完工，完成率100%，确保脱贫人口均有安全住房。饮水安全保障方面，2个省定贫困村20户以上13个自然村100%完成安全饮水工程建设，脱贫户85户使用的饮用水全部达到安全饮水标准。江湾镇脱贫户劳动力实现务工85人，其中，参与产业扶贫11人，公益性岗位10人。工作队同江湾镇党委、政府开展“粤菜师傅”、电子商务及民宿礼仪培训等，带动脱贫人口的劳动技能提升。该镇驻镇帮镇扶村工作队积极协调爱心企业、人士，安排与受助学生结对，圆梦助学脱贫户学生20人。积极联系凤岗北京大学优秀学子曾同学到江湾镇开展助学活动，举办交流会为江湾学生打气，借助榜样的力量鼓励学生们通过学习改变命运，安排3名优秀教师到江湾中心小学支教，提升小学的教育水平。根据卫生院的实际情况做出具体帮扶措施，联系凤岗人民政府向卫生院捐赠一批价值4万元的医疗物资，充分利用东莞市人民医院资源优势，组织线上远程培训，提升江湾镇卫生院医务人员的业务水平。

镇招商办联合东莞驻镇帮镇扶村工作队加强与粤港澳大湾区、京津冀、长三角等地跨区域产业对接，全面提高招商引资质效。引入企业成立韶关市江湾温泉旅游开发有限公司，将湾仔温泉附近资源进行统筹发展，预计后期项目投入资金达3亿元。大力挖掘本地特色资源，塑造具有区域影响力的江湾品牌。引入企业打造“山肚里”天冬，种植规模达20公顷。大力支持农村电子商务和快递物流发展，鼓励本地优质产品进入电商和物流网络销售，扩大市场份额。统筹当地的特色农产品，打造江湾手信，积极开展消费帮扶活动，为集体公司创收。积极探索林下种植草珊瑚及碳汇林项目。联系凤岗人社部门到江湾开展电子商务和民宿礼仪等方面的培训。

【农村人居环境整治】 2022年，江湾镇在韶关市首届“农行杯”“个十百”乡村振兴擂台赛活动中，围坪村得分全市排名第二，荣获韶关市“十大美丽乡村”称号，3个庭院荣获“美丽庭院”称号。参与武江区2022年农村人居环境整治“打擂比武”工作，其中，江湾镇锅溪村委上洞村、梁屋村委湾仔村、胡屋村委田心村获武江区“农村人居环境整治示范村庄”荣誉称号；围坪村委叶屋村、湖洋村委黄陂谭村、瑶族村委练屋村获武江区“农村人居环境整治优秀村庄”荣誉称号；围坪村委涂屋村、周屋村被评为武江区“生态宜居美丽村庄”；梁屋、湖洋、瑶族3个村委的5个庭院荣获武江区“美丽庭院”称号；全镇43个自然村全部达到干净整洁村标准，真正做到把人居环境整治从省道520线沿线推动到全镇域。全镇38个超过20户的村小组均建立长效管护机制，进一步明确保洁资金的来源，确保保洁机制长期运转，让美丽乡村从“一时美”转向“一直美”，共建共治共享美好家园。

【人民调解】 2022年，江湾镇坚持走规范化建设的路线，完善民间纠纷受理调解登记表、调解笔录、收集证据、回访记录等文书，在想方设法提高调解成功率的同时，注重增强纠纷调解的影响力。该镇司法所不定期带领各村（居）治保主任参加区司法局组织开展的人民调解培训会，在政策、法律及调解上得到专业的指导，使之在工作中逐步的提高化解矛盾纠纷的能力。全年，江湾镇人民调解委员会共受理案件78宗，其中，化解75宗，调处成功率96%。

【打击养老诈骗】 2022年，江湾镇扎实开展打击养老诈骗工作，共印发纸质宣传册600份，其他宣传品750份。在镇政府、中小学、各村周边公路、各村委悬挂标语20条。江湾镇在职党员、社区网格员对辖区内60岁及以上的老人受骗情况进行排摸登记，将摸排登记情况汇总上报。紧盯退休干部职工这个重点群体，宣传反诈工作，保护老年人合法权益。在入户过程中动员居民群众安装注册“国家反诈中心”App，向村民详细讲解养老诈骗的常用手段、作案特点、防范方法等内容，助力守好老年人的“养老金”“钱袋子”。

【禁毒工作】 2022年，为有效遏制毒品违法犯罪，江湾镇成立镇、村（居）吸毒人员网格化服务管理工作小组，制订网格化服务管理实施方案，全年未发现有种植毒株人员、制毒人员。

【执法工作】 2022年，江湾镇按照上级部门及党委工作部署，细化工作措施，狠抓工作落实，深入推进综合行政执法工作，依法开展街道专项整治、市场秩序维护等工作。现有执法记录仪2台，提升执法规范化程度，增加执法过程的透明度。全年使用执法平台办理案件5宗，其中，行政处罚2宗，行政检查3宗。严格执法程序，公开执法内容，进一步落实行政执法“三项制度”。

【安全生产】 2022年，江湾镇认真开展安全生产大检查，加大安全整治力度。抓好安全生产工作，减少事故发生，整治重大事故隐患，保证镇域范围内各生产单位正常生产经营，分别在元旦、春节、清明、端午、五一、重阳、国庆等重大节假日开展安全生产大检查，切实加强安全生产管理，组织“铁拳行动”“一线三排”“三年行动”等专项安全生产检查，为该镇各生产单位的生产提供安全保障。

【消防安全检查】 2022年，江湾镇安全检查小组分别每月对27家“三小”场所、9家餐饮住宿业（含5家民宿）、5家人员密集场所（3所中小学校和幼儿园、1家卫生院、1家敬老院）进行消防安全检查，对发现的安全隐患，下发限期整改通知书，要求其整改。期间多次开展城镇燃气安全风险隐患排查整治专项行动和重大节日消防安全专项行动。在雨季到来之前，对辖区内水电站进行安全生产和消防安全大排查，共检查58家水电站。

【建筑施工安全检查】 2022年，江湾镇安监站每月对镇辖区内建筑施工作业场所（农村自建房）检查1次，建筑工地42家，全年共排查23次，发现安全隐患4处，整改完成4处，整改完成率100%。

【道路交通安全整治】 2022年，江湾镇安监站每月开展道路交通安全专项整治。全年共出动236人次，对路面上小型汽车、农用车、摩托车超速超载、违规驾驶、酒后驾驶等违规驾驶行为进行安全劝导并录入农交安App劝导日志。道路交通安全专项整治期间，大力开展道路交通安全专项整治行动，先后抽查、检查在建交通工程6个（次），修复路面200平方米，增设各类警示标志7个、增画标线100余米；发放宣传资料800份、张贴海报40份。

【安全宣传教育和培训】 2002年，江湾镇共举办3次消防安全培训和2次企业安全生产培训，共计培训70人次；入户宣传562户，共发放宣传资料800份，在各村（居）显眼位置张贴45张宣传海报。积极开展应急演练，提高群众的应急反应能力，在江湾中学开展应急逃生演练，为全校师生讲解应急逃生注意事项。在各村委、居委组织开展应急逃生演练，参与演练人数达100人。

【民生实事】 2022年，江湾镇完成十里江湾到江湾敬老院路灯安装，共310盏；完成梁屋村委红山村至连麻山村道路建设；实现兜底民生社会服务工作“双百工程”全覆盖；完成江湾镇政务服务大厅改造，不断提升服务能力；围绕提升农村人居环境整治“打擂比武”工作，建设4个生态宜居美丽村庄。

【机构改革】 2022年，江湾镇按照上级部署要求，做好原派驻乡镇的农业技术推广站、水产畜牧兽医站、水利站、国土所、市场监管所等派驻机构改革下放工作，基层工作力量得到显著增强。该镇以机构改革为契机，成立综合行政执法办公室，并于2022年开始第一年实体化运作，抽调人员充实到综合行政执法办，加强综合执法队力量建设。以提高执法队业务素质和法律知识为目标，不断提高执法干部队伍法治思维和依法行政、依法履职的能力和水平。

（潘泳敏）

2022 年武江区江湾镇村委会、社区居委会一览表

表19

序列	名称	地址
1	梁屋村村委会	韶关市武江区江湾镇林场路口右转100米
2	瑶族村村委会	韶关市武江区江湾镇江湾街往西方向200米
3	锅溪村村委会	韶关市武江区江湾镇蚁子坝往东4千米
4	湖洋村村委会	韶关市武江区江湾镇江湾街右转100米
5	胡屋村村委会	韶关市武江区江湾镇过水桥右转4千米
6	围坪村村委会	韶关市武江区江湾镇省道S520线中段
7	江湾社区居委会	韶关市武江区江湾镇江湾街7号

重阳镇

【概况】 重阳镇位于武江区西北部，总面积 70.5 平方千米。辖重阳村、青暖村、万侯村、九联村、大夫前村、水口村、黄岸村、妙联村共 8 个行政村和重阳社区 1 个社区。重阳镇土特产有丝茅姜、皇帝柑、黄金柰李、鹰嘴桃、黑美人西瓜、蓝莓、竹木、糖角。镇（街）主要旅游景点有水口村千亩油菜花基地、水上无动力运动中心、市级红色村万侯村、中共南方工作委员会南岸村交通站旧址、西水暴动指挥部遗址、重阳革命烈士纪念碑等。自然资源有竹木、铅、锌、砷、钨、钼、铁、锰、铝等。有李子园炮楼、青水塘炮楼、侯屋村炮楼（紫薇楼）、徐屋村炮楼、芹村石拱桥等名胜古迹。

2022 年，全镇年末户籍人口 18087 人，常住人口 9534 人。耕地面积 1931.2 公顷，粮食播种面积 909 公顷，粮食产量 5743 吨。林地面积 360.5976 公顷，森林覆盖率 50.72%，活立木蓄积量 43271.712 立方米。全镇（街）财政一般预算收入 5190.17 万元，增长 244.38%。重阳镇主要经济来源有：种植业、养殖业、渔业、流转土地收益、乡村振兴车间分红等。

全镇有九年一贯制学校 1 所、幼儿园 2 所、教学点 2 个，在校学生 892 人；有文化站 1 个、广播站 1 个。全镇（街）参加医疗保险人数 13169 人，覆盖面 100%。

2022 年，镇获得的荣誉称号有“镇级标杆大厅”、“年度韶关市五四红旗团委”、全市抗洪救灾突出贡献集体、全市统计能力建设先进单位、韶关市 2022 年“忠诚立家风”实践示范基地。

【基层队伍建设】 2022 年，重阳镇以“改革攻坚规范治理年”为契机，聚焦“提升党建引领基层治理能效”主题，加强基层党组织建设。加强村书记能力提升，每周列席镇党委扩大会议，以会代训，协助参加上级部门组织的各类培训，组织开展 1 次为期 3 天的镇“两委”干部培训班。选好配强“两委”班子，及时补选 1 名村书记和 4 名村委委员，储备 27 名年龄小、学历高的村级后备干部。做好党员发展工作，坚持依法依规，严把入口关，注重发展一线党员，完成年度发展党员 13 名。加强党支部规范化建设，完成 6 个党群服务室的建设改造计划，全面实现“5 分钟党群服务圈”全覆盖要求。严格落实“三会一课”制度，定期检查、及时反馈、立行立改。统筹开展党内帮困工作，做到应访尽访，共走访慰问困难党员、老党员、烈士遗属等

213人。加强软弱涣散村党组织整顿。严格抓好软弱涣散村党组织转换工作，针对带领群众发展致富能力弱的主要问题，通过提高思想站位、增强组织能力、强化责任担当、提高履职能力、增强致富能力、改善党员干部结构等系列举措，完成区级验收工作。党委认真履行抓基层党建工作主体责任，定期研究部署党建工作，督促党委成员严格落实“一岗双责”和包村制挂点责任制，指导村级党组织落实“四议两公开”制度。

【党建引领】 2022年，重阳镇充分利用本地红色资源，发挥基层治理能效，以党建引领乡村振兴。在3个农业产业项目和6个乡村振兴车间项目建立临时党支部。联合种植养殖基地、乡村振兴车间共建党群服务室3个。组建红色讲解团，共接待市、区各级及外地团体1610人次到重阳开展红色教育和党日活动。整合重阳本土红色文化等资源，依托示范带拍摄“喜迎二十大　建设新韶关”微视频《西水印记红色重阳》，获得优秀奖，是全区唯一获奖的作品。为7名50年党龄的老党员颁发“光荣在党50年”纪念章。

【我为群众办实事】 2022年，重阳镇针对群众需求，探索建立“1个牵头部门+N个责任单位”模式，组建以机关干部为主力军的理论政策宣讲、乡村振兴、生态环境保护等10支志愿服务队伍，常态化推进学习、实践科学理论。组建镇、村两级志愿服务队伍27支，实名注册志愿者352名。打造“家门口的宣讲队”“流动宣讲团”等文明实践志愿服务品牌。2022年，累计开展政策理论宣讲、文艺演出、移风易俗、科技培训、便民服务等“接地气”的志愿服务活动57余场次，服务群众8000人次，解决群众实际困难134件。

【政务服务】 2022年，重阳镇协助区政数局安装启用政务服务大厅及8个村的“粤自助”平台一体机，全年业务量达24611件；及时跟进行政服务大厅窗口及各村居“一门一网”平台业务，全年办理业务3190件。

【党风廉政建设】 2022年，重阳镇推进作风建设，组织纪律教育学习，坚持重大事项集体研究，落实“三重一大”事项审批制度，抓好各节假日等重要时间节点值班值守纪律监督。组织观看反腐倡廉警示专题片、换届纪律专题警示教育等视频。加大对违规违纪党员干部的惩处力度，镇纪检监察办办结线索10条，立案3宗，查处党员干部7名。

【惠民工作】 2022年，重阳镇公共服务办坚持以就业促发展、以社保惠民生的目标，开展劳动力转移就业、城乡居民养老保险、劳动维权帮扶等民生工作，旨在保障民生、惠泽全民，并通过打造人民群众满意的服务部门，扎实推进重阳镇人力资源和社会保障事业的发展。镇就业困难人员认定23人，灵活就业人员申请社保补贴73人。申报16个乡村公益性就业岗位，上岗脱贫人口补贴标准16.1元/小时。申请高校生岗位补贴2人，补贴金额约1.3万元。组织镇劳动力参加粤菜师傅培训35人。共处理劳动保障监察投诉案件12起，成功调解11起，为农民工追回欠款约66万元。不断巩固韶关市城乡居民医保覆盖面，全镇城乡居民医保参保缴费人数13169人，参保率100%，新生儿参保缴费78人，中途参保缴费9人。全镇城乡居民养老保险参保人数6509人，参保率100%，办理城乡居民养老待遇领取资格认证1658人。

【困难群众救助】 2022年，重阳镇对困难群众逐一排查摸底，了解困难群众的生活情况，对符合条件，确需救助的对象，给予相应社会救助。截至12月，新增低保20户55人；取消低保38户99人。新增低收入家庭13户38人，取消低收入家庭2户6人。新增五保2户2人。发放临时救助7户11人次，共计17936元。困难群众非“一站式”结算医疗救助1人次9098.84元。开展全镇258户642人的社会救助兜底保障成果与乡村振兴有效衔接工作；做好2022年全区城乡低保、特困人员供养最低月标准提升工作；开展规范社会救助相关事项。做好残疾人基本状况调查工作。现有残疾人598人，其中低保户残疾人157人，最低生活保障边缘家庭残疾人4人，五保户残疾人13人；一级残疾98人，二级残疾156人，三级残疾193人，四级残疾151人；视力残疾53人，听力残疾47人，语言残疾6人，肢体残疾301人，智力残疾67人，精神残疾85人，多重残疾39人。为154名肢体残疾、6名多重残疾、37名视力残疾人、92名肢体残疾人，申请发放电动轮椅10辆、普通轮椅7辆、坐便轮椅17辆、助行器3件、手杖4件、助听器22件等辅助器具。

【教育帮扶】 2022年，重阳镇完成一年两次原民办教师和原代课教师生活困难补助发放及身份认定工作，整理教育相关台账。配合学校完成相关建设，完善校园设施，定期对学校及周边进行安全检查专项行动。全年对学校校舍安全、学生学习生活中的安全、中小学各食堂的食药品安全、校车装载学生现象进行检查，无安全事故发生。引进爱心企业，开展圆梦助学活动。

2022年5月13日，凤岗对重阳镇30名脱贫户学生进行捐赠，捐赠每人1000元及1个书包。8月29日上午，重阳镇万侯村村民委员会开展主题为“追逐梦想　助梦启航”万侯优秀高考学子奖学助学活动，对村中10名优秀学子进行助学奖励，共发放奖学助学金6500元，以实际行动激励取得优异成绩的学子。

【农业生产】 2022年，武江区攻坚克难流转土地，大力建设现代农业产业带。有效发挥六记农业科技有限公司等农业企业辐射带动作用，加大对番灵公司、夏娃农场、英俊农场等农业经营主体扶持力度，有效推动蔬菜等特色农产品规模化种植，带动村民增收致富。全力促进“一村一品”特色产业增量增效，不断提升农业质量效益和竞争力。现有省级家庭农场2家、市级家庭农场2家，省、市级示范合作社3家，果丰农场皇帝柑被列入粤港澳大湾区“菜篮子”名单。2022年末，重阳镇家畜禽存栏132239头（只）；粮食播种面积909公顷，粮食产量5743吨；蔬菜播种面积398.13公顷，实现蔬菜产量12912吨；种植水果360.6公顷，水果产量4890吨。

【农村人居环境提升】 2022年，通过党政一把手亲自抓，分管干部带头干，包片干部网格化管理，有效带动村民开展人居环境整治工作。重阳镇按照“布局合理、方便群众、便于收集”的原则，在辖区各村、社区设置32个分类垃圾投放点，配置农村垃圾清运车辆5辆，配备村级保洁员21名。每日由专人专车负责垃圾的集中收集运转，垃圾日转运量可达1.6吨，有效解决农村生活垃圾污染环境的问题，实现全镇生活垃圾收运全覆盖。此外，抓住美丽乡村建设的契机，镇辖各村主干道开展“白改黑”工程，自来水、有线电视、电信光纤百分百全覆盖，排污、治污、管网配套率达到90%，基础设施完善，为垃圾分类工作奠定基础。村内垃圾日清日结，“脏乱差”现象基本消除。

2022年，全镇共有15个自然村参加农村人居环境整治“打擂比武”，累计投入资金911.3万元，2次参赛均取得优异成绩，在第二次“打擂比武”活动评审中，重阳镇入围获奖率居全区参赛乡镇第一，青暖青水塘村获得参赛村全区第一，九联大沙洲上村名列第三。多个自然村获得“武江区农村人居环境整治示范村庄”“武江区农村人居环境整治示范村庄”等称号。

【返贫动态监测】 2022年，重阳镇贯彻执行《重阳镇关于健全防止返贫动态监测和帮扶机制的实施意见》《重阳镇干部联系帮扶方案》。党委政府负责人年内对监测对象实现100%遍访，熟悉脱贫户的情况。村党组织书记完成至少1次遍访稳定脱贫户和监测对象；落实定期监测制度，掌握真实情况；重阳镇脱贫户的适龄子女都在校就读，不存在义务教育阶段因贫失学辍学情况。落实资助低保户参加城乡居民基本医疗保险；落实全额资助代缴城乡居民基本养老保险费。全镇254户脱贫户无疑似危房。全镇共有378人纳入低保，36人纳入五保，事实无人抚养儿童11人、孤儿3人，纳入兜底保障范围；保障金及时足额发放到位。3个省定脱贫村万侯、黄岸、九联在脱贫攻坚期建成的扶贫产业继续发挥效益，定期分红等与脱贫群众建立稳定的利益联结机制。有就业意愿的第一类评估对象共95户225人，能够在省内市内稳定就业；8月18日，组织“粤菜师傅”技能培训班，提升群众的就业创业技能。全镇结合现实需要，开设公益性岗位13个，岗位设置合理，每月做好出勤记录，管理规范，不存在虚设乱设岗位、变相发钱问题。12月，帮助万侯村皇帝柑种植户联系销路，协助销售皇帝柑3万余公斤；7—12月，分别帮助英俊家庭农场销售无花果2000公斤、蔬菜基地蔬菜2.5吨。经梳理，重阳镇共有扶贫资产84项，均完成扶贫资产清理、核查、确权工作，做到资产家底清晰、产权归属明晰、类型界定科学、主体责任明确。经排查和走访了解，全镇254户脱贫户的年人均可支配收入均不低于10420元。全镇254户脱贫户对帮扶工作、产业帮扶、就业帮扶满意度均达到90%以上。

【河长制工作】 2022年，重阳镇深入实施河长制工作，建立完善重阳镇全面推行河长制工作领导小组。设立固定的河长制公示牌共15块，其中市级1块，区级7块，镇级7块。镇、村两级河长在企业微信“广东智慧河长”平台互联网上线率100%，全年使用平台巡河共979次，其中镇级河长巡河443次，村级河长巡河536次；巡河共发现问题2宗，其中，镇级河长发现问题0宗，村级河长发现问题2宗，有效处理2宗，处理率达100%。开展工作培训会议4次，宣传活动5次，制作、悬挂宣传横幅，发放宣传购物袋、文具包等200余份；开展“河小青”培训1场，“河小青”巡河护河行动3次，参与人数130人；全年开展2次水面清漂专项工作，完成河道保洁21.7千米，清理乱堆乱建等四乱问题1宗，划定河道管理范围21.61千米，积极申请水利短板资金230万元，修复水毁河堤2处，共230米，完成水口碧道建设2千米。

【环境保护】 2022年，重阳镇加大环境保护监察力度，营造良好生态环境。加大环境保护宣传力度，各村（居）主干道布置宣传环境保护标语，逐步提高村民生态环境保护意识；有序开展生态环境保护巡察和整治工作，全年共开展生态环境保护巡察15次，整治非法倾倒垃圾问题1起，整治非法运砂问题1起；强化大气污染治理，制订《防火焚烧专项行动方案》，在防火焚烧期间派出检查组数量313组，出动人员数量11132人次，排查火灾隐患12处，发放整改通知书4份，建立1个建立火灾隐患排查整治台账，整改火灾隐患12处，受理和查获案件数量2起，共打击处理和教育人员7人次，罚款4000元，并对全镇5147户群众入户发放禁火令和签订承诺书，悬挂、横幅标语36条，共出动宣教人员420人次。

【道路改造提升】 2022年，重阳镇完成重阳中学至万侯段道路白改黑工程，6月8日竣工验收，项目总投资940万元，对重阳镇重阳中学至万侯段7.5千米道路利用现在路肩拓宽成路面，路面铺设沥青混凝土，设置道路标线，村庄道路标线，村庄路口增设示警柱，危险路口增设警示牌等。完成武江区重阳镇村内道路（巷道）改造提升工程，9月29日竣工验收，项目总投资590万元，对重阳镇村内道路（巷道）改造提升工程（水口村、黄岸村、重阳村等村）道路改造提升约13.56千米。

【交通道路安全】 2022年，重阳镇始终坚持人民至上、生命至上理念，制订印发《重阳镇道路交通安全专项整治工作方案》，在全镇范围内组织开展为期3个月的道路交通安全专项整治工作，专项整治行动期间镇道安办与龙归交警中队、各村交通劝导员等各部门开展联合执法行动7次，共出动375人次，交通劝导员劝导违法行为1530起，检查重点车辆46辆，查处交通违法行为7起，发放宣传资料1014份。继续落实开展“路长制”“136”行动，以“路长制”为抓手有效提升农村公路综合治理水平。做好农村公路管理养护，加大农村公路养护实施力度，落实日常养护常态化，农村公路路况水平明显提升。

【综合治理】 2022年，重阳镇积极开展平安创建工作，制订平安创建工作方案和宣传工作方案。加强“中心+网格化+信息化”建设工作，各村（社区）配有兼职网格员36人，全年共录入网格事件1739宗，结案率100%。健全矛盾纠纷多元化解工作机制，重阳镇设有调委会11个，调解员总人数为62人，共接待来访群众154人，受理矛盾纠纷案件51宗，结案49宗，结案率为96.07%。做好重点人群服务管理工作，规范管理安置、社矫人员、青少年犯罪，全镇在管安置帮教人员共108名，暂无脱管人员。全力做好在册111名严重精神障碍患者的救治救助工作，综治办、卫生院、派出所、村委会定期排查走访，对易肇事肇祸的精神障碍患者送往定点医院治疗共11人次。

【退役军人服务】 2022年，重阳镇认真贯彻落实中央、省、市、区关于退役军人服务保障工作的各项决策部署，全力开展退役军人服务保障工作，全面落实退役军人政策。全年开展春节、八一等重要节日慰问，召开庆八一座谈会10场次；组织开展清明节及“9·30”烈士纪念日纪念活动2次；组织参加森林防火、应急抢险等志愿服务活动8场次。开展退役军人优待证办理及发证等工作，为申请办理优待证及信息更新的退役军人发放优待证，先后4次组织银行工作人员到现场办理激活业务；组织1次各村居退役军人事务业务骨干到区培训，举办4次退役军人业务培训会，培训内容有退役军人应急救助、退役军人保障法宣传等法律法规。组织村居干部及社工对辖区服务对象电话或入户至少进行一次走访，了解退役军人思想动态、就业、生产生活等情况；开展烈士纪念碑日常维护，每月定期组织志愿者到烈士纪念碑清理周边卫生，全年开展12次清理活动；完成镇退役军人服务站及8个村1个社区百度及高德地图更新。

【综合行政执法】 2022年，综合行政执法队加强自身建设，重阳镇各部门有行政执法证36人。综合行政执法办（队）共有11名执法人员，均通过行政执法证资格考试。配备执法记录仪2台，执法车辆1台。组织参加各类行政执法培训12次，执法人员培训做到全覆盖。联合派出所、应急办、村（居）对辖区内烟花爆竹、加油站、燃气站点、厂房等重点行业开展安全生产行政检查50户次。对辖区内的宅基地建设进行巡查检查，不断建立完善台账，全年共巡查检查521户次。对辖区的51户“三小”场所、14户“三合一”场所开展日常检查和夜查行动，对违规住人场所进行整改，全年共消除安全隐患100处。对经营主体检查400户次，核查完善市场主体信息变更和登记10宗，引导办理营业执照20宗。受理各类投诉331宗，解决331宗，办结率100%。联合派出所处理违规野外用火6宗共6人，其中行政立案4宗，共罚款1400元。推动各村（居）委、重阳学校发放森林防火告知书1万份。

2022年，发放拆除违法建筑《责令改正通知书》30份，镇执法办、派出所、村委联合开展拆违行动8次，拆除违法建筑10处共3000平方米。整改乱占耕地28起，全年共整治各类违法用地2.67公顷，复耕复绿约1.67公顷。

【防汛抗洪】 2022年，重阳镇完善《重阳镇防汛防旱防风应急预案》，指导各村（居）修订“一页纸”应急预案并组织开展“一页纸”预案演练。组建镇、村应急救援队伍，组织开展水上救援培训及演练。加强防汛应急物资仓库管理，清点现存物资造册登记，及时向区应急局申请补充防汛应急物资储备。严格落实24小时党政领导带班、在编干部职工值班值守制度，及时发布预警预报信息。

2022年，重阳镇历经“6·19”“6·21”“7·4”“7·5”4次洪灾，及时组建镇、村应急救援队伍，高标准应对洪灾抢险任务，落实24小时党政领导带班、在编干部职工值班值守制度，及时发布预警预报、天气信息，及时启动防汛应急响应。组织各工作组、救援力量前置各村（社区）开展抗洪救灾行动，坚决落实“三个一对接”“四个一临危特殊群体转移”机制，全年的防汛抗洪行动中，重阳镇累计下沉干部1044人次，共转移264户818人次，其中，特殊人群40人，未出现人员伤亡情况。在抢险救灾工作中，镇党委副书记刘戈勇获得全市抗洪救灾突出贡献个人荣誉称号，万侯村获得全市抗洪救灾突出贡献集体荣誉称号。

【森林防灭火】 2022年，重阳镇制订《重阳镇2022年森林防火宣传工作实施方案》《重阳镇2022年森林防火工作方案》《2022年重阳镇森林防灭火应急预案》《2022年重阳镇森林防火责任包干方案》，分阶段制定清明节、五一、中秋、国庆、宣传月等工作方案和应急预案。悬挂森林防灭火横幅306条；出动宣传车5627辆次；出动镇村干部12139人次；落实“五进”宣传，派发《禁火令》《致广大人民群众关于野外防火的告知书》共23324份，与农户签订《森林防火责任书》5633份，处理违规野外用火6宗共6人，其中行政立案4宗，共罚款1400元。树立3个反面典型案例并做成宣传海报，开展警示教育宣传；安排护林员做好巡逻检查记录并按时登录北斗巡护终端进行巡护；制订《重阳镇森林防火应急演练方案》；组织半专业队伍36人开展森林防灭火应急演练活动一次；组织半专业队伍15人参与区应急管理局应急演练2次；全面摸清全镇森林火灾隐患底数，在全镇范围内开展“五清”大排查、大整治专项行动，组织整治集中连片66.67公顷以上纯松林周边的可燃物隐患，清理生物防火林带、道路隔离带7.3千米；防火区内电力、电信和其他生产经营单位周边可燃物隐患7个；公墓、连片坟地周边可燃物隐患4处；投入人力686人次。

【精神文明建设】 2022年，重阳镇完善新时代文明实践所和各村新时代文明实践站的硬件配套设施。各村新时代文明实践站均设置指引牌，活动展架10个。制作创文宣传广告牌85张，更换破损创文宣传栏10处。实施文化惠民，积极开展具有本地特色的活动，满足人民群众精神文化需求。组建11支广场舞蹈队和1支老年山歌队，吸引300多名群众参与。将文化广场、农家书屋等阵地资源纳入新时代文明实践阵地建设，构筑“布局合理、群众便利、出户可及”的文明实践阵地网络。多渠道推广文明积分制，全镇现有万侯、青暖、水口3个文明积分制行政村。采取多种方式进行广泛宣传，以志愿者活动、宣讲团线下宣讲活动等为契机，发放各类宣传资料1700份，深入万侯侯屋村、徐屋村，水口老村、新村等开展宣传资料发放15次。

（李祥星）

2022年武江区重阳镇村委会、社区居委会一览表

表20

序列	名称	地址
1	大夫前村村委会	韶关市武江区重阳镇大夫前村老二队3号
2	九联村村委会	韶关市武江区Y834乡道北侧
3	青暖村村委会	韶关市武江区重阳镇暖水村
4	重阳村村委会	韶关市武江区河南街与Y273乡道交叉口西300米

续表 20

序列	名称	地址
5	水口村村委会	韶关市武江区Y275乡道与河北街交叉口东北方向172米
6	黄岸村村委会	韶关市武江区重阳镇中心幼儿园北侧约250米
7	万侯村村委会	韶关市武江区万侯赞光希望小学西北侧
8	妙联村村委会	韶关市武江区Y119乡道
9	重阳社区居委会	韶关市武江区重阳镇河北街45号

惠民街道

【概况】 惠民街道位于武江区的中北部，总面积约 10.2 平方千米。辖惠民北、黄田坝、武江北、群立、新华北、群康、新村、东岗岭、侨新、幸福、冷水坑、沙湖、长城、沐阳东共 14 个社区居委会。2022 年，全街年末户籍人口 80715 人，常住人口 98607 人。

主要旅游景点有韶州公园。

2022 年，辖区有公办成人高校（韶关开放大学）1 所，公办全日制综合普通本科大学分校区（韶关学院黄田坝校区）1 处，初中 1 所，高中 1 所，综合性中学（含初中、高中）2 所，小学 5 所，幼儿园 23 所。

【党群阵地建设】 2022 年，惠民街道积极落实“三亮四有”要求，实施党群服务中心“下楼”计划，推进侨新、沐阳东、新华北、沙湖、黄田坝等 5 个社区党群服务中心完成“服务下楼”，惠民北社区和东岗岭社区 2 个党群服务中心完成“物理下楼”，进一步优化社区服务环境，让群众更方便“走进来”。

【基层党组织队伍建设】 2022 年，惠民街道持续抓好社区干部人才队伍梯次培养，逐步建立起从网格员和其他聘用人员选拔社区“两委”干部、从优秀社区“两委”干部中选拔社区党委副书记、从社区党委副书记中培养社区党委书记的成长路径，全年 2 名社区党委副书记提任社区党委书记，从网格员和其他临聘人员中补选 15 名社区“两委”干部，充分调动干部积极性。根据工作实际探索挂职社区党委副书记的培养模式，继续开展社区党委副书记述职座谈，抓好书记后备队伍培养。继续完善社区“大党委”工作机制，与辖区 55 个市直、区直机关企事业单位党组织建立党建结对关系，结对项目共 55 个，签订共建协议 55 份；建立健全社区“大党委”兼职委员制度，引导“两新”组织党组织负责人、党员民警兼职委员，共有 18 名“大工委”兼职委员，83 名社区“大党委”兼职委员，充分发挥兼职委员及其所在单位共建作用。

【党员教育和管理】 2022 年，惠民街道坚持落实第一议题制度，将习近平新时代中国特色社会主义思想作为党工委会议第一议题、党支部“三会一课”长期主题，对第一议题落实情况开展专项督导检查，推动“第一议题”学习制度化、常态化、实效化，教育引导全街上下深刻把握“两个确立”的决定性意义，增强“四个意识”、坚定“四个自信”、做到“两个维护”。以党工委中心组扩大会议学习、专题党课、主题宣讲、座谈研讨等形式，带领街道、社区党员干部原原本本、原汁原味学习党的二十大精神、《习近平谈治国理政》第四卷、习近平总书记重要讲话和重要指示批示精神。

2022 年，共召开党工委理论学习中心组集体学习 5 次，开展集中宣讲 8 场次，各级党组织开展党的二十大精神专题学习 108 次，推动党的理论、方针、路线“入心入脑”。加强党员干部教育培训，积极推进镇街党校示范点建设，在街道及社区设立党校及14个分教点。充分利用“百人讲师团”、市委党校、各类宣讲团及挂点单位负责人等资源，开展党课活动。组建由市委党校退休老教授、工矿企业退休老工人、文娱爱好老演员等老党员组成的“耆先锋”，推动党课进小区、企业，为党员“送课上门”，进一步提升“家门口的党课”党员教育品牌的内涵和影响力。全年街道党校及社区党校分教点授课119期，累计培训党员、干部、群众4000人次。做好管理及发展党员日常工作，规范党员接收程序，积极引导转入党员加强与党组织联系，认真负责处理好失联党员的相关工作。严格把好党员入口关，规范发展党员程序，提高发展党员质量，全年共吸收入党积极分子25名，确认发展对象15名，发展预备党员14名，转正党员26人。

【在职党员报到】 2022年，惠民街道健全街道“大工委”和社区“大党委”议事协商机制，完善街道和社区党组织领导下的联席会议制度，构建全域党建网格协同治理机制，建设起“社区党委—网格党支部—楼栋长—党员家庭户”的组织架构，由共建单位包干充当“网格管家”，发动共建单位党员和辖区党员进网格，积极融合参与社区基层治理工作。常态长效推进“1+4+N”在职党员到社区报到服务活动，探索建立“党建+志愿服务”工作机制，党员牵头组建各有特色的志愿服务“微团队”，为居民提供形式多样的便民利民服务。

2022年，街道共召开“大工委”联席会议1次，指导社区党委召开“大党委”联席会议59次，共研究审议104个议题，解决问题98个；共成立41支志愿服务团队，成员779人，开展“双报到”活动1749次，开展各领域服务活动1441场次，累计办实事好事1265件。依托网格充分调动社区“大党委”成员单位和党员先锋模范作用，高效完成全员防汛救援等工作，党旗始终在一线高高飘扬。“6·19”强降雨期间，紧急转移安置人口2228人，紧急避险转移人口2078人。

【退役军人服务】 2022年，惠民街道退役军人服务站实现退役军人及“三属”优待证办理全覆盖。落实落细广东省应急救助资金政策，从解决退役军人实际困难出发，通过多种形式加大政策宣传力度。服务站采取“线上慰问+线下走访”、举办座谈会等形式开展慰问活动，切实做到“六必访”，全年共组织召开退役军人座谈会15场。重大节日期间，街道党政主要领导带队到重点优抚对象家中进行走访慰问，营造出尊军崇军、关心关爱退役军人的浓厚氛围。拓展退役军人就业渠道、优化就业服务，加强对退役军人就业创业意向的摸底调查，广泛发布就业招聘信息，协助召开退役军人专场招聘会2场次，推荐辖区优秀退役军人参与招聘，达成就业意向7次。精准推送岗位，辖区失业退役军人均安排精准岗位推介。

【企业监管】 2022年，惠民街道市场监管所共检查辖区内餐饮单位852家次、农贸市场3家76次、进口冷链食品经营单位91家次、药店62家次，街道（社区）包保干部与食品企业签订食品安全责任书596份。开展医疗机构、药店、化妆品经营单位日常和专项监督检查，检查药店38家150次，覆盖率达100%，检查化妆品经营单位30家，完成上级下发的全部工作任务。开展特种设备日常和专项监督检查，重点场所特殊设施使用单位12家，对月度超期未年检或年检不合格特种设备使用单位共发出《指令书》14份。

【食品安全保障】 2022年，惠民街道认真开展校园周边食品安全检查，全年共对1所复读学校、5所小学、23所幼儿园及其周边开展食品安全专项检查，检查食品经营单位852家次。开展春秋开学季学校食堂全覆盖专项检查，共检查学校食堂62家次，对检查中发现的问题发出监督整改意见书58份，并对食堂食品安全管理员进行现场抽考24人次，合格率100%。开展餐饮业从业人员“食安快线通用版”食品安全知识学习培训，共培训餐饮单位264家，考核从业人员377人次，完成率100%，超过年度考核80%的目标。开展中高考等重大活动期间食品安全保障工作6次。

【食品经营许可审查与消费维权】2022年，惠民街道做好食品经营许可审查，全年共受理审查食品经营许可296份（其中小餐饮承诺制89份）。全年惠民街道市场监管所处理消费维权举报投诉共1047宗，挽回经济损失20万余元。

【统计工作】2022年，惠民街道对侨新社区160户调查户进行劳动力调查，每月调查16户并有8户要进行轮换，填写调查表做到户不漏人、人不漏项，对就业、失业等重点指标重点调查，以正确反映就业形势；在辖区内抽取批发、零售、住宿、餐饮业的企业调查样本市级3家，区级8家，小微企业调查样本1家，每月度、季度按时填报调查表；每季度对新增、个体户、企业进行入户扫码登记入库。9月开始五年一度的城乡一体化住户调查大样本轮换，抽取新的调查点，武江北社区（国家点）和新华北社区（省点），经过摸底、抽样、开户，每个调查点10户居民于11月进行试记账，12月开始正式记账。

【人大工作】2022年，惠民街道人大工委在区人大常委会和街道党工委的领导下，不断规范制度建设，认真加强队伍建设，积极履职尽责，努力推进街道人大工作有序发展。加强组织建设，建立健全各项制度，按照“六有”标准，8月完成街道14个社区人大代表联络站建设工作，为人大代表开展活动、接待选民、收集社情民意搭建平台，提供阵地保障。创新活动载体，充分发挥代表作用，坚持以学促干，以干促学，组织人大代表开展“人大代表小课堂”2次。聚焦民生，找准履职发力点，组织人大代表开展丹霞大道北道路建设、长城世家业主出行难问题、东岗岭安置小区与武江北老旧小区施工、城市市容市貌卫生整治等6次视察调研，密切联系选民，解决东岗岭安置小区和幸福家园小区消防通道占用、邮政宿舍危树砍伐、新兴路—横巷汽车乱停放、新华印刷厂道路与新兴路（富士楼、富商楼门口）道路增设路灯、东岗小学宿舍道路安装扶手等问题，切实做到“民有所呼，我必有应”。街道人大工委积极汇聚辖区人大代表力量，全力参与防汛工作，用实际行动践行着人大代表的初心和使命。

【创文巩卫】2022年，惠民街道贯彻落实上级创建全国文明城市的工作部署，动员各社区充分利用“社区吹哨、党员报到”“i志愿”系统，依托新时代文明实践站、综合文化站，围绕我们的节日、志愿服务、宣传宣讲党的政策、文化生活、持续深入移风易俗、关爱慰问困难群众等主题，共计开展706场活动，参与22940人次。坚持线上与线下活动宣传相结合，共计制作小视频207条。全年组织社区集中开展创文入户宣传活动，走访居民34457户，群众对文明城市创建工作的知晓率和满意度达98.6%，征集相关意见、建议近389条。

惠民街道多措并举推行垃圾分类试点工作，选取惠民北社区作为垃圾分类示范试点社区。建立绿色社区工作队伍，订立“共同缔造”工作目标，并通过知识竞猜、宣传活动、培训讲座等形式，向居民宣传生活垃圾分类，将生活垃圾分类纳入居民公约，形成长效机制，持续推进绿色社区的“共同缔造”工作。

积极组织开展环境卫生整治行动，全年清除“四害”滋生地530处，清扫卫生死角610处，清理垃圾40吨，投放灭鼠药物1150千克，灭蚊药物130千克，加装更换老鼠屋合计35个，及时清理大街小巷乱拉乱挂的横幅265条，清理“牛皮癣”、小广告16870张，更换健康教育宣传栏60张。向辖区居民发放宣传健康科普知识、《生活垃圾分类》、《病媒生物防制知识》等资料8642余份。6月16日，惠民街道通过2022年上半年生活垃圾分类工作省考评。

【老旧小区改造】2022年，惠民街道共有25个老旧小区纳入改造范围。其中，第一批包含光孝路片区—建行大院宿舍、工业供销公司宿舍、省燃料公司宿舍、市民政局宿舍等20个小区，第二批广东北江中学1—4栋宿舍内燃机厂宿舍，侨新1号楼、2号楼，鸿福B座、C座，紫藤楼、桂花楼、牡丹楼5个小区，共涉及楼栋53栋，居民1703户，总投资金额约2400万元。截至2022年底，第一批20个小区完工。

【基层治理】2022年，惠民街道扎实推进“平安惠民”创建工作。开展书记大接访活动12次，接待群众来访103批176人次，组织矛盾纠纷排查12次，调处矛盾纠纷821宗，其中，街道调解114宗，各社区工作站调处各类矛盾纠纷707件，调处率100%。

【反诈骗工作】2022年，惠民街道通过在辖区内重要路口、学校、商场、医院等人员密集场所张贴宣传海报、面对面宣传等方式向群众普及国内电信、网络诈骗案例、养老诈骗犯罪分子的惯用手法与作案方式等防诈知识；对发生过诈骗案件的地区，逐户上门进行反诈宣传，全年共完成宣传任务174起；利用业主群、朋友圈铺开反诈宣传覆盖面，切实增强广大群众防范电信网络诈骗的意识和能力。

【禁毒工作】2022年，惠民街道对标对表“无毒镇街”“无毒社区”创建目标，坚持打防结合深挖扩线，加强日常巡逻，对重点区域加大摸排力度；完善在册吸贩毒人员名单，联合社区干部和派出所民警定期走访，遏制在册吸毒人员复吸现象发生；大力推进禁毒宣传，全年共计开展禁毒宣传活动375场，张贴宣传标语、宣传海报1000张，派发宣传单张15000份。

【最低生活保障】2022年，惠民街道对申请最低生活保障的对象，逐一排查摸底，了解贫困群众的生活情况，对符合条件，确需救助的对象，给予最低生活保障。惠民街道享受最低生活保障的有168户265人；特困人员供养61户61人。其中，分散供养人员24户24人，集中供养37户37人，经审核，符合条件办理低收入证明家庭20户37人。

【残疾人救助】2022年，惠民街道为辖区163名低保户中的残疾人申请广东省残疾人生活津贴，为891名重度残疾人申请广东省重度残疾人护理津贴，并积极为残疾人争取就业岗位42个，鼓励有条件的残疾人自主创业，为他们提供必要支持。配合市残联组织残疾人参加就业培训23人，提高辖区内残疾人的职业技能水平。

【爱心超市】2022年，惠民街道“爱心超市”发放慰问累计422户，共发放米389袋、油357桶、面10箱、被子10张、洗涤用品20套、防寒服3件、口罩4950个。

【公租房、经济适用房审核】2022年，惠民街道严格按照要求抓好公租房、经济适用房、公共租赁减免房租的审核工作，全年受理公租房申请39户，经审核，符合条件上报39户。

【劳动保障所】2022年，惠民街道公共服务中心人社股不断完善劳动再就业机制和服务体系，以发展促就业，以就业促稳定，拓展就业渠道，安置再就业。全年城镇新增再就业688人，城镇失业再就业162人，城镇就业困难人员再就业141人，认定就业困难人员人数179人。企业申请社会保险补贴及岗位补贴人数22人，补贴金额约10万元；灵活就业申请补贴人数763人，金额约340万元；办理城乡居民养老保险合计办理1688人，全年累计参加城乡居民医疗保险人数25336人（此数据不包括职工医疗保险人数），基本实现养老、医疗保险覆盖全社区的目标。

【卫生健康】2022年，惠民街道召开12次专题工作会议，各类培训讲座46次，共3000人次参加培训。开展健康义诊活动28次，参与群众1800余人；开展宣传活动5场，参与群众1000人次；慰问活动3次，服务群众600人次；发放宣传资料3万份，全年派发避孕套2565盒。全年户籍人口出生613人，孕前优生健康检查44人。

【安全生产】2022年，惠民街深入贯彻“生命重于泰山”的方针，深入开展消防安全宣传、整治工作，提升居民安全意识。全年共开展检查行动200次，联合区应急局、区住建局、区消防大队、派出所、市场监管所等职能部门检查19次。着重检查辖区重点行业领域在建工地12家（2个完工，1个停工）；危化品8家（5家燃气供应点、3家化工品办公室）；老旧厂房6家。街道与14个社区和12家在建工地、8家危化品企业的负责人签订生产安全和消防安全职责书，社区与辖区内的2100家“三小”“三合一”场所签订《安全生产责任书》《消防安全责任书》《自查承诺书》，达成安全监管全覆盖，确保安全生产工作稳步推进。

【消防安全】2022年，惠民街道开展消防演练9次，警示教育11次，张贴“严禁电动车楼道充电”“消防五进”等各类宣传海报6000份、横幅150条；开展消防安全专项整治行动40余次，共排查“三小”场所2092家，其中“三合一”场所80家，全部整改完毕（4家完成示范性整改），开展“乡村地区电气火灾综合治理”排查工作，共排查719家，发现隐患165处，整治73处；清理违规停放、充电电动车500辆，“飞线”51条，派发禁止电动车私拉电线告知书共4000份。

【燃气安全】2022年，惠民街道联合燃气公司开展燃气安全（燃气热水器）专项整治行动，共发动220人次，排查850余户老旧房屋、自建房、“三小”场所等。全年街道联合职能部门共打击取缔私充煤气点4处，查获“黑煤气”138瓶，充气管、烧水壶等工具3批，潜在的安全隐患得到及时整治。

【森林防火】2022年，惠民街道根据城市户外用火管理，围绕清明野外用火、禁止燃放烟花爆竹等城市管理要求，开展3次专题宣传活动，开展20次森林防火巡查，派发《森林防火责任告知书》8000份。

【“三防”工作】2022年，惠民街道切实做到以大概率思维应对小概率事件，完善各类防灾减灾救灾应急预案，严格落实24小时领导带班和值班制度；与14个社区居委会签订“三防”责任书；全年召开“三防”专题会议14次；组织人员培训110人次；开展防灾减灾演练10余次，开展汛期隐患排查行动20余次，开展汛期危房、危墙、削坡建房排查行动14次；派发“三防”宣传单张6000份。“6・21”强降雨期间，惠民街道辖区受灾人口共计12103人，出动街道及社区工作人员、党员志愿者、武江民兵等280人，橡皮艇7艘，冲锋舟2艘，紧急转移安置人口2228人，紧急避险转移人口2078人，确保辖区“零安全事故”“零人员伤亡”，切实保障人民群众生命财产安全。

【河长制工作】2022年，惠民街道召开4次专项整治工作会议，组织开展“清四乱”“沿江岸线整治”等专项行动8次，积极对照查找问题；开展街、村（居）级河长巡河358次，全年清捞出动323人次，对巡查中发现的问题及时整改；加强治水护河宣传，组织“河小青”“护河志愿者”及党员志愿者开展河道保洁等活动，进一步提升群众的环保意识，保障河道清洁美观和水环境安全。4月12日，组织开展世界水日科普小讲堂，向往来市民发放宣传资料300份。

【征拆工作】2022年，惠民街道大力推进征拆项目进程，完成教育西路建设项目最后一户私人住宅征收，征拆面积195平方米。与丹霞大道北拆迁户达成庭外和解，认真做好土地房屋征收项目专项清查整改工作。服务城市提升工程建设，完成富康广场“三旧”改造项目征拆工作。

【整治违建】2022年，惠民街道持续对整治违建行为保持高压态势，每日出动工作人员在辖区范围开展巡查工作，及时掌握违章建筑建设动态，并反复对违建多发重点区域进行严防严控。通过实时监控、重点防范、严厉打击的方式，超额完成违法建筑整治任务，全年拆除违法建筑建设总面积达13641.6平方米，完成率达170.52%。

【表彰情况】 2022年，惠民街道及所辖社区获得的荣誉有：惠民街道办事处被韶关市统计局、国家统计局韶关调查队评为韶关市乡镇（街道）统计能力建设先进单位；惠民街道办事处被武江区委宣传部评为武江区2022年度宣传工作先进单位；共青团惠民街道工作委员会被共青团韶关市武江区委员会评为2021—2022年度韶关市武江区五四红旗团委；惠民街道办事处在武江区社区运动会中获得第一名；惠民街道幸福社区、长城社区获评“韶关市2022年第一批绿色社区”。

（刘　霏）

2022年武江区惠民街道社区居委会一览表

表21

序列	名称	地址
1	惠民北社区居委会	韶关市武江区凯旋华府5街2座一层
2	黄田坝社区居委会	韶关市武江区惠民北路68号城市花园A1座二楼
3	武江北社区居委会	韶关市武江区武江北路19号
4	群立社区居委会	韶关市武江区康乐村279号优山美地A1栋一楼
5	新华北社区居委会	韶关市武江区新兴路城市花园B-201
6	群康社区居委会	韶关市武江区群康路2号明居园首层1-2号铺
7	新村社区居委会	韶关市武江区工业东路10号水务局大院内17、18栋
8	东岗岭社区居委会	韶关市武江区东岗岭安置小区11栋之一2楼
9	侨新社区居委会	韶关市武江区新华北路鸿福大厦C座201房
10	幸福社区居委会	韶关市武江区汇展华城翠竹轩南区29—31栋之间4号铺
11	冷水坑社区居委会	韶关市武江区工业中西冲路15号4栋103号
12	沙湖社区居委会	韶关市武江区工业西路26号山水华府旭川园8栋负二层
13	长城社区居委会	韶关市武江区工业西路88号长城世家58栋1楼
14	沐阳东社区居委会	韶关市武江区沐阳东路12号卓越雅苑6栋2楼

新华街道

【概况】 2022 年，新华街道位于武江区东部，办公地点位于新民路 21 号。辖区东起武江桥，西至西郊 6 千米，南至百旺大桥，北至工业路，以及西联插花地、曹陂村、龙归插花地、曲仁红尾坑矿宿舍区，管辖面积为 13.84 平方千米，辖区有芙蓉东、金洲、沙洲、花城、新华南、御龙湾、惠民东、惠民西、武江南、五祖路、工业东、工业中、芙蓉北、工业西、利民、乳留、红尾坑共计 17 个社区。新华街道主要旅游景点有芙蓉山国家矿山公园、林桥公园、西河全民健身广场。2022 年，全街年末户籍人口约 9.1 万人，常住人口约 12.9 万人，有幼儿园 36 所，小学 8 所，初中 3 所，高中 1 所。

【党建引领】 2022 年，新华街道党工委推动基层党建三年行动计划贯彻落实。深化与“大党委”成员结对共建，有机联结辖区内机关企事业单位、行业协会及“两新”组织党组织签订 55 份共建协议，开展“武检在身边・法治进社区”普法宣传教育活动，举办“再读红色经典书”读书会及“红色经典电影进社区”等系列活动。运用“社区吹哨、党员报到，街社呼叫、部门销号”工作机制，在抗洪救灾等重大事件中，充分调动在职党员积极性，亮身份、做表率、践承诺。将辖区内组织优势和资源优势有机结合，推动资源共享，创新打造“红艺新华”党建品牌，实施“一社区一品牌一特色”，先后打造御龙湾社区“巾帼湾”、沙洲社区“邻里汇”、利民社区“大健康”、惠民东社区“医路有你”、五祖路社区“和你在一起”等一批党建特色品牌。

【党员教育培训】 2022 年，新华街道组织相关人员参加各类党务培训，社区党委、“两新”党组织、机关党支部党务工作者共计 40 余人参加党务工作者培训班，培训内容充实，贴近党务工作实际，具有很强的针对性和实用性；深入学习领会党的二十大精神，切实贯彻落实党的二十大会议要求，11 月 4 日，组织召开传达贯彻党的二十大精神大会，全方位、各领域传达贯彻党的二十大精神。

【党建阵地建设】 2022 年，新华街道完成五祖路、芙蓉东、工业东、惠民东、芙蓉北、新华南 6 个社区的党群服务中心阵地提升改造工程，全面实现“服务下楼”，真正架起党群“连心桥”，打通服务群众“最后一公里”。与市住建局联建，完成金泽园党员活动室；与市人社局共建，设立“劳动者之家”工作站；与市妇联结对，成立“三八红旗”工作室，形成“妇女儿童之家”示范效应。继花城社区之后，五祖路社区也已打造成为“最温馨党群服务中心”。

【党建引领基层治理】 2022 年，新华街道运用街道“大工委”和社区“大党委”工作机制，借助“双报到”平台，健全资源、需求和项目“三张清单”，推动资源力量下“沉”、基层问题上“浮”，切实提升党建引领城市基层治理效能。7 月，建立武江区首家街道级综合养老服务中心——新华街道长者服务中心，让老年人在家门口就能享受到个性化、多样化养老服务。

【人大工作】 2022 年，新华街道组织辖区内人大代表开展视察调研活动 4 次，进一步密切人大代表同人民群众的联系，切实做到“民有所呼、我有所应”。号召辖区内人大代表认真履行代表责任，科学制订人大代表进联络站开展活动计划，全年人大代表共进行接访 49 次，听取群众意见和建议，解决群众反映的“急难愁盼”问题。组织人大代表参加培训学习活动，运用党的创新理论成果武装头脑指导实践，培养为群众谋福利、为人民谋复兴的能力和水平。

【党风廉政建设】 2022 年，新华街道强化监督执纪工作，开展日常检查、作风提改专项检查、节前专项检查等 40 余次，谈话提醒 56 次。开展廉洁文化进社区试点，深入推进“清风花城”建设，结合花城社区特点，坚持党建引廉、队伍促廉、活动传廉、阵地育廉，发挥社区桥梁纽带作用，积极推进廉洁文化进家庭，营造风清气正的社会环境。

【老旧小区改造】 2022年，新华街道完成梅田矿务局及大宝山矿宿舍、物资局宿舍、化轻公司宿舍等15个老旧小区改造及竣工验收工作。新开工向阳片区西区、美景花园、新城里24号小区等7个老旧小区改造项目，改造面积6.64万平方米，总计投资额4000万元，惠及102栋楼2683户居民。在已改造完成的小区内引进物业管理或成立自管小组，对小区进行常态化管理。

【征拆工作】 2022年，新华街道对全街道征收工作情况开展专项自纠自查行动，专项清查整治工作问题清单中涉及新华街道6类共21项问题，完成整改15项，移交城管局3项，2项需与征收户协商退款，1项需评估公司出具相关情况说明。有序推动新启动的项目和未完成的旧项目，其中，粤北医院项目涉及56户住户，已签约51户，签约率达91.07%，已完成房屋腾空43户，房产证注销43本，并将49户征收户的征收款项顺利发放。完成芙蓉北环山路地块项目红线范围内附属物拆除及相关清表工作。完成韶亮汽修厂项目前期摸底调研工作。11月，启动原韶关市第二拖拉机厂"三旧"改造项目，对剩余36户住户进行签约及项目收尾工作，各项工作均有序开展。

【矛盾调处】 2022年，新华街道深化平安街道建设，加强综治网格化联动，及时排查化解基层矛盾纠纷，共排查调处各类矛盾纠纷157宗，成功调处151宗，调解成功率96%，涉及调解金额579.2万元。组建一支由街道社区党员干部、派出所民警、退休老党员、退伍老兵及热心群众等组成的"红袖章"队伍，开展日常平安建设和文明城市创建宣传，同时参与社会矛盾邻里纠纷调处、环境卫生整治、消防安全排查、流动人口管理、便民服务和志愿服务等工作，及时排查并消除辖区内安全隐患。

【打击治理电信网络诈骗】 2022年，新华街道在辖区内悬挂宣传横幅、投放LED屏宣传标语共120条，开展反诈宣传活动共230场，微信群转发反诈视频宣传680次，利用网络向居民发布防诈骗典型案例，大力普及防诈知识、揭露诈骗手法、讲述现实危害，有针对性地开展集中宣传活动，持续营造全民反诈、全社会反诈的浓厚氛围，不断增强群众防范能力。加强打击治理电信网络违法犯罪工作的统筹协调和组织领导，积极协助相关职能部门开展打击治理工作。

【打击整治养老诈骗】 2022年，新华街道采取线上线下形式加大宣传力度，线下共悬挂打击养老诈骗横幅17条，利用电子屏滚动播放宣传标语20条，张贴宣传海报34张、制作打击养老诈骗标语宣传栏8处；通过制作通俗易懂的短视频，在微信群、朋友圈广泛转发传播。各社区发挥网格化优势在各个小区业主群、物业群、党员群等转发打击养老诈骗宣传链接、视频220次，入户进小区开展打击养老诈骗宣传90次，向居民共派发宣传单3800份；按要求加强对相关企业、店铺的排查和监管，形成每周一查制度。定期召开打击养老诈骗工作会议，及时把握犯罪规律和动向，不断提高领导干部防诈意识、提醒能力，认识到打击整治养老诈骗的重要意义。

【创建文明城市】 2022年，新华街道全力推进创文工作，紧密结合"我为群众办实事"活动，抓好环境卫生专项整治，开展"牛皮癣十日攻坚"，联合挂点单位、在职党员、志愿者等，出动清理人员1446人次，共计清理"牛皮癣"小广告15.8万张。加大创文宣传力度，全街入户宣传13212户，开展创文巩卫宣传活动120次，不断提高市民的文明意识和行为。依托新时代文明实践所（站）、街道综合文化站、社区综合文化服务中心等基层宣传文化设施及阵地在学雷锋纪念日、三八妇女节等时间节点，围绕"好家风好家训""喜迎二十大"等主题，全年共开展140场专题活动，发挥公共文化服务扎根基层、服务群众的作用。

【巩卫工作】2022年，新华街道组织发动2500人次参与“周五公共卫生日”活动，共投放鼠药约350公斤，辖区“四害”密度达标。6月，出动723人次参与汛期灾后清洁消杀工作，清理整治卫生死角108处，清理垃圾、杂物、淤泥22.7吨，灾后消毒杀面积142390平方米。多次开展健康教育宣传活动，发放健康教育知识调查问卷3000份。推进生活垃圾分类和减量工作，在辖区内利用电子屏、标语、宣传栏广泛宣传引导，完成市、区每季度下达的生活垃圾分类和减量工作各项目标。

【促进就业】2022年，新华街道认真做好就业困难人员认定和就业困难人员灵活就业备案登记服务工作。及时发布本市重点企业和武江区规上企业的招聘信息，组织辖区就业困难人员、高校毕业生等各类有就业愿望群体参加市、区举办的“春风行动”暨重点用工企业、综合类企业、民营企业等各类专场线上线下招聘会300人次，助力武江区企业稳岗就业发挥作用。落实就业扶持政策，提供就业政策咨询服务2700人次。

【文体推进】2022年，新华街道文化站持续为群众提供服务，举行大型活动和培训共3场，活动期间共吸引群众100人。共完成“上墙制度”8块，更新、维护各类室内文明提示牌9个，规划建设50米室外文化长廊宣传栏。社区综合文化服务中心主动对接各社区开展及其承办的活动，为群众提供多元、多彩的活动，营造浓厚的社区文化、全民健身的体育氛围。御龙湾、工业西、新华南、红尾坑社区配置新书及借还书系统，合计配置2740本新书，全面提升优质文化产品供给能力。其中，工业西社区综合性文化中心被设为武江区区图书馆分馆。配合区文体局在8月7—8日开展广东省“全民健身日”活动韶关市分会场2022年韶关市武江区社区运动嘉年华活动，组建3支队伍共60人参加活动。10月，组建街道篮球队参加区第六届职工篮球赛。

【公共服务】2022年，新华街道致力于服务辖区长者、残障人士。社区居家养老服务中心为老年人提供日间照料、生活照料、医疗保健、精神慰藉、文化娱乐等服务。全年，共计入户探访155人次，上门服务144小时，开展医疗保健活动9场，开展老年休闲教育活动7场。新华街道社区康园中心在册残障会员53人，2名专职老师为学员开展康复训练，1名医护人员负责医疗健康服务，使用面积约350平方米，建有庇护工场、体能训练室、阅览室、康乐文体室、家居训练室、评估室、医疗咨询室等多个功能室，配备了康复医疗、特殊教育和管理人员及相关设施和器材，为残疾人提供康复评定、职业技能评估、职业技能训练、职业指导、家居训练、心理辅导及转介等服务。

【城乡居民医保参保缴费】2022年，新华街道通过大数据分析，发送宣传短信，汇总各社区的居民户籍底数与现有已缴费人员名单核实，精准查找

2022年9月5日，新华街道工业西社区党员志愿者在嘉盛苑清理“牛皮癣”（区委宣传部　供图）

参保潜力人群，并率先推出组建线上咨询办理参保缴费业务的便民微信群，多措并举让医保参保缴费工作成效显著。截至2022年12月底，短信通知扣费余额不足居民13670人次，排查核实扣费异常和未参保人员5837人，电话通知3607人。完成参保缴费34073人，完成目标任务95.69%，与2021年相比增加1271人。辖区居民应保尽保，实现基本医疗保险参保全覆盖，人人享有基本医疗保障。

【综合执法】2022年，新华街道不断完善城市综合执法体制，落实综合行政执法改革措施，强化基层执法监督管理，提升城市执法能力。开展扬尘、城市绿化、垃圾分类及清运、油烟、噪声扰民等日常检查巡查300次，实施行政处罚1宗，行政检查4宗，联合多部门开展集中整治52次，处理"12345"热线涉及生态环境问题共63宗。上半年，开出"某公司随意倾倒生活垃圾"行政处罚"第一单"，标志着街道综合行政执法正式迈出第一步，在证据锁定、执法程序、法律依据、公开公示等方面都积累了经验。保持对"两违"严打高压态势，累计拆除违建156处共7910平方米。

【安全生产】2022年，新华街道全面提升安全生产综合治理能力，持续开展"三小"场所、危化品、道路交通、建筑工地、消防安全等重点领域巡查整治，共排查辖区企业188次，加油站86次，针对280家"三合一"场所开展日常检查3000次，3318家"三小"场所完成检查全覆盖。

【应急管理】2022年，新华街道在"6·19"抗洪救灾工作中，安置人口305人次，紧急转移避险群众1163人次，处置城市内涝积水89处，灾后立即组织人员进行清淤消杀等工作，以最快速度恢复正常生活和生产环境。因抗洪救灾工作突出，新华街道获评"韶关市2022年抗洪救灾突出贡献集体"。

【自建房安全整治】2022年，新华街道严深细实做好自建房安全专项整治工作，排查建筑3233栋，其中自建房857栋（含440栋经营性自建房），处理经营性自建房安全隐患4处，一般自建房安全隐患8处。完成重大节假日和时间节点应急值守工作，确保关键时期整体安全形势平稳可控。

【表彰情况】2022年，新华街道获得省级荣誉奖项2个、市级荣誉奖项7个，被授予广东省儿童友好示范镇（街）、韶关市2022年抗洪救灾突出贡献集体称号，五祖路社区获评2022年省级户外劳动者爱心驿站，工业西社区被评为全市乡镇（街道）统计能力建设先进单位，花城社区获"第一批韶关市绿色社区"称号。惠民西社区刘婧婷被评为2022年度广东国家调查队系统优秀辅助调查员，街道刘秀红被评为2022年度韶关市优秀辅助调查员。

（方晓芸）

2022年武江区新华街道社区居委会一览表

表22

序列	名称	地址
1	乳韶社区居委会	韶关市武江区芙蓉北路68号芙蓉丽景3号楼首层
2	工业西社区居委会	韶关市武江区吉祥路2号
3	工业中社区居委会	韶关市武江区工业中路22号繁荣锦苑2栋首层
4	芙蓉北社区居委会	韶关市武江区芙蓉北路32号摩尔城购物中心西区4065-A
5	沙洲社区居委会	韶关市武江区沙洲尾福彩路5号沙洲社区党群服务中心2楼
6	金洲社区居委会	韶关市武江区沙洲四路1号风度书屋旁
7	芙蓉东社区居委会	韶关市武江区芙蓉东路2号
8	惠民东社区居委会	韶关市武江区惠民南路137号首层
9	惠民西社区居委会	韶关市武江区惠民南路136号
10	五祖路社区居委会	韶关市武江区体育东路3号御和苑H栋首层
11	工业东社区居委会	韶关市武江区体育东路12号
12	武江南社区居委会	韶关市武江大道北81-1号
13	新华南社区居委会	韶关市武江区红玫路2号
14	红尾坑社区居委会	韶关市武江区龙归镇曲仁园社主轩
15	花城社区居委会	韶关市武江区芙蓉东路178号碧水花城8栋附二层
16	利民社区居委会	韶关市武江区建设路16号雅居蓝湾1栋商铺二层
17	御龙湾社区居委会	韶关市武江区新民路63号B3栋首层

人物·荣誉

全国人民满意的公务员——曹吾林

"情为民所系、权为民所用、利为民所谋",这是一直以来中国共产党对广大党员干部的要求,也是武江区西联镇党委副书记、镇长曹吾林一直放在心头的"座右铭"。作为一名"85后"年轻干部,曹吾林坚持奋斗在基层治理一线、经济发展一线,能挑"重担子",能啃"硬骨头",是群众眼里的"守护人""贴心人""解忧人"。2022年8月30日,在党的二十大即将召开之际,曹吾林被授予全国"人民满意的公务员"称号。

载誉归来的曹吾林对记者说得最多的就是:"荣誉属于大家,我只是万分有幸作为大家的代表,参与了这次表彰活动。这个荣誉不仅仅是我个人的,它更是我们西联镇一直传承下来的'特别能吃苦、特别能战斗、特别能奉献'的宝贵精神结晶。甚至我觉得也不仅仅属于西联,更属于我们优秀的韶关市、武江区整个公务员队伍。"

红色初心的"传播人"

作为西联镇党委副书记,任职近6年来,他始终致力于让党建成色更足、底色更亮。

2018年6月,西联镇下胡村党支部因班子战斗力不强被列为软弱涣散党组织。"村民富不富,关键看支部。'头雁'都不强,如何能致富?"时任党建副书记的他心急如焚。他一方面抓紧拓宽渠道精选后备干部33名,安排他们深度参与村级重要事务。定期带领村党组织书记走访园区企业,宣传招商引资政策,建立"招商引资信息库"。在他的推动下,西联镇全面实施党组织年初工作计划公开承诺和年终工作总结公示机制,建立党支部书记"云接待""上门去"服务模式,以精细化服务解决村民烦心事、操心事、揪心事186件。全镇村级班子的凝聚力、号召力显著提高,下胡村党支部于2020年底以优秀等次出列。

西联镇是韶关高新区核心区,小区居民、"两新"组织是这片开发热土上新的建设者。他敏锐地捕捉到了这点,迅速推动党的"两个覆盖"。在太阳城小区,他建立全区首个物业公司党支部。"当时,我们对于物业党建联建还完全没有概念。也多亏了他'软磨硬泡',我们才获得省级红色物业试点的荣誉称号。"太阳城物业党支部书记杨利婷说道。"他带着我们在全市率先建立了快递、网约车公司党组织,为推动新就业群体更好地融入城市生活奠定了坚实的基础,我们都笑称他是杠杠的'红色初心传播人'。"西联镇党建办主任李昊笑着说道。

群众身边的"贴心人"

西联镇是韶关市芙蓉新城和高新区开发建设的"主战场",拆迁、安置任务繁重,涉及面广。2016年7月,曹吾林从武江区直机关到西联镇担任党委副书记,他很快融入西联镇的工作氛围中,并主动挑起最重的担子。阳山上庙背村原有一片约3000平方米的违建彩钢瓦房,用于经营超市、菜市场、饮食店等,因为靠近武广高铁高架桥，违建瓦房严重影响了高铁安全运行。不仅如此，村里一些商铺占道经营、乱搭乱建现象严重，群众意见非常大。面对这块难啃的“硬骨头”，曹吾林数次约谈土地权属方和村小组，耐心做工作；争取村民支持，对违建区域进行重新规划设计；对严重影响列车安全运行的违建马上组织力量拆除，并动员经营户自行拆除。为此，村小组长、农民书法家刘永华手书“勤干务实”四个大字送给曹吾林。

“以前上庙背村人员流动大，环境又脏乱。现在管理好了，环境整洁了，基础设施也完善了，幸福感满满。”上庙背村民称赞道。2021年，曹吾林牢牢抓住农村人居环境整治“打擂比武”这一契机，动员发挥上庙背村党员先锋模范作用，通过改造楼房外立面、整治占道经营、规划停车位、提升文化广场等措施，村容村貌焕然一新，管理井然有序。打造了“时光·夜上庙”美食长廊，发展夜间经济，促进消费升级。2021年，该村在武江区农村人居环境整治“打擂比武”活动中，荣获“农村人居环境整治示范村庄”称号。

“我们全校师生都盼着曹镇长早日康复，邀请他来参加自来水通水剪彩仪式呢！”风烈中学校长钟洁表示，长期以来学校使用的是地下井水，水质并不算好，曹吾林了解此事后，多方奔走联系爱心组织，合计筹措资金23万元，帮助解决校内自来水管和直饮水机问题。

多年来，曹吾林用实际行动办“群众事”，解“群众难”，贴“群众心”。“三顾茅庐”协调解决阳山小学改扩建项目中村民阻挠施工的问题，利用周末解决大陂村村民排水问题，设立“周五公共服务日”到西联村开展环境治理行动，牵头建立赤水村、芙蓉村村史馆和荣誉馆，举办各类文体活动丰富群众精神文化生活……曹吾林“坐”到群众板凳上，“想”到群众心坎里，“干”到群众家门口。“基层干部这份职业虽然辛苦，但也非常幸福。要让人民满意，就是干工作要多从老百姓的角度去思考，为人民服务无止境，人民满意无终点。”

全国信访工作先进个人——杨伟波

从“军人”到基层“信访干部”

1996年，杨伟波从武江区武装部转到新华街道、惠民街道等基层单位任职，多年参与信访工作。他接待来自各行各业的信访群众，为他积累了大量与群众打交道的实践经验。“是什么时候开始喜欢上信访工作的，我已经记不清了。但是通过我的努力能够帮到信访的群众，就觉得自己特别有成就感。”2016年8月，杨伟波担任武江区信访局副局长。为更加有效答复群众、帮助群众，他继续坚持一边钻研政策法规，一边在实践中提升接访、受理、调处、督办等业务能力。

“信访工作是人民的信访工作，与群众所求息息相关，要具备同理心，站在群众角度思考问题……”杨伟波说道。得益于当军人时培养出吃苦耐劳、干一行爱一行的优秀品质，爱上信访工作的杨伟波，在武江区信访局的平台上发挥了更多的正能量。近三年来，杨伟波带领团队推动化解了信访事项764批1437人次，努力把群众的“烦心事”变成“暖心事”。

“微笑局长”更爱看到“微笑群众”

“我喜欢‘微笑局长’的称呼！”杨伟波谈起群众送给自己的这个称呼时，仍难掩心中的喜悦，“这说明群众对我的工作肯定。不过，就我自己而言，我更爱看到走出信访接待大厅时的微笑群众。这才说明我们的信访工作做到位了。”

信访工作就是做党与群众的“连心桥”。即使是面对那些进门就大发雷霆的上访群众，杨伟波总是耐心等对方发完脾气后，递上一杯水微笑着说：“来，我们先喝杯水，坐下来慢慢说。”等到对方情绪稳定后，他一边帮信访群众梳理问题，一边商讨解决问题办法。“很多来访群众其实就是发泄情绪，满腹的情绪倾诉完了，也就满意了，擦擦眼泪回去了。”耐心倾听需要同理心，帮助群众解决实际问题需要过硬的综合业务能力。去年，一个未成年人到KTV唱歌，因饮酒过量意外死亡，家属悲痛地到武江区信访局求助。杨伟波耐心接访，准确掌握详细案情，积极组织公安、文化执法、法律援助处等部门调解，使该案件顺利进入司法程序。历时半年，该家属的正当诉求得到法院的支持，并获得相应的赔偿。至今，杨伟波还记得家属来感谢时的动人画面。

信访工作是“送上门的群众工作”。近年来，武江区大力推进信访工作改革，启用全新的信访接访大厅，充实2名专职信访工作人员，并探索区级信访“超市”，努力打造“一站式”矛盾纠纷调处平台。近三年来，武江区的信访积案基本实现清零，上访率不断下降，信访件按期办结率、群众满意率均得到大幅度提升，走出信访大厅的“微笑群众”也越来越多。

面对荣誉，“微笑局长”着力办好两件事

“自己内心十分激动和感恩！自己没有做出什么大的贡献，获得这么高的荣誉，今后要更努力做好信访工作……”这是杨伟波接受广东省广播电视台记者采访时，面对荣誉的内心表白。

要当好宣讲员。他表示，自己重点做好传达学习宣传贯彻第九次全国信访工作会议精神，特别是传达好习近平总书记对基层信访干部职工的诚挚问候和殷切希望，努力以实际行动为党的二十大胜利召开贡献一份力量！要做好“传帮带”。将通过各种形式把自己的工作实践经验分享给更多年轻的信访工作者，培养出更多业务骨干，更好地维护群众合法权益、促进社会和谐发展。

2022年度武江区获国家级荣誉先进单位一览表

表23

单位名称	荣誉称号	评比单位
韶关市第九中学	全国国防教育示范校	教育部、中央政治部
武江区龙归镇中心卫生院	“优质服务基层行”活动表现突出服务优质机构	国家卫生健康委办公厅、国家中医药局办公室
武江区龙归镇柴桑水电站	2022年度绿色小水电示范电站	水利部

2022年度武江区获省级荣誉先进单位一览表

表24

单位名称	荣誉称号	评比单位
武江区人民检察院	先进基层检察院	广东省人民检察院
武江区人民检察院	全省新时代“五好”基层检察院	
武江区总工会	广东省工人先锋号	广东省总工会
武江区总工会	广东省新就业形态劳动者建会入会集中行动先进集体	
武江区文化旅游体育局	“十三五”时期群众体育先进集体	广东省体育局
武江区西联镇芙蓉村	广东省优秀《村规民约》范例	广东省民政厅
武江区消防救援大队	全省执勤训练先进大队 全省基层建设先进大队	中共广东省消防救援总队委员会
韶关市消防救援支队西联特勤站	全省基层建设先进消防救援站	
武江区西河镇下坑村	2022年广东省“民主法治示范村（社区）”创建单位	中共广东省委全面依法治省委员会办公室
武江区龙归镇社主村	2022年广东省“民主法治示范村（社区）”创建单位	
国家税务总局韶关市武江区税务局	广东省法治税务示范单位	
武江区东岗小学	广东省劳动教育特色学校	广东省教育厅
武江区西河学校	广东省绿色学校	
武江区向阳小学	广东省绿色学校	
武江区甘棠小学	广东省绿色学校	
武江区白芒小学	广东省绿色学校	
韶关市风烈小学	广东省绿色学校	
韶关市风度小学	广东省绿色学校	
武江区凤田小学	广东省绿色学校	

续表 24

单位名称	荣誉称号	评比单位
武江区至和汤邓淑芳纪念学校	广东省绿色学校	广东省教育厅
武江区东岗小学	“红领巾奖章”四星章大队（省级）	广东省少工委

2022 年度武江区获市级荣誉先进单位一览表

表25

单位名称	荣誉称号	评比单位
武江区城管局	韶关市抗洪救灾突出贡献集体	中共韶关市委、韶关市人民政府
武江区消防救援大队	韶关市抗洪救灾突出贡献集体	
武江区重阳镇万侯村委会	韶关市抗洪救灾突出贡献集体	
武江区人民政府	新型城镇化工作先进县（市、区）表扬的通报	
武江区卫生健康局	韶关市节水型载体荣誉称号	
武江区自然资源局	2022年度市重大项目土地要素保障工作先进单位	韶关市人民政府
武江区重阳镇人民政府	韶关市首届镇级政务服务标杆大厅	
武江区龙归镇人民政府	统计能力建设先进单位	
武江区统计局	统计能力建设先进单位	
武江区人民政府	2022年度全市政务信息工作先进单位	
武江区西河镇下坑村	广东省“民主法治示范村（社区）”创建单位	
武江区司法局	集体三等功	韶关市司法局
武江区住建局	资质建筑业经济稳预期先进单位	韶关市住房和城乡建设管理局
武江区纪委监委	韶关市公共机构节水型单位	韶关市水务局、韶关市发展和改革局、韶关市工业和信息化局、韶关市住房和城乡建设管理局
武江区财政局	韶关市公共机构节水型单位	
武江区总工会	韶关市第二届集体协商竞赛荣获“三等奖”	韶关市总工会、韶关市人社局、韶关市工商联
国家税务总局韶关市武江区税务局	2022年韶关市职工（劳模）创新工作室	韶关市总工会
武江区民政局	“村改居”试点工作先进单位	韶关市民政局
武江区重阳镇青暖村委会	韶关市2022年“忠诚立家风”实践示范基地	韶关市直工委、韶关市妇联
武江区惠民街道办事处	韶关市乡镇（街道）统计能力建设先进单位	韶关市统计局、国家统计局韶关调查队
武江区西联镇阳山村	2022年市级“妇女之家”示范点	韶关市妇女联合会

续表 25

单位名称	荣誉称号	评比单位
韶关市铧林农业开发有限公司	韶关市巾帼创业基地	韶关市妇女联合会
韶关紫漫生态农业有限公司	韶关市巾帼创业基地	
武江区统计局	韶关市三八红旗集体	
武江区西联镇人民政府妇女联合会	韶关市三八红旗集体	
韶关市武江区统计局	韶关市三八红旗集体	
武江区新华街五祖路 社区党委书记、主任郭利柳	韶关市三八红旗工作室	
武江区教育局德体卫艺股	韶关市巾帼文明岗	
国家税务总局韶关市武江区税务局纪检组	韶关市巾帼文明岗	
西河镇人民政府公共服务办	韶关市巾帼文明岗	
新华街道办事处公共服务中心	韶关市巾帼文明岗	
武江区妇女联合会	韶关市妇联系统家庭文明建设工作先进集体	
武江区妇女联合会	韶关市妇联系统乡村振兴巾帼行动先进集体	
武江区妇女联合会	韶关市妇联系统基层组织建设先进集体	
武江区妇女联合会	韶关市妇联系统关爱女童、护苗成长行动先进集体	
武江区重阳镇青暖村	“忠诚立家风”实践示范基地	
国家税务局武江区税务局	“忠诚立家风”实践示范基地	
武江区消防救援大队	韶关市青年安全生产示范岗	中国共青团韶关市委员会、韶关市应急管理局、韶关市消防救援支队
武江区田家炳小学	“红领巾奖章”三星章大队（市级）	中国共产主义青年团韶关市委员会
武江区黄田坝小学	“红领巾奖章”三星章大队（市级）	
共青团武江区重阳镇委员会	韶关市五四红旗团委	
武江区金福园小学	韶关市少先队红旗大队	
武江区东岗小学	韶关市少先队红旗大队	
武江区至和邓汤淑芳纪念学校	韶关市少先队红旗大队	
武江区黄田坝小学	韶关市少先队先进学校	
武江区人民检察院	2021—2022年度韶关市青少年维权岗	

续表 25

单位名称	荣誉称号	评比单位
武江区人民法院刑事审判庭	2021—2022年度韶关市“青少年维权岗”	中国共产主义青年团韶关市委员会
共青团武江区龙归中学委员会	2021—2022年度韶关市五四红旗团委	
共青团武江区重阳镇委员会	2021—2022年度韶关市五四红旗团委	
共青团韶关市武江区新华街金洲社区支部委员会	2021—2022年度韶关市五四红旗团支部（总支）标兵	
共青团韶关市武江区爱尔眼科医院支部委员会	2021—2022年度韶关市五四红旗团支部（总支）标兵	
共青团韶关市第十五中学九（2）班支部委员会	2021—2022年度韶关市五四红旗团支部（总支）标兵	
武江区基层委员会	会务工作先进基层组织	民进韶关市委员会
武江区综合一支部	会务工作先进基层组织	
民进韶关新区支部	会务工作先进基层组织	
民进武江区综合二支部	会务工作先进基层组织、社会服务工作先进基层组织	
武江区人力资源和社会保障局	韶关市第二届集体协商竞赛三等奖	韶关市总工会、韶关市人力资源和社会保障局、韶关市工商业联合会
武江区工商业联合会	韶关市第二届集体协商竞赛三等奖	
武江区工商业联合会	2022年度全市工商联法律服务工作先进单位	韶关市工商业联合会
武江区工商业联合会	韶关市工商业联合会（总商会）第十五次代表大会筹备工作先进单位	
武江区卫生健康局	韶关市药品不良反应监测工作表现突出单位	韶关市市场监督管理局、韶关市卫生健康局
武江区卫生健康局	韶关市节水型载体荣誉称号	韶关市水务局、韶关市住建局、韶关市工信局韶关市城管局
武江区委组织部	韶关市第六届机关工作创新创优竞赛（党建创新类）一等奖	中共韶关市直工委、中共韶关市委政研室、韶关市总工会、韶关团市委、韶关市妇联
国家税务总局韶关市武江区税务局	韶关市第六届机关工作创新创优竞赛二等奖	韶关市直机关工委
国家税务总局韶关市武江区税务局	韶关市2022年“忠诚立家风”实践示范基地	韶关市妇女联合会、中共韶关市直属机关工作委员会
武江区西河镇人民政府	韶关市乡镇（街道）统计能力建设先进单位	韶关市统计局、国家统计局韶关调查队
武江区西河镇人民政府	韶关市乡镇（街道）统计能力建设先进单位	
武江区西河镇人民政府	韶关市2022年基层统计“7个一”规范化建设市级先进乡镇	韶关市统计局
武江区西河镇人民政府	韶关市2022年基层统计“7个一”规范化建设市级先进单位	

续表 25

单位名称	荣誉称号	评比单位
武江区统计局	韶关市2022年基层统计"7个一"规范化建设市级先进单位	韶关市统计局
武江区惠民街道退役军人服务站	优秀退役军人服务中心（站）	韶关市退役军人事务局
武江区文化旅游体育局	2022年全市文旅体重点项目建设工作突出单位	韶关市文化广电旅游体育局
武江区西联镇阳山村	在第四轮全市农村人居环境整治督导工作中获得优秀评价	中共韶关市委实施乡村振兴战略领导小组办公室
武江区西联镇沐溪村	在第四轮全市农村人居环境整治督导工作中获得优秀评价	
武江区西联镇太阳城社区	韶关市2022年第一批绿色社区	韶关市住房和城乡建设管理局、韶关市发展和改革局、韶关市民政局、韶关市公安局、韶关市生态环境局、韶关市市场监督管理局
武江区西联镇太阳城第二社区	韶关市2022年第一批绿色社区	
武江区西联镇恒大社区	韶关市2022年第一批绿色社区	
武江区自然资源局	2022年韶关市自然资源局喜迎二十大"强党建、提素质、转作风、优服务"知识竞赛优秀奖	韶关市自然资源局
武江区自然资源局	2022年度改革攻坚规范治理工作先进县级自然资源局	
武江区自然资源局	粤闽赣湘桂琼六省（区）松材线虫病联防联治和防控效能评价活动组织工作先进单位	韶关市林业局

2022年度武江区获市级以上荣誉先进个人一览表

表26

姓名	工作单位	荣誉称号	评比单位
曹吾林	西联镇人民政府党委副书记、镇长	全国"人民满意的公务员"	中国共产党中央委员会 中华人民共和国国务院
杨伟波	韶关市武江区司法局 武江区信访局	全国信访系统先进个人	人力资源社会保障部 国家信访局
蔡梅英	武江区人民检察院	先进个人	广东省人民检察院
曹菁菁	武江区人民检察院	个人嘉奖	
栾东勋	区财政局	优秀巾帼队员	广东省乡村振兴局 广东省妇女联合会
白玉婷家庭	西河镇人民政府	广东省"最美家庭"	广东省妇女联合会
白玉婷	西联镇人民政府 党委委员、纪委书记	2022年广东百户"最美家庭"	
赖淑芬	武江区文化旅游体育局	"十三五"时期群众体育先进个人	广东省体育局
邝桂莲	武江区教育局	省优秀少先队辅导员	广东省少工委

续表26

姓名	工作单位	荣誉称号	评比单位
曾　瑛	韶关市武江区人大常委会	九三学社广东省组织工作先进个人	九三学社广东省委员会
彭绮君	武江区社会保险基金管理中心	广东社保风采青年	广东省社会保险基金管理局
刘　东	韶关市武江区工商业联合会 韶关市龙韶实业有限公司	“广东百佳爱心新乡贤”	广东省农业农村厅、广东省精神文明建设委员会办公室、广东省人民政府国有资产监督管理委员会、广东省工商业联合会、广东省乡村振兴局南方报业传媒集团
王业辉	武江区消防救援大队	全省优秀干部	中共广东省消防救援总队委员会
王子曦	武江区消防救援大队	全省优秀干部	
赵世昊	武江区消防救援大队	全省政治工作先进个人	
汪　冠	武江区消防救援大队	全省优秀党支部书记	
许　斌	武江区消防救援大队	全省后勤建设先进个人	
谢志航	武江区消防救援大队	全省工匠消防员	
吴慧强	武江区消防救援大队	全省执勤训练先进个人	
张业顺	武江区消防救援大队	广东省优秀共青团员	中国共产主义青年团广东省委员会
何文杰	武江区西联镇人民政府	广东省优秀共青团员	
邝桂莲	武江区田家炳沙湖绿洲小学	2021—2022年度“广东省优秀少先队辅导员”	
陈楷瑞	武江区金福园小学	2021—2022年度“广东省优秀少先队员”	
廖筱文	武江区田家炳小学	2021—2022年度“广东省优秀少先队员”	
钟文婷	武江区东岗小学	2021—2022年度广东省优秀共青团干部	
胡新梦	沟通智慧城市科技发展（广东）有限公司	2021—2022年度广东省优秀共青团干部	
张业顺	武江区工业东路消防救援站	2021—2022年度广东省优秀共青团员	
何国华	武江区自然资源局	韶关市创建国家森林城市（地级）先进个人	中共韶关市委 韶关市人民政府
刘戈勇	武江区重阳镇人民政府	韶关市2022年抗洪救灾突出贡献个人	
何志辉	龙归镇人民政府	韶关市2022年抗洪救灾突出贡献个人	
刘建强	武江区西联镇人民政府	韶关市2022年抗洪救灾突出贡献个人	
郭　婷	武江区委宣传部	韶关市2022年抗洪救灾突出贡献个人	

续表 26

姓名	工作单位	荣誉称号	评比单位
刘顺顺	韶关市武江区水务服务中心	韶关市2022年抗洪救灾突出贡献个人	中共韶关市委 韶关市人民政府
谢经伟	武江区消防救援大队	韶关市2022年抗洪救灾突出贡献个人	
吴海科	武江区消防救援大队	韶关市2022年抗洪救灾突出贡献个人	
温　碧	武江区惠民街道办事处	韶关市2022年抗洪救灾突出贡献个人	
邓永忠	西河镇大村村委会	韶关市2022年抗洪救灾突出贡献个人	
陈韶发	武江区应急管理局	韶关市2022年抗洪救灾突出贡献个人	
张　刚	武江区人武部	韶关市2022年抗洪救灾突出贡献个人	
陈兴运	武江区人武部	韶关市2022年抗洪救灾突出贡献个人	
胡永刚	武江区退役军人服务中心	党的二十大维稳安保工作中表现突出人员	
谭紫鹏	武江区政府办	2022年度全市政务信息工作先进个人	韶关市人民政府
刘　方	武江区消防救援大队	韶关市优秀共青团干部	中国共产主义青年团韶关市委员会
李　靖	武江区芙蓉一小	市优秀少先队辅导员	
何春兰	武江区华泰小学	市优秀少先队辅导员	
朱仕辉	武江区黄田坝小学	市优秀少先队辅导员	
陈英宏	武江区江湾镇中心小学	市优秀少先队辅导员	
杨　雄	武江区人力资源和社会保障局	韶关市第二届集体协商竞赛“最佳协商代表”	韶关市总工会、韶关市人力资源和社会保障局、韶关市工商业联合会
黄　达	武江区人力资源和社会保障局	2022年度全市党委系统舆情信息工作先进个人	中共韶关市委办公室
谭　容	武江区人民检察院	优秀公诉人	韶关市人民检察院
张孟洪	武江区重阳镇人民政府	2022年第四季度“韶关好人”	韶关市精神文明建设委员会办公室
张丽敏	武江区重阳镇人民政府	2022年度韶关市优秀辅助调查员	国家统计局韶关调查队 韶关市统计局
王清华	武江区龙归镇人民政府	2022年度韶关市优秀辅助调查员	
游惠敏	武江区龙归镇人民政府	2022年度韶关市优秀辅助调查员	
陈秋彤	武江区西联镇人民政府	2022年度韶关市优秀辅助调查员	
杨　娟	国家税务总局韶关市武江区税务局	2022年韶关市最美税务人	国家税务总局韶关市税务局 韶关市精神文明建设委员会办公室

续表 26

姓名	工作单位	荣誉称号	评比单位
邝　莹	国家税务总局韶关市武江区税务局	全市税务系统多税（费）种联动专项工作及时性奖励个人“嘉奖”	国家税务总局韶关市税务局
欧　坤	国家税务总局韶关市武江区税务局	全市税务系统多税（费）种联动专项工作及时性奖励个人“嘉奖”	
李文杰	武江区总工会	在城市困难职工解困脱困工作中作出重要贡献的个人	韶关市总工会
龚　文	武江区重阳镇人民政府	2022年度韶关市三八红旗手	韶关市妇女联合会
覃　婷	中共韶关市武江区直属机关工作委员会	2022年度韶关市三八红旗手	
胡莹莹	武江区区财政局	2022年度韶关市三八红旗手	
张小英	中共武江区西河镇委员会	2022年度韶关市三八红旗手	
杨　思	武江区妇女联合会	2022年度韶关市三八红旗手	
张纯艳	武江区重阳镇水口村委	2022年度韶关市三八红旗手	
江艳荣	武江区农业农村局	2022年度韶关市三八红旗手	
周帅伟 刘小伍 家庭	韶关市田家炳中学	韶关市“十大优秀书香之家”	
翁纪军 邓晓峰 家庭	韶关市田家炳中学	韶关市“十大优秀书香之家”	
邱　敏 陈　雄 家庭	广东北江中学	韶关市“优秀书香家庭”	
杨伟荣 何淑萍 家庭	武江区红星小学	韶关市“优秀书香家庭”	
吴德娣 家庭	武江区新华幼儿园	韶关市“优秀书香家庭”	
罗宇宁 林　婧 家庭	武江区新华幼儿园	韶关市“优秀书香家庭”	
曹晓东 孟　聪 家庭	国家税务总局韶关市武江区税务局	韶关市“优秀书香家庭”	
吴碧蕾 曹吾林 家庭	武江区东岗太阳城小学	韶关市“十大最美家庭”	
李素芬 陈伟锋 家庭	武江区卫健局	韶关市“最美家庭”	

续表 26

姓名	工作单位	荣誉称号	评比单位
陈 怡 姚 望 家庭	国家税务总局韶关市武江区税务局	2022年度韶关市“绿色家庭”	韶关市妇女联合会
张春华	武江区东岗保利小学	市中小学反诈教育先进个人	韶关市教育局
邹炳平	韶关市武江区西河镇人民政府	韶关市2022年水利防汛突出贡献个人	韶关市水务局
王 旭	武江区消防救援大队	个人三等功	韶关市消防救援支队
盘健铭	武江区消防救援大队	个人三等功	
王伟华	武江区人武部	教育管理类嘉奖	韶关军分区
邓伟刚	武江区人武部	服务保障类嘉奖、人武部建设优秀文职	
刘嘉仪	武江区市场监督管理局	2022年度全市市场监管系统新闻宣传与政务信息工作先进个人	韶关市市场监督管理局
刘秀芬	华南师范大学	2022年度“韶关最美退役军人”	韶关市退役军人事务局
麦华智	武江区西联镇人民政府	全市水利防汛工作表现突出个人	韶关市水务局

统计资料

武江区2022年国民经济和社会发展统计公报

武江区统计局

2023年4月20日

2022年，在市委、市政府及区委的坚强领导下，武江坚持以习近平新时代中国特色社会主义思想为指导，全面贯彻落实党的二十大精神，坚持稳中求进工作总基调，统筹经济社会发展，统筹发展和安全，着力稳增长促回升、防风险保安全，推动全区经济社会平稳健康发展。

一、综合

根据韶关市地区生产总值统一核算结果，2022年武江实现地区生产总值（初步核算数）3068660万元，同比（下同）下降0.3%。其中，第一产业增加值86843万元，增长1.3%；第二产业增加值1227561万元，下降1.6%；第三产业增加值1754256万元，增长0.4%。全年人均地区生产总值80403元，下降1.6%。

三次产业结构由2021年的2.9∶40.0∶57.1调整为2.8∶40.0∶57.2。

年末全区户籍总人口30.69万人，比上年增长2.6%。其中，城镇人口24.56万人，比上年末增加1.10万人，户籍人口城镇化率80.0%；乡村人口6.13万人，比上年末减少0.31万人；男性15.20万人，女性15.49万人。年末全区常住人口38.44万人，比上年末增加0.55万人。其中，城镇常住人

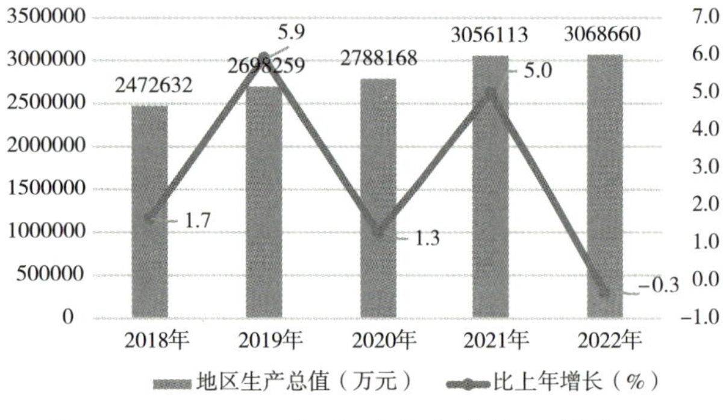

图1　2018—2022年地区生产总值及增长速度

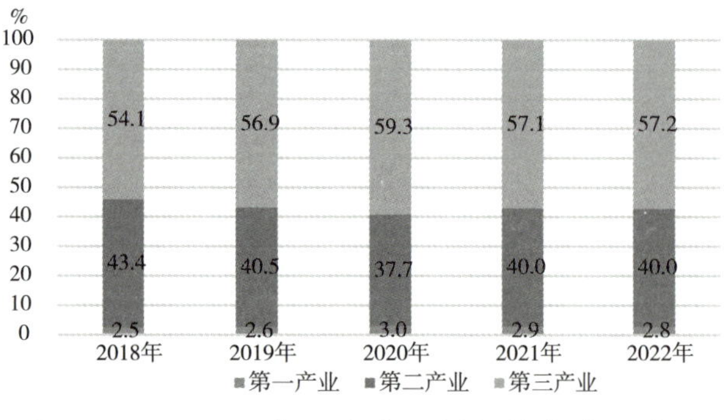

图2　2018—2022年三次产业增加值占地区生产总值比重

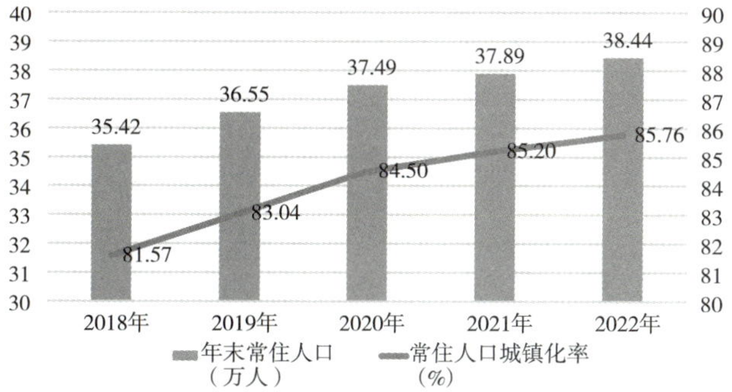

图3 2018—2022年常住人口及城镇化率情况

口32.97万人，比上年末增加0.69万人，常住人口城镇化率85.76%，比上年末提高0.56个百分点；乡村常住人口5.47万人，比上年末减少0.14万人。年末全区常住出生人口2761人，人口出生率8.74‰；死亡人口1996人，人口死亡率6.32‰；自然增长人口765人，人口自然增长率2.42‰。

二、农业

全年农林牧渔业总产值153376万元，增长2.7%。其中，农业产值73481万元，增长2.2%；林业产值14067万元，增长17.5%；畜牧业产值58997万元，下降0.8%；渔业产值5022万元，增长1.6%；农林牧渔服务业产值1809万元，增长12.8%。

全年粮食播种面积58890亩，增长0.5%，其中稻谷面积52511亩，下降0.7%。油料种植面积18988亩，下降7.2%。蔬菜播种面积41913亩，增长4.3%。中草药种植面积1090亩，与上年同期持平。

全年粮食总产量24724吨，增长0.7%。油料产量4059吨，下降8.0%。蔬菜总产量90197吨，增长3.4%。水果总产量12918吨，增长6.3%。茶叶产量37吨，增长5.7%。

全年肉类总产量14676吨，比上年下降0.7%。其中，猪肉产量13181吨，增长1.2%；禽肉产量1355吨，下降14.9%。年末生猪存栏185219头，增长36.2%；年末家禽存栏292929羽，下降2.2%。全年生猪出栏量165240头，增长2.0%；家禽出栏量875404只，下降14.9%；水产品产量3266吨，增长0.1%。

三、工业和建筑业

年末规模以上工业企业85家，比上年末增加16家。全年工业增加值104.82亿元，增长1.4%。规模以上工业增加值88.85亿元、增长1.0%。规模以上工业中，分门类看，采矿业下降6.4%，制造业增长0.6%，电力、热力、燃气及水的供应业增长7.6%。分经济类型看：国有及国有控股工业增加值66.37亿元、增长3.8%，股份制工业77.06亿元、增长3.0%；外商及港澳台工业11.77亿元、下降11.9%。分轻重工业看：轻工业增加值74.89亿元、增长2.7%；重工业增加值13.96亿元、下降8.8%。

先进制造业增加值比上年增长5.6%，占规模以上工业增加值的比重为10.9%，比上年提高0.8个百分点。其中，高端电子信息制造业增长13.3%，石油化工产业增长20.9%，生物医药及高性能医疗器械业增长5.3%。

高技术制造业增加值比上年增长5.5%，占规模以上工业增加值的比重为6.2%，比上年提高0.4个百分点。其中，医药制造业增长5.7%，电子及通信设备制造业增长6.7%，计算机及办公设备制造业增长0.2%。

装备制造业增加值比上年下降1.0%，占规模以上工业增加值的比重为7.7%，与上年持平。其中，计算机、通信和其他电子设备制造业增长6.7%，汽车制造业增长18.3%。

优势传统产业增加值比上年增长2.7%。其中，纺织服装业增长8.2%，食品饮料业增长5.6%。

全年规模以上工业实现利润7.8亿元，比上年下降11.8%。亏损企业亏损总额4.6亿元，增长18.6%，亏损企业数占比34.9%。国有控股企业利润8.4亿元，下降3.7%；股份制企业利润7.3亿元，下降13.8%；外商及港澳台商投资企业利润0.5亿元，增长28.6%。采矿业利润0.3亿元，与上年持平；制造业利润6.3亿元，下降10.5%；电力、热力、燃气及水生产和供应业利润1.3亿元，下降19.3%。

年末资质建筑企业97家，比上年末增加15家。全年资质建筑业现价总产值596480万元，增长0.2%。全年建筑业增加值179539万元，下降15.1%。

四、服务业

全年批发和零售业增加值142402万元，增长8.2%；交通运输、仓储和邮政业增加值58513

万元，下降6.5%；住宿和餐饮业增加值43757万元，下降2.5%；金融业增加值191769万元，增长3.2%；房地产业增加值297934万元，下降9.1%；其他服务业增加值1018964万元，增长2.5%。

全年规模以上服务业企业实现营业收入291668万元，下降1.2%。分行业看：交通运输、仓储和邮政业增长6.8%；信息传输、软件和信息技术服务业增长25.1%；房地产业（不含房地产开发经营）增长7.9%；租赁和商务服务业下降12.9%；科学研究和技术服务业下降11.8%；水利、环境和公共设施管理业下降7.1%；居民服务、修理和其他服务业增长9.2%；卫生和社会工作增长6.7%；文化、体育和娱乐业下降50.5%。

五、固定资产投资

全年固定资产投资下降35.3%。分投资主体看：国有经济投资下降19.7%，民间投资下降42.4%（总量占固定资产投资的比重为54.12%），港澳台及外商经济投资下降43.3%。分产业看：第一产业投资下降90.0%，第二产业投资增长10.9%（其中制造业投资增长15.1%），第三产业投资下降41.7%。基础设施投资增长8.2%，占固定资产投资的比重为25.5%。其中：电力、热力、燃气及水生产和供应业投资增长2.6%，交通运输仓储和邮政业投资下降63.0%。

全年房地产开发投资下降53.2%。房地产商品房销售面积90.01万平方米，下降26.2%；房地产商品房销售额58.51亿元，下降29.9%。

六、贸易和外经

全年社会消费品零售总额780847万元，增长3.7%。从消费形态看，商品零售额697962万元，增长3.9%；餐饮收入82885万元，增长47.5%。

全年批发业销售额1330243万元，增长29.0%；零售业销售额460919万元，增长5.3%；住宿业营业额25242万元，下降2.2%；餐饮业营业额65509万元，下降2.1%。

全年合同吸收外资金额104万美元。实际利用外资176万美元，较去年增长780%。全年外贸进出口总额65854.5万元，下降15.4%。其中，进口57082.4万元，下降18.9%；出口8745.5万元，增长17.2%。

七、财政金融

全年地方一般公共预算收入37339万元，扣除增值税留抵退税因素后同比下降32.07%。其中税收收入25224万元、下降42.52%。全年一般公共预算支出166993万元，下降15.05%。其中：教育支出39443万元，增长3.21%；卫生健康支出19767万元，增长0.70%；社会保障和就业支出33256万元，增长10.46%。民生类支出133972万元，占一般公共预算支出的80.23%。

八、人民生活与社会保障

全年全区居民人均可支配收入43305元，增长3.4%，其中城镇居民人均可支配收入46454元，增长2.9%；农村居民人均可支配收入25175元，增长3.9%。城乡居民收入比1.845∶1，比上年缩小0.017。

全年全区居民人均消费支出29881元，比上年下降0.2%，其中城镇居民人均消费支出31639元，下降0.1%；农村居民人均消费支出19757元，下降3.9%。

年末城镇职工基本养老保险参保人数（含离退休）164939人，城乡居民基本养老保险参保人数36430人，失业保险参保人数91419人。年末基本医疗保险参保人数（含城乡居民基本医疗保险）285418人，其中城镇职工基本医疗保险参保人数142201人，城乡居民基本医疗保险参保人数143217人。

年末提供住宿的民政服务机构11个，提供住宿的民政服务机构床位1617床。年末敬老院4所、床位数128张、在院人数47人，社会福利院1所（市福利院）、床位数700张、在院人数306人。享受城镇居民最低生活保障有477户804人，享受农村居民最低生活保障有625户1124人，享受农村特困人员供养人数146人。

九、科技、教育、卫生

全年专利授权量795件（发明专利88件，实用新型667件，外观设计39件，PCT授权1件）。

年末中等职业教育学校2所，专任教师352人，其中女教师212人。在校学生3944人，其中，女生1956人。招生数1364人，其中，女生626人。毕业学生1994人，其中女生1324人。

年末普通中学学校14所，其中，初级中学6所，九年一贯制2所，完全中学5所，高级中学1所。中学专任教师1933人（初中1166人，高中767人），其中女教师1102人（初中699人，高中403人）。中学招生数9707人（初中6098人，高中3609人），其中女生4590人（初中2764人，高中1826人）。中学在校学生27632人（初中17393人，高中10239人），其中：女生13122人（初中8053人，高中5069人）。中学毕业学生8101人（初中5014人，高中3087人），其中女生3891人（初中2322人，高中1569人）。初中升学率96.0%，其中女生升学率97.0%。

年末小学学校26所（城区22所，镇区2所，乡村2所），其中，教育部门办25所，民办1所。小学专任教师1941人，其中女教师1545人。小学招生数6012人，其中女生2795人。小学在校学生36106人，其中女生16742人。小学毕业学生5485人，其中女生2580人。小学升学率100%，其中女生升学率100%。学龄儿童入学率100%。

年末幼儿园94所（城区80所，镇区5所，乡村9所），其中教育部门办11所，民办82所，企业办1所。幼儿园专任教师1158人，其中女教师1155人。幼儿园入园人数4322人，其中女生2048人。幼儿园在园人数16158人，其中女生7501人。幼儿园离园人数4762人，其中女生2252人。

年末医院、医疗卫生机构236个，床位6093床，医疗卫生机构技术人员7058人，其中执业（助理）医师2135人。

十、能源、环境和安全生产

全年规模以上工业综合能源消耗量9.72万吨标准煤，比上年下降16.3%。

全区二氧化硫（SO_2）、二氧化氮（NO_2）、可吸入颗粒物（PM_{10}）、细颗粒物（$PM_{2.5}$）、臭氧（O_3日最大8小时均值第90百分位数）、一氧化碳（CO日均值第95百分位数）年平均浓度，分别为10微克/立方米、11微克/立方米、36微克/立方米、22微克/立方米、153微克/立方米、0.8毫克/立方米，均达到国家二级标准。全区空气质量AQI优良达标率为94.2%。

全年生活污水处理覆盖率60%，城市生活垃圾无害化处理率100%。

全年完成人工造林24公顷，当年新封山育林451公顷，退化林修复210公顷，中幼林抚育1771公顷，森林覆盖率70.45%。全区共有国家地质公园1个，面积2170公顷。

全年共发生生产安全事故9起，其中，工矿商贸事故3起，道路交通事故6起，比上年下降10.0%；死亡7人、比上年下降36.36%，直接经济损失447万元，未发生较大和重大事故。

注：

1. 公报中的2022年数据为初步统计数。部分数据因四舍五入的原因，存在着与分项合计不等的情况。

2. 本公报数据除特别注明外为地域统计数。

3. 地区生产总值、各产业增加值绝对数按当年价格计算，增长速度按不变价计算。

4. 先进制造业包括装备制造业、钢铁冶炼及加工业、石油及化学制造业；高技术制造业包括医药制造业、电子及通信设备制造业、计算机及办公设备制造业、医疗仪器设备及仪器仪表制造业、信息化学品制造业、航空、航天器及设备制造业；传统优势产业包括纺织服装制造业、食品饮料制造业、家具制造业、建筑材料制造业、金属制品制造业、家用电力器具制造业。

5. 本公报资料来源：户籍人口数据来自区公安分局；常住出生人口、出生率、死亡人口、死亡率、自然增长人口、人口自然增长率、医疗机构数据来自区卫生健康局；合同吸收外资、实际利用外资外贸进出口总额来自区工业和信息化局；财政金融数据来自区财政局；基本养老保险参保数据来自区人力资源和社会保障局；基本医疗保险参保数据来自区医疗保障局；社会工作机构个数（床位数）、居民最低生活保障户数（人数）、农村特困人员供养人数来自区民政局；专利授权量来自区市场监督管理局；教育数据来自区教育局；空气指标数据来自市生态环境局武江分局；污水、垃圾处理数据来自区住房和城乡建设局；林业数据来自区自然资源局；生产安全事故数据来自区应急管理局；其他数据来自区统计局。

关于全面开拓产城融合发展新空间的调研报告

区委办公室

2022年6月

党的十八大以来，全国上下掀起新型城镇化、新型工业化建设大潮。武江区作为韶关市委、市政府加快经济社会高质量发展重要支点，近年来，区委、区政府坚持以习近平新时代中国特色社会主义思想为指导，深刻把握新发展格局的基本内涵和重大意义，抢抓省委加快构建“一核一带一区”区域发展格局的历史机遇，锚定市委赋予武江“建设韶关‘双化双融’先行示范区和高质量发展率先突破区”的目标定位，以创新、协调、绿色、开放、共享的理念推进新型工业化，以更大决心和气魄推进改革攻坚，不断提升新型城镇化水平，在城市建设与产业结构相适应、城市品位与人本发展相结合等方面不断开拓新空间、取得新成效。

一、调研背景

根据区委工作安排，为进一步摸清武江区产城融合有关情况，推动实现“打开产城发展新空间”的目标，由区委办公室牵头，会同区政府办公室、区工信局、区自然资源局、区住建局、区城管局、区征收中心、区国投公司等有关单位组成联合调研组，深入各镇（街）、各单位和项目现场开展调研，查询周边城市城区产城融合要素供给情况，充分掌握第一手资料。

据调查，武江区总面积为67774.38公顷，全区各镇建设用地面积为5723.40公顷（街道无明确行政边界，由于镇属土地开发后移交街道管理，故此处主要列明镇域土地资源分布），具体分布如下图所示：

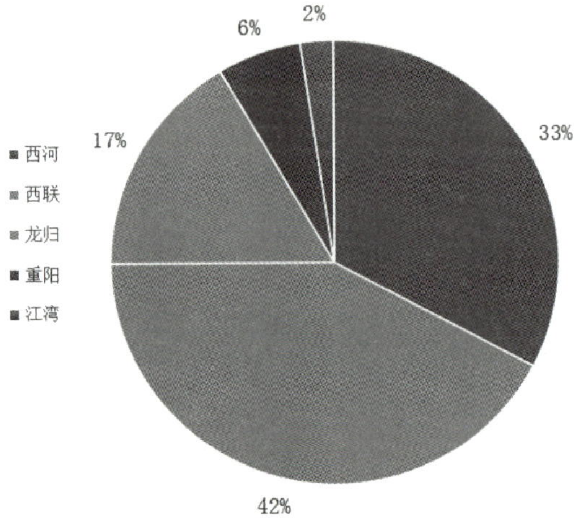

武江建设用地分布情况

由图可见，西河、西联两镇建设用地占比达75%，近年来，武江城区发展主要依托西河、西联各村供给土地，特别是西联镇，自2018年芙蓉新城征拆大会战以来，开发建设速度不断加快。

从七普数据看（见下表），7个镇（街）中，仅西河、西联两镇常住人口占全区人口比重有所提升，分别由4.33%、10.33%提升至10.58%、19.06%；同时，这两个镇也是全区人口增长最多的区域，10年间人口增长6.75万人，占武江人口增长82%。从人口集聚趋势可以看出，过去10年武江产城发展主战场是西河、西联两镇。

各镇（街）常住人口

地区	人口数（人）	比重（%）	
		2020年	2010年
武江区	373686	100.00	100.00
新华街道	125547	33.60	40.63
惠民街道	95563	25.57	29.36
西河镇	39515	10.58	4.33
西联镇	71235	19.06	10.33
龙归镇	28656	7.67	10.14
江湾镇	3636	0.97	1.59
重阳镇	9534	2.55	3.62

武江区西河镇域烟草、电力、医药等传统支柱产业转型缓慢，房地产业、商贸业受大环境和疫情影响增长乏力；高新区改革后，西联镇域经济发展工作由高新区管委会负责，区经济发展主导权减弱；近年全区农林牧渔业发展取得良好成绩，但基数小、占比低，武江经济发展仍遇到明显滞阻。由于城区人口集聚趋势加快，社会面服务管理压力也成倍增长。因此，挖掘经济发展新增长点，提升城区综合承载能力，大力开拓产城融合发展新空间，成了武江破局的迫切现实需要。

二、存在问题及原因分析

加快产城融合，既要从物理空间着手挖潜，也要保障经济社会发展空间的拓展。当前，武江区贯彻产城融合发展理念还存在着以下瓶颈问题。

（一）发展空间资源拓展不足。由于土地政策趋严、指标趋紧，武江亟须从存量资源中开拓出发展新空间，但武江区对资源掌握不够、挖潜不够的问题比较突出。新增供给方面。2021年区取得批文新增建设用地指标128.44公顷；2022年取得的6个项目用地批文中，关系到产业发展的用地批文仅1个，武江城乡融合产业园一期工程、科技园亚琦二期等项目仍未获批，“项目等地”问题突出。价值洼地方面。全区具备较大开发价值的地块或片区共有8块，根据区自然资源局等部门意见，地块按开发难度由易到难排序：较易开发的土地有城乡融合产业园地块、韶关大道北片区、石背山地块、小阳山地块、区人武部周边地块，共计239.63公顷土地；开发难度高的土地有红尾坑地块、龙归镇域周边地块、芙蓉北路沿线地块，共计150.72公顷土地。我区对辖区范围内价值洼地开发优势与存在困难不够明晰，推进地块开发、引入产业项目时重点不够突出。闲置盘整方面。武江区疑似闲置土地133宗350.17公顷，已完成调查并上会得出调查结论85宗205.29公顷，剩余30宗103.20公顷正在调查。2021年底武江区已超额完成批而未供、闲置土地处置任务，但处置率仅为50%，并且由于市区两级并无统一、具体、可操作的违规工业用地（低效用地）认定标准和整治办法，处置工作开展事倍功半，盘活任务仍然艰巨。潜在资源方面。主要有市属国企家属区“三供一业”应移交未移交资产、市直行政事业单位和国企在区范围内资产两大类别，涉及城区空间资产约6万平方米。武江区仅有工业东等三个社区党群服务中心借助市级资产解决办公场所问题的案例，主动挖掘资源、积极争取盘活利用的力度有待加强。对上述问题，调研组与区自然资源局、区国投公司通过排查，初步摸清主要空间资源底数，并整理成《武江价值洼地概况表》《市属国企家属区“三供一业”应移交暂未交接办理手续资产目录》《韶关市直行政事业单位、国企在武江区国有资产明细表》3份清单。

（二）产城融合主要指标缺乏竞争力。南开大学特约研究员刘洪银教授、苏州大学夏永祥教授等学者均对地区产城融合程度提出明确的评判指标，结合华东师范大学唐晓宏博士《城市更新视角下的开发区产城融合度评价及建议》一文，选定符合武江区情实际和群众关切的4项主要指标（指标权重排序：经济水平＞交通条件＞医疗资源＝教育资源）作对比。以同为红三角城市城区的郴州市北湖区、赣州市章贡区为例，在经济水平方面：2021年北湖区地区生产总值为453.87亿元、同比增长9.8%，章贡区GDP总量达到了606.86亿元、同比增长9.9%，武江区GDP达306.7亿元、同比增长5.2%，三个区人均GDP基本持平；章贡区人均可支配收入51601元，比武江区（41888元）与北湖区（41721元）高出约23%，城乡人均可支配收入与人均GDP出现明显倒挂，说明武江区居民就业质量不高，收入水平在经济整体中分配份额偏低；武江区城乡居民人均可支配收入比值1.86，介于北湖区（1.59）和章贡区（2.32）之间，城乡产业融合发展水平有待提升。总的来看，武江作为韶关经济综合实力最强的区（县、市），经济水平落后于周边城市城区，且差距正在不断扩大。在交通条件方面：武江、北湖、章贡三个区核心居住区域离高铁站均低于20分钟车程，北湖区建设有1个机场，章贡区中心距机场仅25分钟车程；武江区道路总里程658千米，介于章贡区（451千米）跟北湖区（855千米）之间，三个区公路密度（千米/百平方千米）基本持平；由于区一级没有公共交通规划权限，且城区作为公交线路最密集区域，从市一级公共交通情况看（三个城市的国有公交企业数据），赣州市、郴州市分别有111条、63条公交线路，韶关市仅38条公交线路。总体而言，武江区在跨城交通、生活交通、公共交通方面稍有落后。在医疗资源方面：相比于北湖区有医院35家、床位8709张，章贡区有医院33家、病床12029张，区无论是医疗资源总量（医院18家、床位5634张，包括粤北人民医院等市属机构），还是人均医疗资源（如区人均床位数约15.35张/千人），都处于劣势地位。同时还要看到，区区属公共卫生力量薄弱，在区中医院、区儿童医院尚未投入使用的情况下，仅有西河卫生院等5家机构能提供共计119张床位，发展空间受限。在教育资源方面：北湖区共有中小学校、幼儿园超过270所、公办教师5282名，中小学在校学生10.8万人；章贡区有中小学校71所、幼儿园104所，教师8106名，义务教育阶段生均教师6.33名/百名学生；武江区现有中小学31所、幼儿园92所、公办教师2427名，中小学在校学生约4万人，义务教育阶段生均教师5.6名/百名学生。无论是学位数量、生均师资力量，武江区都与北湖区、章贡区存在一定差距。由此可见，武江区与同类地区相比，综合承载能力与城市定位、产业发展水平不相适应的问题较为突出，优质公共服务资源供给水平偏低，缺乏“以城留人、以人兴产”竞争优势，“人”的城镇化水平有待提升。

（三）产城规划发展脱节。武江中心区域普遍存在“产城人”分离现象，除了“人”的城镇化发展问题，产业与城市规划布局也出现分化。一方面产业转型力度与定位不相符。如下表所示，武江区、北湖区、章贡区三个区中，只有武江区第三产业占比低于60%；同时，2021年武江区R&D经费投入占GDP的比重仅为0.61%，严重落后于北湖区（2.5%）、章贡区（2.06%），这两点说明武江区产业结构僵化、转型缓慢问题突出，第三产业发展水平与中心城区定位不相符，工业增长创新驱动力孱弱。

2021年武江、北湖、章贡三个区产业结构

单位：%

地区	第一产业	第二产业	第三产业
武江区	2.8	38.9	58.3
北湖区	3.5	28.3	68.2
章贡区	0.7	36.4	62.9

另一方面产城规划不协调。武江仅有科创园一个产业园区作为招商发展主阵地，该园区是“双变”市级试点，政策与地理位置优势突出，容积率仅为0.71，远低于同类型园区平均容积率要求3.0。园区离最近的小学、中学约2.8千米，距离大型商业综合体（君临新天地广场）约3.8

千米，缺乏网红店等青年社交娱乐新业态。在武江大道南、恒大片区、奥园片区等区域也存在相似问题，主要体现为城市聚居区缺乏配套支撑与产业带动。产业集聚区域和城市聚居区域发展长期不匹配、不适应，将导致基础设施规模供给效益降低，交通、土地、能源资源利用率下降，运输、行政等管理成本增加，“城难载产、产难兴城”问题更加突出。

这些问题的成因主要有以下几个方面：

一是权责矛盾，武江区城市（镇）规划、土地收储、土地供应、批后监管、不动产登记等重要管理职能至今仍保留在市自然资源局，原市国土资源局2016年下放的职权事项亦未全部列入区自然资源局三定方案；土地收储归属市级部门后，我区缺乏管辖权力与经费，导致侵占已征土地问题频发多发；武江区无收储平台，整个征收流程最烦琐复杂的任务由区、镇、村承担，但由于经营性储备土地出让收入分成比例低、工作经费保障力度不足，加上以往频繁出现的指导不够具体、流程纰漏、反复协商和征收款项拨付拖延等原因，基层推进征收工作、要素供给的意愿较为低落。

二是发展速度与工作力量不匹配。2010年以来，武江区实现GDP从“稳二争一”到“稳居第一”，经济总量翻了一番，常住人口10年增长26.84%，但工作服务力量增长严重落后于经济社会发展速度，导致人口快速集聚的过程中，出现了产城融合主要指标落后的问题。如根据国家卫健委发布的《2020年我国卫生健康事业发展统计公报》，全国基层医疗卫生队伍力量为3.07名/千人，而武江每千人仅拥有基层医护编制0.87名（按满编计算），同样情况也发生在交通、城管、农业农村等工作领域，全区编制不足问题突出。

三是城乡基础设施历史欠账较多。在西河、西联、龙归三个镇发展主战场，项目建设缺乏余裕，过度经济导向和过度城建导向并存，城市和农村建管引导力度不足，导致生产、生活空间一定程度割裂，许多产业区、居民小区缺乏足够配套支撑，需要补充建设时又因规划、土地等问题难以推进。

四是聚力破解产业项目落地难问题不够主动。实际引进产业项目的过程中，武江区统筹调配工作力量不够及时高效，导致部分重点难点问题迟迟得不到突破。对涉及多行业多领域的问题，各单位仅掌握本单位对口领域的信息情况，协同摸排情况、梳理清单、寻找解决方案的主动性不足，推诿扯皮现象仍然存在；部分单位抢抓窗口期的敏感性不高，一味强调力量不足、权限不够，对难题起因不明、症结不明、解决程序不明，各项调研及前置准备工作不充分，等到区委、区政府开会研究时才重复投入精力整理资料，导致问题解决窗口越拖越后，贻误战机，丧失主动权。

三、对策建议

产城融合是一项长期的、复杂的系统工程，也是武江突出区位优势、增强发展态势、吸引人才汇聚的关键所在。要坚持问题导向，以改革气魄和务实作风攻坚克难，打破“产—城—人”之间的阻隔制约，为加快建设韶关“双化双融”先行示范区和高质量发展率先突破区提供坚强保障。

（一）主动争取市级支持。以改革攻坚规范治理年为契机，强化“内功”修炼，全力配合市直部门行政、征收、财政、招商等领域改革工作，由区四套班子成员带头积极主动争取上级支持。一是从产城融合权限职能着手。积极争取市自然资源局、土储中心等部门指导支持，强化区、镇、村三级责任落实和经费保障，探索建立健全征收款项预拨付制度和流程公示机制，确保征收补偿按预计进度提前拨付到村，流程信息及时传达到人，打通要素供给各关键环节。争取西河镇远郊区域和龙归镇等非中心城区区域不纳入市收储计划，提升土地出让区级分配比例，同步探索区级项目由武江自负成本、自享收益、自主招引的收储模式，激励基层谋划项目、开拓发展空间的积极性。梳理已移交土地“应管未管”清单，进一步明晰各方权责，探索更科学高效的批后联动监管机制。二是从产城融合服务力量着手。聚焦征收、交通、教育、医疗等工作力量极度紧缺的领域，综合考量人口、经济水平、管辖面积等指标，积极争取编制资源，逐步推动各领域服务力量提升至同类型城区的水平。三是从产城融合要素供给端着手。建立市收储土地、武江商谈接洽企业两张清单，列明土地性质、配套环境、适宜项目类型和企业需求、产出效益等细项，定期分析上报，争取“借巢引凤”以市收储土地承载武江产城融合发展项目。尽快推动“三供一业”资产尽快移交区国投公司管理，以工业东等三个社区党群服务中心办公场所解决经验为鉴，探索市、区合作开发提升和委托租赁等模式，推动市行政事业单位及国企在我区闲置资产盘活使用，打造更多闲置资源资产价值化的鲜活案例。

（二）务实推动项目落地。抢抓国务院常务会议部署的稳经济一揽子措施重大政策机遇，以“明实情、办实事、讲实效”为原则，全力以赴推动项目加快落地、尽早运营，为产城融合发展提供支撑。一是推进价值洼地开发。举全区之力开发城乡融合产业园和科创园等规模极大、极度稀缺的战略性资源，推动资金、政策各类要素向产业平台项目倾斜集聚，为武江经济社会高质量发展打下坚实基础。实施易开发资源专项筹备行动，尽快推动小阳山等地块完成项目开发前置工作，为项目落地抢出提前量。健全项目储备机制，强化对暂不具备开发条件的地块的违建管控力度，全面开展地块改造成本初步测算，建立意向企业库，确保“三旧”改造随时处于“浅激活”状态。二是健全招商引资体制机制。建立健全武江企业评级和招商营商考核制度，将园区入驻率、投资与产值、就业水平及薪资提升等关键指标纳入考核范围，评级考核结果与企业享受的政策优待以及行业部门绩效挂钩，务求将招引成果转化为经济发展实绩和群众实惠。完善项目落地问题协同解决机制，推动责任区领导、牵头部门和配合部门之间常规信息资料流通共享，确保所有参与单位都对项目状况有全面的了解，提高统筹调度效率，杜绝“二传手”“踢皮球”问题。三是推动产区融入城区。科学开展城乡融合产业园准入条件及园内管理方案编制工作，超前谋划市、区国企合建城乡融合产业园专属公交线路，通过建设适量宿舍公寓、国企成片盘租楼房等形式保障短中期园区住房供给；强化与高新区联动招引，依托“东数西算”韶关数据中心集群建设，招引华为、腾讯、浪潮科技等龙头企业落户城乡融合产业园。创新推进“双变”试点工作，加快提升科创园容积率，集中精力招引税源型企业、发展总部型经济；以“公共食堂＋餐饮入驻”的方式解决科创园区就餐问题，在韶关大道北片区培育发展青年新型社交娱乐业态，强化园区周边配套支撑。四是挖掘一产三产发展潜力。重视农林文旅与都市型产业发展对产城融合的促进作用，谋划开发好重阳水上运动中心、江湾温泉等资源，推出农旅体验、工造手艺、田野艺术等系列视频或直播，打造康养胜地、天然氧吧、户外运动天堂品牌；以文创园为中心，打造青年集聚就业创业的“众创空间”“创意社区”“艺术沙龙”，鼓励新兴独立品牌入驻沙洲尾、保利广场等消费节点，打造一批高品质潮流时尚消费街区。

（三）强化城市承载能力。着力解决发展不平衡不充分问题和群众急难愁盼问题，以“一家、一学、两岗位”的标准，多措并举推动“人”的城镇化取得更明显的实质性进展。一是抓就业。坚持把“乐业”作为最大的民生，除前文所述探索将就业与薪资纳入相关企业、部门评定考核，还需用好用活中央和省市稳就业、保就业政策，继续推进各类就业技能培训及品牌建设工程，不断增强群众劳动技能和致富本领，推动城乡人均可支配收入稳步增长。加强对企业欠薪行为的防范和协调处理，畅通投诉举报维权渠道，通过构建依法依规、互利和谐的劳动关系来体现效率、促进公平。二是抓教育。扎实谋划推进新改扩建公办学校项目，在产业集聚区域为教育项目落地预留空间。用好用足市划拨的400个教师编制，配齐配强教研队伍，争取3年内逐步消除与周边城市城区生均教育资源差距。坚持“五育并举”提升教育质量，重视学生心理建设和体育锻炼，让武江孩子都有健康心灵和野蛮体魄。三是抓医疗。力促年底区中医院投入运营、区儿童医院项目建设完工，推动编制医疗资源向基层倾斜，以聘用制高薪引进、培养一批高层次医疗卫生人才，推动武江区基层医护力量达到全国平均水平。四是抓住房。2018年至今纳入改造计划的老旧小区共计119个，已完成改造提升50个，使4000多户居民居住环境得到质的提升，接下来应继续以“工匠精神”推进老旧小区改造，力争每年改造老旧小区8万平方米以上；效仿“长沙模式”，探索国有、私营企业以室内外标准化改造、长租运营的方式参与老旧小区改造工作，建立健全长租运营资金账户监管机制，将老旧小区以群众喜闻乐见的“全新面貌”推向市场，为百姓提供大量价格低廉、地段优越、配套完善、装修新净的租赁性住房，让“安居”成为武江推进新型城镇化的响亮招牌。五是抓交通。把握粤港澳大湾区国家枢纽节点韶关数据中心集群建设机遇，大胆谋划数字技术赋能治堵治违，主动研究申报建设大数据智慧交通试点城区，高效运用科技智能设施对路网运行状况进行实时监控，计算分析道路拥堵、行人和各类车辆违法等预警数据，实现交通流量预测和信号、车道动态调控，提升全区“人、车、路、灯”适配度，通过挖掘道路时空资源以弥补人力资源不足问题。待试点经验成熟后，再推动大数据赋能向城乡管理等领域延伸覆盖，更好地服务武江经济社会高质量发展。

关于武江区承接高新区社会事务管理存在问题的调研报告

区委办公室

2022年12月

根据区委主要领导安排，调研组深入承担高新区对口单位就深化韶关新区体制机制改革事项开展调研，现将调研成果汇报如下：

一、韶关高新区体制机制的历史沿革

（一）启动建设芙蓉新城。2005年，韶关市启动芙蓉新城建设，总规划面积约490平方千米。根据发展规划，按照起步区（约14平方千米）、核心区（约50平方千米）和整体区（约490平方千米）分层次有序推进。起步区包括芙蓉新城中央商务区及北部、中部居住片区9平方千米和莞韶产业园甘棠片区5平方千米；核心区范围包括芙蓉新城、百旺综合服务片区（江湾）和莞韶产业园甘棠片区、沐溪－阳山片区。起步区约14平方千米，包括芙蓉新城中央商务区及北部、中部居住片区9平方千米和莞韶产业园甘棠片区5平方千米；核心区约50平方千米，包括芙蓉新城、百旺综合服务片区（江湾）和莞韶产业园甘棠片区、沐溪－阳山片区；整体区约490平方千米，涉及武江区西联镇、西河镇、重阳镇、龙归镇，浈江区乐园镇、新韶镇、十里亭镇、犁市镇，曲江区马坝镇、白土镇、大塘镇以及乳源县桂头镇等三区一县共12个镇。

（二）设立韶关高新区。2010年10月，经广东省人民政府批准，韶关市设立了韶关高新技术产业开发区，总规划用地面积为146平方千米，其中核心区面积78.11平方千米。

（三）成立新区管委会。2013年10月24日，省政府常务会议审议通过《广东韶关芙蓉新区发展总体规划（2013—2030年）》，同年韶关市正式挂牌成立韶关芙蓉新区管理委员会，范围总体与芙蓉新城相同，整体区约490平方千米，主要包括芙蓉新城、东莞（韶关）产业转移工业

园、东环线产业发展带、韶钢及特钢产业园、桂头机场周边区域等。

（四）整合机构改革。2019年8月，根据市委关于实施韶关高新区和芙蓉新区融合改革的工作部署，西联镇交由韶关新区代管。2020年12月3日，根据市委十二届十次全会和市委全面深化改革委员会第二次会议精神，市委编办印发《关于调整广东韶关工业园区管理委员会〔韶关高新技术产业开发区管理委员会东莞（韶关）产业转移工业园管理委员会〕韶关芙蓉新区管理委员会机构编制事项的通知》。此次改革将广东韶关工业园区管理委员会〔韶关高新技术产业开发区管理委员会、东莞（韶关）产业转移工业园管理委员会〕和韶关芙蓉新区管理委员会合署办公，仍为市政府派出机构，实行“两块牌子、一套人马”的管理模式，对外统称韶关新区管理委员会。改革后，西联镇委托新区管委会管理，仍保留镇级建制，西联镇有关人员由新区管委会统一调配使用，西联镇内大部分社会事务由高新区负责。

（五）深化体制改革。2021年10月12日，市委、市政府印发《关于深化韶关高新区管理体制改革的方案》，推进去行政化、机关化、社会化，聚焦产业发展、招商引资等主责主业，将相关社会事务、公共服务等职能交回属地政府管理。西联镇复归武江区管理，不再由高新区托管。

二、武江区承接高新区社会事务管理的状况

（一）管理体制改革稳步推进。涉及管理体制主要有派驻机构管理体制和财政管理体制。派驻机构管理体制中，市市场监督管理局新区分局现行管理体制维持不变，原新区公安分局已完成撤销，并恢复设立了西联派出所，原新区城管分局改组为武江区城管局二大队，代管西联镇移交回武江区管辖；财政管理体制中，已印发《韶关高新区财政管理体制改革方案》，部分非税收入及政府性基金收入归属地区，核定补助基数15766万元，按照“基数＋增长”的方式给予武江区补助。

（二）社会事务管理有序衔接。全面梳理出的涉及需要接管涉及自然资源、应急保障、城市管理、土地征收、园区管理、企业服务等各方面的重点任务，形成事务移交清单目录；接收市政管养道路71条，环卫保洁面积约350万平方米，绿化管养面积105.73万平方米，公园绿化管理面积18.06万平方米，排水管网总长度343.32千米。

（三）经济体量稳步增长。得益于市委、市政府的大力支持，西联镇辖区内经济得到快速增长，在2020年西联镇地区生产总值达到80.41亿元（往后没有再单独核算）。成了投资兴业的热土，西联镇“四上”企业由2012年26家增长至164家。人口集聚效益明显增强，根据全国人口普查数据，2010—2020年西联镇常住人口由30451人增长至71235人。

（四）民生福祉稳步增长。城乡面貌显著提升，阳山—沐溪—甘棠沿线人居环境整治提升工程稳步推进，陆续完成数据集群中心、黄沙坪整村拆迁、芙蓉园地块、规划展示馆周边地块等9个项目的征拆工作；城乡融合发展水平进一步提高，西联镇赤水村“村改居”试点工作获得村民表决支持。教育资源量质齐升，新投入东岗保利小学、新区第二幼儿园及扩建市第九中学增设天子岭校区。医疗卫生服务水平不断提升，新增投入运行芙蓉社区卫生服务中心，乡村卫生站医疗条件进一步改善。

三、存在问题及原因分析

随着产业发展带动城市开发建设，韶关高新区从过去承担单一的经济发展职能，开始承担城市建设职能，再随着人民群众对社会管理和公共服务的更多需求，又开始承担相应的社会管理职能。这使得韶关高新区的发展逐步向行政区体制复归，不仅淡化高新区原来的产业发展导向，也一定程度上损耗高新区的效率优势。为此，属地政府承接高新区范围内的社会事务管理职能，其实质就是要实现高新区体制机制高效运行，但高新区与属地政府作为独立的行政主体，难以避免的会以自身职能为出发点去处理一些需协同解决的行政事务，进而产生不同的发展主张。

（一）辖区事业发展次序认知不一。对于承担社会事务和公共服务职能的属地政府而言，健全城市基础设施是发展最迫切的需求，而对于承担经济发展职能的高新区而言，推动经济快速发

展才是重点。这种发展次序认知的不一致，就造成了有限的财政资金使用上的分歧。新区管理体制改革后，芙蓉新区和高新区的基础设施建设职能仍在市级和高新区，而武江区受制于职能的局限，无法以城市治理的问题导向对城市建设实施有效调控，面对市政管网建设、水系规划等一些需要通过全局谋划、实施大规模城市建设才能解决的城市治理难题，只能采取一些临时紧急处理措施，无法从根本上解决完善城市管理问题。

（二）利益共享补助机制不健全。社会事务管理的主要内容就是服务民生，高新区给予属地政府社会事务管理补助，其实质上只是将民生投入的主体和责任转移至属地政府，而当高新区内的民生投入无法满足日益增长的民生需求时，属地政府就会陷入两难的境地。对武江区来说，一方面要受制于财政资金的极度紧张，如相关部门测算，2022 年高新区内社会事务管理支出需求 2.13 亿元，补助基数 1.57 亿元明显较低，难以覆盖社会管理事务支出；另一方面要处理民生投入不足产生的学位紧缺、基层卫生院紧缺、警力紧缺、市政设施配备不足等无法满足居民需求的民生问题，进而引发维权、上访等社会问题，给社会事务管理带来难题。

（三）府际关系协调机制不健全。高新区与属地政府之间的府际争议的最终解决机关通常是双方的共同上级机关。但与其它部门间的“府际关系”不同，高新区与属地政府作为横向独立的行政主体，共同承担着同一区域协同治理的职责，面临的任务更多、更复杂，解决问题的难度也更大。而当时改革方案中确定的，由市领导召集定期召开联席工作会议来解决改革后续重大问题的高位协调联动机制，由于人事变动等原因，未能有效运行。2022 年，由市长陈志清在 9 月召开一次市长办公会议系统推进问题解决，但因改革而产生的争议事项较多，有些区直单位反映的社会事务管理难题未能及时解决。

（四）合作事项缺乏执行监督反馈平台。高新区与属地政府的各项改革成果多以方案的形式呈现，虽然在总的方向上能够按照方案的要求推进执行，但仍有部分涉及利益变革的内容从决策层走向操作层后并没有得到一以贯之地执行。最直观的体现是，方案中规定的社会事务管理移交等这些与高新区发展的意愿或目标相契合的内容，都会被较好地贯彻执行；但存在土地出让收益分成、动态增加补助这些影响高新区发展的问题时，方案大多数还存在争议，仍未找到行之有效的方式去解决，延缓了高新区深化改革的进度，也有损合作共建高新区的整体效能。如巨额土地出让收入分成和征拆资金未现，经核实，武江区绝大多数土地出让收入及征拆资金留存在高新区，2019、2020、2021 年度土地储备项目及 2022 年自营地项目土地出让收益分成共 55,163.55 万元（2019 年 5,813.10 万元、2020 年 19,235.5 万元、2021 年 13,315.65 万元、2022 年亚琦商贸物流城项目 13.91 公顷和武江水泥厂项目 5 公顷出让分成 16799.3 万元）均未兑现。

四、下一步工作建议

调研组认为，韶关新区体制改革经历了几个阶段，按照参与程度的大体可以分为执行类型、主导类型、配合类型和独立类型，现阶段按照市级层面的改革方案，武江区就是以配合的形式参与新区事务管理。因武江区由于人员编制紧缺、财税资源统筹能力不足，以及仍需大力推动城市更新和乡村振兴等重点工作任务，这种配合类型的模式更利于武江区和新区的发展。基于此观点，在推动进一步深化韶关新区体制改革工作中，调研组有以下几点工作建议。

（一）加大对接协调力度，积极争取上级支持解决问题。参考全国各地高新区发展的历史，普遍规律是改革过程长、矛盾问题多。如广州经开区启动于 1984 年，历经各园区成立、“一区多园”模式、“四区合一”模式、“政区合一”模式等 4 个阶段 31 年，改革期间矛盾问题也持续发展变化，直到 2015 年与黄埔区合并，实行“一套人马，五块牌子”合署办公，才形成目前的稳定模式。因此，武江区需要正视韶关高新区深化改革与区产生的相关问题，充分认识问题产生的必然性、长期性，努力在改革发展中化解矛盾。积极主动向市委、市政府报告改革产生的主要突出问题，争取市委改革办、市人大常委会机关、市政协机关等部门呼吁解决问题，定期与高新区会商协调，推动高新区改革走向更高水平、实现两区更好发展。

（二）统一部门思想认识，助推武江和高新区协同发展。高新区既是全市科技创新产业发展的新引擎和增长极，又是武江区开创经济社会高质量发展的重要组成部分。在深化高新区管理体制改革的过程中，不少责任部门面临的阻力和难度也越来越大，一定程度上打消了责任部门推动改革的积极性和主动性，也使得部分领导干部抱有否定态度。因此，需进一步统一改革涉及单位的思想认识，不折不扣履行好武江区负责的社会事务管理职责，积极主动反馈和推动解决改革中涉及单位职能的相关问题。

（三）建立项目互通机制，提升优化营商环境行政效能。武江区和高新区发挥各自产业特色和资源优势，推进产业配套协作，共促科技成果转化，提升创业创新水平，促进产业合理布局和上下游联动，形成梯度发展、分工合理、优势互补的产业协作体系。探讨联合招商模式，有的放矢共同举办项目推介会和对接活动，共享招商信息、项目资源、项目政策。建立高新区重点企业项目对接台账，及时了解企业在武江区负责的社会事务有关服务需求，以及时提供便捷、高效、优质的服务，共同营造一流的营商环境，更好激发市场活力和社会创造力。

（四）建立干部交流机制，提升双方干部综合素养能力。加强人才交流合作，对接建立高新区与我区互派专业型干部或辖区镇政府基层干部挂职交流机制，提高双方干部队伍综合素养能力。互学互鉴在“简政放权、放管结合、优化服务”等方面经验，进一步提高代办帮办效率。

附　录

组织机构及负责人名录

·中国共产党韶关市武江区委员会

区委书记：张广晖

区委副书记：黄艺坤

　　　　　　王友华

区委常委：沈中伟

　　　　　廖功文

　　　　　段世甲

　　　　　黄向阳

　　　　　谢伟强

　　　　　廖钢青

　　　　　李　庆

　　　　　房仲斌

·韶关市武江区人大常委会

主　任：孙理鸣

副主任：卢建成

　　　　谭木初

　　　　聂平南

　　　　曾　宏

　　　　韩伟强

　　　　曾　瑛（女）

·韶关市武江区人民政府

区　长：黄艺坤

副区长：房仲斌

　　　　余志强

　　　　钟爱明

　　　　刘喆焱

　　　　马文娟（女）

　　　　李小平（任至5月）

　　　　张　亚（任至5月）

·中国人民政治协商会议韶关市武江区委员会

主　席：彭　波

副主席：潘歧亮

　　　　罗元月

　　　　林　健（女）

　　　　张思建（任至3月）

　　　　黄艺顺

　　　　邱韶东

秘书长：刘立文（女）

·中共韶关市武江区纪律检查委员会、韶关市武江区监察委员会

书　记：沈中伟

副书记：朱旭东

　　　　黄芬芳（女）

常　委：陈　艳（女）

　　　　黄华华

　　　　叶　盛

　　　　郑春红（女）

区监察委主任：

　　　　沈中伟

副主任：朱旭东

　　　　黄芬芳（女）

委　员：黄华华

　　　　叶　盛

　　　　廖建新

　　　　陈晓华

区派驻机构组长：

　　　　杨　岚（女）

　　　　曾文英（女）

　　　　罗宝阳

　　　　廖建新（6月任职）

·韶关市武江区人民法院

院　长：李　芳（女）

副院长：刘文正

　　　　舒粤平

　　　　陈扬广

政治部主任：黄　英（女）

机关纪律检查委员会书记：
黄伟斌
审判委员会专职委员：
邱华英（女）
吕韶杰

·韶关市武江区人民检察院

检察长：钟全芳（女）
副检察长：韩学民
赵宋明
蔡梅英（女）
检察委员会专职委员：刘列青
办公室主任：
林秋晨（女，任至1月）
第一检察部主任：
陈创鑫（任至9月）
徐　霞（9月任职）
第二检察部主任：
邓　洁（女）
第三检察部主任：
蔡伟雄（任至11月）

·韶关市武江区委巡察机构

主　任：陈　艳（女）
组　长：
黄育辉
黄韶娟（女，任至2月）
曾玉玲（女，2月任职）
林伟新（女）

·中共韶关市武江区委办公室

主　任：廖钢青
常务副主任：林基乐
副主任：李道阳（2月任职）
赖　颖（2月任职）

·韶关市武江区国家保密局

局　长：李道阳

·韶关市武江区史志办公室

主　任：董素梅（2月任职）

·中共韶关市武江区委组织部

部　长：段世甲
常务副部长：
林玉辉（女，5月任职）
副部长：覃　婷（女，壮族）
张羽忠（土家族）
周　虹（女）
林玉辉
（女，任至5月）

·韶关市武江区关心下一代工作委员会

主　任：王友华
第二主任：段世甲
执行主任：陈坤明
副主任：秦留柱
张文清
陈雪延
覃　婷（女，壮族）
办公室主任：张文清（兼）

·韶关市武江区非公有制经济组织和社会组织工作委员会

书　记：张羽忠（5月任职）
副书记：
刘军辉（任至2月）
余丹丹（女，2月任职）

·韶关市武江区委党校

校　长：段世甲
常务副校长：
张羽忠（土家族，任至5月）
周　虹（女，9月任职）

·韶关市武江区委老干部局

局　长：覃　婷（女，壮族）
副局长：张永祥

·中共韶关市武江区委宣传部

部　长：廖功文
常务副部长：
陈志坚（任至1月）
黄海涛（1月任职）
副部长：
侯广平
丁　琳（女，1月任职）

·韶关市武江区精神文明建设委员会办公室

主　任：（空缺）

·韶关市武江区新闻出版局（区版权局）

局　长：侯广平

·韶关市武江区委宣传部讲师团

团　长：张　远（女）

·韶关市武江区文明实践中心

主　任：（空缺）

·中共韶关市武江区统一战线工作部

部　长：谢伟强
常务副部长：
邱洲才（任至3月）
宋　清（3月任职）
副部长：刁海燕（女）

·中共韶关市武江区委政法委员会

书　记：黄向阳
常务副书记：张耀雄
副书记：余志强
欧气勇（任至1月）
周　明

·中共韶关市武江区委机构编制委员会

主　任：张广晖
副主任：黄艺坤
　　　　王友华
委　员：段世甲
　　　　廖钢青
　　　　段锋刚（任至2月）
　　　　李旭阳（2月任职）
　　　　黄维民
　　　　刘江平
　　　　朱冬生

·韶关市武江区委机构编制委员会办公室

主　任：黄维民
副主任：
　　刘　琼（女）
　　温超颖（女，2月任职）
　　张　伟（5月任职）

·中共韶关市武江区直属机关工作委员会

书　记：覃　婷（女，壮族）
副书记：张永祥
　　　　李茂旺（3月任职）

·韶关市武江区档案馆

馆　长：陈志福（1月任职）
副馆长：李卫东
　　　　陈志青（女）

·中共韶关市武江区委农村工作办公室

主　任：杨国浩
常务副主任：李远贵

·韶关市武江区人大常委会办公室

主　任：肖大清（7月任职）
副主任：曾细娥
　　　　（女，2月任职）
　　　　谭冬连（女）

·韶关市武江区人大常委会法制工作委员会

主　任：梁嘉金

·韶关市武江区人大常委会财政经济工作委员会

主　任：黄伟和

·韶关市武江区人大常委会城乡建设环境与资源保护工作委员会

主　任：钟爱民

·韶关市武江区人大常委会教育科学文化卫生工作委员会

主　任：许忠财

·韶关市武江区人大常委会选举联络人事任免工作委员会

主　任：黄碧贞（女，任至2月）
　　　　侯芊彤（女，2月任职）

·韶关市武江区人民政府办公室

主　任：段锋刚（任至1月）
　　　　李旭阳（2月任职）
副主任：
　　朱　唯（任至2月）
　　纪曼娜（女，任至2月）
　　陈　靖（女，2月任职）
　　茹伟杰（兼）
　　刘　强（3月任职）
　　叶龙涛（任至2月）
　　曾　斌（5月任职）

·韶关市武江区信访局

局　长：茹伟杰
副局长：杨伟波（任至2月）
　　　　黄小鹏（3月任职）

·韶关市武江区发展和改革局

局　长：陈华林（1月任职）
副局长：
　　李　丹（女，任至3月）
　　陈　琳（女，3月任职）
　　刘　旭（任至1月）
　　黄文彬（3月任职）

·韶关市武江区教育局

局　长：何远韶（1月任职）
副局长：
　　邓汝机
　　陈少萍（女）
　　李　婷（女，任至2月）
　　李光杰（5月任职）
　　刘万臣（8月任职）
　　罗嘉颖（女，挂职至7月）
党组成员：陈锦奎
　　　　　黄建荣（女）
　　　　　李光杰（4月任职）

·韶关市武江区工业和信息化局

局　长：黄海涛（任至1月）
　　　　叶龙涛（1月任职）
副局长：
　　陈胜鸿
　　张统帅
　　王　艳（女）
　　文　琪（女，挂职至10月）
党组成员：
　　邱四英（女，任至6月）
　　麦宇晖
　　薛海军（3月任职）

·韶关市公安局武江分局

局　长：余志强

政　委：张为民
副局长：刁文海
　　　　刘　革
　　　　佀庆岩
　　　　邓河军
纪委书记：杨国平
政工办主任：阙文育

·韶关市武江区民政局
局　长：宋　清（任至4月）
　　　　李远贵（4月任职）
副局长：
　　　李新健
　　　徐　玲（女，任至3月）
　　　朱政新（3月任职）

·韶关市武江区司法局
局　长：茹伟杰
副局长：张锦怀（任至11月）
　　　　张翠英
　　　　（女，3月任职）
　　　　杨伟波（任至3月）
　　　　黄小鹏（3月任职）
　　　　曾楚钧（女）
政工科科长：刘梨秀（女）

·韶关市武江区财政局
局　长：刘江平
副局长：陈志福（任至2月）
　　　　邓明晖
　　　　陈　西
党组成员：
　　　华新凤（女，任至7月）
　　　邹惠芳（女，3月任职）

·政府采购管理中心
主　任：吴　斌（3月任职）

·韶关市武江区国库支付中心
主　任：邹惠芳（女）

·韶关市武江区人力资源和社会保障局
局　长：朱冬生
副局长：谭友卫
　　　　刘　漫（女）
　　　　许贤健（3月任职）
党组成员：
　　　　曾群芳（女）
　　　　谭友卫
　　　　许贤健
　　　　林海平
　　　　叶劲梅
　　　　（女，1月任职）
　　　　吴根贵（3月任职）
社保中心主任：叶劲梅（女）
仲裁院院长：林海平
人才中心主任：
　　　　吴根贵（3月任职）
就业中心主任：
　　　陈　艳（女）（任至8月）

·韶关市武江区自然资源局
局　长：邱　江
副局长：丘日雄
　　　　沈保刚
　　　　周福升（任至6月）
　　　　陈晓辉（挂职至8月）
　　　　梁　煜（5月挂职，
　　　　　　　任至8月）
党组成员：吴志伟

·韶关市武江区住房和城乡建设局
局　长：黄艺顺（任至1月）
副局长：林冬青（任至3月）
　　　　朱　唯（3月任职）
　　　　李　笠（3月任职）
　　　　黄文彬（任至3月）
　　　　陈博文（7月任职）
　　　　陈诒观（4月挂职）

·韶关市武江区农业农村局
局　长：杨国浩
副局长：杨培华
　　　　苏平华
　　　　刘良华
　　　　江艳荣
　　　　（女，3月任职）
　　　　刘荣节（3月任职）
常务副主任：
　　　　李远贵（任至3月）
区畜牧兽医水产服务中心主任：甄　强（3月任职）

·韶关市武江区文化旅游体育局
局　长：刘　枫（任至8月）
　　　　李　婷（8月任职）
副局长：唐乃华（女）
　　　　彭先国
党组书记：李惠歆（8月任职）
党组成员：朱伟东（任至9月）
　　　　　田　萌（9月任职）

·韶关市武江区卫生健康局
局　长：刘　敏（女）
副局长：雷　霞（女）
　　　　吴荣华
　　　　郑　斌
　　　　张　锐（挂职至8月）
党组成员：谢甘霖
　　　　　王维杰（3月任职）

·韶关市武江区退役军人事务局
局　长：余　聪
副局长：邓少雄
　　　　刘志深（任至3月）
　　　　张　振（3月任职）

·韶关市武江区应急管理局

局　长：黄　勇
副局长：郭志东
　　　　陈　浩
　　　　龚光权（任至3月）
　　　　刘　媛（4月任职）

·韶关市武江区审计局

局　长：袁文娟（女）
副局长：华志荣
　　　　陈　玲（女）
　　　　蔡柯达（4月任职）

·韶关市武江区市场监督管理局

局　长：古寿英（女）
副局长：周伟真
　　　　邓献良
　　　　马立峰（4月任职）

·韶关市武江区统计局

局　长：黄　倩（女）
副局长：林洁谊（女）
　　　　胡佳捷（3月任职）
党组成员：刘学农

·韶关市武江区医疗保障局

局　长：李惠歆（任至8月）
　　　　刘　枫（8月任职）
副局长：刘　丽（女）
　　　　李　丹（3月任职）

·韶关市武江区城市管理和综合执法局

局　长：丁少锋（1月任职）
副局长：何智勇（任至3月）
　　　　李远云（3月任职）
　　　　陈韶彬（任至3月）
　　　　龚光权（3月任职）
　　　　丁少锋（任至1月）
　　　　赵　欣（3月任职）

·韶关市武江市政综合管理中心

主　任：（空缺）
副主任：林毅华

·韶关市武江区政务服务数据管理局

局　长：叶文辉
副局长：曹信初
　　　　余子舒
区行政服务中心主任：
　　　　刘斯琪（女）

·韶关市生态环境局武江分局

局　长：叶文涛
副局长：刘艳忠

·韶关市武江区消防救援大队

大队长：陈玉航
副大队长：郭祖煌
政治教导员：王业辉

·国家税务总局韶关市武江区税务局

局　长：陈志华
副局长：陈忆恩
　　　　钟军瑜
　　　　马伟忠
　　　　杨　娟（女）
纪检组组长：陈大星
第一税务分局局长：
　　　　幸立峰（女）
第二税务分局局长：
　　　　孟　聪（女）
西河税务分局局长：古作钧

·韶关市武江区地方公路管理站

党组书记：
　　　　何方涛（任至1月）
　　　　丁少锋（9月任职）
站　长：（空缺）
副站长：陈　戈（任至9月）
　　　　赖楚彬

·韶关市武江区政协办公室

主　任：刘立文（女）
副主任：郭莹斌（女）

·韶关市武江区政协组织联络科

科　长：张祈俊
副科长：陈汉荣

·韶关市武江区政协宣教提案科

科　长：赖　德

·民革武江区基层组织

民革武江区基层委员会：
　　　　张嘉异
民革武江区第一支部：潘　雷
民革武江区第二支部：顾永康
民革武江区第三支部：
　　　　李　婷（女）
民革武江区第四支部：蒋建华
民革武江区第五支部：曹永宝
民革粤北人民医院支部：
　　　　钟永红

·民盟武江区基层组织

主任委员：陈胜鸿
副主任委员：
　　　　张国平
　　　　周　樱（女）
委　员：邓桂琼（女）
　　　　沈　坚
　　　　谢　佳（女）
　　　　曹佳良

·民建武江区基层组织

民建武江区基层委员会主委：
　　　　黄艺顺

民建武江一支部主委：殷　伟
民建武江二支部主委：何　勇
民建武江三支部主委：曹　剑
民建武江四支部主委：
　　陈　明（女）
民建武江五支部主委：周　靖
民建武江六支部主委：
　　张蕊红（女）
民建武江七支部主委：李华峰

·民进武江区基层组织

主任委员：刘　旭
副主任委员：
　　黄春神
　　李　婷（女）
　　麦振中
　　谭志雄
民进武江区综合一支部主委：
　　黄春神
民进武江区综合二支部主委：
　　李　婷（女）
民进五中支部主委：麦振中
民进韶关新区支部主委：
　　谭志雄

·农工党武江区基层组织

武江区基层委员会主委：
　　邱韶东
粤北人民医院总支主委：
　　曹正国
粤北人民医院一支部主委：
　　肖　斌
粤北人民医院二支部主委：
　　肖　政
粤北人民医院三支部主委：
　　何　敏（女）
市医卫支部主委：谢广宁
粤北第二人民医院支部主委：
　　江成林
市中医院支部主委：
　　郑路嘉（女）
市职防院支部主委：廖祥彦
韶关学院医学院支部主委：
　　王　萌（女）
市科技支部主委：连金养
市妇幼保健院支部：李颖芳
武江区一支部：王　雁（女）

·九三学社武江区基层组织

武江区基层委员会主委：
　　罗元月（任至10月）
　　陈汉飞（10月任职）
武江区一支社主委：刘斯琪
武江区二支社主委：
　　罗　燕（女）
武江区三支社主委：谢华美
武江区四支社主委：胡金和
武江区五支社主委：梁　芹
供电支社主委：王俊威
韶关医学院支社主委：向敏瑜
韶关新区基层委员会主委：
　　李少鸿
韶关新区一支社主委：朱应麟
韶关新区二支社主委：张方丽
韶关新区三支社主委：严泰山
粤北医院基层委员会主委：
　　徐晓南
粤北医院一支社主委：徐晓南
粤北医院二支社主委：陈　斌
粤北医院三支社主委：谢　斌

·韶关市武江区工商联合会（商会）

主　席：刘　东
副主席：刁海燕（女）
　　欧阳建华
　　欧克日
　　邓伯雄
　　涂寿星
　　黄丽忠
　　黎振坚
　　王晓琴
　　苏培基
　　黄龙生
　　石高峰
　　杨桂聪
　　罗　健
　　周　懿
　　廖俊湘
党组书记：刁海燕（女）
党组成员：
　　王民生（任至12月）
　　黄学源
　　郭二妮（女，12月任职）
秘书长：黄学源

·韶关市武江区总工会

主　席：谭木初
常务副主席：龚耿岚（女）
副主席：陈献平

·韶关市武江区职工服务中心

主　任：李文杰

·韶关市武江区中国共产主义青年团

书　记：袁　海
副书记：林雪丽（女）
　　陆　璐
　　（女，4月挂职）
　　胡新梦（4月挂职）

·韶关市武江区妇女联合会

主　席：曾玉玲
　　（女，任至2月）
　　黄韶娟
　　（女，2月任职）
副主席：钟喜梅（女）

·韶关市武江区残疾人联合会主席团

主　席：黄燕斌
（瑶族，任至10月）
副主席：
刘存友（任至10月）
陈　靖（女，10月任职）
李　毅（10月任职）
邝永华（10月任职）
班建华（任至10月）

·韶关市武江区残疾人联合会理事会

理事长：李　毅
副理事长：刘芷伊（女）

·韶关市武江区红十字会

会　长：（空缺）
专职副会长：
侯芊彤（女，任至1月）
曾富梅（女，8月任职）

·韶关市武江区归国华侨联合会

主　席：邱洲才（任至4月）
宋　清（4月任职）
专职副主席：麦燕玲（女）

·韶关市武江区西河镇

书　记：吴韶华
副书记：叶贤治
王　成（任至1月）
刘军辉（2月任职）
王　莉（女）
委　员：刘绍鸽
黄　超
谢文丹
张小英（女）
刘万臣（任至8月）
宋剑斌（8月任职）
人大主席：
李　毅（任至4月）
刘　薇（女，4月任职）
镇　长：叶贤治
副镇长：
黄　超
陈世华
欧丹玲（挂职至8月）
纪委书记：
刘万臣（任至8月）
宋剑斌（8月任职）
行政执法队队长：谢芝光

·韶关市武江区西联镇

书　记：段锋刚（1月任职）
副书记：
曹吾林
刘建强
吴江华（任至6月）
周福升（6月任职）
欧家驹（挂职）
黄华华（挂职）
陈家胜（挂职，3月任职）
委　员：
戴锴晖
邓东睦
白玉婷（女）
廖克球
陈永红
人大主席：黄振天
镇　长：曹吾林
副镇长：
陈永红
宋剑斌（任至8月）
苏章养（11月任职）
纪委书记：白玉婷（女）

·韶关市武江区龙归镇

书　记：韩伟强（任至1月）
郁　扬（1月任职）
副书记：黄寿文
郁　扬（任至1月）
杨　晖（2月任职）
林卓伟
黄建华
黄镇邦
委　员：张碧荣
袁武宗
林光锋
伍焕征
杨　晖（任至2月）
曾湘霞
（女，2月任职）
人大主席：龚存进
镇　长：郁　扬（任至1月）
黄寿文（4月任职）
副镇长：
卢翠玲（女）
肖永佳
张永祥
金　玥（女，4月任职）
纪委书记：张碧荣

·韶关市武江区江湾镇

书　记：林棋昇
副书记：
朱小燕（女）
梁满洪
邹　锋
陈伟东
人大主席：黄永和
委　员：涂星明
欧宇帆
黄文勇
许忠霖
梁锐居
镇　长：朱小燕（女）
副镇长：涂星明
梁锐居
纪委书记：许忠霖

· 韶关市武江区重阳镇

书　记：李佳月（12月任职）
副书记：李佳月（任至12月）
　　　　刘戈勇
　　　　隋国昕
　　　　王耀辉（挂职）
　　　　姜汝伟
委　员：李海陶
　　　　何应荣
　　　　胡言辉
　　　　龚　文（女）
　　　　谭　健
镇　长：李佳月
人大主席：陈秉丞
副镇长：欧牛泉
　　　　谭　健
　　　　江　昊（挂职）
纪委书记：李海陶

· 韶关市武江区惠民街道

书　记：何远韶（女，任至1月）
　　　　陈志坚（1月任职）
副书记：唐家勇
　　　　陈作昌
　　　　李旭阳（任至1月）
　　　　徐　玲（2月任职）
委　员：刘甜妹（女）
　　　　李永红
　　　　温　碧
　　　　江仁智
人大工委主任：吴怡诗（女）
街道办主任：唐家勇
办事处副主任：
　　　　李永红
　　　　温　碧
纪工委书记：江仁智

· 韶关市武江区新华街道

书　记：
　　丘细琼（女，1月任职）
副书记：
　　丘细琼（女，任至1月）
　　王　成（1月任职）
　　饶佳运
　　李光杰（任至4月）
　　吴江华（6月任职）
委　员：
　　邓志雄
　　曾维佩
　　邬　江
　　陈　靖（女，任至2月）
　　赖晓春（女，2月任职）
人大工委主任：黄　辉
街道办主任：
　　丘细琼（女，任至1月）
　　王　成（1月任职）
副主任：邓志雄
　　　　邬　江
纪工委书记：曾维佩

文件目录

2022年中共韶关市武江区委文件一览表

表27

序号	文件名称	文号	发文单位	发文时间
1	中共韶关市武江区委关于深入学习贯彻落实中央经济工作会议精神情况的报告	韶武委〔2022〕1号	区委	2022年1月14日
2	中共韶关市武江区委　韶关市武江区人民政府关于韶关市武江区2021年食品安全工作情况的报告	韶武委〔2022〕2号	区委	2022年1月14日
3	中共韶关市武江区委　韶关市武江区人民政府关于韶关市武江区2021年度全面推行河长制工作情况的报告	韶武委〔2022〕6号	区委	2022年1月26日
4	中共韶关市武江区委2021年度全面工作情况报告	韶武委〔2022〕7号	区委	2022年1月28日
5	中共韶关市武江区委　韶关市武江区人民政府2021年度法治政府建设工作情况报告	韶武委〔2022〕8号	区委	2022年1月29日
6	关于同意王成同志提拔的批复	韶武委〔2022〕9号	区委	2022年1月29日
7	武江区委领导班子党史学习教育专题民主生活会综合情况报告	韶武委〔2022〕12号	区委	2022年2月14日
8	中共韶关市武江区委关于学习宣传贯彻市委十三届二次全会精神的报告	韶武委〔2022〕16号	区委	2022年2月21日
9	中共韶关市武江区委关于陈雪同志提拔有关情况的书面检查材料	韶武委〔2022〕17号	区委	2022年3月1日
10	韶关市武江区2021年深入打好污染防治攻坚战工作情况报告	韶武委〔2022〕20号	区委	2022年4月27日
11	中共韶关市武江区委关于区政府领导班子成员分工调整的备案报告	韶武委〔2022〕22号	区委	2022年6月6日
12	中共韶关市武江区委关于认真学习宣传贯彻省第十三次党代会精神情况的报告	韶武委〔2022〕24号	区委	2022年6月14日
13	中共韶关市武江区委2022年上半年工作总结及下一步工作计划	韶武委〔2022〕25号	区委	2022年8月3日
14	中共韶关市武江区委关于做好武江区第六届广东省“人民满意的公务员”和“人民满意的公务员集体”推荐评选的工作报告	韶武委〔2022〕28号	区委	2022年9月14日
15	中共韶关市武江区委关于“村改居”试点工作的情况报告	韶武委〔2022〕29号	区委	2022年10月10日
16	中共韶关市武江区委关于认真学习宣传贯彻党的二十大精神情况的报告	韶武委〔2022〕30号	区委	2022年12月13日
17	关于设立中共韶关市武江区机关事务服务中心党组的批复	韶武委〔2022〕31号	区委	2022年12月19日

2022年中共韶关市武江区委办公室文件一览表

表28

序号	文件名称	文号	发文单位	发文时间
1	中共韶关市武江区委办公室　韶关市武江区人民政府办公室关于成立韶关市武江区突发事件应急委员会的通知	韶武委办〔2022〕1号	区委办	2022年1月30日
2	中共韶关市武江区委办公室关于成立武江区开展“改革攻坚规范治理年”工作领导小组的通知	韶武委办〔2022〕2号	区委办	2022年2月22日
3	中共韶关市武江区委办公室关于调整区委政法委员会组成人员的通知	韶武委办〔2022〕3号	区委办	2022年3月4日
4	中共韶关市武江区委办公室　韶关市武江区人民政府办公室关于调整区委全面深化改革委员会组成人员和成员单位的通知	韶武委办〔2022〕4号	区委办	2022年3月4日
5	中共韶关市武江区委办公室　韶关市武江区人民政府办公室关于印发《武江区2022年新型城镇化暨省级城乡融合发展试点建设年度工作计划》的通知	韶武委办〔2022〕5号	区委办	2022年3月14日
6	中共韶关市武江区委办公室关于印发《武江区开展“改革攻坚规范治理年”工作领导小组办公室组成人员、主要职责及工作制度》的通知	韶武委办〔2022〕6号	区委办	2022年3月21日
7	中共韶关市武江区委办公室关于丁琳同志任职的通知	韶武委办〔2022〕7号	区委办	2022年4月7日
8	中共韶关市武江区委办公室　韶关市武江区人民政府办公室关于调整武江区新型城镇化暨城乡融合发展工作领导小组的通知	韶武委办〔2022〕8号	区委办	2022年4月19日
9	中共韶关市武江区委办公室　关于印发《中共韶关市武江区委理论学习中心组2022年度学习计划》的通知	韶武委办〔2022〕10号	区委办	2022年4月28日
10	中共韶关市武江区委办公室　韶关市武江区人民政府办公室关于调整武江区污染防治攻坚战指挥部的通知	韶武委办〔2022〕11号	区委办	2022年4月29日
11	中共韶关市武江区委办公室　韶关市武江区人民政府办公室关于成立武江区“粤菜师傅”“广东技工”“南粤家政”三项工程领导小组的通知	韶武委办〔2022〕13号	区委办	2022年5月16日
12	中共韶关市武江区委办公室关于印发《韶关市武江区2022年优化提升营商环境专项行动的方案》的通知	韶武委办〔2022〕14号	区委办	2022年6月2日
13	中共韶关市武江区委办公室关于印发《武江区2022年纪律教育学习月活动实施方案》的通知	韶武委办〔2022〕17号	区委办	2022年8月9日
14	中共韶关市武江区委办公室关于郭瑾等同志任职的通知	韶武委办〔2022〕18号	区委办	2022年8月29日
15	中共韶关市武江区委办公室关于印发《中共韶关市武江区委常委会“三重一大”事项清单（试行）》的通知	韶武委办〔2022〕19号	区委办	2022年10月10日
16	中共韶关市武江区委办公室关于认真做好2022年度《中共中央办公厅通讯》《秘书工作》征订和学用工作的通知	韶武委办〔2022〕20号	区委办	2022年10月26日
17	中共韶关市武江区委办公室　韶关市武江区人民政府办公室关于调整区消防安全委员会组成人员的通知	韶武委办〔2022〕21号	区委办	2022年11月17日

2022 年中共韶关市武江区人民政府文件一览表

表29

序号	文件名称	文号	发文单位	发文时间
1	韶关市武江区人民政府关于领导班子成员分工的通知	韶武府〔2022〕1号	区政府	2022年1月10日
2	关于印发《韶关市武江区政府投资非经营性项目代建管理办法》的通知	韶武府〔2022〕2号	区政府	2022年3月7日
3	关于武江区韶关学院新华南校区西侧宿舍楼1.2.3.29栋宿舍楼地块收储项目国有土地上房屋征收决定书	韶武府〔2022〕3号	区政府	2022年5月12日
4	韶关市武江区人民政府关于调整领导班子成员分工的通知	韶武府〔2022〕5号	区政府	2022年6月1日
5	房屋征收补偿决定书	韶武府〔2022〕6号	区政府	2022年7月25日
6	山林权属争议处理决定书	韶武府〔2022〕7号	区政府	2022年7月25日
7	关于印发《韶关市武江区妇女发展规划（2021—2030年）》《韶关市武江区儿童发展规划（2021—2030年）》的通知	韶武府〔2022〕8号	区政府	2022年8月2日
8	韶关市武江区人民政府关于调整部分领导班子成员分工的通知	韶武府〔2022〕13号	区政府	2022年12月2日
9	韶关市武江区人民政府关于公布韶关市武江区行政许可事项清单（2022年版）的通知	韶武府〔2022〕14号	区政府	2022年12月21日
10	房屋征收补偿决定书（谢少琚）	韶武府〔2022〕15号	区政府	2022年12月29日
11	房屋征收补偿决定书（乐爱玉、黎志坚）	韶武府〔2022〕16号	区政府	2022年12月29日

2022 年中共韶关市武江区人民政府办公室文件一览表

表30

序号	文件名称	文号	发文单位	发文时间
1	韶关市武江区人民政府办公室关于印发全区主要经济指标、重点任务及民生实事责任分工的通知	韶武府办〔2022〕1号	区政府办	2022年3月28日
2	关于将武江区食品安全委员会更名为武江区食品药品安全与高质量发展委员会的通知	韶武府办〔2022〕2号	区政府办	2022年5月20日
3	韶关市武江区人民政府办公室关于印发韶关市武江区人民政府2022年度重大行政决策事项目录的通知	韶武府办〔2022〕4号	区政府办	2022年7月28日
4	韶关市武江区人民政府办公室关于印发韶关市武江区“十四五”残疾人保障和发展规划的通知	韶武府办〔2022〕5号	区政府办	2022年11月14日
5	关于印发韶关市武江区市场监管体系“十四五”发展规划的通知	韶武府办〔2022〕6号	区政府办	2022年11月16日

索　引

主　题　索　引

一、本索引采用主题分析方法，款目按汉语拼音字母（同音字按声调）顺序排列。

二、文中的类目题、分目题用黑体字标明，其余用书宋体字排印。

三、索引款目后的数字表示内容所在的页码，数字后的拉丁字母（a、b、c）表示栏别（即版面的1、2、3栏）。

四、同一主题的内容在文中多次出现的，在其款目后用不同的页码标明。

五、本索引对大事记、人物·荣誉、统计资料、调研报告、附录等不作内容主题分析。

A

B

C

D

F

G

H

J

K

T

W

X

Y

Z

数字

彩版索引

表格索引